개정판

# 유아 교육 과정

김미경 나유미 박수진 이혜정 정경미 지음

양성원

# 머리말

코로나 19로 사회적 거리두기가 시작된지도 어느덧 10개월이 지나가고 있다. 모두들 지쳐만 가고 있는데 세월은 하염없이 흘러 유난히 무더웠던 여름이 지나 어느덧 나무들이 형형색색으로 옷을 갈아입고 서로의 자태를 뽐내기 시작하는 가을로 접어들면서 단풍구경하고 싶은 마음을 억누르고 집필에 박차를 가하였다. 유·보통합문제가 난항을 겪으면서 유아교육을 전공하는 예비유아교사, 현장의 유아교사, 전공 교수들도 유아교육과정을 가르치고 배우는데 많은 어려움을 겪고 있는 이 시점에 유아교육과정 저서의 발간은 부담감이 되었다. 그러나 미국의 지글러 박사가 헤드스타트 프로젝트를 개발하는 과정에서 "헤드스타트는 영구적인 역작을 만들기 위한 것이 아니라 지속적으로 변화하는 상황에 맞추어 끊임없이 수정하고 보완하는 프로그램이다"라는 말에 용기를 얻어 유아교육과 교수 몇 분들과 의기투합하여 현장에서 실용적으로 사용할 수 있는 유아교육과정 저서를 1차 집필하였다. 이후 누리과정이 개정되면 개정 누리과정이 공시되었고 유아중심교육과 놀이중심교육을 강조하게 되면서 2차 개정의 필요성이 대두되었다. 이에 유아교육과정이 유아와 놀이중심을 바탕으로 새롭게 내용을 개정하였다.

이 저서는 총 7장으로 구성되어 있다. 1장은 유아교육과정의 이해를 돕기 위해 교육과정의 개념 및 정의, 교육과정의 유형, 유아교육과정의 개념 및 유형, 그리고 유아교육기관의 유형에 대해 살펴보았다. 2장에서는 유아교육과정의 기초를 이루는 철학적 기초, 심리적 기초, 사회적 기초를 알아보고 3장에서는 유아교육과정의 유형에 따른 학자들의 분류 가운데 와이카르트, 메이어, 콜버그와 메이어, 로비슨과 슈바르츠의 분류를 제시하였다. 4장에서는 유아교육과정의 역사를 알아보기 위해 유치원교육과정 제정 이전과 이후로 나누어 살펴보았으며, 어린이집 표준보육법 제정에 따른 표준보육과정의 변화를 알아보았다. 특히, 만 3~5세 유아중심, 놀이중심 개정 누리과정과 0~2세 3차 표준보육과정을 보다 구체적으로 제시하였다. 5장에서는 외국 유아교육 프로그램 중 우리에게 가장 잘 알려진 프로그램인 헤드스타트 프로그램, 몬테소리 프로그램, 하이스코프 프로그램, 프로젝트 접근법, 레지오 에밀리아 접근법, 생태교육 프로그램, 다문화교육, 장애아 통합교육에 대해 알아보았다. 6장에서는 유아교육과정 계획 및 실제를 위해 유아교육의 목표 진술방법, 유아교육 내용 선정, 유아교육 내용 조직, 교수학습방법, 연간, 주간, 일일, 단위교육계획안의 실제를 구체적으로 살펴보았다. 7장에서는 유아교육과정의 최근 동향으로 뇌기반교육, 4차산업혁명시대의 교육, 자기주도적 학습을 제시하였다.

끝으로 개정판이 나오기까지 많은 도움을 주신 양성원과 집필을 위해 수고를 아끼지 않고 1, 2, 3, 7장을 집필한 정경미 교수, 6, 7장을 집필한 나유미 · 박수진 교수, 그리고 4장과 5장(2, 4, 5, 6, 7)을 집필한 이혜정 교수, 5장(1, 3, 8)과 8장을 집필한 김미경 교수 모두의 노고에 감사를 드린다.

2021년 8월 무더운 여름

총신동산에서 김 미 경

# 차 례

## 제4장 | 유아교육과정의 구성



## 제5장 | 외국 유아교육 프로그램



## 제6장 | 유아교육과정 계획 및 운영

## 제7장 | 19개정 누리과정의 놀이 이해와 실행



## 제8장 | 유아교육과정의 최근 동향

# 제1장 유아교육과정의 이해

이 장에서는 유아교육과정의 전반적인 이해를 돕기 위해 교육과정의 개념 및 정의, 유형, 유아교육과정의 개념 및 유형, 그리고 유아교육기관의 유형이 주체기관과 시간운영에 따라 어떻게 구분되는지를 살펴보고자 하였다.

제1장

# 유아교육과정의 이해

## 1 교육과정의 개념

### 1) 교육과정의 정의

교육과정(curriculum)이라는 용어는 19세기 말부터 사용된 개념으로 '말이 달리는 경주로'를 의미하는 라틴어 쿠레레(currere)에서 유래되었다(교육부, 1998). 교육과정은 두가지 관점에서 개념을 설명할 수 있다. 교육과정을 기존에 주로 사용되었던 '경주로'의 시각으로 바라보면 체제와 운영에 초점을 둔 개념이 되는 반면 최근에 강조하는 '학습자 중심 교육과정'의 측면에서 바라보면 경주로를 직접 달려야 하는 학습자 자체 혹은 학습자의 경험에 중점을 둔 개념이라고 할 수 있다. 이에 교육과정을 교수자의 입장과 학습자의 입장에 따라 다음과 같이 다섯 가지로 정의한다.

첫째, 교육과정은 학습자에게 교육적 성취를 의도하여 학교에서 유효할 수 있도록 지식, 사고의 양식, 경험 등 문화 내용을 재구성한 모든 수준의 계획이다(곽병선, 1983, 20-22).

둘째, 교육과정은 교사를 중심으로 보면 가르치는 내용이나 교과 혹은 의도적 계획으로 정의되며, 배우는 학생을 중심으로 보면 학습경험 또는 학습결과로 정의되는 경향이 있다(이귀윤, 1990).

셋째, 학교환경에서 아이들의 학습을 위해 공식적 · 비공식적 기회를 제공하도록 고안된 조직화된 경험(Spodeck & Saracho, 1994)이다.

넷째, 교육과정은 교육을 주도하는 기관이 그 기관의 교육목표에 따라 학습자의 성장과 발달을 돕기 위하여 체계적으로 개발하여 수립하는 지식과 경험을 포함한 모든 종류의 교육내용에 대한 사전계획과 기대하는 결과이다(이성호, 2004).

다섯째, 한 학생이나 또는 여러 학생에게 교육적 결과를 의도한 계획된 사건의 연속이다(Eisner, 1983, 이해명, 2012, 58).

요약하면, 교육과정은 말이 출발점과 도착점이 있는 경주로를 달리는 것과 같이 학습의 출발점에서 시작하여 도착점에 도달하기까지 학습자가 능동적으로 따라가도록 마련된 코스를 의미한다. 교육과정은 사회가 요구하는 교육적 계획과 과정으로서, 교과는 다양한 방식으로 학습자의 특성에 적합하게 조직되어 해당 사회의 바람직한 인재상을 구현하는 데 기여한다. 따라서 교육과정이 학생들에게 무엇을 가르칠 것인가 라는 질문에 대한 답을 도출하기 위해 고려해야 하는 요소는 교육과정을 결정하는 세 가지 축인 교과, 사회, 학습자이며, 이 세 요소는 역동적으로 상호작용하여 교육과정을 구성한다(박도순, 홍후조, 2004).

### 2) 교육과정의 구분

교육과정은 교육과정을 바라보는 여러 관점에 따라 구분할 수 있다. 존립 수준에 따라 사회수준, 기관수준, 수업수준 교육과정으로, 명시성 정도에 따라 공식적 교육과정, 잠재적 교육과정, 영 교육과정으로, 교육 진행과정에 따라 계획한 교육과정, 실천한 교육과정, 성취한 교육과정으로 구분된다.

### (1) 존립 수준에 따른 구분

타일러(Tyler)의 제자인 굿래드(Goodlad, 1966)는 교육과정 개념을 체계화하면서 교육과정에 대한 의사결정요소를 가치, 교육목적, 학습기회로 보았다. 그는 이를 위한 교육과정계획을 주도하는 집단의 존립수준에 따라 사회수준(social level), 기관수준(institutional level), 수업수준(instructional level)으로 구분하였다.

#### ① 사회수준

사회수준의 교육과정계획은 정부, 교육청 등과 같은 상위 기관이나 조직을 통해 이루어지며 이 수준에서의 교육과정은 거시적이고 장기적이며 보편적인 차원의 교육목적을 설정한다.

#### ② 기관수준

기관수준의 교육과정계획은 대체로 학교수준의 교육과정을 의미한다. 이는 일반적인 교육목표를 설정하고, 폭넓게 학습자를 위한 학습기회를 선택하고 조직화한다.

#### ③ 수업수준

수업수준의 교육과정계획은 학습자에게 가장 가까운 수준으로서, 이 수준에서의 교육과정은 학습자에게 제시하는 교육적 자극을 선택하고 조직함으로써 교육목적에 따른 세부적인 교육목표가 조직된다.

### (2) 명시성 정도에 따른 구분

교육과정의 명시성 정도에 따른 구분은 교육활동의 가시적 수준에 나타난 공식적 교육과정(official curriculum), 잠재적 교육과정(hidden curriculum), 영 교육과정(null curriculum)으로 구분된다.

① 공식적 교육과정

공식적 교육과정은 국가수준 교육과정을 기준으로 학교가 의도하고 계획한 교육과정이다. 이에 공식적 교육과정은 교육과정 지침서, 교육청의 장학자료, 교과서 등 가시적으로 문서화되어 있다. 교사는 의도하고 계획한 과정을 교과서의 내용으로 수업에서 실천하면서 교육과정을 전개한다. 이로써 공식적 교육과정은 의도된 학습경험을 통해 학생이 가시적인 학습 결과물을 성취할 수 있도록 한다.

② 잠재적 교육과정

잠재적 교육과정은 공식적 교육과정에서 의도하거나 계획하지 않았으나, 학교에서의 경험의 총체 속에서 학습자들이 은연중에 배우는 가치, 태도, 행동양식 등 교육의 결과로서 경험된 교육과정이다. 잠재적 교육과정에서 볼 때, 교사는 전혀 의도하지 않았으나 학습자의 상황 및 특성에 따라 긍정적으로든 부정적으로든 학습은 발생한다. 이러한 잠재적 교육과정은 학습자의 인지적 측면뿐 아니라 전인격에 영향을 미치고 있어 그 중요성이 재차 강조되고 있다.

③ 영 교육과정

영 교육과정은 학교에서 공식적으로 가르치지 않거나 소홀히 여기는 가치, 태도, 행동양식 등 아직 학습자들이 경험하지 못한 교육과정이다. 학습자들이 경험하는 교육과정은 모든 교육내용 가운데 선택된 결과이다. 그러므로 영 교육과정은 학습자들이 공식적 교육과정을 배우는 동안 놓치게 되는 내용들이며, 좀 더 구체적으로는 특정 지식, 가치 등을 배제한 지워버린(nullified) 교육과정이다. 아이즈너(Eisner, 1979)는 영 교육과정을 새롭게 조명함으로써 공식적 교육과정이 더 풍성해질 수 있다고 보았다.

### (3) 교육 진행과정에 따른 교육과정 구분

대부분의 교육과정은 교육계획부터 학습자의 성취에 이르기까지의 진행과정을 통해 실현된다. 이러한 교육과정 진행은 계획한(의도된) 교육과정, 실천한(전개된) 교육과정, 성취한(경험된) 교육과정으로 구분된다(박도순 외, 2004).



### ① 계획한 교육과정

계획한 교육과정은 교육부, 교육청, 학교 등에서 의도하고 계획한 사전계획 중심으로 교육과정을 바라보는 관점이다. 문서화된 교육과정은 가르쳐야 하는 주요한 내용과 활동 목록을 자세하게 명시한 교수요목과 같다. 문서에는 교과별 교육과정 지침 및 다루어야 할 범위와 계열에 관한 체계표가 포함된다. 여기에는 교사에 의해 개발된 교육용 자료가 포함된다. 계획한 교육과정은 실천한 교육과정보다 맥락과 배경이 광범위하며, 실천 가능성을 염두에 두고 폭넓게 계획된다.

### ② 실천한 교육과정

실천한 교육과정은 학교의 교육활동 및 교사의 수업 측면을 강조한 교육과정으로 교사들이 전개하고 실천한 과정을 교육과정으로 보는 관점이다. 이는 학교의 여건, 교사 집단과 개인, 학교를 둘러싼 지역사회 맥락에 의해 영향을 받는 교육과정이다. 실천된 교육과정은 교사에 의해 실제로 전달되는 실행과정이다. 계획한 교육과정과는 달리 실천한 교육과정은 교사의 역량에 따라 차이를 나타낸다. 또한 수업에 실제 사용된 교재, 소프트웨어, 매체 등의 수업용 자료들이 중요하다.

### ③ 성취한 교육과정

성취한 교육과정은 교수학습의 결과 학습자가 성취한 학습경험결과를 강조하는 관점이다. 이는 학습자 개인의 여건과 환경에 따라 좌우되는 교육과정이다. 교육과정계획과 운영의 핵심은 학습자들의 학습이 이루어졌느냐에 있다. 교육을 통해 학생들이 결과적으로 습득한 지식과 능력을 중심으로 교육과정을 바라보는 것이다. 학습자의 교육결과에 대한 평가는 장·단기적으로 관찰, 수행, 지필검사 등으로 폭넓게 이루어진다.

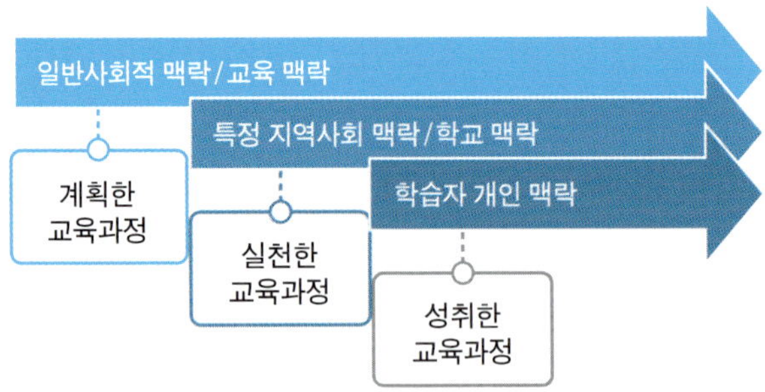


[그림 1-1] 교육 진행과정에 따른 교육과정 구분

### 3) 교육과정의 유형

근대의 산업화 및 과학화는 교육의 과학화 및 교수체제개발에 영향을 미쳤으며, 20세기 초 제1차 세계대전은 인간발달 및 심리학 연구, 그리고 교육영역의 발달 및 분화의 배경이 되었다. 현대사회로의 이행은 교육을 통한 바람직한 인재 육성을 요구하였고, 변화하는 시대 속에서 나타나는 주요 교육사조는 교과 중심 유형, 경험 중심 유형, 학문 중심 유형, 인간 중심 유형, 생태 중심 유형 등과 같은 교육과정 유형의 흐름과 변화를 가져왔다. 현재에는 이러한 유형들의 장점들이 통합되어 교육현장의 맥락에 적합하게 활용되고 있으며, 최근 IT(Information Technology)와 유비쿼터스 환경 등도 교육과정에 적극적으로 적용되고 있다.

#### (1) 교과 중심 교육과정

교과 중심 교육과정은 학교교육을 통해 전통과 문화유산을 다음 세대에 전달하는 것을 목적으로 하는 교육과정 유형으로서, 고대부터 1920년대까지 나타난 가장 전통적인 유형이다. 이러한 교육과정은 모국어, 수학, 과학, 역사와 같은 항구적인 지식과 가치를 교육내용으로 하여 지식과 정보의 기억과 습득을 강조한다. 정해진 교과목에 대한 전달과 설명이 교육내용의 중심이 되므로 자연히 교사 중심의 교수법이 사용되고, 학습내용이 명확하게 선정되어 있어 학습자의 흥미와 필요 등이 배제되어 있다.

### (2) 경험 중심 교육과정

경험 중심 교육과정은 교육내용보다 학습자의 흥미 및 필요 등을 고려하는 진보주의 교육철학을 기초로 학습자의 현재적 문제를 해결하는 것을 목적으로 하는 교육과정 유형으로서, 1930년대부터 현대에 이르기까지 영향을 미치고 있다. 이러한 교육과정은 학습경험의 주체인 학습자의 실제 생활과 관련 있는 문제와 과제들을 주된 교육내용으로 한다. 자발적인 활동과 흥미가 학습동기를 불러일으키므로 교사의 일방적인 전달이나 설명이 아닌 교수자–학습자 간의 상호작용을 통해 학습과정을 구성한다. 특히, 학습자 중심의 경험 중심 교육과정은 학교에서 경험하는 모든 환경을 통해 직 · 간접적 학습이 이루어지는 잠재적 교육과정의 중요성을 강조하였다.

### (3) 학문 중심 교육과정

학문 중심 교육과정은 학문 또는 지식의 구조를 탐구하여 체계적 지식과 탐구능력을 기르는 것을 목적으로 하는 교육과정 유형으로서, 1960년대 이후 소련의 스푸트닉 호 발사 이후 미국을 중심으로 강조되었다. 주된 교육내용은 지식의 기본 개념이나 아이디어이며, 교과내용은 동일하되 학년을 거듭할수록 수준이 달라지는 나선형 조직으로 구성된다. 이러한 교육과정은 학습자의 능동적인 탐색과 발견을 통해 학문 자체의 특성에 흥미를 갖도록 교수–학습된다. 학문 중심 교육과정은 학습자의 새로운 지식의 구조에 대한 탐구능력을 중요시한다.

### (4) 인간 중심 교육과정

인간 중심 교육과정은 인간의 인간다움을 회복하고 인간을 위한 교육과정의 필요성을 강조한 교육과정 유형으로서, 19세기 초부터 이루어진 교육발달의 폐해에 대한 반성적 반응으로 대두되었다. 이 교육과정의 교육내용은 인간으로서 누려야 할 행복, 만족감, 자아실현, 감성 등에 대한 인본주의 심리학을 배경으로 정의, 아름다움, 용서, 봉사 등 인간존중에 대한 내용들이다. 인간 중심 교육과정에서 교사는 학습자와 인간적인 관계를 맺고 학습자의 정서적 측면을 고려하여 교육과정이 진행되므로 교수자 개인의 가치관이나 주관에 따라 그 범위와 실천방법이 다양할 수 있어 교육적으로 바람직한 가치에 대한 분별을 필요로 한다.

### (5) 생태 중심 교육과정

인간의 이성과 합리성을 바탕으로 산업문명의 기계적 이데올로기가 형성되었다. 산업문명과 과학화는 인간의 삶에 편리와 안락함을 증진시킨 반면, 생명소외 및 생태계 파괴현상을 가져왔다. 이에 현대와 미래교육은 반 생태적인 산업문명의 위기를 극복할 수 있는 새로운 교육과정과 함께 논의되어야 한다는 교육적 움직임이 나타났으며(임재택, 2007), 이러한 차원에서 발생된 교육과정이 생명 중심 혹은 생태 중심 교육과정이다. 생태 중심 교육과정은 총체적인 생태를 기반으로 인간의 삶을 조망하고 인간과 자연의 어울림을 추구하는 교육과정의 형태이다. 최근에는 웰빙 및 생태공원 등 자연친화적인 사회문화적 요인들과 함께 생태 중심 및 숲 교육과정도 관심을 불러일으키고 있다.

교육과정의 유형을 종합하여 간단하게 요약하면 〈표 1-1〉과 같다.

〈표 1-1〉 교육과정의 유형

| 교육과정 유형 | 시기 | 주제 | 세부내용 | 지향점 |
|---|---|---|---|---|
| 교과 중심 교육과정 | 1920~현재 | 교수요목 | 문화유산 | 과거의 전통 |
| 경험 중심 교육과정 | 1930~현재 | 학습자의 실제경험 | 생활경험 | 현재의 생활 |
| 학문 중심 교육과정 | 1960~현재 | 구조화된 의도적 학습 | 지식의 구조 | 미래 |
| 인간 중심 교육과정 | 1970~현재 | 학습자의 체험세계 | 경험의 총체 | 현재와 미래 |
| 생태 중심 교육과정 | 1990~현재 | 생명존중 | 생명과 환경탐구 | 현재와 미래 |

# 2 유아교육과정의 개념 및 유형

## 1) 유아교육과정의 개념

유아교육과정이란 유아를 대상으로 이루어지는 비형식적 · 형식적 교육체계를 의미한다. 와이카트는 바람직한 유아교육과정의 기준을 다음과 같이 제시하였다(WeiKart, 1989/2014, 최지영, 재인용).

- 교육과정은 유아발달이론과 철학에 근거하여 개발되어야 한다.
- 교육과정은 유아 주도의 학습으로 명확히 밝혀지고 조직되어야 한다.
- 교육과정은 특별한 요구를 가진 유아, 소수집단의 유아 등 다양하게 적용되어야 한다.
- 교육과정은 다양한 재정 지원하에 운영되어야 한다.
- 교육과정은 대상 유아에게 적절해야 한다.
- 교육과정은 부모의 참여를 고려해야 한다.
- 교육과정은 이를 수행하는 사람들을 훈련하고 평가할 수 있는 계획된 체제를 지녀야 한다.
- 교육과정은 그 영향을 검토할 수 있는 연구들에 의해 타당성이 인정되어야 한다.

또한 우리나라의 유아교육과정은 유치원의 교육내용에 관한 전국 공통의 일반적인 기준으로 교육 법규에 의거하여 국가수준의 기준을 고시한 바 있다(교육과학기술부, 2008).

- 교육과정은 국가수준의 공통성과 개인수준의 다양성을 추구해야 한다.
- 교육과정은 유아의 전인적 성장발달과 행복을 추구해야 한다.
- 교육과정은 자율성과 창의성 신장을 위한 유아 중심 교육과정이어야 한다.

- 교육과정은 일상생활과 놀이 속에서 통합적으로 실현해 가도록 구성되어야 한다.
- 교육과정은 교육청, 지역사회, 유치원, 교원, 유아, 학부모가 함께 실현해 가야 한다.
- 교육과정은 기관 내 교육의 질적 수준을 유지 · 관리할 수 있어야 한다.

이로 볼 때, 유아교육과정은 교육대상인 유아를 둘러싼 물리적 · 인적 · 심리적 · 문화적 요소에 대한 이해와 활용이 포함된다. 따라서 유아교육과정의 개념은 이러한 광범위한 요소들과 관련하여 학자마다 다양하게 정의하고 있다.

- 유아교육과정은 프로그램의 목적에 따라 계획되고 조직된 학습경험들의 목록이다(Spodek, 1991).
- 유아교육과정은 유아의 전인적 성장과 발달을 돕기 위해 유아가 학습할 내용, 교육과정, 유아의 목표성취를 돕기 위한 교사의 역할, 교수와 학습이 발생하는 상황에 관해 계획된 조직화된 틀이다(한국유아교육학회, 1996).
- 유아교육과정은 유아가 학습할 내용, 교육과정목표를 성취해 나가는 과정, 유아가 교육과정목표를 성취할 수 있도록 돕기 위한 교사의 역할, 교수와 학습이 발생하는 상황에 관해 서술한 조직화된 틀이다(NAEYC, 1991).
- 유아교육에서는 교육과정이 프로그램이라는 용어로 자주 대체되며 프로그램이란 학교 안에서 일어날 수 있는 모든 계획적인 경험뿐 아니라 가정과 지역사회에서 연장될 수 있는 교육적 경험이다(Almy, 1975, 55).
- 유아교육과정은 유아교육대상이 지니는 특수성으로 인해 초 · 중등 일반교육과정과는 의미적으로 차이가 있다. 유아교육대상은 지적, 정서적, 사회적, 신체적 능력이 통합된 전인아동이므로 한 영역의 학습은 반드시 다른 영역들을 포함해야 하며 각 영역 간의 내적 통합을 고려한 교수학습이 효과적이다(Williams, 1987).

이처럼 유아교육과정에 대한 개념은 학자마다 다르게 기술되고 있지만, 종합해 보면 유아교육과정이란, "유아에 대한 전인적 이해를 기초로 유아의 전인적 발달을 위해 물리적 · 인적 · 사회적 환경을 통합하여 교육목표, 교육내용, 교수-학습방법, 교육평가 체계를 구성하고 조직화한 틀"이라고 볼 수 있다.

이를 종합하면, 유아교육과정의 원리는 다음과 같다(임미혜, 장미아, 신혜영, 2008).

첫째, 통합성 원리이다. 즉, 유아의 전인적 성장과 발달을 위해 발달영역 간의 통합, 보호와 교육활동 간의 통합, 유아교육과정의 내용들 간의 통합, 유치원 및 보육시설, 가정 그리고 지역사회의 통합을 고려하여야 한다.

둘째, 발달적 적합성의 원리이다. 유아들은 연령, 성별, 기질, 인지능력 등에 개인차를 나타낸다. 유아발달에 근접한 도전적 과제 및 성취과제는 유아의 성장을 촉진하지만, 유아발달과 동떨어져 있거나 난이도 조절이 잘 이루어지지 않은 과제는 유아의 성장과 발달에 장애요인이 된다. 이에 모든 유아에게는 개인차가 고려된 유아교육과정 접근이 필요하다.

셋째, 흥미 및 동기유발의 원리이다. 교육활동이 유아의 흥미를 자극하고, 호기심을 유발할 때, 유아의 모든 놀이는 학습적 특성으로 전이되며 의미 있는 경험이 된다. 그러므로 유아의 흥미요소와 교육활동 연계를 고려하는 유아교육과정의 구성 및 운영이 필요하다.

넷째, 권리존중의 원리이다. 유아교육과정의 교육목표, 교육내용, 교수-학습과정, 평가 등 구성과 운영과정은 유아들의 기본적인 권리를 보호하고 보존하는 방향성을 전제로 이루어져야 한다. 유아들은 생존할 권리, 발달할 권리, 교육받을 권리, 복지를 누릴 시민의 권리, 그리고 행복을 추구할 권리 등을 갖는다. 이는 특수아에게도 동일하게 적용되는 권리이므로 모든 유아들이 차별받지 않고 권리를 존중받을 수 있도록 해야 한다.

### 2) 유아교육과정의 특징

유아교육과정과 일반교육과정의 가장 큰 차이는 교육대상의 다름에서 비롯된다. 유아교육과정은 유아를 교육대상으로 이루어지기 때문에 전 일생 중 유아기 특징에 따라 교육과정의 운영체계가 구성되고, 교육목적 및 목표, 교육내용, 교수-학습방법, 교육평가 등의 요소 및 내용이 선정된다. 유아교육의 특수성을 교육대상, 교육방향, 교육장소, 교육형식의 측면에서 살펴보면 다음과 같다(임재택, 1992).

- 교육대상 : 유아교육은 0~8세까지의 영유아를 대상으로 한다.
- 교육방향 : 유아교육은 전인교육을 위한 통합을 강조한다.
- 교육장소 : 유아교육은 가정 · 기관 · 지역사회 등 모든 맥락에서 이루어진다.
- 교육형식 : 비형식적 교육과 형식적 교육이 모두 중요하다.

[그림 1-2] 유아교육과정의 특수성

이러한 유아교육의 특수성을 고려하여 유아교육과정의 특징을 살펴보면 다음과 같다.

첫째, 유아교육과정은 대상범위가 다양하다. 유치원의 입학연령은 만 3~5세까지이며, 보육시설인 경우는 출생 후, 혹은 출생 후 3개월부터 만 5세까지를 대상으로 하고 있다. 또한 일반 유아 뿐 아니라 장애아 및 취업부모, 빈곤가정, 위기 가족 등 요보호 상황의 영유아 모두가 유아교육과정의 대상에 포함된다. 따라서 개별성과 특수성을 고려한 유아교육과정 구성이 필요하다.

둘째, 유아교육과정은 하루 종일 지속되는 종일 프로그램이다. 유치원 및 보육시설은 최근 급증하고 있는 취업 여성의 자녀를 위해 시간 운영상 방과 후 프로그램 등 종일보육을 기본으로 하여 융통성 있게 운영하고 있다. 따라서 유아교육과정은 유아의 일상생활 전반을 포함하고 보호와 교육 간의 균형을 고려하여 계획, 운영되어야 한다. 유아교육과정은 편의상 5개 영역으로 분류하여 교육내용 및 교육활동을 설정하고 있지만, 각 영역을 별도 학습하는 것이 아니라 통합적으로 교육한다. 즉, 유치원과 친구들, 교통기관 등 통합된 주제에 따라 여러 발달영역의 경험들을 균등하게 체험할 수 있게 한다.

셋째, 유아교육과정은 개방적 · 비형식적이다. 이는 유아의 학습에 대한 흥미와 욕구, 유아의 성장과 발달에 직접 관련된 경험과 활동이 중요시되는 것을 뜻한다. 이에 유아교육과정은 학습결과보다 학습과정을 중요시한다. 따라서 정해진 지식을 익히기보다는 유아의 지적 호기심, 내적인 요구 등을 마음껏 발현할 수 있는 놀이나 활동을 중요시하게 된다. 또한 유아교육과정은 교육목적이나 교육목표를 설정하고 있지만 교육의 주안점을 교육목표 달성에만 두기보다는 교육의 과정 그 자체, 학습과제 또는 학습대상에 주안점을 두고 있다.

넷째, 유아교육과정의 교육활동은 유아의 발달적 적합성을 기초로 연령, 발달수준, 개인차 등을 고려한다. 유아교육과정은 초 · 중등학교 교육과정처럼 교과 중심의 내용구성이 아닌 발달영역이나 생활영역 또는 프로젝트 중심으로 교육활동이 구성된다. 이에 유아의 자발적인 참여와 활동을 전제로 교수-학습과정의 계획, 전개, 정리 및 평가단계에서 각 유아의 발달수준이나 흥미에 직접적으로 관련된 활동이나 교재교구가 제공되며, 활동특성은 다소 교사 주도적이기보다 유아 주도적이다. 또한 교사-유아의 일방적 관계보다 다양한 쌍방적 관계, 즉 교사-유아, 유아-유아, 유아-교구교재 등을 중요시한다.

유아교육과정의 특징으로 볼 때, 유아교육은 일반교육과 다른 독립된 교육으로 이해되고 운영되어야 한다(이상욱 외, 2009). 유아교육과정이 영유아를 대상으로 이루어지는 교육과정이라는 점을 이해할 때, 교육대상의 전인적 발달특성 및 학습특성 등을 고려하여 교육목표, 내용, 교수-학습 방법, 평가 뿐 아니라 교육환경과 교육시간 등에 대한 운영설계가 효과적으로 구성되어야 한다.

### 3) 유아교육과정의 유형

무엇을 유아교육과정으로 보는가에 대한 관점은 기준에 따라 다양해질 수 있다. 일반적으로 논의되고 있는 슈바르츠와 로빈슨(Schwarts & Robinson, 1982)의 유아교육과정 유형은 다음과 같다(최지영, 2014).

#### (1) 우연히 일어난 것으로서의 교육과정

우연히 일어난 것으로서의 교육과정(curriculum as happening)은 유아에게 활동 선택의 주도권이 있어 개별 유아의 요구와 흥미에 따라 교육경험이 결정되는 유아교육과정을 말한다. 우연히 일어난 사건으로서의 교육과정의 관점에서 유아의 흥미로부터 유발된 학습동기와 유아의 경험 그 자체를 가치 있는 것으로 본다. 여기서는 유아가 학습하는 구체적인 내용보다 학습하는 과정에 그 가치를 두게 되고, 유아는 스스로 선택한 활동에서 능동적으로 학습한다.

따라서 교사는 유아가 흥미에 따라 활동할 수 있도록 지속적으로 관찰하고 배려하여 편안하고 자연스러운 분위기를 마련해 주어야 한다. 유아의 흥미 및 학습양식은 개별 유아에 따라 다르며, 학습에 대한 흥미 상황도 각 유아의 기질 및 정서상태에 따라 달라질 수 있으므로 교사는 유아에 대한 전문적인 지식과 통찰을 가지고 유아를 관찰해야 한다.

이러한 교육과정은 유아를 위한 개별 교육 및 개인차 존중이라는 장점은 있으나 교육과정의 범위가 광범위하여 교육목표 및 방향이 모호해질 수 있으며, 매 순간 개별 유아의 요구와 흥미에 따라 반응할 수 있는 교사의 역량을 필요로 한다는 점에서 한계가 있다.

### (2) 교육기관에서 갖게 되는 모든 경험으로서의 교육과정

교육기관에서 갖게 되는 모든 경험으로서의 교육과정(curriculum as all the child's experiences in school)은 유아가 교육기관에서 겪는 경험의 총체이다. 이는 교사가 계획하고 의도한 학습경험뿐 아니라 교사가 의도하지 않았지만 유아에게 영향을 줄 수 있는 잠재된 교육과정을 포함한다. 교육기관에서 갖게 되는 모든 경험으로서의 교육과정의 관점에서 교실의 분위기, 교사와 유아 간 상호작용, 유아와 유아 간 언어적 · 비언어적 의사소통, 유아와 교재교구 간 상호작용 등의 인적 · 심리적 환경은 유아의 학습경험으로 연결된다.

따라서 교사는 교실에서 일어나는 모든 상황에 대해 민감하게 반응하고, 유아의 경험에 미칠 수 있는 예측불가의 상황들에 대해서 세심한 관심을 기울여야 한다. 이 교육과정은 교사가 의도한 학습경험뿐 아니라 사전에 계획되지 않은 상황요인이 유아에게 영향을 미친다는 점에서 교사에게 민감성, 창의성, 융통성, 반응성 등의 역량을 요구한다.

이러한 교육과정은 교사의 역량에 따라 유아의 경험을 중심으로 하는 교육을 실시할 수 있다는 진보적인 점은 있으나 교실 외의 다른 공간에서 발생할 수 있는 경험들에 대한 예측 불가능성과 이러한 단점을 극복하기 위해 교사가 부모 및 지역사회와의 연계 등을 도모하는 역할들을 하기가 현실적으로 어렵다는 한계점을 갖는다.

### (3) 교수계획으로서의 교육과정

교수계획으로서의 교육과정(curriculum as plans for teaching)은 교사에 의한 교수계획, 의도된 계획을 교육과정이라고 보는 입장으로 전통적인 교육과정의 개념으로 이해되어 오고 있는 보편적인 정의라고 할 수 있다. 교수계획으로서의 교육과정의 관점에서는 유아를 위한 교육목표, 교육내용, 교육방법이나 절차 등의 계획들이 교사의 결정에 따라 이루어진다.

따라서 교사는 구체적 · 포괄적 계획, 장기적 · 단기적 계획 등의 방법으로 유아의 활동과 교수절차를 명시하는 활동 중심 계획, 사실 · 정보 · 개념 · 아이디어 등의 내용 중심 계획, 유아의 장기적 발달형태를 강조하는 과정 중심 계획, 이들 세 가지 모두를 고려한 종합적인 계획을 수립할 수 있다. 이는 유아의 욕구, 흥미, 활동을 예견하고 유아의 보다 나은 학습을 위해 교수계획을 실시해야 한다는 바람직한 방향성을 시사한다.

이러한 교육과정은 자료와 환경이 체계적으로 계획됨으로써 경험이 풍부한 교사나 초보교사 모두가 큰 어려움 없이 적용할 수 있는 교육과정이라는 장점이 있다. 그러나 교사에 의해 미리 짜여진 교수계획은 유아의 요구와 흥미를 융통성 있게 반영하는 데는 어려움이 있음을 염두에 두어야 한다.

#### (4) 교수요목으로서의 교육과정

교수요목으로서의 교육과정(curriculum as a syllabus)은 유아에게 가르칠 교육목표와 내용, 순서를 일련의 문서로 작성한 교수요목을 교육과정이라고 보는 입장으로 문서화된 포괄적인 계획으로 장기적인 지침이다. 이러한 문서화된 교육과정은 일정 시기에 교과별로 학습할 내용이 교수요목으로 작성되어 있어 어떤 교사라도 순서대로 운영하는 데 용이한 점이 있다. 또한 교사가 교수계획안을 계획하는 데 참조함으로써 교육목표와 활동의 평가기준을 제공하는 자료가 될 수 있다.

이러한 교육과정은 획일화된 문서로 제시되므로 통일된 학습결과와 표준화된 평가자료가 될 수는 있지만, 실제 유아교육기관에서는 피상적이고 형식적인 교육이 이루어질 수 있으며, 유아교육기관 및 지역사회의 특성, 유아의 흥미와 요구, 현장의 역동적인 상황이 반영되지 않은 교육과정이 운영될 수 있는 소지를 가지고 있다는 문제점이 있다.

#### (5) 프로그램으로서의 교육과정

프로그램으로서의 교육과정(curriculum as a program)은 몬테소리 프로그램, 뱅크 스트리트 프로그램 등과 같이 한 가지의 접근방법이나 이론이 기초한 유아교육모델 유형을 유아교육과정이라고 보는 입장이다. 프로그램으로서의 교육과정은 유아교육기관의 종류, 설립목적 및 설립주체, 대상 유아의 연령과 발달수준, 운영시간, 지역사회의 요구 등에 따라 다르게 계획되고 조직된다.

특히, 1960년 이후 헤드스타트 운동의 일환으로 개발된 다양한 보상교육 프로그램 모델들로 인해 유아교육과정을 유아교육 프로그램으로 부르는 경향이 생겨났으며, 이후 유아교육 프로그램들은 성숙주의, 행동주의, 구성주의의 세 이론들을 선택적으로 취하여 프로그램을 구성하였다.

이러한 교육과정은 특수한 요구에 적합한 활동을 중심으로 구성되었다는 점에서는 유용하지만, 일반적인 유아교육과정의 개념을 축소하고 있는 경향성이 있다. 또한 대부분의 프로그램에 대한 검증이 거의 이루어지지 않은 상태에서 다양한 현장에서 활용되고 있는데, 모든 프로그램을 교육과정으로 규정할 수 있는가에 대한 의문점이 존재한다.

## 3 유아교육기관의 유형

유아교육기관은 설립주체, 설립목적, 교육관 그리고 유아의 연령 등에 따라 다양한 유형으로 설립된다. 우리나라 유아교육기관의 유형은 크게 교육부에서 관할하고 있는 유치원과 보건복지부에서 관할하는 어린이집으로 나눌 수 있다. 유아교육기관의 세부 유형은 분류 기준에 따라 구분된다.

### 1) 유치원

「유아교육법」 제2조에 의하면 '유치원이란 유아의 교육을 위하여 이 법에 따라 설립 운영되는 학교를 말한다' 고 규정되어 있다. 또한 「교육법」 제148조에 '유치원에 입학할 수 있는 자는 만 3세부터 초등학교 취학시기에 달하기까지의 유아로 한다'고 되어 있다. 따라서 우리나라 유치원은 만 3세부터 초등학교 취학시기까지의 유아를 대상으로 하는 교육기관이다.

### (1) 설립주체에 따른 분류

유치원은 설립유형에 따라 국 · 공립유치원과 사립유치원으로 구분된다. 국 · 공립유치원은 초등학교 내에서 병설유치원으로 운영되거나, 단독 건물에서 단설유치원으로 운영되기도 한다. 사립유치원은 법인이 설립 · 운영하는 유치원과 개인이 설립 · 운영하는 유치원이 있다. 설립주체에 따른 유치원 분류는 〈표 1-2〉와 같다.

〈표 1-2〉 설립 주체에 따른 유치원 분류

| 유형 | 분류 |
|---|---|
| 국 · 공립유치원 | 국립유치원 |
| | 공립유치원 : 단설유치원, 병설유치원 |
| 사립유치원 | 법인 : 학교법인, 재단법인, 사단법인, 사회복지법인 |
| | 종교단체 : 기독교, 천주교, 불교, 기타 종교단체 |
| | 개인 |
| | 군부대 및 기타 |

### (2) 운영시간에 따른 분류

유치원은 운영시간에 따라 기본과정과 방과 후 과정으로 구분된다. 유치원 기본과정은 전통적으로 1일 3시간 정도의 프로그램을 운영하였으나 맞벌이 부부의 증가 및 현대사회의 교육복지 확대에 대한 요구가 증대되면서 유치원의 교육시간 확대 및 종일제 프로그램 운영이 실시되었다. 기본과정은 1일 4~5시간을 기준으로 편성운영하며, 방과 후 과정은 교육과정 이후의 교육활동으로 1일 8시간 이상 운영하도록 규정되어 있다(유아교육법 제2조 제6항, 제13조, 2012. 3. 21. 일부개정).

## 2) 어린이집

어린이집의 종류에는 국 · 공립어린이집, 사회복지법인어린이집, 법인 · 단체 등 어린이집, 민간어린이집, 직장어린이집, 가정어린이집, 부모협동어린이집이 있다. 어린이집은 공휴일을 제외하고 연중 운영해야 하며, 일일 보육시간은 12시간 이상 운영함을 원칙으로 하되 보호자의 근로시간을 고려하여 조정할 수 있다. 어린이집 입소대상은 0~6세 미만 취학 전 영유아이며, 시 · 군 · 구 보육위원회의 의결을 거쳐 12세 아동까지 보육할 수 있다.

### (1) 설립주체에 따른 분류

어린이집은 설립주체에 따라 국 · 공립어린이집, 법인어린이집, 민간어린이집, 직장어린이집, 가정어린이집, 부모협동어린이집이 있다.

- 국 · 공립어린이집의 설립주체는 국가 또는 지방자치단체이며, 보육운영에 관한 연구 및 농어촌 · 저소득 밀집지역 등 취약계층의 자녀를 우선적으로 보육하는 것을 목적으로 한다. 영유아 11인 이상을 보육해야 하며, 설립된 지역의 주민 자녀를 정원의 50% 이상 보육하는 시설이다.
- 법인어린이집의 설립주체는 「사회복지사업법」에 의한 사회복지법인이며, 비영리기관의 지원을 받아 운영되므로 주로 대학, 종교단체 등이 운영주체가 된다. 이에 지원하는 기관의 재정지원, 인력지원이 이루어지며, 특정 교육철학과 가치관의 보육 프로그램이 운영되기도 한다.
- 민간어린이집의 설립주체는 사회복지법인이 아닌 법인, 단체 또는 개인이며, 설립주체에 따른 분류 중 가장 많은 수를 차지하고 있다.
- 직장어린이집의 설립주체는 사업주 또는 국가, 지방자치단체의 장이며, 사업장 내 또는 그에 준하는 인근 지역이나 사원 주택 등 사업장의 근로자 밀집 주거지역에 소속 직원의 자녀 보육을 위해 설치 · 운영한다. 상시 여성 근로자 300인 이상 또는 근로자 500인 이상을 고용하고 있는 사업주가 시장 · 군

수의 인가를 받아 직장어린이집을 설치해야 하며, 보육 정원 유아의 3분의 1 이상이 동일한 사업장 근로자의 자녀이어야 한다.

- 가정어린이집의 설립주체는 개인이며, 가정 또는 그에 준하는 곳에 설치 · 운영한다. 영유아 5인 이상 20인 이하를 보육할 수 있다. 가정어린이집은 유치원, 학원 등 유사기관으로 오인될 수 있는 명칭은 사용할 수 없다.
- 부모협동어린이집의 설립주체는 보육대상의 보호자 조합이며, 자녀의 보육문제를 해결하기 위해 어린이집을 비영리로 운영한다. 공동자금 마련 및 업무 집행자를 민주적 방식으로 결정하며, 교사의 채용, 교육과정의 계획 및 운영에 공동으로 참여하기도 한다.

설립주체에 따른 어린이집의 분류를 정리하면 〈표 1-3〉과 같다.

〈표 1-3〉 설립주체에 따른 어린이집의 분류

| 명칭 | 설립주체 | 설립절차 | 수용인원 |
|---|---|---|---|
| 국 · 공립 어린이집 | 국가, 지방자치단체 | 국가 및 지방자치단체장이 인가 없이 직접 설치(신고) | 11인 이상 |
| 법인 어린이집 | 「사회복지사업법」에 의한 사회복지법인 | 관할 시장 · 군수 또는 구청장 인가 | 21인 이상 |
| 민간 어린이집 | 사회복지법인이 아닌 법인, 단체, 개인 | 관할 시장 · 군수 또는 구청장 인가 | 21인 이상 |
| 직장 어린이집 | 사업주 단독 혹은 공동운영 | 관할 시장 · 군수 또는 구청장 인가 | 5인 이상 |
| 가정 어린이집 | 개인 | 관할 시장 · 군수 또는 구청장 인가 | 5인 이상 20인 이하 |
| 부모협동 어린이집 | 보호자 15인 이상이 조합 결성 | 관할 시장 · 군수 또는 구청장 인가 | 11인 이상 |

### (2) 운영시간에 따른 분류

어린이집은 오전 7시 30분부터 오후 7시 30분까지 하루 12시간 동안 운영되는 종일제 운영을 원칙으로 하나 지역사회 및 부모의 특성과 요구에 따라 〈표 1-4〉와 같이 다양한 시간으로 운영할 수 있다.

〈표 1-4〉 운영시간에 따른 어린이집 분류

| 구분 | 내용 |
|---|---|
| 시간연장보육 | 기준보육시간을 경과하여 21시 30분 이후까지 시간을 연장하여 보육 |
| 방과 전 · 후 보육 | 학령기 아동의 과제나 특별활동지도로 방과 전 · 후 동안 보육 |
| 시간제 보육 | 백화점, 공연장, 병원 등 부모의 필요에 따라 일정한 시간 동안 보육 |
| 휴일 보육 | 일요일 및 공휴일에 이루어지는 보육 |
| 전일제 보육 | 24시간 운영되는 형태로, 잠자리와 식사가 제공되는 보호적 보육 |

유아교육기관 유형인 유치원과 어린이집의 특징을 간단하게 비교하면 〈표 1-5〉와 같다.

〈표 1-5〉 유치원과 어린이집 특징 비교

| 구분 | 유치원 | 어린이집 |
|---|---|---|
| 관련 법령 | 유아교육법 | 영유아보육법 |
| 관할부서 및 운영지침 | • 교육과학기술부 내 유아교육지원과<br>• 관할 '지역교육청' 지도 감독<br>• 교육과학기술부의 지침에 따라 운영 | • 보건복지부의 보육정책관 소속<br>• '시 · 군 · 구청'의 지도 감독<br>• 보건복지부의 보육사업지침에 따라 운영 |
| 인가 | 관할 교육청장 | 관할 시장, 군수, 구청장 |
| 유형 | 국 · 공립유치원, 사립유치원 | 국 · 공립, 법인, 민간, 직장, 가정, 부모협동 어린이집 |
| 교육대상 | 만 3~5세(취학 전) | 0~12세(방과 후 보육 포함) |
| 교육내용 | 개정 누리과정 | 표준보육과정(만 0~2세)<br>개정 누리과정(만 3~5세) |
| 교사요건 자격증 | 유치원 정교사 자격증 | 보육교사 자격증 |
| 교사요건 직급 | 원장, 원감, 1급 정교사, 2급 정교사 | 원장, 보육교사 1급, 보육교사 2급, 보육교사 3급 |
| 교사요건 급여 기준 | 교육과학기술부 '공무원 보수 지침'의 '유치원 · 초등학교 · 중학교 · 고등학교 교원 등의 봉급표, 수당표' | 보건복지부 지침 '어린이집 교직원 보수 기준'에서 '보육교사의 봉급표, 수당표' |

# 제2장

# 유아교육과정의 기초

이 장에서는 유아교육과정을 구성하는 방향을 제시하는 철학적 기초, 심리를 연구하는 심리학적 기초, 사회적 영향을 고려하는 사회적 기초 세 가지 요인을 중심으로 이론적 근거와 사회적 이슈 등을 밝혀보고자 한다.

제2장

# 유아교육과정의 기초

## 1 철학적 기초

교육과정에서 철학적 기초는 교육과정의 이슈와 문제를 명료화하고 의사결정을 하는 데 여러 관점과 체계적인 절차를 제공하므로(이기숙 외, 2016) 유아교육사상가들의 철학을 살펴보는 것은 과거 유아교육의 특징뿐 아니라 현재 유아교육과정의 약점을 보완하고 미래 유아교육과정의 방향성에 대한 통찰을 얻는 데 유용하다. 유아교육과정의 철학적 기초는 고대, 중세, 근대에 이르는 시대 변화 속에서 형성되었으며, 후대 사상가 및 교육가들에게 영향을 주면서 발전하였다.

## 1) 플라톤

### (1) 배경

고대의 교육사상가 플라톤(Platon, B.C. 427~347)은 아테네의 귀족가문에서 출생하였다. 탁월한 군인이었으나, 소크라테스를 만나 철학자가 된 그는 대학의 시초인 아카데미아 학원을 건립하고 80세에 세상을 떠날 때까지 저술활동과 제자양성에 힘을 쏟았다(이상욱 외, 2009).

### (2) 교육원리

플라톤은 절제, 용기, 지성, 정의의 덕이 지배하는 이상사회 실현을 위해 교육이 필요함을 강조했다. 플라톤의 인간관은 육체와 영혼을 구분한 이원론에 입각하고 있다. 그에 따르면 인간은 육체와 영혼이 결합되어 있으며, 영혼은 육체 안에 갇혀 있다. 영혼은 다시 3가지 층으로 나뉘는데, 이는 이성, 용기, 본능이라고 하였다. 그는 기본적으로 인간의 본성이 아름다움과 선함, 유능함으로 가득 차 있으며, 인간이 이성적 본성을 연마함으로써 자기와 자신의 세계를 완성할 잠재력이 있다고 보았다. 이에 인간을 계몽하여 진선미의 절대적인 가치를 추구하고 이데아 세계를 발견하는 민주시민을 육성하는 것이 교육의 목적임을 밝히고, 이성적 본성을 갖도록 교육시키기 위해서는 교육과정이 체계적으로 계획되어야 함을 지적하였다.

### (3) 유아관

인간 생에 초기인 유아기는 인간발달에 있어 중요하므로 어리고 부드러운 유아의 특성을 고려하여 가르쳐야 한다고 보았다. 또한 인간이 서로 다른 능력을 지니고 태어나므로 개인의 타고난 본성과 이성적인 본성의 조화에 적합한 교육을 받고 직업에 종사해야 한다고 하였다. 이에 효과적인 교육을 위해 유아기부터 15세까지는 체육, 음악, 좋은 이야기들을 들려주어야 한다고 강조하면서 유아기 교육은 자연스러운 놀이를 통해 생활 속에서 이루어져야 하며, 자신의 적성을 찾기 위한 기초적 단계임을 강조하였다.

플라톤은 교육과 인간발달에 대해 이론적 기원을 제공하였다. 플라톤은 인간이 본성적으로 타고나는 특수성과 개별성을 인정함으로써 발달과 교육에 대한 철학적 토대를 최초로 제시하였다.



## 2) 코메니우스

### (1) 배경

기독교가 지배했던 중세 천년 역사에 대한 반동으로 나타난 르네상스와 종교개혁, 그리고 16세기 자연과학의 발달은 17세기 이후의 교육사상에 영향을 미쳤다. 17세기 대표적인 사상가이자 교육자인 코메니우스(Comenius, 1592~1670)는 체코 동부의 모라비아 지방에서 태어나 하이델베르크 대학을 졸업한 후 보헤미아 동포교회의 목회자가 되었다. 조실부모하고 유럽 최대의 종교전쟁인 30년 전쟁(1628~1648)으로 인한 도피생활과 가족을 잃는 슬픔에도 굴하지 않았던 그는 교육학에 대한 저서들『대교수학』(1632),『세계도회』(1658) 등을 통해 근세의 독보적이고 실제적인 교육이론과 교수방법론을 체계적으로 정립했으며 범지학, 감각교육 등 교육철학과 방법의 새로운 지평을 열었다.

### (2) 교육원리

코메니우스의 교육철학은 기독교 세계관에 기초를 두고 있다. 그는 성서를 근거로 인간을 지성적 · 도덕적 · 신앙적 존재로 해석하고 인간의 전 인성은 곧 인간의 내면세계에 내재하고 있는 지성과 덕성과 경건의 씨앗을 계발함으로써 이루어질 수 있다는 개념으로 통합하여 규정하였다. 세상에 태어난 모든 사람은 모두 평등하게 교육받아야 한다는 범교육(汎敎育)을 주창하였는데, 이는 하나님의 형상으로 태어난 모든 사람들이 하나님께서 창조하신 모든 것을 자연의 원리에 의한 모든 방법으로 교육받아야 한다는 우주적 보편교육사상이다.

코메니우스는 인간이 교육을 받지 않으면 인간이 될 수 없다고 생각할 정도로 교육을 중시하였다. 전쟁의 참혹함을 온몸으로 겪은 그는 세상의 모든 분쟁과 갈등과 싸움은 단편적이며 왜곡된 지식들이며, 그것을 교육하는 데 원인이 있다고 보고 모든 지식과 학문을 통합하는 범지학 사상을 발전시켰다. 범지학은 '모든 사람들에게 모든 것을 가르친다'는 사상이다. 그는 인간을 총체적 인격체로 보면서 교육도 이와 같이 통합적으로 이루어져야 함을 강조하였다.

특히, 코메니우스는 체계적인 발달단계와 각 시기에 흥미를 가지고 구체적으로 배울 수 있는 교수법 개발에 전념하였다. 대교수학에서 모친학교, 모국어학교, 라틴어학교, 대학 등 근대교육체제의 체계를 세우고, 세계도회에서 아동의 발달수준을 고려하여 인문지리에 대한 내용들을 흥미롭게 학습할 수 있도록 그림과 글을 함께 사용하였다. 이는 단순히 기법의 사용을 넘어 학습자의 특성과 학습양식에 대한 관심으로 당시 교수자 중심의 교육과는 상당히 대조적인 방식이었다. 그는 이러한 교수법을 찾기 위해 우주 전체와 자연에 대한 면밀한 관찰과 분석에 힘을 기울였고 발견된 질서와 이치로 새로운 교수법을 개발하였다.

#### (3) 유아관

코메니우스의 교육사상은 감각교육 및 합자연의 교육과 함께 유아기 어머니를 통해 이루어지는 보육의 중요성을 강조하였으며, 관찰을 통해 유아기의 발달단계를 영아기, 유아기, 보행기, 감각능력기, 행동습득기, 집단교육기로 구분했다. 그는 대교수학에서 "인간의 형성은 인생 최초의 시기에 행하는 것이 가장 적절하고, 그 시기를 잃고서는 행할 수 없다."라고 하였다. 또한 학습자의 입장을 고려하여 교수법을 개발하고 통합된 인격체에게 통합된 교육을 실시해야 한다는 신념은 후대의 학자들에게도 절대적인 영향을 미쳤으며, 근대교육으로 나아가는 진보적인 교육적 귀감을 제공하고 있다.

유아가 경험해야 할 내용으로 유희 · 게임 · 동시 · 동화 · 음악 · 작업 등에 관한 경험을 제공해야 하며, 만 6세가 되어 초등학교에 입학하면 읽기 · 쓰기 · 셈하기 · 종교 · 음식 · 도덕 · 창작공예 등의 내용을 주요하게 가르쳐야 한다고 제시하였다.



## 3) 루소

### (1) 배경

루소(Rousseau, 1712~1778)는 스위스 제네바 태생으로 거의 출생과 동시에 어머니를 잃고 불우한 어린 시절을 보냈다. 16세 이후 프랑스, 이탈리아 등을 떠돌다가 19세에 와랑 부인을 만나 상류사회를 경험하였지만 당시의 사회에 대한 비판의식을 갖게 되어 관련 논문인 「인간불평등 기원론」을 기고하고 『사회계약론』과 『에밀』을 출간하였다.

### (2) 교육원리

루소는 『에밀』을 통해 자연주의 교육사상을 주창하여 18세기 계몽주의시대 교육사상 발전에 기여하였다. 자연주의 혹은 낭만주의로 알려진 루소의 교육사상은 근대교육의 초석이 되었다. 18세기 프랑스는 계급 간의 대립이 심했는데 루소는 인간이 자유롭기 위해서는 사회제도를 벗어나야 한다고 보았다. 인간은 본래 창조자에 의해 자유롭고 선하게 태어났으며, 이는 행복의 진정한 원천이라고 하였다. 이에 루소는 인간이 사회 속에서 살면서도 사회에 속박되지 않고, 사회로부터 영향을 받지 않는 자연인이길 기대했다.

### (3) 유아관

유아를 시기에 따라 자연적 발달을 이루는 내적인 힘, 즉 성장하려는 힘을 가진 존재로 보고 이러한 과정을 돕는 것을 교육이라고 하였다. 루소의 입장에서 유아는 생득적으로 지식의 자료가 되는 감각을 가지고 태어나며 자신의 감각경험을 통해 경험적인 지식을 얻는다는 점을 강조하였다. 이러한 관점은 경험적 인식론에 기초한 것으로 유아 자신이 지식획득과정의 주체가 되고 지식의 원천이 됨을 말한다(신화식, 2010). 이에 교육은 유아의 마음을 사회의 악덕과 오류로부터 지키는 것이며, 자연적 발달을 도모하고 잠재된 내재성을 발현하는 소극적 개입형태를 추구한다.

루소는 교육에 대한 실천경험이 거의 없고, 에밀이 상상 속 소설로 현실과 이상의 괴리의 한계점을 갖지만, 자연주의 교육사상은 성인과 다른 유아의 세계를 인정하고 유아의 잠재력과 내적인 힘을 강조한 아동 중심의 현대적인 교육관의 초석이 되었으며, 그의 사상은 19세기 이후 페스탈로치, 프뢰벨, 듀이 등 학자들의 사상에도 영향을 미쳤다.

### 4) 페스탈로치

#### (1) 배경

페스탈로치(Pestalozzi, 1746~1821)는 스위스 취리히 태생으로 5세에 의사였던 아버지를 잃었으나, 어머니와 보모의 보살핌으로 취리히 법학대학을 통해 사회운동에 적극 가담하였다. 학업을 중단하고 농촌에서 빈민아동과 장애아, 고아들을 모아 교육에 헌신하였으나, 경제적 어려움으로 빈민노동학원은 폐쇄되었고(1780), 프랑스 혁명의 여파로 발생된 고아들을 모아 슈탄츠 고아원을 설립하지만(1798) 전쟁의 심화로 인해 야전병원으로 차출되었다. 이후 이페르텐 학교를 설립하고 자신의 교육철학을 실천하여 전 유럽의 교육에 영향을 미치지만(1805), 명문학교, 귀족학교로 변질되는 결과를 낳았다. 이에 페스탈로치는 다시 빈민아동들을 모아 빈민학교를 세웠다. 이처럼 페스탈로치는 유아교육을 통해 사회의 재건을 이루고자 고아원 · 빈민학교 등에서 일생을 바친 교육실천가이다(이상욱 외, 2009).

### (2) 교육원리

페스탈로치는 교육의 목적을 지적 · 신체적 · 도덕적인 내적 능력을 이끌어 내어 인간성을 계발하는 것으로 보았다. 그는 유아를 씨앗에 비유하면서 인간의 본성도 본능과 욕구의 자연상태의 인간, 사회와 계약하는 사회상태의 인간, 내면적 가치를 갈구하는 도덕적 상태의 인간 등 여러 층으로 이루어진 복합체임을 주장했다. 이에 어머니를 통해 이루어지는 인격형성과 가정교육을 중요시하였으며 특별히 정서교육과 일상적인 가족 간의 대화를 강조하였다.

루소의 영향을 받은 페스탈로치는 인간의 교육은 자연의 법칙을 따라야 한다고 보았다. 이에 교육은 단순한 것에서 복잡한 것으로, 가까운 것에서 먼 곳으로, 욕구충족에서 사랑의 발현으로, 수동성에서 자발성으로, 이기적 본능에서 사회성으로 이루어져야 함을 주장하였다. 또한 자기활동의 원리에 따라 인간 본성이 스스로 발전하여 발현될 수 있도록 직관을 통한 교육으로 이루어지는 실제적인 체험과 경험의 중요성을 강조하였다.

이에 따라 페스탈로치는 자발성의 원리, 직관의 원리, 전인교육의 원리를 중심으로 교육이 이루어져야 한다고 보았다. 자발성의 원리는 주입식 교육이 아닌 학습자 내부의 잠재력 계발을 중요시하며, 직관의 원리는 사물을 조작하며 스스로의 직관에 의해 지식을 구성해 나가는 것을 의미한다. 전인교육의 원리에서 페스탈로치는 3H, 즉 지능(Head), 종교(Heart), 기술(Hand)을 강조하여 지성과 영성과 실천이 통합된 전인적 인간상을 구현하고자 하였다.

### (3) 유아관

페스탈로치의 사상은 현대 아동의 활동 중심 교육과정과 아동 중심 교육과정 형성에 영향을 미쳤을 뿐 아니라 유아의 자기의지 및 내적 동기를 강조하고 실물을 통한 교육으로 아동 중심 교육의 당위성을 제공하면서 현대 활동 중심 및 아동 중심 유아교육과정 형성에 기여하였다.

## 5) 프뢰벨

### (1) 배경

유치원의 창시자이며 놀이를 최초로 유아교육에 도입한 유아교육의 아버지로 널리 알려진 프뢰벨(Fröbel, 1782~1852)은 독일 튀링겐의 오베르바이스바흐에서 루터파 목사의 아들로 태어나 생후 8개월에 어머니를 잃고 불행한 어린 시절을 보냈다. 그는 측량사로 일했으며 자연과학과 수학공부를 좋아하였는데, 이러한 특성은 후일 그가 유아를 위한 은물을 고안하는 데 영향을 미쳤다.

프뢰벨은 당시 페스탈로치의 제자이며 모범학교 교장이었던 그루너를 통하여 이훼르톤 실험학교를 찾게 되었고 페스탈로치의 가르침을 받아서 교육자로서의 삶의 방향을 정하였고 사명감을 인식하면서 교육활동에 정열을 쏟았다. 그는 1817년 카일하우에 교육기관을 개설하였고 여기에서 많은 교육이론을 실천하고 정립하였다.

### (2) 교육원리

프뢰벨 교육사상의 특징은 낭만주의 교육철학을 기초로 신, 자연, 인간을 통합하여 통일성을 이루려고 노력한 점이다. 교사교육을 통해 은물의 활동순서와 방법을 제시하여 유치원교육과정의 기틀을 확립하였으며 중심 활동으로서 유아의 놀이를 강조하고 노래 부르기, 이야기, 동시, 율동, 게임, 정원 가꾸기, 동물 돌보기, 산책, 은물, 작업과 같은 교육활동을 구체적으로 고안하여 제시함으로써 현대적 의미의 유아교육과정의 확립에 결정적인 기여를 하였다.

프뢰벨은 교육과정에서는 통일의 원리가 강조되어 교육은 사려적, 지성적, 능동적인 인간이 신성한 신의 통일성 법칙을 순수하게 의식적으로 자유롭게 표상하도록 안내해야 하며, 이러한 방향으로 갈 수 있도록 인간에게 수단과 방법을 가르쳐야 한다고 제안하였다. 또한 자기활동의 원리와 놀이 및 작업의 원리를 강조하였다. 그는 유아의 창조적 놀이를 위한 은물을 고안하여 발달에 적합한 교육을 실천하였다.

### (3) 유아관

프뢰벨은 은물을 통해 유아가 감각적으로 세계를 관찰하고 인식할 수 있다고 보고 유아의 정신구조를 형성하고자 입체로 이루어진 3차원, 평면으로 이루어진 2차원, 입자로 이루어진 1차원의 순서로 은물을 고안하였으며, 유아가 은물을 경험한 후에 스스로 창조적인 활동을 하며 다양성을 추구할 수 있도록 하였다. 프뢰벨이 고안한 은물은 다음과 같다.

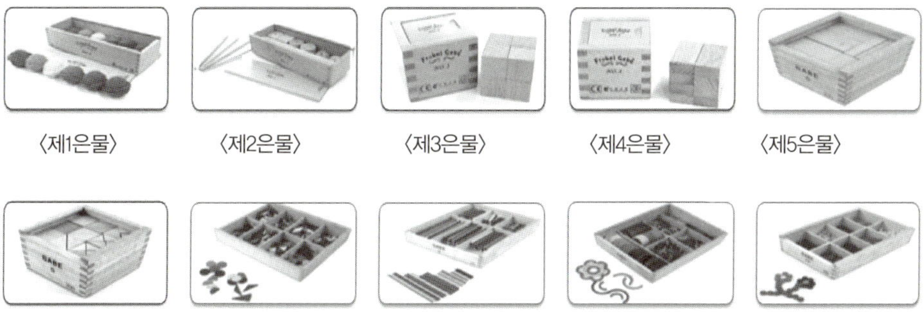

〈제1은물〉 〈제2은물〉 〈제3은물〉 〈제4은물〉 〈제5은물〉

〈제6은물〉 〈제7은물〉 〈제8은물〉 〈제9은물〉 〈제10은물〉

[그림 2-1] 프뢰벨의 10 은물

프뢰벨은 은물에 그치지 않고 유아의 자기활동과 놀이를 격려하기 위해 점 · 선 · 면 · 입체개념을 기초로 하는 10가지 작업을 고안하였다(점 : 구멍 뚫기, 선 : 바느질하기, 그리기, 면 : 색칠하기, 종이끈으로 형태 만들기, 매트 짜기, 종이접기, 오리기, 찢어 붙이기, 음영그림 만들기, 입체 : 콩으로 만들기, 상자 만들기, 점토로 만들기). 후에 듀이는 은물과 작업활동이 유아의 실생활과 동떨어져 있다고 비판하면서 은물활동을 추상적이고 상징적인 놀이로 유아의 소근육을 혹사시키고 있다고 했으나 프뢰벨의 작업 고안과 개발은 현대 유아교육기관의 흥미영역 중 일상생활 관련 영역 및 수 · 조작영역, 소근육발달에 직접적인 영향을 미쳤다.

## 6) 듀이

### (1) 배경

듀이(Dewey, 1859~1952)는 과거의 교육사상들이 따르고 있는 항존적인 지식관을 과감히 탈피하여 도구주의 또는 진보주의 교육사상가로 불린다. 그의 대표적인 저서인 『나의 교육적 신조와 민주주의와 교육』 등에서 그는 생활 중심 교육, 경험 중심 교육을 강조하고 있다. 그는 인간은 주위의 에너지를 자신에게 이로운 방향으로 활용하려고 노력하는 생명체라고 했다. 이에 삶은 생명체가 환경에 작용함으로써 스스로를 갱신해 나가는 과정이라고 생각하고 교육을 삶의 사회적 연속성을 유지하는 수단으로 보았다. 이에 교육은 유아가 일상생활 속에서 스스로 체험을 통해 스스로 지식을 구성해 나가는 계속적인 경험의 재구성이라고 보았으며, 이러한 교육은 상호작용, 변화, 계속성의 원리를 통해 이루어진다고 하였다.

### (2) 교육원리

듀이는 유아의 활발한 성장을 도모하는 유아 중심 교육을 교육의 목표로 삼고 유아 개개인의 내적 활동과 요구에 기초한 교육이 되어야 하며 유아들이 수행하는 모든 활동에서 유아의 흥미를 강조하였다. 즉, 대화와 의사소통에 대한 흥미, 사물을 탐구하고 발견하려는 흥미, 사물을 제작하고 구성하려는 흥미, 예술적 경험에 대한 흥미가 생활 속에서 계속적인 경험의 재구성을 통해 성장한다고 보았다.

듀이는 유아의 경험 중심 교육과정을 강조하면서 유아의 본성에 기초한 놀이 위주의 교육과정을 제공하도록 하였다. 그는 민주시민의 자질향상을 교육목표로 일상생활과 사회생활을 바탕으로 하는 단원 중심 학습을 하도록 하였다. 그리고 유아의 문제해결과 사회화과정을 중시하였다.

#### (3) 유아관

듀이는 미국인으로서는 교육사상사에 중요한 영향을 준 최초의 교육학자이자 철학자로서 과거 프뢰벨을 중심으로 이루어진 유아교육에 대해 유아의 경험과 생활을 중심으로 하는 새로운 관점을 제시하였으며, 현대 유아교육의 아동 중심, 생활 중심, 흥미 중심 교육과정에 영향을 미쳤다.

### 7) 몬테소리

#### (1) 배경

몬테소리(Montessori, 1870~1952)는 이탈리아 최초의 여의사이며 여성 박사로 1870년, 이탈리아 키아라발레에서 태어났다. 당시 이탈리아에서는 여학생의 의과대학 입학을 허락하지 않았지만 몬테소리는 이탈리아 왕과 교황에게 직접 탄원하여 입학 허가를 받았다. 1896년 우수한 성적으로 대학을 졸업하여 의학박사가 되었으며 이후 로마대학병원 정신과에서 인턴으로 근무하면서 정신지체아에 대한 교육방법에 관심을 가지면서, 이들을 연구하여 효과가 검증된 지도법을 일반 유아들에게도 적용하여 몬테소리 교육방법을 발전시켰다. 1907년 산 로렌조 지방에 카사 데 반비니(Casa Dei Bambini) 어린이집을 개원하여 그 지방 유아들에게 자신의 교육이론을 효과적으로 실천하였다.

#### (2) 교육원리

몬테소리는 의학자로서의 연구방법을 교육학에 접목시켰을 뿐 아니라 이탈리아의 인류학자 롬브로소와 세르지로부터 교육학에 인류학적 방법을 적용하는 측면에 대한 영감을 받았다. 또한 프랑스의 세강과 이타르에게서는 생리학적 접근방법에 대한 적용점을 발견하여 적용하였고 다윈과 헉슬리를 통해서는 진화론과 과학적 방법에 기초한 준비된 환경의 중요성을 인식하게 되었다. 이후 프로이트의 정신분석적 입장과 왓슨의 행동주의적 입장에도 영향을 받았으며 루소와 페스탈로치, 프뢰벨로 이어지는 자연주의 교육사상의 맥을 이어갔다. 그녀는 다양한 이론들을 통합 · 발전시켜서 유아를 존중하고 유아의 작업을 중요시하는 독창적인 교육이론을 발전시켰다.

몬테소리는 전인적인 인간육성을 위해 정상화 개념을 강조하였다. 특히, 로마의 빈민촌 산 로렌조에 어린이집을 설립하여 빈곤과 무질서의 지역에서 방치되었던 대부분의 어린이들에게 자신이 지금까지 정신지체아들을 위해 만들어 온 교육과 교육방법을 정상아에게 적용하여 획기적인 교육성과를 이루었다. 몬테소리는 교사는 유아가 독립된 개체로 존중받고 활동할 수 있도록 돕는 조력자가 되어야 한다고 했다. 교사는 유아에게 설명만 하는 것이 아니라 먼저 관찰자나 인간발달의 연구자로서 도움을 제공해야 한다. 이에 몬테소리 교사는 가르치기만 하는 일반 교사의 의미보다 지도자이어야 한다.

준비된 환경이란 유아의 발달단계에 적절하게 고안된 다양한 물리적 환경과 함께 교구교재를 제공해 준다면 유아는 스스로 자신의 발달욕구에 적합한 자료를 선택하여 자율적으로 학습한다는 것이다. 또한 유아는 이러한 환경과 교구교재들을 통해 끊임없이 자신의 잘못된 방법을 스스로 교정하는 자기교정의 과정을 진행해 나간다.

몬테소리 교육의 목적은 유아가 전인적인 성장을 하도록 도와주고 자신의 주변 환경에 적응할 수 있도록 하며 인간적인 관계 속에서 사회적 욕구를 받아들이고 더 나아가 정상화되는 데 두었다. 정상화는 유아가 작업에 만족감을 가짐으로써 내적 훈련과 자신감을 발달시키고 목적 지향적인 작업을 선택하게 되는 과정이다. 따라서 정상화 개념은 유아가 주변의 방해, 신체적 결함 등 정신적인 장애로 일탈될 때 유아 스스로 본래의 정신으로 돌아가려는 성향이다. 유아가 작업을 통해 집중하면 내면적으로 안정이 가능하고 유아가 작업에 진정한 흥미를 가지고 스스로 선택하여 목적 지향적 작업을 하면서 자신감과 만족감을 느끼게 되는 상태를 정상화된 상태로 보았다.

몬테소리는 유아가 특정행동에 대한 감수성이 예민해져서 특정기술을 좀 더 쉽게 배울 수 있는 민감기가 있다고 믿었다. 즉, 민감기란 유아가 어떤 행도에 대해 좀 더 영향을 받기 쉽고, 특정한 기술을 좀 더 쉽게 배울 수 있는 시기이다. 유아의 민감기가 나타나는 연령은 0~6세이지만 각 개인마다 다르며 이 시기에 나타나는 행동특성도 다르다. 한 영역의 특정한 민감성이 나타나서 사라지게 되면 또 다른 발달영역에서 민감성이 나타나며 연속적인 과정으로 일어나게 된다. 그러므로 교사는 그 특성에 대한 민감기가 존재하는 동안 유아를 잘 관찰하여 발달특성을 파악하고 그 시기를 효과적으로 보낼 수 있도록 도와주는 것이 매우 중요하다고 강조하였다.

### (3) 유아관

몬테소리는 유아는 끊임없이 자신을 창조해 가는 무한한 잠재능력을 지닌 자유로운 존재로서 유아 스스로 자신의 잠재력을 전개해 나간다고 보았다. 즉, 인간은 외부 환경의 자극에 의해 수동적으로 반응하는 것이 아니라 내적 에너지에 의해 스스로 탐색하고 발전해 가는 능동적인 존재이다. 특히, 유아는 선천적으로 특유한 정신적 본성을 지니고 태어나며 성인에 의해 배우기보다는 유아 스스로 환경과 접하면서 경험을 통해 배운다고 보았다.

그러므로 유아는 성인의 축소형이 아니며 그렇게 취급되어서도 안 되고 분리된 개별적인 생명을 지닌 존재로 인식되어야 한다. 몬테소리는 성인은 유아를 인격체로서 존중해야 하며, 발달단계에 따라 성장속도에서 개인차가 있다는 사실을 인정해야 한다고 강조하였다. 그리고 개개의 유아가 갖는 성장의 가능성 및 준비성의 실현을 위해 각 유아의 발달단계에 따른 개별교육을 실시해야 한다고 보았다.

# 2 심리학적 기초

1900년대 이후 이루어진 인간에 대한 연구는 인간심리 및 발달에 대한 연구로 이루어졌다. 이러한 연구의 결과들은 교육방법 및 학습방법의 기초 형성에 영향을 미치게 되었다. 발달심리학의 대표적인 성숙주의이론, 행동주의이론, 정신분석이론, 인지발달이론, 인본주의이론, 생태학적이론 등을 살펴보고자 한다.

## 1) 성숙주의이론

성숙주의는 유아발달의 중요한 힘은 유아의 내부와 보편적으로 경험된 것으로부터 나온다는 입장으로 인간발달에 영향을 미치는 환경적 요소의 영향을 최소한으로 인정한다. 물론 환경적 요소들이 유아들의 내적 성장 가능성을 지지하거나 억제하는 것처럼 보일 수도 있으나, 성장의 기본적인 방향은 인간의 내부에서 나온다는 것이다. 따라서 이들의 입장에 의하면 부모나 교육, 사회적 영향을 유아들의 성장을 주도하는 요인이기보다 그들의 성장을 돕고 촉진시켜 주는 요인이라 볼 수 있다.

아동연구에 대한 관심의 증대는 20세기 초 미국에서 심리학 분야의 터먼(Terman)과 홀링워드(Hollingworth)의 연구로 시작되었고, 특히 유아교육에 영향을 미친 아동연구운동은 스탠리 홀의 주도하에 본격적으로 전개되었다. 스탠리 홀은 유아의 지식, 믿음, 태도 등에 관해 연구하였으며 유아들의 행동에 관해 194차례의 조사연구를 수행하여 20세기 전반의 아동연구운동에 중요한 역할을 하였으며, 그의 연구결과는 다양한 전문 학술지에 게재되었다. 그의 연구는 20세기 전반기 아동연구운동에 중요한 자극이 되었다.

이러한 아동연구의 특징은 낭만주의 철학의 선구자인 루소의 소극적 자연주의 철학의 영향을 받았던 점에 있으며, 인간의 성장과 발달을 유전적 요인의 발현으로 인식하였다. 또한 인간의 성장 및 발달 가능성에 대한 믿음을 가졌고 인간의 성장과 발달을 이해하는 데 있어 먼저 인간에 대한 이해가 이루어져야 한다고 보았다.

### (1) 스탠리 홀

아동연구운동의 창시자였던 스탠리 홀(Stanly Hall,1844~1924)은 발달심리학의 선구자로서 아동연구운동을 추진하면서 클라크 대학교에서 발달 이상 및 비교심리학 연구를 장려하였다. 여기에는 쥐의 미로학습에 대한 최초의 연구도 포함되어 있다.

그는 프뢰벨 교육의 상징성을 비판하면서 아동의 욕구와 동떨어진다는 점을 지적했고, 프뢰벨의 은물과 작업이 아이들을 혹사시키는 경향에 대해 유아교육을 프뢰벨의 직관적 방법이 아니라 과학적 방법으로 접근할 것을 주장하였다. 그의 연구는 다윈의 진화론을 바탕으로 수행한 것으로 유아발달의 연구를 강조하여 교육은 유아의 자연적 성장에 맞추어야 한다고 보았다. 그가 당시 개발하여 사용했던 질문지 연구법은 많은 대학에 부속연구실을 설립하도록 이끌었고 이러한 연구운동은 이후 게젤의 성숙주의이론으로 연결되는 기반이 되었다(신화식, 2010).

즉, 스탠리 홀의 주도하에 1900~1930년대까지 일어났던 아동연구운동은 유아교육과정 발달에 크게 영향을 주었다. 이는 유아교육학자들에게 현대적인 방향으로 유아를 연구하는 방법론을 제시하는 계기가 되었고, 스탠리 홀이 제시했던 위생건강, 훈련을 강조하여 크고 밝은 공간을 유아에게 기본적으로 제공할 것을 강조하였을 뿐 아니라 습관형성 및 인성발달을 강조하여 현대적 의미의 교육적 인식을 새롭게 하였다.

### (2) 게젤

게젤(Gesell, 1880~1961)은 예일대학교 실험실에서 어린아이들의 신체 운동 및 사회행동을 면밀히 기록하였다. 유아발달이란 자연의 내재적인 계획 또는 스케줄에 따라서 전개된다고 본 루소의 사상을 이어받아 이 과정을 생물학적 성숙이라고 명명하여 성숙이론에 대한 기초를 다진 대표적인 심리학자가 되었다. 그리하여 인간발달은 주로 생물학적 성숙의 문제라고 규정하면서 행동주의와는 반대 입장을 취하였다.

게젤은 유아들이 식물처럼, 자신의 유전자에 새겨져 있는 시간표에 따라 단순하게 피어날 뿐이라고 믿었다. 그는 구조적 관찰, 자연관찰, 부모의 보고 등을 토대로 발달 규준을 작성했으며, 유아와 유아의 행동을 기록하는 데 사진이 매우 유익하다는 것을 발견하고 방대한 영상자료를 남겨놓았다. 게젤의 연구를 하나로 묶어주는 개념은 성숙이다. 즉, 발달은 환경의 영향과는 비교적 독립적으로 이루어진다는 것이다.

게젤은 유아양육에 대한 글을 쓰면서 유아 중심적 접근법을 주장하였으며 유아의 성장과 발달은 두 가지의 주요한 힘에 의해 영향을 받는다고 주장하였다. 첫째, 유아는 그를 둘러싼 환경의 산물이다. 둘째, 좀 더 근본적으로는 유아의 발달이 내부로부터의 명령, 즉 유전자의 활동에 의해 결정된다고 믿었다. 그는 이 과정을 성숙이라고 하였다.

성숙에 의한 발달의 가장 특징적인 양상은 발달이 항상 고정된 순서로 전개된다는 것이다. 이는 먼저 태아의 발달에서 알 수 있다. 예를 들어, 심장은 항상 첫 번째로 발달하고 기능하는 기관이며 세포는 급속히 중추신경계를 형성하기 시작한다. 뇌와 머리의 발달은 다른 부위, 즉 팔과 다리 같은 부위보다 먼저 시작된다. 그리고 이러한 순서는 유전적 청사진에 의해 진행되는 데 결코 어긋나는 일이 없다.

이와 유사하게 출생 후에도 순서적인 발달은 지속된다. 예를 들어, 출생 전 태아 초기에 머리가 발달하는 것과 마찬가지로 출생 후 발달 초기에도 머리가 먼저 발달한다. 즉, 태내 발달과 출생 후 발달 모두 머리에서 발끝으로 진행이 이루어진다. 게젤의 성숙이론은 1930~1960년대에 걸쳐서 많은 유아교육가로 하여금 신체적 발달과 사회 · 정서적 발달에 더욱 관심을 가지게 하였다. 그가 각 유아의 연령별 발달에 따라 제시한 표준행동목록은 유아들의 신체적 · 사회적 · 지적 · 언어적 행동을 세밀하게 관찰하여 표준이 되는 행동을 연령별로 제시한 것이었으나 이러한 방법은 개인차를 고려하기보다는 유전을 강조한 고정된 개념 속에서 유아의 고정된 발달을 강조하게 된다는 비판을 받기도 하였다.

성숙주의는 유아의 내적인 성장시간표를 제시했다는 점에서 의의를 찾을 수 있다. 또한 유아의 학습준비도의 중요성과 유아발달에 통찰력을 갖기 위한 교사의 세심한 관찰력을 강조하였을 뿐 아니라 현대적인 발달에 적합한 실제를 위한 기반을 마련하는 데 공헌하였다.

성숙주의는 유아의 현재 발달상태를 이해하는 데 도움을 주었지만 유아 개개인의 발달 잠재력이 저평가될 우려가 있으며, 학습과 환경에서 유아들의 능동적 역할을 배제하고 있다는 한계점이 있다.

### 2) 행동주의이론

1920년대 행동주의 이론은 기존에 있던 구조주의보다 관찰 가능한 사실에 주목하도록 이끌어 미국 심리학계에 큰 반향을 일으켰다. 행동주의 창시자는 미국의 심리학자인 왓슨으로 당시의 구조주의 심리학과 기능주의 심리학을 반박하는 논문 「행동주의자가 보는 심리학」을 발표하여 행동주의의 아버지가 되었다.

왓슨은 생후 11개월 된 앨버트라는 유아의 공포정서반응에 관한 조건화 실험을 통해 인간의 행동은 유전적 요인이 아닌 환경 또는 외부 자극에 의해 형성된다는 자신의 행동주의이론을 정립하였다. 그는 인간발달을 자극-반응으로 설명하면서 다음과 같이 말하였다.

> "나에게 12명의 건강한 유아와 그들을 양육할 수 있도록 나에 의해 잘 계획된 특별한 세계를 달라. 그러면 나는 무작위로 어느 한 유아를 골라 그들의 재능, 취미, 기호, 능력, 종족에 관계없이 그들을 내가 선택하는 어떤 전문가-의사 변호사, 화가, 상인, 거지, 도둑-로 만들 수 있다(Watson, 1930)."

### (1) 파블로브

러시아의 생리학자 파블로프(Pavlov, 1849~1936)는 '개의 침샘에 관한 연구'를 실험하고 논문을 썼으나 세상에 발표되지 못하였다. 파블로프는 왓슨이 행동주의 논문을 발표하기 수년전에 실험실의 개가 종소리만을 듣고 침을 흘리도록 하는 훈련을 하였다. 개의 소화과정을 연구하던 파블로프는 침의 분비가 음식물에 대한 자연스러운 반응이나 실험실 조수가 울리는 종소리에도 개가 침을 흘린다는 사실에 주목하고 음식물 없이 어떤 소리만을 내서 개가 침을 흘리도록 하는 훈련을 시켰다. 이 실험을 통해 생물의 모든 행동은 환경 내의 자극에 대한 반응이라는 논리가 도출되었으며, 음식이 아닌 다른 자극에 침을 흘리는 것과 같은 반응이 일어나는 과정을 조건형성이라고 하였다.

이 실험은 유기체에 주어지는 자극이 행동을 통제하도록 한다는 행동주의 핵심이론으로 확립되게 하는 교두보가 되었다. 파블로프는 1904년에 노벨 생리학 · 의학상을 수상하였고, 말년에는 수면과 본능 등에 관한 연구를 실시하였다.

### (2) 스키너

스키너(Skinner, 1904–1990)는 미국의 행동주의 심리학자로 하버드 대학교에서 심리학과 교수를 역임하였다. 그는 '스키너 상자'라는 조작적 조건화 상자를 만들었으며, 그의 연구는 현대심리학에서 행동주의의 핵심이론을 형성하는 데 공헌하였다.

왓슨이 자극조건을 반복적으로 제시하여 유아의 행동에 변화를 가져온 데 비해 스키너는 강화의 도입을 통해 행동변화를 일으키는 조작적 조건형성을 실험하였다. 이 실험은 연구자가 바라는 행동이 일어날 때 보상을 주는 것이다. 예를 들어, 쥐나 비둘기를 상자 속에 넣어두면 결국에는 상자 속의 지렛대를 누르거나 상자 벽의 원판을 주둥이로 쪼아 보는 행동이 시작될 수 있다. 이때 지렛대를 누르거나 원판을 접촉할 때마다 먹이가 굴러 나오도록 장치를 하면 동물은 그러한 행동이 먹이를 가져온다는 것을 학습한다. 스키너의 이 실험은 파블로프나 왓슨의 경우와는 달리 조건형성에서의 생물체가 하나의 활동적인 행동자가 될 수 있도록 한 것이다. 즉, 유기체가 반응한 결과에 따라 행동이 조건화되는 결과가 나타났다.

이를 통해 스키너는 다양한 개념들을 정리하였다. 첫째, 학습된 행동도 그에 대한 지속적인 강화가 이루어지지 않으면 점차 사라짐(소거), 둘째, 혐오자극을 통해 문제행동을 감소(벌), 셋째, 긍정적인 연습으로 어떤 문제행동의 예방책으로 행동반복(반복연습), 넷째, 문제행동이 일어나는 상황으로부터 학습자를 격리(고립), 다섯째, 학습에 대한 긍정적인 획득물(보상), 여섯째, 학습을 촉진시키는 보상물(강화) 등이 그것이다.

행동주의는 유아의 학습에 외부 자극을 강조하여 교육과 환경의 중요성을 부각하였지만 인간의 내면적인 사고과정과 발달에 관한 부분은 간과하고 지나치게 외적인 환경에 대한 설명에 치중하면서 학습자의 내적 동기를 경시했다는 한계점을 드러낸다. 그뿐 아니라 인간은 동물보다 유기적이고 복합적인 존재로서 학습에 대한 변수가 다양함에도 동물을 대상으로 실험한 결과를 인간에게 적용했다는 비판을 받는다.

### 3) 구성주의

구성주의란 인간의 정신, 특히 의식을 구성하는 요소와 그 구조를 분석하고자 했던 최초의 심리학파로 물리학자들이 물질의 기본요소인 분자를 연구하는 것처럼 지각, 감정, 심상과 같은 의식적인 경험의 기본요소를 분석 연구하였다. 이들은 주로 시각, 청각, 촉각에 초점을 두고 연구하였다. 이에 구성주의이론은 한 개인이 사물에서 얻는 지식은 이미 알고 있는 이전의 지식에 의존하며, 외부에서 주어지는 자극을 가산하여 보태어 나가는 것이 아니라 내부에 있는 지적 구조과정을 통해 새롭게 창조해 나간다는 것이다.

이러한 인지이론에 기초하여 학습자의 지식을 내부로부터 표상하는 과정을 강조한다. 학습자가 우선 지식을 내부로부터 표상하고 자신의 경험적 해석을 통해 지식에 대한 이해를 구성해 가는 과정에 초점을 준다. 이는 다시 학습자의 경험을 통해 재구성되고 실제 생활과 관련된 맥락으로 직접 상황화된다. 즉, 지식은 경험으로부터 구성되며, 학습은 구성적 과정을 통해 내적 표상을 만들어 간다.

유아교육적 관점에서 구성주의이론을 볼 때, 유아의 언어와 사고가 성인과는 차이가 있다는 점을 간과해서는 안 된다. 유아는 사물을 조작함으로써 학습하며, 이러한 실제적인 활동을 통해 지식을 구조화시킬 수 있다. 유아는 자신의 인지구조에 적합한 개별 활동을 해야 하며 집단활동 및 주입식 수업은 효과가 없다. 유아의 사고는 일련의 단계에 따라 발달한다. 물리적 경험을 동반하는 사회적 상호작용은 유아의 지적 성장을 촉진시킨다. 그러므로 교사는 유아의 독특한 조망을 이해하기 위해 그들을 면밀하게 관찰해야 한다.

### (1) 피아제

피아제(Piaget, 1896–1980)는 스위스의 심리학자, 논리학자였으며, 제네바 대학교수로 활동하였다. 그는 지적 활동에 대한 심리학적 이론에서 많은 공헌을 하였다. 특히, 아동심리에 대해 깊은 조예를 가지고 있다. 그의 심리학적 · 논리학적 구상은 발생적 · 역사적 · 비판적으로 지식을 분석하는 것이다.

피아제의 인지발달 이론을 핵심으로 하는 인지심리학은 당시 행동주의의 S–R 관점이 기계적이고 경직화되어 이에 대한 반발로 발전하였다. 인간의 행동을 단순히 자극과 반응이라는 용어로서 설명하는 방식은 인간의 여러 가지 흥미 있는 지적 기능들을 간과하였다. 인간은 생각하고 기억하며 계획하고 판단한다. 또 환경자극 중에서 자신의 관심에 따른 선택을 할 수 있다. 행동주의는 심리학이 하나의 과학으로 발전하기 위해서는 행동만 연구해야 하며 정신생활의 주관적인 연구는 배제할 것을 강조하였다. 이러한 행동주의 입장은 심리학자들이 객관성과 특정의 필요성을 자각하는 데 크게 공헌했다는 점은 인정하지만, 인지심리학은 내적 과정에 대한 연구를 하되 객관적이고 과학적인 방법으로 한다고 주장하였다.

피아제는 인간의 지적 행동을 환경에 대한 순응이라고 보았으며 순응은 동화(assimilation)와 조절(accomodation)이라는 두 가지 보충적 과정을 통해서 이루어진다고 하였다. 이러한 과정을 통해 체계화되어서 인간이 행동에 의미를 주게 되는 지능의 여러 측면을 구조(structure)라고 한다. 구조는 처음에 도식으로 구성되어 있다가 후에 점점 더 복잡한 조직을 이루게 된다. 이렇게 구조가 변화, 발달되어 가는 과정을 기술한 것이 피아제의 아동의 지적 발달에 관한 이론이다.

피아제는 지적 발달은 두 가지 성숙단계를 거쳐 발달된다고 하였다. 첫 번째 단계는 출생부터 약 2세까지로 이때의 지능을 감각운동적 지능이라고 보았고, 두 번째 단계는 2세 이후의 지능으로 개념적 지능이라고 하였다. 피아제가 제시한 세부적인 인지발달의 단계는 감각운동기(sensori motor stage), 전조작기(preoperational stage), 구체적 조작기(concrete operational stage), 형식적 조작기(formal operational stage)의 4단계이며, 이와 관련된 개념과 명제들은 다음과 같다.

- 동화 : 새로운 지각물이 이미 가지고 있는 인지구조에 병합
- 조절 : 새로운 자극에 알맞게 기존의 인지구조 변형
- 평형 : 동화와 조절과정 후 유기체에 새로운 인지구조가 안정적으로 생성된 상태
- 인간의 지적 발달은 유기체와 환경과의 끊임없는 상호작용을 통해 이루어진다.
- 인지발달은 각 연령에 따라 질적으로 차이가 있는 몇 단계를 거치는 비연속적 경로이다.
- 유아의 사고는 일련의 단계를 따라 발달한다.
- 발달 순서는 개인차 없이 일정하며 불변하다.
- 인지발달의 결정요인으로는 유아 자신의 인지구조에 적합한 개별활동을 한다.
- 물리적 경험을 동반하는 사회적 상호작용은 유아의 지적 성장을 촉진시킨다.

피아제의 인지발달이론은 유아의 내적 요인 가운데 인지적인 측면을 집중적으로 이론화하였다. 이는 성숙주의 및 행동주의와 달리 유아의 발달적 요인과 함께

교육 및 환경의 중요성을 함께 제시하며 유아가 개인 내적으로 수용하는 지적 체계와 발달을 설득력 있게 제시하였다.



### (2) 비고츠키

1896년 제정 러시아 시대 벨라루스 오르샤에서 출생한 비고츠키(Vygotsky, 1895–1934)는 어린 시절부터 시와 문학, 연극에 높은 관심을 가지고 있었다. 그의 부모는 유대인이었으며, 지적인 어머니의 영향으로 학창시절부터 문학지에 평론을 발표하며 재능을 보였다. 그는 모스크바 국립대학교에 진학하여 법학을 공부하였고, 변호사가 되어 러시아에서 차별대우를 받는 유대인의 입장을 대변하고자 하였으며, 샤납스키 대학교에서 심리학과 문학을 공부하였다.

러시아에서 1917년, 10월 혁명이 일어나자 그는 고향 고벨에서 학생들을 가르치고 심리학을 연구하면서 교육과 출판에 힘썼다. 1924년, 그는 모스크바로 이주하여 실험심리학연구소에서 연구원으로 일하고 임상심리학을 연구하면서 '예술심리학'을 저술하였다. 후에 그는 모스크바 국립대학교에서 교수로 재직하였고, 하르코프 대학교에서 의대생 신분으로 의학을 공부하다가 1934년 결핵으로 사망하였다.

그는 어린이를 대상으로 하는 교육심리학 임상실험을 통해 인간의 생물학적 반응이라는 개념을 심리학에 도입하였다. 그는 생물학적인 토대에서 사회적 환경과 인간의 심리가 반응한다고 하였다. 이에 어린이를 위한 교육은 학습효과가 증대될 수 있는 환경과 이를 지도하는 교사의 중요성을 강조하면서 인간은 사회적 · 역사적 경험을 축적하기 때문에 능동적인 학습으로 지적인 발달을 이룰 수 있다고 하였다.

아동은 타인과의 관계에서 영향을 받으면서 성장하는 역사–사회적 존재로 아동의 인지발달은 사회학습의 결과로서, 자신보다 성숙한 사회구성원들과 상호작용을 통해 획득되며, 이는 아동 자신의 문화에 적합한 인지과정 속에서 진행된다.

이 과정에서 주된 전달 수단은 언어이므로, 비고츠키에 따르면 언어발달은 인지발달에 가장 중요한 변인이다. 또한 아동 개인의 인지능력으로는 해결할 수 없지만 사회적 · 인지적으로 유능한 타인의 도움을 받아 문제를 해결할 수 있다고 보는 근접발달영역 개념은 피아제와는 달리 인지발달과 사회의 관계적 측면을 강조한 개념이다.

비고츠키의 근접발달영역 개념에서는 유아가 교사, 다른 유아, 가족 등과의 상호작용을 통해 현재 유아의 인지수준보다 조금 더 앞서는 교육내용을 제시하여 인지적인 자극을 제공하면 유아 스스로 발달시킬 수 있는 인지수준보다 더 학습할 수 있다는 것을 나타낸다. 따라서 유아의 학습에 교사의 적극적인 개입의 필요성을 강조하고 있다. 또한 유아의 사고가 인지발달의 단계가 아니라 내적 언어와 사회적 언어에 의해 영향을 받아서 지적 발달이 이루어진다는 점을 밝혔다.

### 4) 생태체계이론

생태체계이론은 인간의 발달이 한 개인을 둘러싼 여러 환경층의 영향을 받아 이루어진다고 보았다. 대표적인 학자인 브론펜브레너(Bronfenbrenner, 1917~2005)는 유아가 자신의 다양한 환경과 역동적인 상호작용을 한다고 하였다. 또한 그는 유아가 환경에 영향을 받기만 하는 존재가 아니라 환경에 영향을 주는 능동적 존재이므로 유아가 생활하는 사회적 · 물리적 환경과 교육특성 간의 관계를 분석함으로써 유아의 발달을 이해해야 한다고 강조하였다.

브론펜브레너의 생태학적 사회문화체계 환경 4단계는 아동을 중심으로 동심원적 구조로 아동에게 직접적인 영향을 미치는 밀접한 환경뿐 아니라 아동이 속한 사회나 국가의 이데올로기 및 문화적 환경도 포함된다. 생태체계이론은 아동이 이 모든 환경의 영향과 상호작용한다고 하였다. 브론펜브레너가 제시한 생태학적 체계는 다음과 같다.

첫째, 미시체계(microsystem)는 영유아에게 직접적으로 영향을 미치는 근접환경으로서 아동의 가족, 친구, 학교, 이웃이 이 체계에 포함된다. 또한 아동이 살고 있는 집이나 어린이집의 규모, 놀잇감의 종류, 가족 수, 집이나 어린이집 주변에 있는 공원 시설물 등과 같은 물리적 특성을 포함한다.

둘째, 중간체계(mesosystem)는 미시체계들 간의 상호관계에 의해 형성된다. 가정, 학교, 이웃 친구들 간의 관계가 이 체계에 속한다. 예를 들어, 형제관계, 부모와 교사 간의 관계, 부모와 이웃 간의 관계, 부모의 학교 참여 등이 속한다.

셋째, 외체계(exosystem)는 아동이 직접 참여하지는 않지만 아동에게 영향을 미치는 사회적 환경을 의미한다. 부모의 직장, 영유아보육정보센터, 보육위원회, 정부 관련 부처, 대중매체 등이 이에 속한다. 부모의 직장 근무시간, 연봉액수, 휴가일수 등은 아동의 경험과 직결되고, 정부의 관련 부처가 결정하는 보육정책은 아동의 발달적 경험에 중요한 영향을 미치게 된다.

넷째, 거시체계(macrosystem)는 아동이 살고 있는 사회의 법, 가치관, 관습, 전통, 윤리의식 등이 해당된다. 매일매일의 일상적인 생활에서 크게 의식하고 있지는 않으나 실제로는 아동의 전반적인 생활에 바탕이 되는 영역이다. 만약 사회가 아동의 복지권을 중요하게 생각하고 있다면, 그런 사회적 가치관은 아동의 삶에 바로 영향을 미치게 될 것이며, 반대로 아동의 교육권을 무시하는 사회에서 생활하는 아동은 교육적 혜택과 선택으로부터 소외된다.

생태체계적 이론으로 볼 때, 유아교육은 전 사회적인 맥락에서 이해되어야 함을 알 수 있다. 유아와 인접한 환경뿐 아니라 사회의 사상과 가치관이 유아의 성장과 발달에 주요 영향요인이 된다. 따라서 유아를 둘러싼 환경은 모두 중요하며, 교육기관과 지역사회뿐 아니라 국가와 사회의 정책적 측면에서도 유아교육에 대한 논의가 확장되어야 한다.

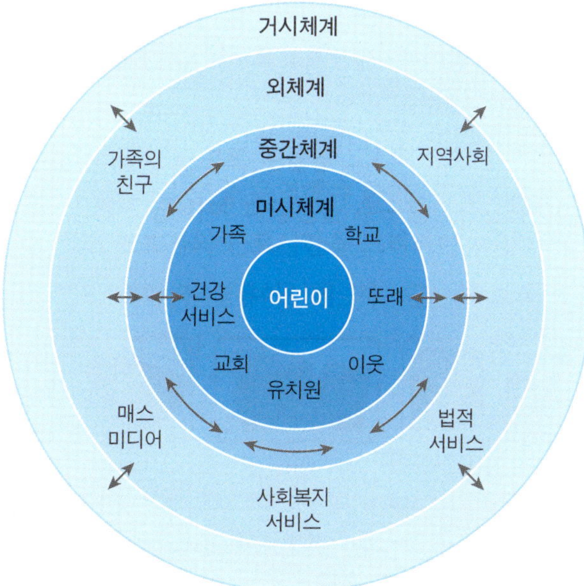


[그림 2-2] 브론펜브레너의 생태체계이론

## 5) 다중지능이론

다중지능이론은 기존의 지능이론들과 달리 인간의 지능은 서로 독립적이며 다른 여러 종류의 능력으로 구성되어 있다고 본다. 이는 각 개인이 특정 분야의 개념과 기능을 배우고, 활용하며 발전시켜 문제해결 또는 가치 있는 결과를 생산하는 능력으로서, 한 개인이 속한 문화권에서 가치 있다고 인정하는 분야의 재능이다(교육심리학용어사전, 2000).

미국 하버드 대학교 심리학과 교수인 가드너(Gardner, 1943~ )는 저서 '마음의 틀'에서 다중지능이론을 제시하였다. 가드너는 지속적으로 인간의 정신능력에 대한 연구를 진행하면서 예술적이고 창조적인 인간의 능력과 그 발달과정을 분석하는 프로젝트 제로 연구소의 책임자로 활동하고 있다. 가드너는 인간의 지적 활동을 서로 독립적인 아홉 개의 분야로 나누어 각 분야에 대응하는 아홉 가지 지능-언어지능, 논리-수학적 지능, 공간지능, 신체-운동적 지능, 음악지능, 대인관계지능, 자기이해지능, 자연이해-실존지능을 〈표 2-1〉과 같이 제시하고 있다.

〈표 2-1〉 다중지능이론의 종류와 내용

| 종류 | 내용 | 세부내용 |
|---|---|---|
| 음악적 지능 | 음악적 능력 | 리듬, 소리, 멜로디에 대한 지식과 민감성 |
| | 악기 | 악기를 다루는 기술이나 경험 |
| | 가창력 | 노래를 가창에 맞고 조화롭게 부르는 능력 |
| | 감상 | 음악을 적극적으로 즐기는 능력 |
| 신체 · 운동적 지능 | 신체기술 | 균형, 조정, 스포츠와 같은 신체적인 활동에 전신을 움직일 수 있는 능력 |
| | 춤추기, 움직이기 | 표현적이고 리드믹하고 모방적인 방법으로 신체를 사용하는 능력 |
| | 손작업 | 구체적인 활동들과 세밀한 작업에 기술과 손재주를 가지고 손을 사용하는 능력 |
| 논리 · 수학적 지능 | 문제해결 | 조직화, 문제해결, 논리적 추론기술, 호기심과 조사 |
| | 계산 | 덧셈, 나눗셈과 같은 수학적 작업을 위해 수를 가지고 작업하는 능력 |
| 언어적 지능 | 언어적 민감성 | 실용적인 목적이나 표현을 위해 언어를 사용하는 기술 |
| | 읽기 | 읽는 기술 |
| | 쓰기 | 시, 이야기, 책이나 편지와 같은 쓰는 과제에 대한 흥미와 노래 |
| | 말하기 | 설득, 기억, 서술에 언어적인 의사소통을 사용하는 기술 |
| 공간적 지능 | 심상 | 관찰, 예술적, 창조적 그리고 다른 시각적 활동들에 심상을 사용하는 능력 |
| | 예술적 디자인 | 예술적 디자인, 그림, 채색 또는 다른 공예들을 창조하는 능력 |
| 대인관계지능 | 사람이해 | 다른 사람의 기분, 느낌 그리고 관점의 이해와 민감성 |
| | 다른 사람과 지내기 | 다른 사람들, 특히 친구들, 형제자매들과 좋은 관계를 유지하는 능력 |
| | 리더십 | 문제해결과정에서 다른 사람 사이에서 통솔하는 능력 |
| 자기이해 지능 | 자기 자신 알기 | 자신의 아이디어, 능력에 대한 지각, 개인적 의사결정 기술 |
| | 목표 알기 | 목표의 견지에서 목표와 자기수정과 모니터링에의 자각 |
| | 감정관리 | 자신의 느낌, 기분 그리고 감정적인 반응들을 조절하는 능력 |
| | 행동관리 | 자신의 정신적 활동들과 행동을 조절하는 능력 |

| 자연이해–실존지능 | 동물 돌보기 | 동물의 행동, 욕구, 특성을 이해하는 기술 |
|---|---|---|
| | 식물 돌보기 | 식물, 정원, 농장경영, 원예를 할 수 있는 능력 |
| | 과학 | 음식, 계절, 물리를 포함한 자연적인 삶의 에너지와 힘에 대한 지식 |

출처 : 신화식 외(2004). 영유아교육프로그램. 교문사.

다중지능에서는 과거의 지능이론이 지능적 측면에만 국한되어 정서적 · 사회적 측면을 고려하지 않았다고 보았다. 이에 지능은 다원적으로 이해되어야 한다는 점을 강조하였다. 이에 다중지능이론은 일상생활에서 직면하는 문제를 해결하는 능력, 해결해야 할 문제를 발견하는 능력, 특정한 문화 상황 속에서 가치 있다고 인정되는 것을 만들어 내는 능력 등 다원적인 시각에서 접근한다. 인간이 아홉 가지의 능력을 가지고 태어나며 각 개인이 지닌 다양성과 환경과의 상호작용을 통해 지능의 프로파일을 형성한다. 이러한 가정은 인간의 능력을 재해석하여 실제적인 문제에 대해 논의하고 개인의 지적 가능성을 극대화할 수 있는 장점을 가진다.

다중지능이론으로 볼 때 모든 유아는 각각의 유능한 지능을 가지고 있으므로 발달에 따른 혹은 환경에 따른 유아의 개인차는 당연시된다. 또한 유아의 발달을 지능 간의 연계와 연합이 이루어지는 성장의 측면에서 이해하여 지능에 대한 시각과 평가 범위를 확장한다. 그러므로 지능을 평가하기 위한 다양한 도구 및 방법 등이 제시된다. 문제해결을 유발하기 위해 풍부한 자료와 도구를 사용하거나 면접을 실시하고, 개인 각자가 소유한 지적 소유물에 대한 전체적인 평가를 한다. 검사방법은 학부모, 교사, 심지어 유아 자신들에게까지 집안, 유치원 또는 지역사회에서 할 수 있는 적절한 작업의 기회를 주고, 수행능력을 평가한다. 다중지능이론을 강조하는 교실환경은 개별 능력의 차이를 인정하는 흥미센터와 프로젝트 방식의 운영을 선택하고 개인 지능의 장점은 부각하며 약점을 보완하는 교육활동을 제시하면서 표준화된 지능검사와 유아 간 비교에 대안을 제시하고 있다.

# 3 사회적 기초

1920년대부터 활발히 이루어진 발달심리학 연구의 성과와 함께 1960년대 이 후 이루어진 산업화 · 도시화의 사회적 변화들은 유아교육과정에 영향을 주는 중요한 요인이 되었다. 1980년대에 이르러 세계는 농경사회에서 산업사회로의 빠른 변화를 이루었고, 2000년대에는 첨단과학화 · 정보화 사회로 발달하였다.

이러한 사회의 변화는 사회의 최소단위인 가족의 구조 및 기능과 역할 등에 변화를 가져왔다. 산업화, 도시화로 인해 대가족이 해체되었으며, 여성의 교육기회 확대와 여성의 사회적 진출은 가족의 기능과 부모의 역할 변화를 초래했다. 이로 인해 변화된 가족 구조에 적합한 교육이 요구되었고, 가족의 기능에 대한 국가의 복지적 차원의 접근이 대두되면서 양육과 가사에 대한 역할인식이 새로워졌다.

이렇듯 사회의 변화는 교육의 변화를 촉진했다. 변화된 사회는 다양한 교육적 접근을 통해 사회구성원들에게 요구되는 행동양식을 교육하고, 사회가 추구하는 인재상을 습득한 사회구성원들은 다시 사회를 변화 · 발전시켜 나간다. 교육과정은 그 사회의 변화를 반영하며, 유아교육도 이러한 시도들과 깊은 관련 속에서 발달하였다. 그러므로 미래 사회의 구성원인 유아를 대상으로 하는 유아교육과정은 현재에 대한 통찰과 미래에 대한 예견을 기초로 관련 지식, 기술, 태도 등을 기르도록 구성된다.

## 1) 산업화 및 도시화

### (1) 가족구조의 변화

과거 농경사회에서는 가계의 계승 및 노동력 확보 등을 용이하게 하는 대가족 형태의 가족제도가 일반적이고 효과적이었다. 그러나 다양한 산업과 직업이 발달하고, 많은 인구가 도시로 유입되면서 핵가족 형태의 가족제도가 보편화되었다. 이러한 현상은 대가족제도에서 수행되었던 부모의 역할과 책임에 변화를 가져왔다. 가족 본연의 기능으로 여겨졌던 자녀 양육의 기능이 약화되고, 자녀의 사회화 교육은 교육기관의 역할로 옮겨졌다. 다시 말해, 대가족에 비해 축소된 핵가족 내에서 가족구성원들의 대인관계 기회는 줄어들었고, 가족 내에서 이루어지는 소수의 특수한 인간관계 체험은 상호작용과 소통의 결핍을 가져와 유아의 사회화 과정의 기능 약화를 초래했다.

또한 농촌인구의 도시유입이 시작되던 1970년대와 80년대 이후에 이혼으로 인한 한부모가족, 조손가족, 재혼가족, 가치관의 변화로 나타나는 동성애가족, 십대 부모가족 등의 다양한 가족 유형이 나타났다. 이는 생물학적 부모와 그 자녀로 구성된 가족을 의미하는 핵가족의 정의와는 다른 개념들로 과거의 가족 개념으로는 설명할 수 없다.

### (2) 여성의 사회진출

1960년대 이후 여성해방운동의 영향으로 세계 대부분의 여성들이 사회로 진출하였다. 여성이 남성과 동등한 교육기회를 제공받고 경제적 지위가 상승하였으며, 여성들의 자아실현의 욕구가 강해졌다. 또한 변화된 사회의 산업구조는 여성인력을 필요로 하였다.

〈표 2-2〉 한국여성 경제활동 참가율

(단위 : %)

| 연도 | 1970 | 1980 | 1990 | 2000 | 2005 | 2010 | 2011 | 2012 | 2013 | 2014 | 2015 |
|---|---|---|---|---|---|---|---|---|---|---|---|
| 참가율 | 38.5 | 42.8 | 47.0 | 49.4 | 50.1 | 49.4 | 49.7 | 49.9 | 50.2 | 51.3 | 51.8 |

출처 : 통계청 『경제활동인구조사 2016』.

만 15세 이상의 인구를 대상으로 실시한 경제활동인구조사에 따르면, 우리나라 여성의 경제활동이 해마다 증가하여 1970년에는 전체 여성인구의 38.5%, 1980년에는 42.8%, 1990년에는 47.0%, 2000년에는 49.4%, 2005년에는 50.1%로 증가하였으며, 다소의 증감은 있으나 최근 10년간 여성의 경제활동 참가율은 전체 경제활동 인구 중 50% 선을 유지하고 있다(통계청, 2016). 또한 국제적으로 보았을 때,

OECD 35개 국가 여성의 경제활동 참가율 평균(63.6%), 그리고 일본(68.1%)과 미국(67.3%)의 참가율을 비교해보면 우리나라 여성의 경제활동 참가율은 하위권에 있음을 알 수 있다(OECD, Employment Outlook 2017 / 통계청, 경제활동인구조사 2016 재인용).

이렇듯 산업구조의 급격한 변화 속에서 여성의 경제활동이 늘어난 우리나라의 상황에서는 가정에서 여성의 주된 역할이라고 여겨졌던 출산과 자녀양육의 문제를 사회가 함께 고민해야 했다. 즉, 여성의 사회진출은 가정 내 가족구성원들의 역할 변화와 가정을 지원하는 사회의 기능에 변화를 요구하는 주요 요인이 되었다.

## 2) 여성의 경제활동 참여

### (1) 저출산의 문제

6 · 25전쟁 이후 우리나라는 빈곤한 경제 상황에서 인구의 증가를 억제하여 경제성장을 이루기 위해 국가는 가족계획사업을 펼쳤다. 이때 사용되었던 표어 '둘만 낳아 잘 기르자'는 이 시기의 인구억제정책을 보여 주는 상징이 되었다. 하지만 세월이 흘러 우리나라는 저출산사회에 접어들고 있으며 지난 2006년에는 영국 옥스퍼드대 데이빗 콜먼교수로부터 "저출산으로 인한 '인구 소멸 국가 1호'는 대한민국이 될 것"이라는 충격적인 경고까지 나왔다. 이에 우리나라는 저출산 · 고령화 문제에 적극 대응하고 사회적 위기의식을 확산하기 위해 2011년 법제화를 거쳐 2012년부터 7월 11일을 '인구의 날'로 지정하기도 했다(아시아경제, 2017. 7. 17).

〈표 2-3〉 한국 합계출산율

(단위 : 명)

| 연도 | 1960 | 1974 | 1983 | 2000 | 2005 | 2010 | 2011 | 2012 | 2013 | 2014 | 2015 | 2016 |
|---|---|---|---|---|---|---|---|---|---|---|---|---|
| 합계 출산율 | 6.0 | 3.6 | 2.1 | 1.47 | 1.08 | 1.23 | 1.24 | 1.30 | 1.19 | 1.20 | 1.24 | 1.172 |

출처 : 통계청 『2016년 출생통계(확정), 국가승인통계 제10103호 출생통계』.

합계출산율(TFR : Total Fertility Rate)은 한 국가의 출산력 수준을 나타내는 대표적 지표로서, 여성 1명이 평생 동안 낳을 것으로 예상되는 평균 출생아 수를 나타낸 연령별 출산율(ASFR)의 총합이다. 1960년 합계 출산율이 6.0명이었던 것이 1983년에는 2.1명으로 감소하였고, 2000년에는 1.47명, 2005년에는 1.08명으로 떨어졌다. 2006년 이후 출산장려운동에 힘입어 출산율이 상승세로 돌아서기는 했으나, 2015년도 출생아 수 43만 8,400명에 비하면 2016년 총 출생아 수는 40만 6,200명으로 전년보다 7.3% 감소한 것이 현실이다(통계청, 2016).

출산율의 저하에는 개인적 요인, 사회적 요인 등 다양한 원인이 존재한다.

첫째, 개인적 요인으로는 결혼관 및 자녀관 등에 대한 가치관의 변화이다. 우리나라 사람들의 결혼관이 달라지고 있다. 과거처럼 결혼을 하면 반드시 자녀를 가져야 한다고 생각하는 사람이 줄어들었다. 맞벌이를 하고 자녀를 갖지 않겠다는 결혼관을 가지고 있는 세대를 표현하는 딩크(DINK : Double Income No Kid)족이란 용어도 나타나 자녀 출산이 필수가 아닌 선택이 되었다. 독신을 희망하는 사람들의 숫자도 증가하였는데, 특히 교육수준이 높은 여성의 경우 육아와 가사의 부담이 남성에 비하여 상대적으로 높기 때문에 더욱 결혼을 기피하거나 늦추는 경향이 증가하였다. 대부분의 젊은이들이 결혼에 대한 욕구보다는 직장에 대한 욕구가 높아져 초혼 연령이 1960년에 남자 25.4세, 여자 21.6세이던 것이 2000년에는 남자 29.28세 여자 26.49세, 2011년에는 남자 31.9세, 여자 29.14세로 나날이 늦어지고 있다(통계청, 2012). 또한 결혼을 하더라도 사회적 · 경제적 지위가 안정될 때까지는 출산을 미루는 경향이 있어 첫 자녀 출산시기가 늦어지는 것도 저출산의 원인이 되고 있다. 최근에는 65세 이상의 경우 결혼의 필요성에 대한 생각이 해마다 급격히 낮아지는 것으로 나타났다. 즉, 미혼 남녀들이 명절마다 듣는 "결혼은 안하냐"는 얘기가 옛말이 될 수 있다는 분석이다. 통계청이 최근 발표한 '고령자 통계'에 따르면 지난해 65세 이상 고령자 가운데 '결혼을 반드시 해야 한다'고 답한 비율은 31.7%에 그쳤다. 2012년 44.9%에 달했던 '결혼 필수' 의견은 2014년 35.2%로 낮아진 이후 2년째 하락세를 보이고 있다(세계일보, 2017. 10. 7). 이로 보아 결혼 및 자녀에 대한 가치관이 연령대를 초월하여 과거의 가치관과 상당한 차이를 보이고 있으며, 개인의 가치관 변화에는 사회문화적 요인도 함께 작용한 것으로 해석된다.

둘째, 사회적 요인으로는 출산과 육아를 담당해온 여성 역할에 대한 부담증가를 들 수 있다. 사회 및 가치관의 변화와 무관하게 여성은 여전히 출산의 역할과 의무를 감당해야 한다. 즉, 우리나라 대부분의 여성은 경제활동에 참여하면서 동시에 가정의 출산과 양육의 역할을 감당해야 한다. 사회적 인식의 변화와 복지서비스 공급에도 불구하고, 여성이 가정에서 부모로서 감당해야 하는 역할은 사라지지 않고 있으며 이러한 상황이 여성 개인에게는 상당한 부담으로 작용한다. 특히, 자녀출산이 가계 생계의 부담요인이 되거나 경력 단절요인이 될 경우 자녀출산을 미루거나 계획하지 않을 수 있다. 이미 30년 전부터 출산율을 높이는 데 관심을 가졌던 프랑스, 핀란드, 스웨덴 등의 국가들은 적극적인 양육부담완화정책으로 이제 출산 걱정을 하지 않고 있다. 이 국가들이 하고 있는 대표적인 육아지원정책으로는 아동수당 지정, 무상유아교육 제공, 공적 재정으로 운영하는 시설 확충, 출산휴가와 육아휴직 등이다(나정, 2005). 우리나라도 저출산문제 극복을 위한 육아지원정책으로 연말정산 시 보육료와 교육비의 소득공제, 출산휴가와 육아휴직제의 실시, 만 5세 유아의 점진적인 무상교육 실시 확대, 저소득층 가정 취학 전 영유아에 대한 보육료와 교육비 지원 등의 노력을 기울이고 있다.

### (2) 아버지 역할의 변화

과거 가정의 경제적 책임은 주로 아버지의 몫이었다. 그러나 1960년대 이후 가정 내 어머니의 사회참여로 아버지의 경제적 책임과 부담이 줄어들었고 평등한 부부관계가 형성되기 시작했다. 이에 1970년대 중반부터 아버지 역할에 대한 관심이 증대되었으며, 기존의 인식과는 달리 아버지도 어머니 못지않게 자녀를 잘 돌볼 수 있으며 자녀의 성장과 발달에 매우 큰 영향을 미친다는 연구보고들이 잇달았다. 우리나라 전통사회에서의 아버지는 자녀에게 일방적인 권위를 내세우며 명령하고 자녀는 이에 복종하고 의존해 왔다. 그러나 현대사회의 아버지는 가정 내에서 가정의 경제를 책임질 뿐 아니라 자녀에게 애정과 신뢰를 표현해주는 역할을 해야 한다. 이는 과거 어머니들의 전통적인 역할이 동시에 수행되는 모습이다. 이와 같은 양성적인 아버지 역할의 특징은 성역할 고정관념의 영향으로부터 자녀를 자유롭게 해주며, 자주 양육에 참여하고 빈번한 상호작용을 하는 것이다.

그러나 실제 생활에서는 이러한 아버지에 대한 역할이 기대에 못 미치고 있음을 알 수 있다. 이기숙(2007) 등의 연구에 의하면 한 · 중 · 일 3개국 유아의 일상생활비교 연구발표에서 살펴보면 한국의 3~5세 자녀를 둔 가정에서 아버지의 자녀양육과 가사 참여도에 대한 어머니들의 만족도를 조사해본 결과 3개국의 어머니들은 아버지의 자녀양육 및 가사에 대한 참여가 부족하다고 인식하고 있다. 현실적으로 자녀양육에서 차지하는 아버지의 역할 및 교육적 기능이 아직은 미약한 실정이다. 이에 아버지 교육에 대한 사회적 관심이 필요하며, 특히 늘어나고 있는 이혼가정 편부의 경우 더욱 그러하다. 많은 선진국에서는 아버지에게도 부모의 역할을 원활하게 수행하도록 돕는 육아휴직제와 같은 사회적 지원을 하고 있다. 우리나라 대부분의 유아교육기관에서는 아버지의 자녀교육에 대한 관심을 불러일으키고 자녀와의 친밀감을 더욱 강화해주고자 아버지 참여수업을 실시하고 있다.

## 3) 복지적 차원의 영유아교육

### (1) 공공재로서의 영유아교육

캐나다의 경제학자인 클리블랜드와 크래시스카이(Cleveland & Krashinsky, 2003)는 영유아 서비스는 직접적인 개인의 이익이나 소비의 효과를 넘어선 공적인 효과를 가지므로 영유아교육을 공공재로 인식해야 한다고 주장한다(교육과학기술부, 2006). 영유아교육을 공공재로 인식할 때, 영유아교육은 공익, 즉 국가 아동들의 일반적인 건강수준, 미래의 교육성취도, 노동시장의 크기와 유연성, 사회적 결속 등에 기여할 수 있다.

대부분의 OECD국가들은 이러한 논리를 받아들이고 있으며 영유아에 대한 국가적 서비스를 공적 재원으로 운영하고 있다. 영유아 관련 서비스에 대한 정부의 집중적인 규제가 있으며 일정 연령 이상의 아동에 대해서는 매일 얼마간의 시간 동안 보편적인 무상보육을 제공하기도 한다. 이러한 현실은 영유아교육의 효과성에 대한 확신을 전제로 하여 이루어진다. 쿠나와 노벨경제학상 수상자인 헤크먼(Cunha &

Heckman, 2005)은 "어렸을 때 투자한 1달러에 대한 수익이 나중에 투자한 1달러에 대한 수익보다 크다"라며, 영유아기는 인적 자원 투자를 위한 절호의 기회라고 하였다(교육과학기술부, 2006). 이러한 관점은 특히 저출산시대의 현대국가들에게 한 명의 아이는 더욱 소중한 인적 자원이 되므로 공적 재원과 양질의 프로그램을 제공해야 한다는 주장은 정당성을 갖는다.

우리나라도 최근 가족 내 자녀의 수가 심각할 정도로 줄어들어 저출산의 사회문제를 낳았고 이는 미래의 국가 존망과 관련이 있어 간단한 문제가 아니다. 교육에 대한 국가적 책임과 영유아교육에 대한 사회적 대책으로 유아교육기관의 시간연장제와 종일제 프로그램이 증가하고, 영보육 수요와 서비스에 대한 요구증가로 어린이집 숫자도 늘어나는 추세이다. 어린이집 수의 경우 1990년 1,919개소에서 2012년 4만 1,967개소로 22배 정도 증가하였고, 아동 수 또한 1990년 4만 8,000명에서 2012년 146만 8,373명으로 31배 정도 증가하였다. 설립주체별로 보면 민간개인어린이집이 1만 4,351개소에 75만 9,878명의 아동으로 가장 많았고, 시설선호도가 높은 국 · 공립어린이집이 2,180개소에 14만 9,707명의 아동이 보육되고 있다(보육통계, 2012).

이로 미루어 볼 때, 영유아교육은 이제 개인 및 가정의 영역을 넘어서 국가 경쟁력의 차원에서 이해되고 정책적 지원이 이루어져야 하는 영역이라고 볼 수 있다.

### (2) 보상교육에 대한 요구

1960년 미국의 헤드스타트 프로그램은 저소득층 유아를 위한 집중적이고 포괄적인 교육서비스였다. 헤드스타트 프로그램은 교육, 부모참여, 건강진단, 사회봉사, 영양, 교사와 부모들을 위한 진로지도 등의 여섯 가지 주된 프로그램으로 구성되었다. 이는 빈곤으로부터 발생하는 교육의 불평등을 예방하고 문화적으로 혜택받지 못하는 불리한 환경의 유아들에게 보다 더 체계적이고 조직적인 교육을 실시함으로써 저소득층의 유아가 사회의 미래 재원으로 양성되고 환경으로부터 오는 불합리성을 보상하도록 하는 국가적 노력이었다.

우리나라의 경우 1980년대 초반 저소득층 유아 및 취업모의 자녀를 위한 새마을 유아원을 전국에 설립하였다. 1991년 「영유아보육법」이 제정되면서 새마을 유아원이 유치원과 어린이집으로 전환되었지만 이는 우리나라 보상교육의 첫걸음이라고 볼 수 있다. 최근에는 정부가 2013년부터 만 0~5세 전 계층에 무상보육을 실시하고 유치원과 어린이집에 연령별로 보육료와 양육수당을 지급함으로써 보편적 복지 정책을 시도하고 있다. 2003년부터 교육과학기술부는 꾸준히 교육복지우선지원사업을 실시하여 저소득층 밀집지역을 중심으로 교육적 지원을 하고, 문화, 복지 지원을 제공함으로써 적극적인 교육 불평등과 그 격차를 해소해 나가고자 관심을 기울이고 있다(한국교육개발원-교육복지우선지원사업, 2013). 2004년 민간단체와 지방자치단체를 중심으로 추진되었던 위스타트 운동, 2007년 한국형 포괄적 빈곤아동 조기 지원 서비스인 드림스타트 사업이 추진되었다.

이로 볼 때, 보상교육은 교육의 복지적 차원뿐 아니라 현대사회 구성원들의 삶의 질과도 깊은 관련을 가지고 있다. 삶의 질에 대한 관심과 확대는 인간다운 삶을 위한 권리 인식을 기초로 미래 세대를 위한 폭넓은 보상교육서비스 요구로 확장되었다. 따라서 국가가 자연 발생된 불평등으로부터 영유아 개개인을 보호하고 양육하고자 하는 노력은 점차 확대 및 지속될 것으로 보인다.

### 4) 정보화 및 세계화

#### (1) 정보화 사회에 대한 유아교육 변화

정보전달의 빠른 속도와 풍부한 정보의 양으로 인해 현대사회의 변화는 더욱 가속화되고 있다. 특히, 정보통신과 인터넷의 발달은 정보의 일반적 공유를 촉진 시켰으며, 정보의 보편화는 정보의 양적 증가에서 정보의 질적 수준을 중요시하는 방향으로 흐르고 있다. 따라서 현대사회는 기존의 정보를 얼마나 가지고 있는가 보다 새로운 정보 혹은 정보와 정보를 융합하여 새로운 아이디어를 창조하는 능력 개발에 관심을 두면서, 전문적인 능력뿐 아니라 타 분야 및 영역들과 개방적으로 의사소통하면서 시너지 효과를 창출하는 창의인성을 가진 인재 양성에 모든 교육의 초점을 맞추고 있다.

미래사회의 구성원인 현대 영유아들은 이러한 정보화 사회의 변화와 특성에 적합한 교육을 제공받아야 한다. 영유아의 전인적 발달의 중요성 및 특성들은 크게 달라지지 않았지만, 과거 교육환경에서 학습할 수 없는 여러 가지 교육내용들을 다양한 교육방법들을 통해 습득해야 한다. 이러한 영유아교육과정 속에서 영유아는 자신이 살아가는 세계와 생활에 필요한 지식, 기술, 태도를 익힐 수 있다. 이에 국가수준 제6차 유치원교육과정에서도 기본방향을 '21세기의 세계와 정보화 시대를 주도할 자율적이고 창의적인 한국인 육성'으로 구성한 바 있으며, 유아중심. 놀이중심 개정 누리과정도 구성방향에서 자율성과 창의성을 기르는 데 중점을 두고 있다(교육과학기술부, 2013).

정보의 홍수 속에서 필요하고 유용한 정보를 통합하여 활용하는 능력이 미래 창의인재 육성과 밀접한 관련이 있으며, 인간다운 삶의 추구와 건설적인 사회를 위해 바람직한 정보를 선용하는 능력은 바른 인성을 지닌 인재 육성과 직결되므로, 현대 영유아에게는 바람직한 정보 및 지식 제공과 함께 정보를 선별하여 바람직하게 활용하는 모델이 함께 제시되어야 한다.

### (2) 세계화와 전통문화

세계는 정보통신매체와 교통의 발달로 인해 하나의 생활권으로 묶이게 되었다. 정보화로 인해 각 나라의 고유한 문화는 다른 문화권에 보다 잘 알려지고 세계 문화권이 형성되고 있다. 역설적으로 이러한 세계문화 속에서 각 나라 고유의 민족정신을 반영하는 전통문화 및 가치가 매우 강조된다. 오히려 대등한 국가관계나 민족관계를 유지하기 위해 자국의 문화정신을 계승하는 전통문화교육이 더욱 필요하다. 이러한 현상은 세계화와 함께 두드러지는 민족화로서 서로 동질적이 될수록 외부적인 영향에 반발하면서 자신의 문화적 독특성을 주장하게 되는 경향성을 보여 준다.

정보화 사회와 함께 도래한 세계화로의 변화는 단일민족인 우리에게 하나의 도전이 되고 있다. 대중매체 및 인터넷, 교통의 발달로 문화와 문화 간의 교류가 빈번해지고 세계가 시 · 공간적으로 가까워짐에 따라 세계 여러 나라와 함께 공존하는 법을 배워가는 것은 중요한 과제가 되었다. 다양한 문화가 공존하는 세계시민으로 살아가기 위해서는 우리와 다른 것에 대한 편견 없는 수용과 다른 문화에 대한 긍정적인 태도와 이해가 요구된다. 이러한 사회적인 변화를 반영하여 최근 유아교육에서는 성, 인종, 민족, 능력, 장애 여부 등에 관계없이 모든 사람을 존중하도록 하는 교육과정과 인간의 삶 속에 존재하는 다양성에 대한 이해와 존중을 도모하는 다문화교육에도 노력을 기울이고 있다.

제3장

# 유아교육과정의 유형

이 장에서는 유아교육과정의 유형에 따른 학자들의 분류 가운데 가장 대표적인 와이카르트, 메이어, 콜버그와 메이어, 로빈슨과 슈바르츠의 분류를 중심으로 살펴보고자 하였다.

제3장

# 유아교육과정의 유형

## 1 와이카트의 분류

와이카트(Weikart)는 교사와 유아가 학습에 참여하는 방식과 교사와 유아의 관계를 기초로 교육과정 유형을 분류하였다. 유아교육과정은 학습에서 누가 주도권을 가지고 누가 수동적으로 반응하느냐에 따라서 교사가 학습의 주도권을 갖는 경우 계획된 교육과정, 유아가 주도권을 갖는 경우 아동 중심 교육과정, 교사와 유아가 함께 주도권을 잡는 경우 개방체제 교육과정, 그리고 교사와 유아 모두 학습에 주도권을 갖지 않는 경우 보호적 보살핌의 네 가지 형태가 있다. 이와 같은 형태의 분류는 다음과 같다(이기숙 외, 2016).

### 1) 계획된 교육과정

교사가 교육과정을 주도적으로 운영하고 유아는 미리 구성된 교사의 계획에 따라 수동적으로 반응하는 형태의 교육과정 유형이다. 교사가 학습의 주도권을 가지고 있으므로 영유아는 교사의 요구에 반응하도록 수업이 계획되고 조직된다. 계획된 교육과정은 환경의 자극에 대해 인간을 수동적인 존재로 바라보는 행동주의이론에 기초하여 학습이론, 행동수정 원리 등을 중요하게 여긴다. 이러한 프로그램들은 1960년대 미국에서 헤드스타트 운동의 일환으로 사회 경제적으로 소외되거나 실조된 계층의 영유아들을 위하여 읽기, 쓰기, 셈하기와 같은 기본 학습 기술들을 단기간에 습득시키려는 의도로 다양하게 개발되기 시작하였고, 교사 중심의 상당히 구조화된 프로그램이며 짧은 시기 동안 적은 노력으로 많은 효과를 얻고자 한 것이었다.

계획된 교육과정은 교수요목이 아주 상세하게 제시되어 있어, 초임교사나 영유아교육에 관한 전문지식이 없는 교사라 할지라도 교육과정을 효율적으로 수행할 수 있고 눈에 보이는 학습 결과에 관심이 많은 교육행정가와 부모들에게도 호응을 얻는 것이 특징이다. 그러나 영유아의 창의적 사고능력이나 사회 정서적 특성을 강조하는 오늘날 교육현장의 분위기를 감안해보면 교사의 지시에 수동적으로 반응하는 이 교육과정 유형은 유아의 자기주도적 학습능력이나 또래 간 상호작용을 감소시키는 측면을 가지고 있다고 볼 수 있다. 이 유형에 속하는 대표적인 프로그램은 베라이터 잉글만의 디스타 프로그램이다.

### 2) 아동 중심 교육과정

아동 중심 교육과정은 학습에서 유아가 모든 주도권을 갖고, 교사는 유아의 요구에 수동적으로 반응하는 형태이다. 이러한 프로그램은 교육의 전체 목적을 사회정서적 성숙을 통한 전인아동의 육성에 두고 있어 성숙주의에 기초한다고 할 수 있다. 인간의 발달은 선천적으로 타고난 생득적 요인들에 의해 이루어지므로 유아의 흥미나 욕구, 본성 등을 충분히 발휘하도록 교육이 이루어져야 한다. 그러므로 놀이의 가치를 높이 평가하여 다양한 놀이를 통해 영유아의 사회적 적응과 정서적 성장, 독립심을 형성시키고, 흥미영역 속에서 자유롭게 환경을 탐구하고 창조할 수 있게 한다. 이 유형은 학습이 개개 영유아의 요구를 충분히 반영할 수 있다는 장점이 있지만, 영유아에게 모든 주도권이 주어져 자칫 방임으로 흐를 위험이 있고 유아의 흥미나 욕구에 상응하는 내용들이 교육적으로 바람직하지 않을 경우 교사가 갈등을 느낄 수 있다는 단점도 있다. 이 유형에 속하는 대표적인 프로그램은 뱅크스트리트 프로그램이다.

### 3) 개방체제 교육과정

개방체제 교육과정에서는 교사와 유아가 모두 활동의 주도권을 갖는다. 교사는 영유아에게 적합한 교육계획을 세우고, 환경을 준비하여, 다양한 활동을 통해 유아에게 선택권을 주며, 필요할 때에 적절히 개입하여 주도성을 보인다. 유아 역시 교사가 제시한 활동 안에서 선택적으로 활동에 참여하며 다양한 경험을 쌓고 자신의 생각을 구성해 나가는 주도적인 역할을 한다. 유아의 사고, 인지과정, 자발적 참여와 직접경험을 통한 학습을 중요시하며, 읽기나 셈하기와 같은 특정한 지식과 기술의 습득보다는 논리적 사고력이나 개념형성을 중요하게 여긴다. 그리하여 교사와 유아, 유아와 유아, 유아와 교구 간의 상호작용을 모두 중시하며 전인적인 발달을 지향한다.

이 유형의 장점은 교사에게 상당한 자율권이 부여되어 교사가 학습을 창의적으로 계획하고 운영할 수 있다는 점이다. 교사는 자신이 담당하고 있는 영유아의 발달수준 및 특징, 다양한 사회 문화적 배경을 감안한 개별적이고 독창적인 교육을 시행할 수 있고, 자신의 교육경험을 토대로 전문성을 개발할 수 있게 된다. 반면에 교육경험이 없거나 열의가 부족한 교사에게는 쉽사리 접근하기가 어려운 교육과정이기도 하다. 이 유형에 속하는 대표적인 프로그램은 피아제이론에 기초한 카미드브리스 프로그램, 하이스코프 프로그램 등이다.

### 4) 보호적 보살핌

이 유형은 교사도 반응하고 영유아도 반응하는 형태로 영유아의 기본적인 생리적 욕구를 해결해주고 신체적인 위험이나 질병으로부터 보호해 주는 등의 최소한의 보살핌만이 이루어진다. 현실적으로 오늘날 보살핌과 가르침을 병행하여 운영하고 있는 영유아교육기관에서는 존재하기 어려운 교육과정 유형이다.

## 2 메이어의 분류

메이어(Mayer)는 교육과정을 한 가지 기준으로 분류하기는 어렵다고 지적하면서 영유아교육의 기본요소인 교사, 영유아, 교구를 중심으로 상호작용의 정도에 따라 교육과정을 분류하였다. 상호작용의 종류를 교사-영유아, 영유아-영유아, 영유아-교구로 제시하면서 상호작용 정도에 따라 영유아교육과정을 아동-발달 모형, 언어-인지 모형, 언어-교수 모형, 감각-인지 모형으로 구분하였다. 이를 정리하면 〈표 3-1〉과 같다.

〈표 3-1〉 메이어의 영유아교육과정 분류

| 구분 | 아동-발달 모형 | 언어-인지 모형 | 언어-교수 모형 | 감각-인지 모형 |
|---|---|---|---|---|
| 교사-영유아 상호작용 | | | | |
| 영유아-영유아 상호작용 | | | | |
| 영유아-교구 상호작용 | | | | |
| 이론적 기초 | 성숙이론 | 인지발달이론 | 행동주의이론 | 몬테소리이론 |

출처 : 최애경, 안부금, 좌승화(2010). 영유아교육과정. 경기: 양서원.

### 1) 아동-발달 모형

아동-발달 모형(Child-development model)의 교육과정에서 교사의 역할은 중간 정도인 반면 영유아 간의 상호작용을 가장 강조한다. 따라서 교육과정은 영유아의 발달단계 및 발달적 요구에 따라 구성되며 영유아의 직접적인 활동을 통해 영유아의 사회 · 정서발달이 이루어지면 인지적 발달도 함께 이루어진다고 본다.

이러한 모형은 프로이트, 에릭슨, 게젤 등의 발달이론에 기초를 두고 있어 성숙주의적 접근법에 근거하고 있다. 와이카트가 분류한 아동 중심 교육과정과 같은 유형이라고 할 수 있다.



### 2) 언어-인지 모형

언어-인지 모형(Verbal-Cognitive model)에 속하는 교육과정들은 교사와 영유아의 상호작용보다는 영유아-영유아, 영유아-교수 간의 상호작용이 높은 형태이다. 이 모형은 피아제의 인지발달이론에 기초를 두고 있으며 구성주의적 접근법에 근거하고 있다. 따라서 영유아의 사회 · 정서발달과 인지적 발달을 모두 중요시하며 두 가지 발달이 적절하게 조화를 이루도록 추구한다.

언어-인지 모형에서의 교사는 아동-발달 모형에서보다 활동에 적극적으로 개입하여 하루의 활동을 계획하고 주도한다. 그러므로 영유아와 영유아의 상호작용을 중시하나 교사의 개입이 많으므로 영유아 간의 직접적인 상호작용은 적은 편이다. 이는 와이카트의 개방체제 교육과정과 같은 유형이라고 할 수 있다.

### 3) 언어-교수 모형

언어-교수 모형(Verbal-Didactic model)에 속하는 교육과정은 교사와 영유아의 언어적 상호작용을 가장 중요시하며 영유아-영유아 간의 상호작용과 영유아-교수 간의 상호작용은 거의 일어나지 않는 형태를 갖는다. 이 모형의 프로그램은 주로 저소득층 영유아들을 대상으로 이들의 사회 · 문화적 결손을 보완하기 위해 언어, 읽기, 셈하기에 관련된 지식을 교사 중심으로 가르치고, 효과적인 학습을 위해 언어적 칭찬, 보상 등을 제공한다.

이러한 모형은 행동주의적 접근법을 따라 학습의 계열성을 강조하고 교육과정의 순서와 문서에 따라 진행한다. 이는 와이카트의 계획된 교육과정과 유사하다.

### 4) 감각–인지 모형

감각–인지 모형(Sensory–Cognitive model)은 영유아와 교구와의 상호작용을 매우 중시한다. 이 유형은 몬테소리 교육이념 및 교육방법에 입각하여 개발되었다. 따라서 영유아의 감각훈련과 생활습관훈련을 강조하고 있으며, 교사는 영유아의 학습에 적절한 교구와 환경을 준비하고 관찰하는 역할을 한다. 그러므로 교사의 개입 없이 영유아가 스스로 교구와의 상호작용을 통하여 학습한다.

이 모형의 프로그램에서 영유아는 자신의 흥미와 발달수준에 맞는 교구를 가지고 활동하면서 학습개념을 경험하여, 단계적으로 순서화된 교수 및 환경과의 상호작용을 통해 발달한다.

## 3 콜버그와 메이어의 분류

콜버그와 메이어(Kohlberg & Mayer)는 교육과정 유형을 낭만주의, 문화전달주의, 진보주의의 세 가지 이데올로기로 분류하였다.

### 1) 낭만주의

낭만주의는 영유아의 발달과 학습에 관한 성숙주의적 입장의 유형으로 유아의 내적인 본성을 전개하는 것이 중요한 학습의 경험과 활동이라고 본다. 전통적인 아동 중심 또는 흥미 중심 프로그램들이 여기에 속하며 교사는 교실 내에 긍정적인 사회 정서적 놀이환경을 설치하고 주로 극놀이와 창작활동을 장려한다. 각 영유아의 권리와 자유를 중시하고 영유아는 자신의 학습활동을 주도할 수 있는 존재로 신뢰받는다.



### 2) 문화전달주의

문화전달주의는 영유아의 발달과 학습이 주로 외부적 요인에 의해 결정되며 인지, 윤리 및 문화적 지식을 직접 가르침으로써 가장 잘 발달된다고 보는 행동주의적 입장의 유형이다. 행동주의 학습이론을 바탕으로 빠른 시간 안에 계획적 강화에 의해 구체적인 학습목표를 달성하는 교사 중심적이고 상당히 구조적인 프로그램들이 여기에 속한다. 낭만주의와는 달리 영유아의 발달에 있어 내재적 · 주관적인 요소는 배제하고 객관적인 방법으로 관찰되고 측정될 수 있는 지식을 주로 강조하므로 교육내용이 구조화, 순서화되고 교수전략도 조직적으로 수행된다.

### 3) 진보주의

진보주의는 영유아와 환경의 상호작용이 허용되고 증진되는 조건하에서 영유아와 환경 간의 상호작용으로부터 교육이 이루어진다는 구성주의 입장에 기초한다. 듀이의 진보적인 교육관과 피아제의 인지발달에 근거하여 지식은 학습자의 내부에서 구성된다는 것을 믿으며 교사와 유아가 모두 학습을 주도한다. 교사가 목표를 설정하지만 성취는 영유아에 의해서 이루어지며, 놀이가 학습을 위한 수단이 된다. 교사는 영유아의 사고를 자극하고 학습기회를 제공하기 위해서 놀이를 적극적으로 이용하고 개발한다.

이들은 현대 영유아교육과정을 구성하기 위해서는 낭만주의와 문화전달주의만으로는 이상적인 모형을 제공할 수 없으므로, 진보주의 유형이 유아교육과정의 원천이 되어야 한다고 주장한다.

## 4 로빈슨과 슈바르츠의 분류

로빈슨과 슈바르츠(Robinson & Schwarz)는 교육과정을 구성할 때 선정할 수 있는 경험의 내용 또는 지식의 범주를 여섯 가지 내용 범주로 분류하였다(문성숙, 2016).

### 1) 사실

영유아들은 크기, 색깔, 모양, 질감, 밀도, 온도, 무게 등과 같은 물리적 속성에 대한 서술적 단어에서부터 현재와 역사 속의 사건들에 이르기까지 모든 것을 배워 가는 과정에 있다. 영유아교육과정에서 많이 다루는 사실 관련 내용으로는 색깔 이름, 동물의 이름과 특성들, 악기 이름, 물체들의 물리적 속성, 서수 및 기수 이름, 날시, 명절의 유래 등을 예로 들 수 있다.

### 2) 기술

기술은 취학 전 교육과정에 포함되어야 할 중요한 내용 중 하나이다. 기숙을 강조하는 프로그램은 일정 시간 동안 반복적인 연습을 계획해야 한다. 반복연습은 교사에 의해서 기계적으로 유도되는 방법으로부터 영유아의 게임이나 놀이를 통해서 자발적으로 연습되는 방법에 이르기까지 다양할 수 있다. 일반적으로 영유아교육과정에 포함되어야 할 기술 내용으로는 3R's와 같은 학업기술 그리고 주변 정리하기, 스스로 옷 입기 등과 같은 자조기술, 신체운동기술, 친사회적 기술 등을 포함할 수 있다.

### 3) 교과

교과는 전통적으로 학교교육과정의 보편적 내용으로 인식되어 왔다. 그러나 영유아교육은 교과 중심 접근법으로부터 거리를 유지하여 노력해 왔다. 그러나 최근에는 취학 전 교육과정에서도 점차 문해, 수학, 과학, 사회, 음악, 체육 등과 같은 교과 관련 내용들을 포함하기도 한다. 사회학과 관련된 교과내용으로는 시민교육, 역사, 지리, 경제, 정치, 인류학 등을 들 수 있다. 일반적으로 취학 전 교육과정에서는 개발된 프로젝트 주제나 단원 주제를 통하여 다양한 교과내용들을 통합하기도 한다.

### 4) 주제

영유아교육과정에서 일반적으로 사용하는 대표적인 내용범주는 주제이다. 주제 접근법은 분리된 교과들 간의 경계를 허물고 영유아의 경험에 질서와 통합성을 제공한다. 내용을 논리적으로 연관짓는 것은 분리된 교과목 형태로 제시하는 것보다 주제 중심으로 접근할 때 더 쉽게 이루어진다. 주제 중심 접근법은 오래전부터 영유아를 위한 프로그램에서 교육과정 통합을 가능하게 하고, 흥미 중심 활동을 가능하게 해 주는 전통적인 접근법이다. 주제 중심 접근법은 아동이 지역사회의 중요한 이벤트, 휴일 또는 재미있는 사건 등과 관련된 광범위한 주제에 관심을 갖도록 한다. 교통기관, 우리동네, 가족, 올림픽, 추석 등 영유아교육과정에 사용할 수 있는 주제들은 다양하다.

### 5) 학문의 구조

학문은 각 분야의 학자들이 정의한 것으로서 가장 정교하게 구조화된 지식 형태이다. 그 구조화가 일반적으로 교수학습을 위한 것이 아니라 연구나 새로운 지식 구성을 위한 것이라 할지라도, 이러한 학문의 구조도 영유아교육과정의 주요 내용으로 제공될 수 있다. 특정학문영역의 지식은 주요 개념들을 중심으로 조직된다. 예를 들어, 수학적 개념으로는 집합, 하위집합, 기하학, 더 많고 더 적은 등의 개념이 있고, 물리학에서는 힘, 에너지, 운동 등이 있다.

### 6) 총체적 가치

영유아교육과정은 지식체계뿐 아니라 가치도 중요하다. 총체적 가치를 중요하게 생각하는 유형은 어린 영유아들이 자신과 타자의 감정에 관심을 갖도록 지원하고 좀 더 성숙한 자기 인식과 사회적 관계를 발달시키도록 돕는다. 이런 가치들은 의도된 계획 속에서 발생하기보다는 계획되지 않은 우발적인 사건들 속에 묻혀 버릴 수 있지만, 아동들에게서 성장할 것인지 아닌지는 아동발달을 바라보는 교사의 관점에 따라 달라질 수 있다. 영유아기에 발달되어야 할 가치로는 친구 사귀기, 소속감, 안정감, 존중감, 유능감, 독립심, 자율성, 사회적 책임감, 기타 문화적 가치 등이다.

# 제4장

# 유아교육과정의 구성

이 장에서는 유아교육과정의 역사를 알아보기 위해 유치원교육과정 제정 이전과 이후로 나누어 살펴보았으며, 「어린이집 표준보육법」 제정에 따른 표준보육과정의 변화를 알아보았다. 특히, 3~5세 개정 누리과정과 0~2세 제3차 표준보육과정을 보다 구체적으로 제시하고자 하였다.

제4장

# 유아교육과정의 구성

## 1 유아교육과정의 역사

### 1) 유치원교육과정 제정 이전

우리나라의 전통사회는 대부분 가정에서 부모에 의해 유아교육이 이루어졌다. 가정을 제외한 교육제도로는 서당교육을 예로 들 수 있다. 서당은 양반 자녀들뿐 아니라 서민 자녀에게까지 교육의 기회가 제공되었다. 서당의 규모와 설립형태는 시대에 따라 매우 다양하였다.

서당은 삼국시대에 활쏘기와 경서를 가르쳤던 고구려의 경당에서 기원을 찾아볼 수 있으나 일반화되기 시작한 것은 고려시대라고 할 수 있다. 또한 본격적으로 보급이 된 시기는 조선시대이며, 서당을 통해 유교적 이념을 가르치고자 하였다. 정약용의 『목민심서』에 따르면 대략 4~5마을에 1개의 서당이 있었던 것을 보인다. 이후 17~18세기에 이르러 서당은 양반의 자녀

를 위한 교육기관과 일반 서민들을 위한 서당으로 구분되어 교육이 실시되었다. 김구의『백범일지』에 따르면 서당의 유형을 다음과 같이 세 가지로 나누었다.

- 첫 번째 유형 : 양반 중심의 서당
- 두 번째 유형 : 마을 사람들 중심으로 이루어진 서당
- 세 번째 유형 : 개인이 설립한 서당

이러한 서당들은 조선 후기 일제의 탄압이 심해지면서 민족의식을 고취시키는 교육기관의 성격을 띠게 되면서 점차적으로 민간의 자율적인 설립과 운영에 의해 운영되었다. 이는 서당이 양반부터 평민에 이르기까지 그 규모나 형태가 다양했기 때문이다. 그러나 일제는 1918년 서당의 규칙을 제정하여 서당을 탄압하기에 이르렀으며 이후 서당의 수가 급격히 감소하게 되었다.

학습 내용으로는 강독, 제술, 습자로 강독은 교재의 내용을 읽고 암송하여 풀이하는 것이며 제술은 시나 문장 짓기에 해당하는 교과로 운문이나 산문을 짓는 것이다. 또한 습자는 붓으로 글을 쓰는 교과로 단순히 글을 쓰는 것에서 더 나아가 정신집중이나 예술적 표현의 의미를 담고 있다. 이후 4학, 향교나 서원에 진학하여 유교적 통치이념을 바탕으로 한 교양 있는 관리를 양성하고자 하였다.

교육방법을 살펴보면 서당은 우리나라의 기초적인 교육을 담당하는 교육기관이라고 할 수 있다. 서당에서 이루어지는 교육은 천자문을 통해 기초 한자를 소리 내어 익히는 과정으로 이루어졌다. 또한 학습자 개인의 수준과 학습 성과에 따라 학습을 시키는 개별교수법이 이루어졌다. 이 과정에서 훈장이 일차적으로 단어의 뜻과 문장의 의미를 파악하도록 하였으며 학생 스스로 의미를 파악하고 성찰하게 하는 과정을 중요시하였다.

## 2) 유치원교육과정 제정



우리나라에서 국가수준의 유치원교육과정은 1969년에 처음으로 제정, 공포된 이후, 현재는 누리과정을 운영하고 있다. 유치원교육과정의 제정 이후 몇 차례에 걸쳐 이루어진 개정은 각 시대에 따른 요청, 사회 분위기와 유치원 현장의 요구, 유아교육이론의 발전 등을 반영하면서 계속적인 평가와 수정을 통하여 유치원교육의 질적인 발전 및 사회 통합을 도모하기 위한 노력이라고 할 수 있다. 최근 유아교육과정이 누리과정으로 변하게 된 것은 교육계와 사회적 여건의 변화에 따른 것으로 유아교육기관과 보육기관의 일원화를 위한 배경과 필요성이라고 하겠다.

### (1) 제1차 유치원교육과정(1969. 2.19 문교부령 제207호)

제1차 유치원교육과정의 유아교육 목적과 목표는 다음과 같다.

#### ① 목적

건강한 신체와 건전한 정신으로 생활할 수 있는 유능한 한국인을 양성하는 것이다.

#### ② 목표

첫째, 건강 및 안전교육 철저히 하기

둘째, 기초적인 생활습관과 기능 익히기

셋째, 자연과 사회의 현상에 관심을 가지며 과학적이고 민주적인 사고력 싹트기

넷째, 바르게 듣고 말하기

다섯째, 심미적인 태도와 창조적인 표현력 기르기

교육의 목표는 유아의 개성에 따라 사회적, 신체적, 정서적, 지적인 면에서 균형된 성장을 꾀할 수 있는 교육을 계획 실천하여야 한다.

#### ③ 영역

교육과정은 건강, 사회, 자연, 언어, 예능 다섯 가지의 생활영역으로 구성되어

있다.

④ 교수학습방법

교수학습방법은 교육과정을 통해 생활 중심, 경험 중심, 놀이 중심의 교수학습 방법을 주류로 하고 있으며 실제 학습에 있어서는 구분 없이 종합체로서 유치원교육의 특징을 살릴 수 있도록 운영한다. 또한 유아가 체험하여야 할 모든 경험을 어린이 스스로가 택하고, 이에 즐겨 참여할 수 있도록 이끌어 나아가야 한다고 보았다.

⑤ 수업일정

연간 200일 이상, 하루 3시간(180분) 기준으로 교육이 이루어졌다.

⑥ 평가

제1차 유치원교육과정은 미국의 교육과정을 그대로 도입하였기 때문에 세부 운영지침 및 교수학습자료를 충분히 마련하지 못하였다. 따라서 평가는 유치원교육과정과 가정교육의 균형을 중시하며 유치원의 교육목적, 방법, 교육평가는 각 유치원에 융통성을 부여하였다.

### (2) 제2차 유치원교육과정(1979. 3.1 문교부 고시 제424호)

제2차 유치원교육과정의 유아교육 목적과 목표는 다음과 같다.

① 목적

첫째, 자아실현
둘째, 국가발전을 위한 주체의식 확립 및 사명감 인식
셋째, 민주적 가치의 강조

② 목표

첫째, 사회화에 필요한 경험 습득하기
둘째, 사회와 자연현상에 대하여 흥미를 가지고 다양하게 표현하기

셋째, 탐구력과 적응력 기르기

넷째, 언어습관 및 태도 기르기

다섯째, 신체건강 및 안전에 대한 습관 및 태도 기르기

#### ③ 영역

교육과정은 첫째, 사회 · 정서발달, 둘째, 인지발달, 셋째, 언어발달, 넷째, 신체발달 및 건강의 4가지 영역으로 구성되어 있다.

#### ④ 교수학습방법

교수학습방법은 생활 중심, 경험 중심, 학문 중심의 교육이 이루어졌다.

#### ⑤ 수업일정

수업일정은 연간 200일, 주당 18~24시간으로 하루 3~4시간(조정 가능)으로 조정이 가능하다.

#### ⑥ 평가

평가는 유아의 발달이론을 체계적으로 도입한 것이 특징으로 유아에 대한 발달을 이해하고 이에 따른 평가가 이루어지게 되었다.

### (3) 제3차 유치원교육과정(1981. 12. 31 문교부 고시 442호)

제3차 유치원교육과정의 유아교육의 목적과 목표는 다음과 같다.

#### ① 목적

아동에게 알맞은 교육환경 속에서 즐겁고 다양한 활동을 통하여 전인적으로 성장하도록 하는 것이다.

#### ② 목표

첫째, 감각 및 운동기능을 기르고 신체의 조화로운 발달 이루기

둘째, 긍정적인 자아개념 형성 및 창의적으로 표현하기

셋째, 기초적인 언어기능 습득하기

넷째, 자연과 사회현상에 대한 기초적인 이해와 문제해결능력 기르기

다섯째, 가족과 이웃을 사랑하는 태도 및 일상생활에 필요한 기본적인 예절과 규범지키기

③ 영역

제3차 유치원교육과정은 신체발달, 정서발달, 언어발달, 인지발달, 사회성발달의 5개 영역으로 구성되어 있다.

④ 교수학습방법

활동 중심, 놀이 중심의 개별화 교육과 생활 중심 통합교육의 교수학습방법으로 이루어졌다.

⑤ 수업일정

수업일정은 연간 180일 이상 하루 3~4시간(조정 가능)으로 되어 있다.

⑥ 평가

교육과정에 대한 평가 지침이 제시되었다. 또한 평가부분에 있어 유아의 발달을 이해하고 도와주는 긍정적 측면의 목표 지향적 평가가 이루어지도록 하고자 하였다.

**(4) 제4차 유치원교육과정(1987. 6. 30 문교부 고시 제87-9호)**

제4차 유치원교육과정의 교육목적과 목표는 다음과 같다.

① 목적

유아의 전인적인 발달 조력이다.

② 목표

첫째, 건강 및 안전생활에 대한 올바른 습관과 신체의 조화로운 발달 도모

둘째, 언어이해 및 언어표현의 기초 기능 습득

셋째, 주변현상에 대한 관심 및 탐구 태도 배양

넷째, 자부심 및 생활주변에서의 느낌과 생각을 자주적으로 표현하기

다섯째, 기본적인 생활습관 및 가족과 이웃을 사랑하는 태도 배양하기

#### ③ 영역

제4차 유치원교육과정은 신체발달, 정서발달, 언어발달, 인지발달, 사회성발달 5가지 영역으로 이루어져 있다.

#### ④ 교수학습방법

교수학습 방법은 흥미, 경험, 놀이 중심, 개별 지도, 통합구성으로 교육의 형태가 이루어졌다.

#### ⑤ 수업일정

수업일정은 연간 180일 이상이며 하루 3시간 기준으로 조정이 가능하다.

#### ⑥ 평가

평가에 있어 유아의 발달을 이해하고 도와주기 위한 교육의 과정으로 실시하며 평가의 대상과 내용에 따라 다양한 방법을 사용한다.

### (5) 제5차 유치원교육과정(1992. 9. 30 교육부 고시 제1992-15호)

제5차 유치원교육과정의 교육목적과 목표는 다음과 같다.

#### ① 목적

유아를 교육하고, 적당한 환경을 주어 심신의 발육을 조장한다.

#### ② 목표

첫째, 기본적인 감각운동기능을 길러 신체와 정신의 조화로운 발달을 이루며 건강하고 안전한 생활하기

둘째, 기초적인 자기조절능력을 기르고 사회적 지식과 태도를 익히게 하여 자신

과 다른 사람을 존중하며 즐겁게 더불어 생활하기

셋째, 풍부한 감성과 상상력을 기르고 자신이 느끼고 경험한 바를 창의적으로 표현하기

넷째, 말과 글에 관심을 가지게 하고 기초적인 언어능력을 기르게 함으로써 즐거운 언어 생활하기

다섯째, 여러 가지 사물과 현상을 탐구하여 기초적인 사고능력과 창의적인 문제 해결능력 기르기이다.

#### ③ 영역

제5차 유치원교육과정은 건강생활, 사회생활, 표현생활, 언어생활, 탐구생활 5가지 영역으로 구성되어 있다.

#### ④ 교수학습방법

교수학습방법은 흥미 중심, 놀이 중심, 개별성 존중, 통합교육으로 이루어졌다.

#### ⑤ 수업일정

수업일정은 연간 180일 기준으로 조정 가능하며 하루 180분 기준으로 교육과정을 편성하되 운영지침에 의하여 교육일수와 시간에 관하여 따라 제시가 가능하게 되어 있다.

#### ⑥ 평가

평가는 각 영역별 목표에 준하여 교육내용, 교육환경 및 교육자료, 교육방법 그리고 유아에 대하여 평가한다.

### (6) 제6차 유치원교육과정(1998. 6. 30 교육부 고시 제1998-10호)

제6차 유치원교육과정의 교육목적과 목표는 다음과 같다.

#### ① 목적

첫째, 자아실현

둘째, 국가발전을 위한 주체의식 확립 및 사명감 인식

셋째, 민주적 가치의 강조

### ② 목표

첫째, 몸과 마음이 건강하게 자랄 수 있는 경험을 가진다.

둘째, 기본생활습관을 기르고 다른 사람과 더불어 생활하는 태도를 가진다.

셋째, 생각과 느낌을 창의적으로 표현하는 경험을 가진다.

넷째, 바르게 언어를 사용하는 경험을 가진다.

다섯째, 일상생활의 문제에 대하여 스스로 해결하는 태도를 가진다.

### ③ 영역

제6차 유아교육과정의 영역은 건강생활, 사회생활, 표현생활, 언어생활, 탐구생활 5가지 영역으로 구성되어 있다.

### ④ 교수학습방법

교수학습방법은 흥미 중심, 놀이 중심, 개별성 존중, 통합교육, 수준별 교육이 이루어졌다.

### ⑤ 수업일정

수업일정은 연간 180일 이상이며 하루 180분 기준으로 유아의 연령과 발달수준, 기후, 계절, 학부모의 요구 등을 고려하여 실정에 맞도록 조정할 수 있다. 또한 반일제(3~5시간 미만), 시간연장제(5~8시간 미만), 종일제(8시간 이상)로 운영한다.

### ⑥ 평가

국가수준에서 주기적으로 교육과정 편성 및 운영에 관한 평가를 실시하며, 특히 교육내용, 교수·학습방법, 교육환경, 교육활동자료, 유아의 발달특성, 환경구성의 적절성 등을 평가한다.

### (7) 2007년 개정 유치원교육과정(2007. 12. 19 교육부 고시 제2007-153호)

2007년 개정 유치원교육과정의 교육목적과 목표는 다음과 같다.

#### ① 목적

유치원교육은 유아에게 알맞은 교육 환경을 제공하여 유아를 교육하고 심신의 조화로운 발달을 돕는 것이다.

#### ② 목표

첫째, 몸과 마음을 건강하게 하며 기본생활습관을 기른다.
둘째, 더불어 사는 태도와 우리 전통문화를 사랑하는 마음을 가진다.
셋째, 자신의 생각과 느낌을 자유롭고 창의적으로 표현하는 경험을 가진다.
넷째, 의사소통을 위한 언어능력을 기르며, 바른 언어 사용 습관을 기른다.
다섯째, 호기심을 가지고 주변세계를 탐구하며 자연을 존중하는 태도를 기른다.

#### ③ 영역

2007년 개정 유치원교육과정은 건강생활, 사회생활, 표현생활, 언어생활, 탐구생활의 5개 영역으로 구성한다.

#### ④ 교육일정

교육일정으로 연간 교육일수는 180일, 하루 교육시간은 180분을 최소 기준으로 하되, 연간 교육 일수 및 하루 교육시간은 시 · 도 교육청의 지침과 유치원 실정에 따라 유치원에서 자율적으로 결정하였다.

#### ⑤ 교수학습방법

교수학습방법은 발달과 흥미를 고려하여 놀이 중심의 통합적인 교육활동으로 진행한다.

#### ⑥ 평가

평가는 교육과정 목표와 내용을 준거로 유아의 특성과 변화 정도를 평가하고 유아의 태도, 지식, 기능 등이 종합적으로 포함되도록 평가한다. 또한 유치원 일과 속에서 생활과 교육활동 전반에 걸쳐 포괄적으로 평가가 이루어지도록 하며 관찰, 활동 결과물 분석, 면담 등 다양한 방법을 사용하여 종합적으로 평가하고, 그 결과를 기록하였다. 평가 결과는 유아에 대한 이해와 유아 지원을 위한 의사결정, 교수·학습방법 개선, 교육과정의 편성과 운영, 부모 면담, 생활기록부 작성 등을 위한 기초자료로 활용하였다.

#### (8) 2011 개정 유치원교육과정(2011. 9. 5. 교육과학기술부 고시 제 2011-30호)

2011 개정 유치원교육과정의 교육목적과 목표는 다음과 같다.

##### ① 목적

유치원교육과정은 만 3~5세에서 만 5세와 만 3~4세의 교육과정을 분리하여 고시하였으며 교육목적은 만 5세의 누리과정 유아의 심신의 건강과 조화로운 발달을 도와 민주시민의 기초를 형성하는 것이다.

##### ② 목표

첫째, 기본운동능력과 건강하고 안전한 생활습관을 기른다.

둘째, 일상생활에 필요한 의사소통능력과 바른 언어 사용 습관을 기른다.

셋째, 자신을 존중하고 다른 사람과 더불어 생활하는 능력과 태도를 기른다.

넷째, 아름다움에 관심을 가지고 예술경험을 즐기며, 창의적으로 표현하는 능력을 기른다.

다섯째, 호기심을 가지고 주변세계를 탐구하며, 일상생활에서 수학적·과학적으로 생각하는 능력과 태도를 기른다.

##### ③ 영역

2011년 개정 유치원교육과정은 신체운동 건강영역, 의사소통, 사회관계, 예술경험, 자연탐구영역으로 교수학습방법은 놀이 중심, 흥미 중심으로 진행되었다.

### (9) 2012 개정 유치원교육과정(2012. 7. 10. 교육과학기술부 고시 제2012-16호)

2012 개정 유치원교육과정의 교육목적과 목표는 다음과 같다.

#### ① 목적

누리과정은 만 3~5세 유아의 심신의 건강과 조화로운 발달을 도와 민주시민의 기초를 형성하는 것이다.

#### ② 목표

첫째, 기본운동능력과 건강하고 안전한 생활습관을 기른다.

둘째, 일상생활에 필요한 의사소통능력과 바른 언어 사용 습관을 기른다.

셋째, 자신을 존중하고 다른 사람과 더불어 생활하는 능력과 태도를 기른다.

넷째, 아름다움에 관심을 가지고 예술경험을 즐기며, 창의적으로 표현하는 능력을 기른다.

다섯째, 호기심을 가지고 주변세계를 탐구하며, 일상생활에서 수학적 · 과학적으로 생각하는 능력과 태도를 기른다.

#### ③ 영역

2012 개정 유치원교육과정은 신체운동 · 건강, 의사소통, 사회관계, 예술경험, 자연탐구영역으로 나뉘어 있다.

#### ④ 교수학습방법

교수학습방법은 놀이 중심, 흥미 중심으로 유아의 발달특성과 경험을 고려하여 5개 영역의 내용을 균형 있게 통합적으로 편성한다.

#### ⑤ 교육일정

교육일정은 1일 3~5시간을 기준으로 편성하여 연령별, 종교, 신체적 특성, 가족 및 민족 배경 등으로 인한 편견이 없도록 편성하였다. 또한 일과운영시간에 따라 심화 확장할 수 있도록 편성하였다.

### ⑥ 평가

평가는 누리과정 운영에 대한 평가와 유아에 대한 평가로 나뉘는데, 누리과정 운영에 대한 평가는, 첫째, 운영 내용이 누리과정의 목표와 내용에 근거하여 편성 · 운영되었는지 평가한다. 둘째, 운영 내용 및 활동이 유아의 발달수준과 흥미 · 요구에 적합한지를 평가한다. 셋째, 교수 · 학습방법이 유아의 흥미와 활동의 특성에 적합한지를 평가한다. 넷째, 운영환경이 유아의 발달특성과 활동의 주제, 내용 및 효율성 등을 고려하여 구성되었는지를 평가한다. 다섯째, 계획안 분석, 수업 참관 및 모니터링, 평가척도 등 다양한 방법을 활용하여 평가한다. 여섯째, 운영평가의 결과를 반영하여 운영계획을 수정 · 보완하거나 이후 누리과정 편성 · 운영에 활용한다.

구체적으로 유아평가는 첫째, 누리과정 목표와 내용에 근거하여 유아의 특성과 변화 정도를 평가한다. 둘째, 유아의 지식, 기능, 태도를 포함하여 평가한다. 셋째, 유아의 일상생활과 누리과정 활동 전반에 걸쳐 평가한다. 넷째, 관찰, 활동결과물 분석, 부모면담 등 다양한 방법을 사용하여 종합적으로 평가하고, 그 결과를 기록한다. 다섯째, 유아평가 결과는 유아에 대한 이해와 누리과정 운영 개선 및 부모 면담자료로 활용할 수 있다.

## (10) 2019 개정 누리과정(2019. 7. 24. 교육과학기술부 고시 제2019-189호)

2019 개정 누리과정의 교육목적과 목표는 다음과 같다.

### ① 목적

개정 누리과정의 목적은 유아가 놀이를 통해 심신의 건강과 조화로운 발달을 이루고 바른 인성과 민주 시민의 기초를 형성하는 데에 있다

### ② 목표

첫째, 자신의 소중함을 알고, 건강하고 안전한 생활습관을 기른다.

둘째, 자신의 일을 스스로 해결하는 기초능력을 기른다.

셋째, 호기심과 탐구심을 가지고 상상력과 창의력을 기른다.
넷째, 일상에서 아름다움을 느끼고 문화적 감수성을 기른다.
다섯째, 사람과 자연을 존중하고 배려하며 소통하는 태도를 기른다.

### ③ 영역

2019 개정 누리과정은 기존 누리과정과 같이 신체 운동 · 건강, 의사소통, 사회관계, 예술경험, 자연탐구영역으로 나뉘어 있다.

### ④ 교수학습방법

2019 개정 누리과정에서 교사는 놀이 지원자로 놀이의 특성, 의미, 가치를 이해하여 유아가 즐겁게 놀이하면서 배우는 경험을 지원하도록 한다. 따라서 교사는 환경을 구성하고, 유아와 바람직한 상호작용을 통해 유아가 놀이에 몰입하고 놀이를 확장하도록 한다. 이에 따라 유아가 흥미와 관심에 따라 놀이에 자유롭게 참여하고 즐기도록 하며 놀이를 통해 배우도록 한다. 이 과정에서 유아와 유아, 유아와 교사, 유아와 환경 간에 능동적인 상호작용을 통해 5개 영역의 내용이 통합적으로 유아의 경험과 연계되도록 한다.

### ⑤ 교육일정

유아 · 놀이 중심 교육과정을 운영하기 위해 고려해야 할 기준은 다음과 같다.

첫째, 1일 4~5시간을 기준으로 편성한다.
둘째, 일과 운영에 따라 확장하여 편성할 수 있다.
셋째, 누리과정을 바탕으로 각 기관의 실정에 적합한 계획을 수립하여 운영한다.
넷째, 하루 일과에서 바깥놀이를 포함하여 유아의 놀이가 충분히 이루어지도록 편성하여 운영한다.
다섯째, 성, 신체적 특성, 장애, 종교, 가족 및 문화적 배경 등으로 인한 차별이 없도록 편성하여 운영한다.
여섯째, 유아의 발달과 장애 정도에 따라 조정하여 운영한다.

일곱째, 가정과 지역사회와의 협력과 참여에 기반하여 운영한다.

여덟째, 교사 연수를 통해 누리과정의 운영이 개선되도록 한다.

### ⑥ 평가

2019 개정 누리과정은 평가를 간략화하고 각 기관의 자율적인 평가를 강조하였다. 유치원과 어린이집은 평가의 목적, 대상, 방법, 결과의 활용을 바탕으로 누리과정 평가를 자율적으로 실시할 수 있다. 따라서 유아의 특성 및 변화 정도와 누리과정의 운영을 평가하고 평가의 목적에 따라 적합한 방법을 사용하여 평가한다. 또한 평가의 결과는 유아에 대한 이해와 누리과정 운영 개선을 위한 자료로 활용할 수 있다.

## 3) 어린이집 영유아보육법 제정

「영유아보육법」은 1981년 「아동복지법」과 1982년 「유아교육진흥법」, 1987년 「남녀고용평등법」을 기반으로 제정되었으며 지금까지 이루어졌던 탁아의 개념을 보호와 교육을 통합하는 보육의 개념으로 정착시켰다. 이를 통해 영유아의 심신을 보호하고 건전하게 교육하여 건강한 사회구성원으로 육성함과 아울러 보호자의 경제적 · 사회적 활동이 원활하게 이루어지도록 함으로써 가정복지증진에 이바지하고자 하는 것이 목적이라 할 수 있다. 「영유아보육법」 제정(1991. 1. 14. 영유아보육법 제18조, 시행규칙 제23조)에 따르면 보육시설에서의 보육은 영유아의 신체적 · 지적 · 정서적 및 사회적 발달을 도모하는 내용을 포함하여야 하며 구체적인 보육내용은 보건사회부령으로 정한다. 이를 통해 교육, 영양, 건강, 안전, 부모에 대한 서비스, 지역사회와의 교류를 바탕으로 보육에 대한 계획을 수립하고자 하였다. 발달영역으로는 신체발달, 의사소통 및 언어발달, 감각, 지각 및 인지발달, 사회적 상호작용발달, 정서적 안정감 및 인성발달로 구분하였다.

### (1) 제1차 어린이집 표준보육과정 고시(2007. 1. 3 여성가족부 고시 제2007-1호)

2004년 「영유아보육법」 개정에 따른 '여성부 장관은 표준보육과정을 개발, 보급해야 하고 보육시설은 표준보육과정에 따라 영유아를 보육하도록 노력하여야 한다'에 따라 제1차 표준보육과정을 고시하였다. 표준보육과정은 만 6세 미만의 영유아가 갖추어야 할 바람직하고 적합한 태도와 가치, 지식과 기술을 포함하며 이를 통해 영유아의 잠재력을 최대한 발휘하고 영유아가 완전한 어른으로 성장하도록 한다.

보육과정은 기본생활, 신체운동, 사회관계, 의사소통, 자연탐구, 예술경험의 여섯 가지 영역으로 구성되어 있으며 만 2세 미만, 만 2세, 만 3~5세의 영유아로 구분하여 각 연령별 목표와 내용을 기술하였다.

### (2) 제2차 어린이집 표준보육과정 고시(2010. 9. 7 보건복지부 고시 제2010-71호)

2007년 고시된 제1차 표준보육과정은 어린이집 관할 부서가 보건복지부로 이관됨에 따라 표준보육과정의 구체적 보육내용 및 교사지침을 고시하였다. 이는 2007년도의 표준보육과정 내용과 동일하다.

### (3) 제3차 어린이집 표준보육과정 고시(2013.01.21. 보건복지부 고시 제 2013 - 8호)

어린이집 표준보육과정은 어린이집의 만 0~5세 영유아들에게 국가수준에서 제공하는 보편적이고 공통적인 보육의 목표와 내용을 제시한 것이다. 어린이집 표준보육과정은 0~1세 보육과정, 2세 보육과정, 3~5세 보육과정(누리과정 포함)으로 구성한다. 국가수준의 어린이집 표준보육과정을 시행함으로써 영유아의 전인적 발달과 우리 문화에 적합한 내용을 일관성 있고 연계적으로 실천하며, 궁극적으로 사회에서 추구하는 인간상을 구현하고 전국 어린이집의 질적 수준을 높이는 데 기여하고자 하였다.

### (4) 제4차 어린이집 표준보육과정 고시(2020.04.09. 보건복지부 고시 제 2020 -75호)

어린이집 표준보육과정은 0~5세 영유아를 위한 국가 수준의 보육과정이며, 0~1세 보육과정, 2세 보육과정, 3~5세 보육과정(누리과정)으로 구성한다. 그에 따라 첫째, 국가 수준의 공통성과 지역, 기관 및 개인 수준의 다양성을 동시에 추구한다. 둘째, 영유아의 전인적 발달과 행복을 추구한다. 셋째, 영유아 중심과 놀이 중심을 추구한다. 넷째, 영유아의 자율성과 창의성 신장을 추구한다. 다섯째, 영유아, 교사, 원장, 부모 및 지역사회가 함께 실현해 가는 것을 추구한다.

## 2 2019 개정 누리과정

교육부는 국정과제 구현과 출발선 평등 실현을 위해 2017년 12월 '유아교육 혁신방안'을 발표하였다. '유아교육 혁신방안'의 주요 내용으로 '유아가 중심이 되는 놀이 위주의 교육과정 개편'이 명시되었다. 이에 유아 · 놀이 중심 교육과정 개편 방향을 반영하여 2019년 7월, 「2019 개정 누리과정」이 고시되었다. 「2019 개정 누리과정」은 유치원과 어린이집에 다니는 3~5세 유아에게 공통으로 적용되는 교육과정으로 2020년 3월부터 시행되었다.

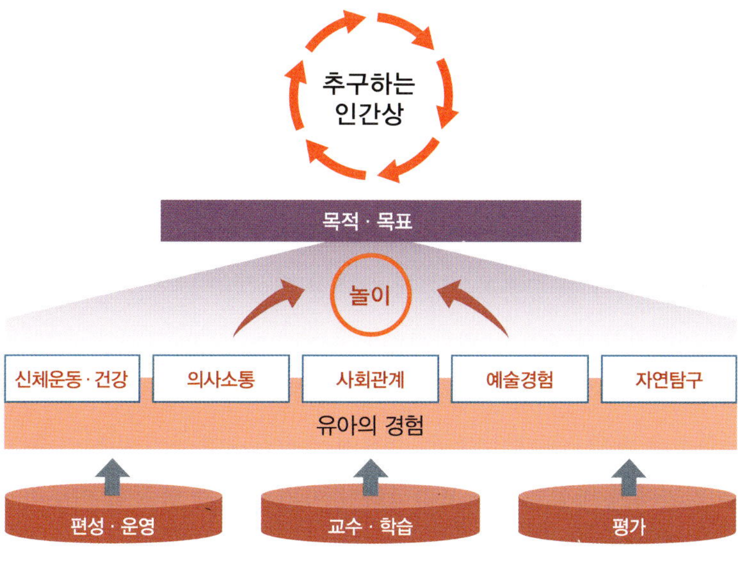


출처 : 누리과정 해설서

### 1) 인간상

개정 누리과정은 '추구하는 인간상'을 제시하여 교육과정으로서 구성 체계를 확립하였다. 개정 누리과정이 제시한 인간상은 건강한 사람, 자주적인 사람, 창의적인 사람, 감성이 풍부한 사람, 더불어 사는 사람이다.

### 2) 목적

개정 누리과정의 목적은 유아가 놀이를 통해 심신의 건강과 조화로운 발달을 이루고 바른 인성과 민주 시민의 기초를 형성하는 데에 있다

### 3) 목표

첫째, 자신의 소중함을 알고, 건강하고 안전한 생활습관을 기른다.
둘째, 자신의 일을 스스로 해결하는 기초능력을 기른다.
셋째, 호기심과 탐구심을 가지고 상상력과 창의력을 기른다.
넷째, 일상에서 아름다움을 느끼고 문화적 감수성을 기른다.
다섯째, 사람과 자연을 존중하고 배려하며 소통하는 태도를 기른다.

### 4) 운영

편성 · 운영은 유치원과 어린이집에서 유아 · 놀이 중심 교육과정을 편성하고 운영하기 위해 고려해야 할 공통적 기준을 안내한 것이다

① 1일 4~5시간을 기준으로 편성한다.
② 일과 운영에 따라 확장하여 편성할 수 있다.
③ 누리과정을 바탕으로 각 기관의 실정에 적합한 계획을 수립하여 운영한다.
④ 하루 일과에서 바깥놀이를 포함하여 유아의 놀이가 충분히 이루어지도록 편성하여 운영한다.

⑤ 성, 신체적 특성, 장애, 종교, 가족 및 문화적 배경 등으로 인한 차별이 없도록 편성하여 운영한다.

⑥ 유아의 발달과 장애 정도에 따라 조정하여 운영한다.

⑦ 가정과 지역사회와의 협력과 참여에 기반하여 운영한다.

⑧ 교사 연수를 통해 누리과정의 운영이 개선되도록 한다.

### 5) 교수-학습 방법

교수 · 학습은 유아가 즐겁게 놀이하며 스스로 배울 수 있도록 교사가 지원할 때 고려해야 할 사항이다.

① 유아가 흥미와 관심에 따라 놀이에 자유롭게 참여하고 즐기도록 한다.

② 유아가 놀이를 통해 배우도록 한다.

③ 유아가 다양한 놀이와 활동을 경험할 수 있도록 실내외 환경을 구성한다.

④ 유아와 유아, 유아와 교사, 유아와 환경 간에 능동적인 상호작용이 이루어지도록 한다.

⑤ 5개 영역의 내용이 통합적으로 유아의 경험과 연계되도록 한다.

⑥ 개별 유아의 요구에 따라 휴식과 일상생활이 원활히 이루어지도록 한다.

⑦ 유아의 연령, 발달, 장애, 배경 등을 고려하여 개별 특성에 적합한 방식으로 배우도록 한다.

### 6) 평가

2019 개정 누리과정은 평가를 간략화하고 각 기관의 자율적인 평가를 강조하였다. 유치원과 어린이집은 평가의 목적, 대상, 방법, 결과의 활용을 바탕으로 누리과정 평가를 자율적으로 실시할 수 있다

① 누리과정 운영의 질을 진단하고 개선하기 위해 평가를 계획하고 실시한다.

② 유아의 특성 및 변화 정도와 누리과정의 운영을 평가한다.

③ 평가의 목적에 따라 적합한 방법을 사용하여 평가한다.

④ 평가의 결과는 유아에 대한 이해와 누리과정 운영 개선을 위한 자료로 활용할 수 있다.



### 7) 2019 개정 누리과정의 내용 범주

#### (1) 신체 운동 · 건강

신체 운동 · 건강 영역의 목표 및 내용범주는 유아가 다양한 신체활동에 즐겁게 참여하고, 청결과 위생, 즐거운 식사, 적당한 휴식을 통해 건강한 생활습관을 기르며, 일상에서 안전하게 생활하는 방법을 배우고 실천하는 내용으로 구성되어 있다.

① 신체활동 즐기기: 유아가 스스로 신체를 움직이는 동안 자연스럽게 자신의 신체를 인식하고 조절하며, 실내외에서 다양한 신체활동에 자발적으로 참여하면서 신체활동을 즐기는 내용이다.

② 건강하게 생활하기: 유아가 스스로 몸과 주변을 깨끗이 하고, 즐겁게 식사하며, 자신의 신체 리듬에 맞게 휴식을 취하고, 질병을 예방하는 다양한 방법을 실천하는 내용이다.

③ 안전하게 생활하기: 유아가 안전하게 놀이하고 생활하며, 자주 접하는 TV, 컴퓨터, 스마트폰을 바르게 사용하고, 안전하게 다닐 수 있도록 교통안전 규칙을 지키며, 안전사고, 화재, 재난, 학대, 유괴 등의 위험한 일이 발생하였을 때 도움을 요청하거나 대처할 수 있는 방법을 경험하는 내용이다.

| 내용범주 | 내용 |
|---|---|
| 신체활동 즐기기 | 신체를 인식하고 움직인다. |
| | 신체 움직임을 조절한다 |
| | 기초적인 이동운동, 제자리 운동, 도구를 이용한 운동을 한다. |
| | 실내외 신체활동에 자발적으로 참여한다. |
| 건강하게 생활하기 | 자신의 몸과 주변을 깨끗이 한다. |
| | 몸에 좋은 음식에 관심을 가지고 바른 태도로 즐겁게 먹는다. |
| | 하루 일과에서 적당한 휴식을 취한다. |
| | 질병을 예방하는 방법을 알고 실천한다. |

| 내용범주 | 내용 |
|---|---|
| 안전하게 생활하기 | 일상에서 안전하게 놀이하고 생활한다. |
| | TV, 컴퓨터, 스마트폰 등을 바르게 사용한다. |
| | 교통안전 규칙을 지킨다. |
| | 안전사고, 화재, 재난, 학대, 유괴 등에 대처하는 방법을 경험한다. |

## 내용범주: 건강하게 생활하기

**목표** 건강한 생활습관을 기른다.

**내용**
- 자신의 몸과 주변을 깨끗이 한다.
- 몸에 좋은 음식에 관심을 가지고 바른 태도로 즐겁게 먹는다.
- 하루 일과에서 적당한 휴식을 취한다.
- 질병을 예방하는 방법을 알고 실천한다.

| 내용 이해 | 유아 경험의 실제 |
|---|---|
| **자신의 몸과 주변을 깨끗이 한다.**<br>유아가 손을 씻고 이를 닦는 등 몸을 깨끗이 하는 적절한 방법을 알고 실천하며, 자기 주변을 깨끗하게 정리정돈하는 내용이다.<br><br>**몸에 좋은 음식에 관심을 가지고 바른 태도로 즐겁게 먹는다.**<br>유아가 몸을 건강하게 하는 음식에 관심을 가지고, 음식을 소중히 여기며, 제자리에 앉아서 골고루 즐겁게 먹는 내용이다. | 시금치무침 요리 활동 중에, 교사는 유아가 데친 시금치를 맛보고 싶다고 하여 맛보게 한다. 유아들이 "맛있어?", "맛없지?", "난 시금치 안 좋아해. 안 먹을래."라고 말하며 인상을 찌푸린다. 교사가 "시금치에 양념 옷을 입혀 맛있게 변신시켜 줄까?"하고 말한 후, 유아들에게 직접 깨소금, 참기름 등의 여러 양념을 넣고 손으로 무쳐 보게 한다. 유아들은 "우와! 좋은 냄새 난다.", "맛있겠다!", "저도 주세요."라고 말한다.<br> |

출처 : 2019 개정 누리과정 해설서

### (2) 의사소통

① 듣기와 말하기: 유아가 다른 사람의 말이나 이야기를 관심 있게 듣고, 자신의 경험, 느낌, 생각을 상황에 적절한 단어를 사용하여 말하고, 고운 말을 사용하는 내용이다.

② 읽기와 쓰기에 관심 가지기: 유아가 말과 글의 관계에 관심을 가지고, 주변의 상징, 글자 등을 읽으며, 자신의 생각을 글자와 비슷한 형태로 표현해 보는 내용이다.

③ 책과 이야기 즐기기: 유아가 다양한 책에 관심을 가지고 상상하며, 동화, 동시에서 말의 재미를 느끼고, 말놀이와 이야기 짓기를 즐기는 내용이다.

| 내용범주 | 내용 |
|---|---|
| 듣기와 말하기 | 말이나 이야기를 관심 있게 듣는다. |
| | 자신의 경험, 느낌, 생각을 말한다. |
| | 상황에 적절한 단어를 사용하여 말한다. |
| | 상대방이 하는 이야기를 듣고 관련해서 말한다. |
| | 바른 태도로 듣고 말한다. |
| | 고운 말을 사용한다 |
| 읽기와 쓰기에 관심 가지기 | 말과 글의 관계에 관심을 가진다. |
| | 주변의 상징, 글자 등의 읽기에 관심을 가진다 |
| | 자신의 생각을 글자와 비슷한 형태로 표현한다. |
| 책과 이야기 즐기기 | 책에 관심을 가지고 상상하기를 즐긴다. |
| | 동화, 동시에서 말의 재미를 느낀다. |
| | 말놀이와 이야기 짓기를 즐긴다 |

## 내용범주: 듣기와 말하기

**목표** 일상생활에서 듣고 말하기를 즐긴다.

**내용**
- 말이나 이야기를 관심 있게 듣는다.
- 자신의 경험, 느낌, 생각을 말한다.
- 상황에 적절한 단어를 사용하여 말한다.
- 상대방이 하는 이야기를 듣고 관련해서 말한다.
- 바른 태도로 듣고 말한다.
- 고운 말을 사용한다.

| 내용 이해 | 유아 경험의 실제 |
|---|---|
| **말이나 이야기를 관심 있게 듣는다.**<br>유아가 다른 사람이 하는 말과 흥미로운 주제, 익숙한 경험이 담긴 이야기에 관심을 가지며 듣는 내용이다. | 유아가 친구들에게 동물원에 놀러갔던 이야기를 신나고 재미있게 들려준다. 유아는 “나는 호랑이다. 어흥!”하며 눈을 크게 뜨고, 목소리를 굵고 거칠게 한다. 이어 원숭이에 대한 이야기를 할 때는 가늘고 날카로운 음성으로 바꿔 말한다. 옆에서 이야기를 듣던 유아들이 원숭이 동작과 목소리를 흉내내며 웃는다. |
| **자신의 경험, 느낌, 생각을 말한다.**<br>유아가 상대방에게 자신의 경험, 느낌, 생각을 자유롭게 말하는 내용이다. |  |
| **상황에 적절한 단어를 사용하여 말한다.**<br>유아가 때와 장소, 대상과 상황을 고려하여 적절한 단어와 문장을 선택하여 말하는 내용이다. | 유아들이 병원 놀이를 한다. 의사 역할을 하는 유아가 “어디가 아파서 오셨어요?”라고 묻자 환자 역할을 하는 유아가 “의사 선생님, 배가 너무 아파요.”라고 말하며 배를 움켜쥔다. 의사가 진찰을 한 후 옆에 있던 간호사 역할을 하는 유아가 “이쪽으로 오세요. 주사 맞아야 합니다.”라고 말한다. |

출처 : 2019 개정 누리과정 해설서

### (3) 사회관계

① 나를 알고 존중하기: 유아가 자신을 나타낼 수 있는 것과 자신의 감정을 알고 상황에 맞게 적절하게 표현하며, 자신이 할 수 있는 것을 스스로 해봄으로써, 긍정적인 자아존중감과 자율성을 경험하는 내용이다.

② 더불어 생활하기: 유아가 가족의 의미와 소중함을 알며, 친구와 서로 돕고 양보, 배려, 협력하며 사이좋게 지내고, 사람들마다 감정, 생각, 행동이 각기 다름을 알고 존중하여, 친구와의 갈등을 여러 가지 긍정적인 방법으로 해결하는 내용이다. 또한 친구와 어른께 예의 바른 태도로 말하고 행동하며, 사회 공동체의 일원으로서 약속과 규칙의 필요성을 알고 지키는 내용이다.

③ 사회에 관심 가지기: 유아가 사회 구성원으로서 자신이 사는 지역에 관심을 가지고 탐구하며, 우리나라의 상징, 언어, 문화를 알아 가면서 대한민국 국민으로서 긍지와 자부심을 가지는 내용이다. 그리고 다른 나라의 다양한 문화에 관심을 가지고 존중하는 경험을 담고 있다.

| 내용범주 | 내용 |
|---|---|
| 나를 알고 존중하기 | 나를 알고 소중히 여긴다. |
| | 나의 감정을 알고 상황에 맞게 표현한다 |
| | 내가 할 수 있는 것을 스스로 한다. |
| 더불어 생활하기 | 가족의 의미를 알고 화목하게 지낸다. |
| | 친구와 서로 도우며 사이좋게 지낸다 |
| | 친구와의 갈등을 긍정적인 방법으로 해결한다. |
| | 서로 다른 감정, 생각, 행동을 존중한다. |
| | 친구와 어른께 예의바르게 행동한다. |
| | 약속과 규칙의 필요성을 알고 지킨다. |
| 사회에 관심 가지기 | 내가 살고 있는 곳에 대해 궁금한 것을 알아본다. |
| | 우리나라에 대해 자부심을 가진다. |
| | 다양한 문화에 관심을 가진다 |

## 내용범주: 사회에 관심 가지기

**목표** 우리가 사는 사회와 다양한 문화에 관심을 가진다.

**내용**
- 내가 살고 있는 곳에 대해 궁금한 것을 알아본다.
- 우리나라에 대해 자부심을 가진다.
- 다양한 문화에 관심을 가진다.

| 내용 이해 | 유아 경험의 실제 |
| --- | --- |
| **내가 살고 있는 곳에 대해 궁금한 것을 알아본다.**<br>유아가 자주 접하는 가까운 주변 지역과 이웃에 대해 관심을 가지고, 궁금한 것을 알아보며, 지역 구성원으로서 유대감과 소속감을 느끼는 내용이다. | 유아들이 함께 블록으로 동네를 만든다. 유아들은 도서관을 만들면서 이야기를 나눈다. "여기는 도서관! 우리 도서관 가봤지? 우리 동네에 도서관이 있으니까 좋다. 그치?", "응, 선생님한테 내일 또 도서관 가자고 말씀드리자."<br> |
| **우리나라에 대해 자부심을 가진다.**<br>유아가 우리나라의 전통에 친숙해지고, 우리나라의 상징, 언어, 문화 등을 경험하면서, 우리나라에 대해 자랑스러운 마음을 가지는 내용이다. | 바깥 놀이터에서 유아들과 선생님이 이야기를 나눈다.<br>우재: 너희들은 우리나라에서 누가 제일 좋아?<br>유아들: 이순신 장군! 세종대왕!<br>교사: 왜 좋아하는데?<br>시연: 한글을 만들었잖아요. 나는 한글을 진짜 잘 쓰는데, 한번 보세요. (모래 바닥에 나뭇가지로 자신의 이름을 쓴다.)<br>유아들: 나도 내 이름 써야지, 아! 맞다. 내일 한글날이라 했지. |
| **다양한 문화에 관심을 가진다.**<br>유아가 다른 나라의 다양한 문화와 생활양식에 대해 관심을 가지고, 문화의 다양성을 이해하며 존중하는 내용이다. | |

출처 : 2019 개정 누리과정 해설서

### (4) 예술경험

① 아름다움 찾아보기: 유아가 자연과 생활에서 아름다움을 느끼며 예술적 요소에 관심을 가지고 찾아보는 내용이다.

② 창의적으로 표현하기: 유아가 노래를 즐겨 부르고, 간단한 소리와 리듬을 만들어 보며, 자유롭게 움직이며 춤추고, 다양한 미술 재료와 도구를 활용하여 표현하며, 경험과 이야기를 극놀이로 표현하는 내용이다.

③ 예술 감상하기: 유아가 자신과 또래의 작품뿐만 아니라 다양한 예술을 감상하며 상상하기를 즐기고, 서로 다른 예술 표현을 존중하며, 우리 고유의 전통 예술에 친숙해지는 내용이다

| 내용범주 | 내용 |
|---|---|
| 아름다움 찾아보기 | 자연과 생활에서 아름다움을 느끼고 즐긴다. |
| | 예술적 요소에 관심을 갖고 찾아본다. |
| 창의적으로 표현하기 | 노래를 즐겨 부른다. |
| | 신체, 사물, 악기로 간단한 소리와 리듬을 만들어 본다. |
| | 신체나 도구를 활용하여 움직임과 춤으로 자유롭게 표현한다. |
| | 다양한 미술 재료와 도구로 자신의 생각과 느낌을 표현한다. |
| | 극놀이로 경험이나 이야기를 표현한다. |
| 예술 감상하기 | 다양한 예술을 감상하며 상상하기를 즐긴다. |
| | 서로 다른 예술 표현을 존중한다. |
| | 우리나라 전통 예술에 관심을 갖고 친숙해진다 |

## 내용범주: 예술 감상하기

**목표** 다양한 예술 표현을 존중한다.

**내용**
- 다양한 예술을 감상하며 상상하기를 즐긴다.
- 서로 다른 예술 표현을 존중한다.
- 우리나라 전통 예술에 관심을 갖고 친숙해진다.

| 내용 이해 | 유아 경험의 실제 |
| --- | --- |
| **다양한 예술을 감상하며 상상하기를 즐긴다.**<br>유아가 자신과 또래의 작품이나 음악, 춤, 미술작품, 극 등 다양한 예술을 감상하고 자유롭게 상상하기를 즐기는 내용이다. | 유아들이 분홍색 한지를 구기고 찢어서 꾸민 봄꽃 작품을 감상하며 “와! 예쁘다. 어! 이건 어떻게 했지? 이렇게 하니까 진짜 꽃 같다. 꽃냄새 맡아 보자. 흠, 꼭 봄꽃 요정이 나타날 것 같아, 그치?”하며 친구와 마주 보고 웃는다. |
| **서로 다른 예술 표현을 존중한다.**<br>유아가 자신과 또래의 작품, 음악, 춤, 미술작품, 극 등에 포함된 다양한 표현을 존중하는 내용이다. |  |
| **우리나라 전통 예술에 관심을 갖고 친숙해진다.**<br>유아가 우리나라 고유의 전통 음악, 춤, 미술, 건축물, 극 등에 관심을 가지고 전통 예술을 감상하며 우리나라 문화에 친숙해지는 내용이다. | 유아들이 ‘밀양 아리랑’을 들으며 장구를 자유롭게 두드린다. 한 유아가 “얘들아! 날 좀 보소.”하고 노래를 흥얼거리며 두 손으로 장구를 두드린다. 옆에 있던 유아가 장구를 세운 후 두드리며 “나는 세워서 두드려야지. 2개로도 할 수 있어.”라고 말한다. 그러니까 옆에서 바라보던 유아가 “어? 세워서도 할 수 있네. 그렇게 쳐도 좋은 것 같다.” |

출처 : 2019 개정 누리과정 해설서

### (5) 자연탐구

① 탐구과정 즐기기: 유아가 주변 세계와 자연에 대해 지속적으로 호기심을 가지고, 궁금한 것을 탐구하는 과정에 적극적으로 참여하면서 서로 다른 생각에 관심을 갖는 내용이다.

② 생활 속에서 탐구하기: 유아가 물체의 특성과 변화를 여러 가지 방법으로 탐색하고, 물체를 세어 수량을 알아보고, 물체의 위치와 방향, 모양을 알고 구별하며, 길이와 무게 등의 속성을 비교하고, 반복되는 규칙을 찾아보고, 모은 자료들을 기준에 따라 분류하며, 도구와 기계에 관심을 가지고 생활 속의 문제를 다양하게 탐구하는 내용이다.

③ 자연과 더불어 살기: 유아가 주변의 동식물에 대해 관심을 가지고, 생명과 자연환경을 소중히 여기며, 날씨와 계절의 변화를 생활과 관련짓는 내용이다.

| 내용범주 | 내용 |
|---|---|
| 탐구과정 즐기기 | 주변 세계와 자연에 대해 지속적으로 호기심을 가진다. |
| | 궁금한 것을 탐구하는 과정에 즐겁게 참여한다. |
| | 탐구과정에서 서로 다른 생각에 관심을 가진다. |
| 생활 속에서 탐구하기 | 물체의 특성과 변화를 여러 가지 방법으로 탐색한다 |
| | 물체를 세어 수량을 알아본다. |
| | 물체의 위치와 방향, 모양을 알고 구별한다. |
| | 일상에서 길이, 무게 등의 속성을 비교한다. |
| | 주변에서 반복되는 규칙을 찾는다. |
| | 일상에서 모은 자료를 기준에 따라 분류한다. |
| | 도구와 기계에 대해 관심을 가진다. |
| 자연과 더불어 살기 | 주변의 동식물에 관심을 가진다. |
| | 생명과 자연환경을 소중히 여긴다 |
| | 날씨와 계절의 변화를 생활과 관련짓는다. |

## 내용범주: 자연과 더불어 살기

**목표** 생명과 자연을 존중한다.

**내용**
- 주변의 동식물에 관심을 가진다.
- 생명과 자연환경을 소중히 여긴다.
- 날씨와 계절의 변화를 생활과 관련짓는다.

| 내용 이해 | 유아 경험의 실제 |
|---|---|
| **주변의 동식물에 관심을 가진다.**<br>유아가 등 · 하원, 산책, 바깥 놀이터, 교실에서 접할 수 있는 동식물을 관찰하거나 직접 길러 보면서, 동식물의 특성에 관심을 가지고 탐구하는 내용이다.<br><br>**생명과 자연환경을 소중히 여긴다.**<br>유아가 동식물뿐만 아니라 동식물이 살아가기에 좋은 환경에 대해 관심을 가지고, 이들을 생명체로서 소중히 여기는 내용이다.<br><br>**날씨와 계절의 변화를 생활과 관련짓는다.**<br>유아가 낮과 밤, 날씨, 계절의 변화를 느끼고, 자연의 변화가 자신의 옷차림, 놀이 등 일상생활에 영향을 준다는 것을 이해하고 적절하게 대처하는 내용이다. | 성민: 저, 도토리 엄청 주웠어요.<br>교사: 벌써 도토리가 떨어져 있었어?<br>성민: 네. 다람쥐들이 도토리를 많이 먹으라고 조금만 주웠어요.<br>교사: 어머! 네가 주워온 도토리를 보니까 정말 가을이 온 걸 알겠구나. 네 말대로 다람쥐들은 맛있는 도토리를 먹는 가을이라서 신나겠다.<br>성민: 저는요. 가을이 제일 좋아요.<br>교사: 아~ 그렇구나. 왜?<br>성민: 가을은 진짜 시원하잖아요. 난 더운 날씨가 싫어요.<br><br><br><br>유아가 개미를 발견하고 모두 놀란다. "야 개미다.", "여기 봐.", "으~악", "무서운 거 아니야." 한 유아가 "열매 같은 걸 가져가나 봐. 무겁겠다.", "배가 고픈가 봐.", "어디로 가지?", "밟지 마."라고 이야기하며 개미가 지나갈 수 있도록 몸을 옆으로 비키며 개미를 쳐다본다. |

출처 : 2019 개정 누리과정 해설서

## 3 제4차 표준보육과정

어린이집 표준보육과정은 0~5세 영유아를 위한 국가 수준의 보육과정이며, 0~1세 보육과정, 2세 보육과정, 3~5세 보육과정(누리과정)으로 구성한다.

### 1) 인간상

표준보육과정에서 추구하는 인간상은 건강한 사람, 자주적인 사람, 창의적인 사람, 감성이 풍부한 사람, 더불어 사는 사람이다.

### 2) 목적

표준보육과정의 목적은 영유아가 놀이를 통해 심신의 건강과 조화로운 발달을 이루고 바른 인성과 민주시민의 기초를 형성하는데 있다.

### 3) 목표

#### (1) 0~2세 보육과정 목표

① 자신의 소중함을 알고 건강하고 안전한 환경에서 즐겁게 생활한다.

② 자신의 일을 스스로 하고자 한다.

③ 호기심을 가지고 탐색하며 상상력을 기른다.

④ 일상에서 아름다움에 관심을 가지고 감성을 기른다

⑤ 사람과 자연을 존중하고 소통하는데 관심을 가진다.

#### (2) 3~5세 보육과정 목표

① 자신의 소중함을 알고 건강하고 안전한 생활습관을 기른다.

② 자신의 일을 스스로 해결하는 기초능력을 기른다.

③ 호기심과 탐구심을 가지고 상상력과 창의력을 기른다.

④ 일상에서 아름다움을 느끼고 문화적 감수성을 기른다.

⑤ 사람과 자연을 존중하고 배려하며 소통하는 태도를 기른다.



### 4) 운영

① 어린이집의 운영시간에 맞추어 편성한다.

② 표준보육과정을 바탕으로 각 기관의 실정에 적합한 계획을 수립하여 운영한다.

③ 하루 일과에서 바깥놀이를 포함하여 영유아의 놀이가 충분히 이루어지도록 편성하여 운영한다.

④ 영유아발달과 장애정도에 따라 조정하여 운영한다.

⑤ 가정과 지역사회와의 협력과 참여에 기반하여 운영한다.

⑦ 교사연수를 통해 표준보육과정의 운영을 개선할 수 있도록 한다.

### 5) 교수-학습방법

① 영유아의 의사표현을 존중하고 민감하게 반응한다.

② 영유아가 흥미와 관심에 따라 놀이에 자유롭게 참여하고 즐기도록 한다.

③ 영유아가 놀이를 통해 배우도록 한다.

④ 영유아가 다양한 놀이와 활동을 경험할 수 있도록 실내외환경을 구성한다.

⑤ 영유아와 영유아, 영유아와 교사, 영유아와 환경사이에 능동적인 상호작용이 이루어지도록 한다.

⑥ 각 영역의 내용이 통합적으로 영유아의 경험과 연계되도록 한다.

⑦ 개별 영유아의 요구에 따라 휴식과 일상생활이 원활이 이루어지도록 한다.

⑧ 영유아의 연령, 발달, 장애, 배경등을 고려하여 개별 특성에 적합한 방식으로 배우도록 한다.

## 6) 평가

① 표준보육과정 운영의 질을 진단하고 개선하기 위해 평가를 계획하고 실시한다.

② 영유아의 특성에 따라 변화 정도와 표준보육과정의 운영을 평가한다.

③ 평가의 목적에 따라 적합한 방법을 사용하여 평가한다.

④ 평가의 결과는 영유아에 대한 이해와 표준보육과정 운영 개선을 위한 자료로 활용할 수 있다.

## 7) 2019 개정 표준보육과정의 내용 범주

### (1) 0~1세

#### ① 기본생활

- 건강하고 안전한 일상생활을 경험한다.
- 건강한 일상생활을 경험한다.
- 안전한 일상생활을 경험한다.

| 내용범주 | 내용 |
|---|---|
| 건강하게 생활하기 | 도움을 받아 몸을 깨끗이 한다. |
| | 음식을 즐겁게 먹는다. |
| | 하루 일과를 편안하게 경험한다. |
| | 배변 의사를 표현한다. |
| 안전하게 생활하기 | 안전한 상황에서 놀이하고 생활한다. |
| | 안전한 상황에서 교통수단을 이용해 본다. |
| | 위험하다는 말에 주의한다. |

#### ② 신체운동

- 감각으로 탐색하고 신체활동을 즐긴다.
- 감각 탐색을 즐긴다.

- 신체활동을 즐겁게 경험한다.

| 내용범주 | 내용 |
|---|---|
| 감각과 신체 인식하기 | 감각적 자극에 반응한다. |
| | 감각으로 주변을 탐색한다. |
| | 신체를 탐색한다. |
| 신체활동 즐기기 | 대소근육을 조절한다. |
| | 기본 운동을 시도한다. |
| | 실내외 신체활동을 즐긴다. |

### ③ 의사소통

- 의사소통 능력의 기초를 형성한다.
- 일상생활에서 듣고 말하기를 즐긴다.
- 읽기와 쓰기에 관련된 관심을 가진다.
- 책과 이야기에 관심을 가진다.

| 내용범주 | 내용 |
|---|---|
| 듣기와 말하기 | 표정 몸짓, 말과 주변의 소리에 관심을 갖고 듣는다. |
| | 상대방의 이야기를 들으면서 말소리를 낸다. |
| | 표정, 몸짓, 말소리로 의사를 표현한다. |
| 읽기와 쓰기에 관심 가지기 | 주변의 그림과 상징에 관심을 가진다. |
| | 끼적이기에 관심을 가진다. |
| 책과 이야기 즐기기 | 책에 관심을 가진다. |
| | 이야기에 관심을 가진다. |

### ④ 사회관계

- 나를 인식하고 친숙한 사람과 관계를 맺는다.
- 나를 고유한 존재로 안다.
- 안정적인 애착을 형성하고 또래, 교사와 함께 지낸다.

| 내용범주 | 내용 |
|---|---|
| 나를 알고 존중하기 | 나를 인식한다. |
| | 나의 욕구와 감정을 나타낸다. |
| | 나와 친숙한 것을 안다. |
| 더불어 생활하기 | 안정적인 애착을 형성한다. |
| | 또래에게 관심을 가진다. |
| | 다른 사람의 감정과 행동에 관심을 가진다. |
| | 반에서 편안하게 지낸다. |

### ⑤ 예술경험

- 아름다움을 느끼고 경험한다.
- 자연과 생활에서 아름다움에 관심을 가진다.
- 예술적 경험을 표현한다.

| 내용범주 | 내용 |
|---|---|
| 아름다운 찾아보기 | 자연과 생활에서 아름다움을 느낀다. |
| | 아름다움에 관심을 가진다. |
| 창의적으로 표현하기 | 소리와 리듬, 노래로 표현한다. |
| | 감각을 통해 미술을 경험한다. |
| | 모방 행동을 즐긴다. |

### ⑥ 자연탐구

- 주변환경과 자연에 관심을 가진다.
- 일상에서 탐색을 즐긴다.
- 주변환경을 탐색한다.
- 생명과 자연에 관심을 가진다.

| 내용범주 | 내용 |
|---|---|
| 탐구과정 즐기기 | 주변 세계와 자연에 대해 호기심을 가진다. |
| | 사물과 자연 탐색하기를 즐긴다. |
| 생활 속에서 탐구하기 | 친숙한 물체를 감각으로 탐색한다. |
| | 물체의 수량에 관심을 가진다. |
| | 주변 공간과 모양을 탐색한다. |
| | 규칙성을 경험한다. |
| 자연과 더불어 살기 | 주변의 동식물에 관심을 가진다. |
| | 날씨의 변화를 감각으로 느낀다. |

### (2) 2세

#### ① 기본생활

- 건강하고 안전한 생활습관의 기초를 형성한다.
- 건강한 생활습관의 기초를 형성한다.
- 안전한 생활습관의 기초를 형성한다.

| 내용범주 | 내용 |
|---|---|
| 건강하게 생활하기 | 자신의 몸을 깨끗이 해 본다. |
| | 음식에 관심을 가지고 즐겁게 먹는다. |
| | 하루 일과를 즐겁게 경험한다. |
| | 건강한 배변 습관을 갖는다. |
| 안전하게 생활하기 | 일상에서 안전하게 놀이하고 생활한다. |
| | 교통수단을 안전하게 이용해 본다. |
| | 위험한 상황에 대처하는 방법을 경험한다. |

#### ② 신체운동

- 감각을 활용하고 신체활동을 즐긴다.
- 감각을 활용하고 신체를 인식한다.
- 신체활동을 즐긴다.

| 내용범주 | 내용 |
|---|---|
| 감각과 신체 인식하기 | 감각 능력을 활용한다. |
| | 신체를 인식하고 움직인다. |
| 신체활동 즐기기 | 대소근육을 조절한다. |
| | 기본 운동을 즐긴다. |
| | 실내외 신체활동을 즐긴다. |

### ③ 의사소통

- 의사소통 능력과 상상력의 기초를 형성한다.
- 일상생활에서 듣기와 말하기를 즐긴다.
- 읽기와 쓰기에 관심을 가진다.
- 책과 이야기에 재미를 느낀다.

| 내용범주 | 내용 |
|---|---|
| 듣기와 말하기 | 표정, 몸짓, 말에 관심을 갖고 듣는다. |
| | 상대방의 이야기를 듣고 말한다. |
| | 표정, 몸짓, 단어로 의사를 표현한다. |
| | 자신의 요구와 느낌을 말한다. |
| 읽기와 쓰기에 관심 가지기 | 주변의 그림과 상징, 글자에 관심을 가진다. |
| | 끼적이며 표현하기를 즐긴다. |
| 책과 이야기 즐기기 | 책에 관심을 가지고 상상한다. |
| | 말놀이와 이야기에 재미를 느낀다. |

### ④ 사회관계

- 나를 알고 다른사람과 더불어 생활하는 경험을 한다.
- 나를 알고 긍정적으로 여긴다.
- 다른 사람과 즐겁게 지내기 위한 태도를 기른다.

| 내용범주 | 내용 |
|---|---|
| 나를 알고 존중하기 | 나와 다른 사람을 구별한다. |
| | 나의 감정을 표현한다. |
| | 내가 좋아하는 것을 한다. |
| 더불어 생활하기 | 가족에게 관심을 가진다. |
| | 또래와 함께 놀이한다. |
| | 다른 사람의 감정과 행동에 반응한다. |
| | 반에서의 규칙과 약속을 알고 지킨다. |

### ⑤ 예술경험

- 아름다움을 느끼고 즐긴다.
- 자연과 생활에서 아름다움을 느끼고 관심을 가진다.
- 예술을 통해 자유롭게 표현한다.

| 내용범주 | 내용 |
|---|---|
| 아름다움 찾아보기 | 자연과 생활에서 아름다움을 느끼고 즐긴다. |
| | 아름다움에 관심을 갖고 찾아본다. |
| 창의적으로 표현하기 | 익숙한 노래와 리듬을 표현한다. |
| | 움직임과 춤으로 자유롭게 표현한다. |
| | 미술 재료와 도구로 표현해 본다. |
| | 일상생활 경험을 상상놀이로 표현한다. |

### ⑥ 자연탐구

- 주변환경과 자연을 탐색하는 과정을 즐긴다.
- 일상에서 탐색하는 과정을 즐긴다.
- 주변환경에 관심을 가지고 탐색한다.
- 생명과 자연에 관심을 가진다.

| 내용범주 | 내용 |
|---|---|
| 탐구과정 즐기기 | 주변 세계와 자연에 대해 호기심을 가진다. |
| | 사물과 자연을 반복하여 탐색하기를 즐긴다. |
| 생활 속에서 탐구하기 | 친숙한 물체의 특성과 변화를 감각으로 탐색한다. |
| | 물체의 수량에 관심을 가진다. |
| | 주변 공간과 모양을 탐색한다. |
| | 규칙성에 관심을 가진다. |
| | 주변 사물을 같고 다름에 따라 구분한다. |
| | 생활 도구에 관심을 가진다. |
| 자연과 더불어 살기 | 주변의 동식물에 관심을 가진다. |
| | 날씨와 계절의 변화를 감각으로 느낀다. |

### (3) 3~5세

#### ① 신체 운동 건강

- 실내외에서 신체활동을 즐기고 건강하고 안전한 생활을 한다.
- 신체활동에 즐겁게 참여한다.
- 건강한 생활습관을 기른다.
- 안전한 생활습관을 기른다.

| 내용범주 | 내용 |
|---|---|
| 신체활동 즐기기 | 신체를 인식하고 움직인다. |
| | 신체 움직임을 조절한다. |
| | 기초적인 이동운동, 제자리 운동, 도구를 이용한 운동을 한다. |
| | 실내외 신체활동에 자발적으로 참여한다. |
| 건강하게 생활하기 | 자신의 몸과 주변을 깨끗이 한다. |
| | 몸에 좋은 음식에 관심을 가지고 바른 태도로 즐겁게 먹는다. |
| | 하루 일과에서 적당한 휴식을 취한다. |
| | 질병을 예방하는 방법을 알고 실천한다. |
| 안전하게 생활하기 | 일상에서 안전하게 놀이하고 생활한다. |
| | TV, 컴퓨터, 스마트폰 등을 바르게 사용한다. |
| | 교통안전 규칙을 지킨다. |
| | 안전사고, 화재, 재난, 학대, 유괴 등에 대처하는 방법을 경험한다. |

### ② 의사소통

- 일상생활에 필요한 의사소통 능력과 상상력을 기른다.
- 일상생활에서 듣고 말하기를 즐긴다.
- 읽기와 쓰기에 관심을 가진다.
- 책이나 이야기를 통해 상상하기를 즐긴다

| 내용범주 | 내용 |
|---|---|
| 듣기와 말하기 | 말이나 이야기를 관심 있게 듣는다. |
| | 자신의 경험, 느낌, 생각을 말한다. |
| | 상황에 적절한 단어를 사용하여 말한다. |
| | 상대방이 하는 이야기를 듣고 관련해서 말한다. |
| | 바른 태도로 듣고 말한다. |
| | 고운 말을 사용한다. |
| 읽기와 쓰기에 관심 가지기 | 말과 글의 관계에 관심을 가진다. |
| | 주변의 상징, 글자 등의 읽기에 관심을 가진다. |
| | 자신의 생각을 글자와 비슷한 형태로 표현한다. |
| 책과 이야기 즐기기 | 책에 관심을 가지고 상상하기를 즐긴다. |
| | 동화, 동시에서 말의 재미를 느낀다. |
| | 말놀이와 이야기 짓기를 즐긴다. |

### ③ 사회관계

- 자신을 존중하고 더불어 생활하는 태도를 가진다.
- 자신을 이해하고 존중한다.
- 다른사람과 사이좋게 지낸다.
- 우리가 사는 사회와 다양한 문화에 관심을 가진다.

| 내용범주 | 내용 |
|---|---|
| 나를 알고 존중하기 | 나를 알고 소중히 여긴다. |
| | 나의 감정을 알고 상황에 맞게 표현한다. |
| | 내가 할 수 있는 것을 스스로 한다. |
| 더불어 생활하기 | 가족의 의미를 알고 화목하게 지낸다. |
| | 친구와 서로 도우며 사이좋게 지낸다. |
| | 친구와의 갈등을 긍정적인 방법으로 해결한다. |
| | 서로 다른 감정, 생각, 행동을 존중한다. |
| | 친구와 어른께 예의바르게 행동한다. |
| | 약속과 규칙의 필요성을 알고 지킨다. |
| 사회에 관심 가지기 | 내가 살고 있는 곳에 대해 궁금한 것을 알아본다. |
| | 우리나라에 대해 자부심을 가진다. |
| | 다양한 문화에 관심을 가진다. |

### ④ 예술경험

- 아름다움과 예술에 관심을 가지고 창의적 표현을 즐긴다.
- 자연과 생활 및 예술에서 아름다움을 느낀다.
- 예술을 통해 창의적으로 표현하는 과정을 즐긴다.
- 다양한 예술표현을 존중한다.

| 내용범주 | 내용 |
|---|---|
| 아름다움 찾아보기 | 자연과 생활에서 아름다움을 느끼고 즐긴다. |
| | 예술적 요소에 관심을 갖고 찾아본다. |
| 창의적으로 표현하기 | 노래를 즐겨 부른다. |
| | 신체, 사물, 악기로 간단한 소리와 리듬을 만들어 본다. |
| | 신체나 도구를 활용하여 움직임과 춤으로 자유롭게 표현한다. |
| | 다양한 미술 재료와 도구로 자신의 생각과 느낌을 표현한다. |
| | 극놀이로 경험이나 이야기를 표현한다. |
| 예술 감상하기 | 다양한 예술을 감상하며 상상하기를 즐긴다. |
| | 서로 다른 예술 표현을 존중한다. |
| | 우리나라 전통 예술에 관심을 갖고 친숙해진다. |

### ⑤ 자연탐구

- 탐구하는 과정을 즐기고 자연과 더불어 살아가는 태도를 가진다.
- 일상에서 호기심을 가지고 탐구하는 과정을 즐긴다.
- 생활 속의 문제를 수학적 과학적으로 탐구한다.
- 생명과 자연을 존중한다.

| 내용범주 | 내용 |
|---|---|
| 탐구과정 즐기기 | 주변 세계와 자연에 대해 지속적으로 호기심을 가진다. |
| | 궁금한 것을 탐구하는 과정에 즐겁게 참여한다. |
| | 탐구과정에서 서로 다른 생각에 관심을 가진다. |
| 생활 속에서 탐구하기 | 물체의 특성과 변화를 여러 가지 방법으로 탐색한다. |
| | 물체를 세어 수량을 알아본다. |
| | 물체의 위치와 방향, 모양을 알고 구별한다. |
| | 일상에서 길이, 무게 등의 속성을 비교한다. |
| | 주변에서 반복되는 규칙을 찾는다. |
| | 일상에서 모은 자료를 기준에 따라 분류한다. |
| | 도구와 기계에 대해 관심을 가진다. |
| 자연과 더불어 살기 | 주변의 동식물에 관심을 가진다. |
| | 생명과 자연환경을 소중히 여긴다. |
| | 날씨와 계절의 변화를 생활과 관련짓는다. |

제5장

# 외국 유아교육 프로그램

그동안 외국에서 개발된 다양한 프로그램은 우리나라의 실정에 적합한 한국형 프로그램으로 변화되어 적용되어 왔다. 따라서 이 장에서는 외국의 프로그램 중에서 우리나라 유아교육현장에서 가장 많이 활용되어 온 프로그램을 중심으로 프로그램의 목표 및 원리, 교육내용, 교육환경 그리고 교사의 역할 등을 살펴보고자 한다.

제5장

# 외국 유아교육 프로그램

## 1 헤드스타트 프로그램

### 1) 배경

헤드스타트는 미국의 존슨(L. B. Johnson) 대통령이 연두교서에서 '본 행정부는 미국 내의 빈곤에 대해 무조건 전쟁을 선포한다'고 하면서 정부적 차원에서 집중적으로 개입한 저소득층을 위한 포괄적 유아교육 접근법이다. 헤드스타트는 미국 최초 정부 차원의 프로그램으로 1964년에 제정된 경제기회법이 근거가 되었으며 1974년 헤드스타트 경제시회 및 지역 연대법으로 바뀌어 현재까지 성공적으로 저소득층을 위한 유아교육 발전에 가장 큰 공헌을 하고 있을 뿐 아니라 유아교육과정 발달과 그 효율성 연구에 많은 영향을 끼치고 있다.

### 2) 기본 전제

① 저소득층 가정의 유아는 초등학교 저학년에 성공적으로 참여할 만한 지적 ·

정서적 · 신체적 경험을 하지 못했기 때문에 중상류 계층의 유아보다 불리한 조건에서 학교교육을 시작한다.

② 빈곤으로 인해 야기되는 많은 문제점들을 회복시켜 줄 수 있는 보상교육을 어린 시기에 제공해주면 실조가 완화될 수 있다.

③ 취학 전에 교육적 · 사회적 기회를 제공함으로써 빈곤의 악순환을 감소시킨다.

### 3) 목적 및 목표

헤드스타트 프로그램은 빈곤의 악순환이 발생되지 않도록 빈곤층 유아와 부모, 그리고 가정이 자신들이 처한 환경에 잘 대처할 수 있는 능력을 향상시키는 데 목적이 있다. 이 목적을 달성하기 위한 목표들은 다음과 같다.

① 유아의 발달단계에 적합한 건강과 신체능력을 증진시킨다.

② 유아의 사회 · 정서 건강증진을 위해 자신감, 자발성, 호기심, 자기훈련을 실시한다.

③ 유아의 사고와 기술발달을 위해 개념발달과 의사소통기술에 초점을 맞춘다.

④ 유아의 성공을 위해 신뢰감을 조성하고 미래 학습에 대한 노력을 하는 등 전반적인 발달을 도모한다.

⑤ 개개인 또는 다른 사람들과의 관계를 위해 유아와 유아가 속한 가정의 효능감을 증진시킨다.

⑥ 유아와 가정의 존엄성과 자기존중감을 증진시킨다.

### 4) 수행 기준

헤드스타트 프로그램은 사회 · 경제 · 교육의 모든 면에서 유아와 그 가족에 초점을 맞추고 있으며 목표를 실현하기 위해 교육서비스, 건강서비스, 영양서비스, 사회서비스, 부모참여, 경력개발 등 6영역의 기준을 수행한다.

#### (1) 교육서비스

##### ① 목적

헤드스타트 프로그램의 교육목적은 다음과 같다.

- 유아의 수준을 고려한 학습환경과 다양한 경험을 제공함으로써 전인적인 발달을 돕는다.
- 프로그램 활동은 다양한 헤드스타트 요인들 중에서 교육적인 부분을 통합한다.
- 부모의 역할을 촉진하기 위해 교육활동에 부모를 참여시킨다.
- 유아의 성장과 발달에 필요한 지식, 이해, 기술, 경험 등을 증진시키기 위해 부모를 돕는다.
- 유아와 함께 교육활동을 할 수 있도록 가정 내에서 일어나는 경험들을 강화하고 동일시한다.

##### ② 구성요인

프로그램 활동은 유아의 개인차, 필요와 요구, 지역주민과 지역사회의 특수한 지역실정에 맞는 교육의 혜택, 그리고 장애아의 필요와 요구에 적합하도록 설계된 체계적인 경험들을 제공한다.

##### 가. 사회 · 정서발달

헤드스타트 프로그램의 사회 · 정서발달을 위한 교육서비스는 다음과 같다.

첫째, 개별 활동, 대 · 소집단 활동을 제공하여 자신을 이해하도록 한다.

- 유아의 전신을 볼 수 있는 거울, 사진, 유아와 가족 그림, 목소리 녹음 등을 사용하여 자기 자신을 인식하도록 한다.
- 유아들이 만든 작품과 소지품에 이름을 적는다.
- 대집단활동에 참여하도록 한다(쌓기 영역, 인형놀이, 소꿉영역, 극놀이영역 등).

- 동적인 활동과 정적인 활동시간, 유아의 흥미를 고려한 활동, 교사주도 활동, 개별 활동이나 휴식을 할 수 있는 조용한 영역으로 구성한다.

둘째, 프로그램 활동을 성공적으로 이끌기 위해 유아에게 많은 기회를 제공한다.

- 활동들이 유아 개개인의 발달수준에 적합한지를 확인한다.
- 유아 자신이 해낼 수 있는 수준 내에서 허용한다.
- 결과뿐 아니라 노력한 것을 칭찬하고 인정한다.
- 도움이 필요할 때는 노력을 기울이도록 도움을 준다.
- 좌절하지 않고 실패를 받아들이도록 한다.
- 기다리는 것을 배우도록 한다.
- 과업수행을 주의 깊게 관찰할 수 있도록 세부적으로 나눈다.

셋째, 유이가 국가에 대한 자긍심을 가지도록 긍정적 자아개념, 자신의 장점을 강화, 그리고 사회적 관계 발달을 위한 환경을 제공한다.

- 교사들의 행동과 태도가 중요하다.
- 유아 개개인을 존중한다는 것을 보인다.
- 유아의 말에 귀를 기울이고 반응을 보인다.
- 애정과 관심을 보인다.
- 약속을 지키고, 규칙을 따르고, 개개인이 해낸 것을 인정하고 칭찬한다.
- 고정된 성역할과 인종차별을 하지 않는다.
- '나는 해볼 거야', '나는 할 수 있어'와 같은 긍정적인 태도를 가지도록 다양한 경험과 기회를 제공한다.
- 유아가 가정에서 사용하는 모국어를 편안한 마음으로 사용하도록 한다.
- 느낌에 대해 이야기하고, 책임을 나누며, 유머를 할 수 있는 기회를 제공한다.

### 나. 지능발달

헤드스타트 프로그램의 지능발달을 위한 교육서비스는 다음과 같다.

첫째, 직접 경험하고 행할 수 있는 학습을 통해 문제해결, 활동 개입, 탐구, 실험, 질문, 지식습득을 격려한다.

- 지능은 인지적 기능(이해, 추론, 개념화)을 기르는 학습 환경에 의해 촉진된다.
- 과학 : 크기, 모양, 촉감, 무게, 색깔 개념
- 미술
- 음악
- 수 개념, 공간, 위치, 관계 등

둘째, 유아와 교사 사이에 원활한 의사소통이 이루어지도록 격려하는 분위기에서 언어 사용과 이해를 조장한다.

- 유아들이 서로 말을 주고받을 수 있고 그들이 선택한 언어로 질문하고 답할 수 있는 충분한 시간을 제공한다.
- 유아와 교사 사이에 자유로운 대화와 토론을 하도록 격려한다.
- 유아에게 게임과 노래, 이야기, 동시를 통해 새롭고 흥미로운 어휘를 제공한다.
- 유아가 이야기를 듣고 말로 표현하도록 격려한다.

셋째, 유아의 발달수준에 적합한 수와 글자의 상징을 인식하는 활동을 한다.

- 유아가 흥미를 갖도록 자기 자신의 이름, 핸드폰 번호, 주소, 나이와 같은 관련 정보를 활용하여 활동을 구성한다.
- 유아의 이해범위 내에서 언어를 사용할 수 있도록 한다(알고 있는 이야기 나누기, 이름 붙이기, 표시하기 등).

넷째, 유아가 경험을 통해 이해한 개념들을 조직화하도록 격려한다.

- 교실활동의 순서는 단순한 것에서부터 복잡한 과업으로, 구체적인 것에서 추상적인 것으로 진행되어야 하고, 활동들은 습득한 개념들을 조직화할 수 있어야 한다.

다섯째, 교사와 유아에 의해 시도된 활동들은 프로그램에서 균형이 이루어지도록 한다.

- 일과활동, 교사의 지도활동, 유아의 자발적 활동을 허용한다.

### 다. 신체발달

신체발달을 위한 헤드스타트 교육서비스는 다음과 같다.

첫째, 신체발달을 위한 적절한 실 · 내외공간, 자료와 설비, 그리고 대 · 소근육을 사용할 수 있는 충분한 시간을 제공한다.

- 대근육(바퀴 달린 장난감, 기어오르기 놀이기구, 블록)
- 소근육(가위, 진흙, 퍼즐, 작은 블록)
- 눈과 손의 협응(퍼즐, 공, 로토-숫자가 기입된 숫자 카드)
- 신체 인식
- 율동과 리듬(댄스, 악기 연주)

둘째, 신체발달을 위한 자료 및 설비의 사용법을 알려준다.

- 교사들이 유아의 신체활동에 함께 참여한다.
- 안전을 위한 지도와 감독이 이루어진다.

### 라. 개별화된 프로그램

헤드스타트의 개별화된 프로그램 교육서비스는 다음과 같다.

첫째, 교육과정에 주민들의 요구를 반영한다.

- 이중 언어, 문화, 도시, 농촌, 보호지역(인디언 보호구역), 이주자(이주노동자)

둘째, 각 교실에는 유아의 문화적 배경을 반영하는 자료와 활동들을 제공한다.

- 책, CD, 포스터, 지도, 인형 옷 등
- 문화적 행사와 국경일 축하행사, 다른 문화와 관련된 음식 제공, 활동 지도를 위해 유아와 동일한 언어를 사용하는 사람을 초대하기

셋째, 유아와 같은 언어를 사용하는 사람을 직원으로 참여시킨다.

- 대부분의 유아들이 영어보다는 다른 언어를 사용할 때는 최소한 그들의 전통에 관한 지식과 언어를 할 수 있는 사람을 교사 또는 보조교사, 자원봉사자로 참여시킨다.
- 적은 수의 유아가 다른 나라말을 사용할 때는 센터 내에 그 나라말을 할 수 있는 사람을 활용한다.
- 교육과정발달과 인적자원으로서 부모를 참여시킨다.

### (2) 건강서비스

#### ① 목적

- 신체 · 정서 · 인지 · 사회발달을 보조하기 위해 의과, 치과, 건강, 영양서비스를 포함한 포괄적인 건강서비스를 제공한다.
- 예방과 조기 중재서비스를 제공한다.
- 헤드스타트를 졸업한 후에도 지속적인 건강돌봄이 이루어지도록 한다.

#### ② 구성요인

- 여러 분야의 건강 전문가들이 참여하여 건강서비스 계획을 한다.
- 재검사로 인한 시간을 절약하기 위해 건강기록은 부모가 준비한다.
- 건강검사는 유아가 프로그램에 참여한 후 90일 이내에 실시한다.
- 진단평가를 한다. 유아의 키와 몸무게는 매 2개월마다 측정을 하여 증가와 감소를 알아본다.
- 시력검사와 청력검사는 3세부터 시작해서 매 2년마다 실시한다.
- 헤모글로빈 또는 혈액결정검사, 투베르쿨린검사, 소변검사를 실시한다.
- 지역사회에 기초한 특정 건강문제에 관한 검사를 실시한다.
- 장애아의 특별한 필요를 인식하기 위해 의학적 검사, 면담, 관찰 등을 점검한다.

### (3) 영양

#### ① 목적

- 가정에서 유아의 영양적 필요가 충족되도록 음식을 제공하거나, 청결을 유지하도록 한다.
- 음식을 보조하는 영양서비스를 위한 환경을 제공한다.
- 영양적 필요를 제공하기 위해 다양한 방법으로 음식 만들기와 식습관발달 및 건강과 영양관계를 이해하도록 한다.
- 유아에게 필요한 영양을 충족시키기 위해 교직원, 부모 그리고 지역사회단체가 참여하여 돕는다.

#### ② 구성요인

- 영양서비스는 영양적 필요뿐 아니라 헤드스타트 프로그램에 참여하는 유아와 가정의 문제를 인식해야 한다.
- 유아를 위한 영양평가자료(키, 몸무게, 헤모글로빈 수치 등 건강기록 또는 의료기록)에 관한 정보를 얻는다.
- 가족의 식습관, 특별한 식이요법의 필요성, 식문제, 장애유아에 관한 정보를 얻는다.
- 지역사회의 전반적인 영양문제에 관한 정보를 얻는다.

### (4) 사회서비스

#### ① 목적

- 대상유아를 체계적으로, 넓은 시각으로 바라보며 모집한다.
- 대상유아의 인종, 성, 종교, 피부색깔, 혈통, 장애상태 등을 고려하지 않는다.
- 센터 · 가정 프로그램과 연관된 활동에 부모를 참여시킨다.
- 부모에게 지역사회서비스와 자원, 설비 이용에 관한 정보를 제공한다.

#### ② 구성요인

- 지역사회의 인구통계학 구성과 유아와 가족의 필요를 고려하여 유아를 모집한다.
- 장애형태, 장애 정도, 통합 가능한 장애유아 수, 다른 단체로부터의 서비스 등을 고려하여 장애유아를 모집한다.
- 적절한 상담 제공 및 소개가 이루어진다.
- 비상시 보조 또는 위기중재를 제공한다.
- 지역사회서비스에 관한 정보자료를 비치하고 제공한다.
- 지속적인 접촉을 통해 필요한 조언과 지원을 한다.
- 헤드스타트 가족을 위한 대변과 지지의 역할을 한다.
- 헤드스타트 프로그램에 참여하는 유아의 보호자 또는 부모와의 접촉은 비정기적으로 또는 4일 이상 결석을 하는 경우 실시한다.
- 다른 지역사회단체와 협력한다.

### (5) 부모참여

#### ① 목적

- 유아의 교육과 발달에 가장 기본적인 영향을 미치는 요인으로서 부모의 역할을 위한 경험과 활동을 위해 계획된 프로그램을 제공한다.
- 부모는 유아의 행복에 책임을 지고 있는 보호자, 헤드스타트 프로그램과 지역사회를 위한 공헌자라는 사실을 인식하도록 프로그램을 제공한다.
- 부모는 프로그램 계획 및 운영을 위한 의사결정자, 고용인, 자원봉사자 또는 관찰자로서 참여한다.

#### ② 구성요인

- 헤드스타트 프로그램 부모참여정책은 의무적으로 참여를 요구하지는 않지만 헤드스타트 부모가 자원봉사자로서 참여하는지 여부를 확인한다.

- 가정에서 헤드스타트 철학을 유지함으로써 부모들의 삶이 풍부해지고 헤드스타트의 목적이 가정과 지역사회, 부모와 유아에 의해 유지됨을 강조한다.

#### (6) 경력 개발

헤드스타트의 교사를 위한 CDA(Child Development Associate) 프로그램에서 교육현장의 무자격자들에게 새로운 차원에서의 전문적 훈련을 실시하며 역량 있는 교사를 양성한다. CDA자격증은 센터기준의 환경에서 유아들과 효과적으로 수업할 수 있는 능력을 기르는 데 기반을 두고 있다.

## 2 몬테소리 프로그램

몬테소리 프로그램은 이탈리아의 최초 여의사였던 마리아 몬테소리이론에 기초한 프로그램이다. 1907년 로마에서 3~7세의 빈민 유아를 대상으로 어린이의 집(Casa dei Bambini)을 창설한 몬테소리는 정신지체아를 대상으로 하던 교육방법을 적용하였다. 1900년대 초기 몬테소리의 교구와 교육철학은 미국에 전파되어 유아교육에 상당한 영향을 미치며 확대되기 시작하였으며 국제몬테소리협회(AMI)를 통해 몬테소리 프로그램을 소개하였다.

### 1) 교육목적 및 목표

몬테소리 프로그램의 교육목적은 '정상화(normalization)'이다. 정상화란 유아가 작업에 진정한 흥미를 갖고 집중 · 반복하여 기쁨을 가짐으로써 내적 훈련을 발달시키고, 목적 지향적인 작업을 선택하게 되는 과정을 의미한다. 따라서 정상화된 유아를 기르는 것이 교육의 목표라 할 수 있다.

## 2) 교육 개념

### (1) 흡수정신

유아의 정신 내적 발달 양상에 대하여 몬테소리는 흡수정신을 제시하였다. 유아 내부에 잠재해 있는 흡수하는 정신능력을 통해 무의식적으로 주변환경의 모든 것을 자기 안에 받아들이게 된다. 유아는 스펀지처럼 주변 환경을 받아들이며 스스로 경험하여 배우게 된다. 이렇게 무의식적으로 받아들이게 된 것은 연령이 증가하면서 차츰 의식적인 것으로 바뀐다.

### (2) 민감기

환경과의 밀접한 유대관계를 위해서는 유아에게 특별한 내적 도움이 주어져야 하는데, 이것이 바로 민감기(sensitive period)이다. 민감기란 어린 시기 고유한 능력을 획득하기 위해 일정기간 나타났다가 소멸되는 일시적인 기질이다. 흡수정신의 민감기, 언어에 대한 민감기, 근육발달의 민감기, 질서에 대한 민감기, 감각의 민감기 등이 있다.

### (3) 정상화

몬테소리는 교육목적을 유아가 전인적인 성장을 하도록 도와주고 자신의 주변환경에 적응할 수 있게 하며, 인간적인 관계에서 사회적 요구를 받아들이고, 더 나아가 정상화되는 데 두었다. 정상화는 유아가 작업에 진정한 흥미를 가지고 집중 · 반복하여 만족감을 가짐으로써 자신의 내적 훈련과 자신감을 발달시키고 목적지향적인 작업을 선택하게 되는 과정을 말한다.

## 3) 교육내용 및 방법

### (1) 일상생활

일상영역은 매일의 생활에서 행해지는 활동으로 다양한 생활양식이나 활동을 유아가 자발적으로 반복해서 연습하면 독립심과 바른 인성이 형성된다. 즉, 일상생활영역을 통해 유아의 근육 조절이 세련되어지고 기본적인 신체발달과 환경이나 타인에 대한 배려가 학습되며 전인적 인격을 형성할 수 있다. 또한 일상생활영역을 통해 도구의 사용법, 교구의 나열법, 정확성, 치밀한 준비, 일련의 순서화된 작업 등은 유아로 하여금 질서 있는 정신의 형성을 도와준다. 이 외에도 스스로 옷 입기, 청소하기, 예절 지키기 등과 같이 일상생활에 필요한 기본적이며 개인적 또는 사회적 기술의 발달에 중점을 둔다.

#### ① 활동을 위한 준비

일상생활영역의 활동을 하기 위한 준비단계의 작업을 의미한다. 준비를 위한 활동으로는 매트 펴고 말기, 교구 나르기, 의자에 앉고 서기, 책상 옮기기, 의사 옮기기, 물 떠오기, 버리기 등이 있다.

#### ② 예의범절

사회생활을 원활하게 하기 위한 방법으로 타인과의 사회적 예의범절이나 규칙을 위한 활동을 의미한다. 이러한 예의범절은 각 나라의 문화적 환경에 따라 달라진다. 인사하기, 사과하기, 걷기, 문 열고 닫기, 도움 청하기 등이 있다.

#### ③ 환경 돌보기

유아가 스스로 자신을 둘러싼 환경을 돌보고 보호하는 활동을 의미한다. 청소하기, 물 옮겨 붓기, 제자리 정리하기 등이 있다.

#### ④ 자신 돌보기

유아 스스로에 대한 자신감, 자아존중감, 독립심 등이 발달할 수 있도록 도와주는 활동을 의미한다. 옷 입고 벗기, 손 씻기, 이 닦기 등의 자조역할 등이 있다.

### (2) 감각교육

유아는 감각을 통해 정신적 발달을 이루어간다. 감각교육은 적절한 시기에 유아의 감각을 훈련하여 통합하는 교육이 체계적으로 이루어짐을 통해 지적 발달을 이룰 수 있다. 감각을 보다 세련화시키는 이유는 우수한 지적 발달을 위한 연습이라 할 수 있으며, 나아가 사고발달에 도움을 준다. 또한 이러한 활동을 통해 유아는 사물의 특성을 과학적으로 파악하는 과정에 감각기관을 확대하게 된다. 감각교육 영역은 자연물, 매력적인 색채, 어린이에게 맞는 크기 등 흥미를 포함하고 있으며 각 교구는 5가지 감각활동으로 구성되어 있고 그에 따른 주제 및 개념으로 제시되어 있다. 또한 스스로 잘못을 조절할 수 있는 요소를 포함하고 있어 교구가 스스로 교사의 역할을 할 수 있다. 각 감각에 따른 영역 교구는 다음과 같다.

#### ① 시각

유아는 주위 사물의 색이나 크기 형태를 주의 깊게 보는데, 이러한 시각교육은 물건의 크기, 색, 형태를 식별하는 것이라 할 수 있다. 예를 들어, 높다/낮다, 굵다/가늘다와 같은 짝짓기나 서열을 배울 수 있는 꼭지원기둥, 분홍탑, 갈색계단, 빨간 막대, 색원기둥, 색판, 기하입체 등이 있다.

#### ② 촉각

유아가 주위의 사물을 손으로 만지고 감촉을 느끼는 촉각교육은 물체를 손으로 만지는 과정을 통해 지각할 수 있는 피부감각, 온도, 무게 등 실체를 인식하는 과정이라 할 수 있다. 매끄러움/거칠음, 뜨겁다/ 따뜻하다/미지근하다/차갑다 등을 촉각판 맞추기, 직물상자, 무게 구별판, 온도 감각병 등을 통해 경험한다.

#### ③ 청각

주변에서 들려오는 다양한 소리에 신경을 집중하고 음의 강/약, 고/저에 대해 알아가는 과정으로 소리상자, 음감벨을 활용한다.

#### ④ 미각

유아는 성인에 비해 혀로 느끼는 맛에 민감하게 반응한다. 이를 맛보기병이라는 교구를 활용하여 달다/짜다/시다/쓰다 등의 개념을 형성한다.

### ⑤ 후각

다양한 종류의 냄새를 분간할 수 있는 후각은 냄새 맡기 상자를 통해 이루어진다.

## (3) 수교육

유아는 수학적 정신을 가지고 태어나며 이는 추상적인 개념으로 발달한다. 따라서 구체적 감각을 통해 수학적 두뇌가 발달하며 이는 논리적 사고를 기르는 기초가 되는 것이다. 이러한 개념에 기초하여 몬테소리는 감각적인 수학교구를 제시하였다. 이러한 수영역을 통해 유아는 1~10까지 수량개념을 이해하고, 그 다음에 십진법의 도입, 십진법에 의한 사칙 계산, 사칙의 계산과 병행하여, 연속수의 소개와 암산 등의 순서로 구성한다. 막연히 친숙해져 있는 수량에 대해 논리적이고 체계적으로 배우며 수학적 두뇌를 육성하여 추상적인 개념을 획득하도록 한다.

### ① 수의 소개

'1~9까지의 기본적인 개념'과 '수의 이름과 양의 개념'을 습득하기 위한 것으로 숫자막대, 모래종이 숫자카드, 숫자막대와 카드, 방추형 막대상자(0에 대한 소개), 수의 기억게임, 수세기와 카드, 구슬막대 등이 있다.

### ② 십진법 및 1~19와 11~99 세기

십진법을 통해 수의 자리에 대한 개념 소개, 수의 구성 소개, 기본적인 조작(덧셈, 뺄셈, 곱셈, 나눗셈)을 습득하게 된다. 양적인 탐색, 10~100의 기호와 이름을 알게 하는 데 있으며 논리적으로 숫자 소개의 활동을 확장시키는 데 두었다. 이 영역의 활동은 구슬로 된 교구를 통해 이루어진다. 구슬 교구로만 된 1~19의 소개, 1~19 숫자카드 소개, 구슬 교구로 된 11~99, 숫자카드로 된 11~99 소개, 연속 세기, 건너뛰어 세기 등이 있다.

### ③ 추상성의 변화

유아가 수의 고정을 이해하고 발달시키며, 구체적인 것으로부터 추상적인 계산을 가능하도록 고안되어 있다. 활동은 기본공식에 관한 학습의 확장을 가져오고, 핵심적인 기능으로서 추상적 능력과 수행능력을 최대한으로 만들며, 논리적 방정식의 학습에 도움을 주는 것으로 작은 구슬틀, 큰 구슬틀이 있다.

#### ④ 분수

양, 이름, 상징, 수학적 조작의 소개에 있으며 분수 끼우기 틀이 있다.

### (4) 문화교육

유아는 자신이 속한 사회의 문화적 특징 및 특성을 받아들이게 된다. 사회 속에서 습득하는 다양한 습관, 예술, 문화는 조상이 만들어 놓은 업적이나 생활의 모습과 관습을 비롯하여 다양한 발명과 발달의 결과들, 예술적 산물들, 자연의 여러 가지 현상을 제시한다. 문화교육영역을 통해 유아는 자신이 살고 있는 공간에 대해 이해할 수 있게 되며 우리가 살고 있는 시간의 과거, 현재, 미래를 생각해 보는 기회를 제공한다. 또한 자연 속에 살고 있는 동물과 식물에 대한 탐색과 이해를 통해 자연의 소중함과 고마움을 인식할 수 있다.

#### ① 지리

인류생활의 다양성, 거주 형태, 풍속, 어떤 지역의 자연적 특성을 이해하도록 하는 영역으로 땅, 물, 공기로 형성된 지구를 인식하도록 돕는 활동과 모래 지구본과 색 지구본을 통해 지구를 소개한다. 세계 여러 나라를 소개하기 위하여 세계지도 퍼즐, 각 대륙의 퍼즐, 각 나라의 퍼즐, 우리나라 지도 퍼즐 등이 있다.

#### ② 역사

유아 자신이 우주의 한 부분이며 인류의 귀한 구성원이라는 것을 인식하기 위하여 시간의 흐름에 따라 일어나는 변화를 익힌다. 역사의 개념과 관련지어 나의 역사, 가족의 역사, 인류의 역사, 생명의 역사, 문명의 역사를 알아가고 시간의 개념과 시계 읽기 등의 활동으로 이루어진다.

③ 동 · 식물학

사물을 생물과 무생물로 분류하고, 동물과 식물로 분류하기 및 동물을 분류하는 활동으로 자연세계에 대한 이해를 돕기 위한 것이며 동 · 식물의 생태 등을 소개한다.

### (5) 언어교육

언어교육의 의미 있는 형태는 매일 이루어지는 다른 영역과 통합되며 듣기, 말하기, 읽기, 쓰기 등의 언어환경을 통해 자연스럽게 흡수되어 발달된다. 이에 몬테소리 교실에서는 자유로운 대화와 지속적인 자기표현을 통해 언어발달이 이루어지도록 한다. 이러한 환경과 상황을 통해 유아가 자발적으로 의미 있는 말하기를 시작할 것이라는 가정에 기초하여 주로 쓰기와 읽기 그리고 말하기를 강조한다.

① 구어교육

노래하기, 새로운 계절에 대해 말하기, 질문하기 게임, 사건이나 활동을 이야기하기, 보고 말하기, 경험에 대해 이야기 하기 등을 한다.

② 문어교육

모래종이글자, 움직이는 자음 · 모음, 음성사물 상자, 음성 단어 카드, 표음 문자, 어려운 단어 분류하여 읽기, 단어 기능, 논리적 부사 게임, 논리적 형용사 게임, 탐정 형용사 게임, 읽기 분석, 받아쓰기 등이 있다.

## 4) 특징

### (1) 준비된 환경

몬테소리는 유아의 발달과 성장을 위해 '준비된 환경'이 필요하다고 보았다. 준비된 환경의 특징은 다음과 같다.

첫째, 몬테소리는 준비된 환경에는 자유가 있어야 한다. 진정한 자유는 제한된 자유이며, 작업을 선택할 수 있는 자유, 시간의 자유, 반복학습의 자유, 움직일 수 있는 자유, 말할 수 있는 자유를 말한다.

둘째, 준비된 환경은 구조와 질서를 가지고 있다. 직업은 단순한 것에서 복잡한 순서로 진전되고 난이도가 다르게 구성되어 있다. 질서는 유아의 내면에서 형성되며 준비된 환경 속에서 유아에게 자유가 보장된다면 집단 속에 참된 질서가 형성된다.

셋째, 준비된 환경은 유아의 발달단계와 욕구에 맞게 준비되어야 한다.

넷째, 어린이집의 환경은 현실적으로 꾸미되 유아의 발달과 요구에 맞도록 준비되어야 한다. 일상생활 자체로 꾸며져야 하고 자연을 관찰하고 자연에 대한 감사, 자연의 법칙을 알게 하는 데 도움을 주어야 한다.

다섯째, 준비된 환경은 혼합연령의 학급으로 구성되어 유아의 사회성발달을 촉진한다.

여섯째, 준비된 환경에서 교구는 자동교육이 되도록 고안되었고 심미감을 주며 유아의 활동을 이끈다. 교구는 유아의 민감기와 발달단계에 맞도록 고안되었고, 각각 분리되어 조작하게 되어 있으며, 단순한 것에서 복잡한 것으로 진전되도록 한다.

일곱째, 준비된 환경에서 교사는 지도자로서 유아를 존중하고 유아발달을 도와주는 역할을 한다. 교사는 유아의 발달과 작업을 관찰하는 관찰자의 역할을 하고, 작업하는 유아를 보호하는 보호자, 유아의 발달을 안내하는 안내자, 상호작용을 촉진하는 촉진자, 준비된 환경을 마련해 주는 역할을 한다.

## 3 하이스코프 프로그램

### 1) 배경

하이스코프 프로그램(High Scope Program)은 피아제의 인지발달이론을 바탕으로 개발된 개방체제의 질 높은 교육으로 미국을 대표하는 프로그램이다. 현재는 미국뿐 아니라 영국, 멕시코, 네덜란드, 싱가포르 등 세계 여러 나라에서 적용 · 운영되고 있다. 하이스코프 프로그램은 1962년 와이카르트(Weikart)와 그의 동료들을 중심으로 미국 미시간 주 입실란트시에 위치한 페리유아원(Perry Preschool Program)을 위한 프로그램으로 개발되었다.

이 프로그램은 종단적 연구 등을 통해 효과가 입증되었으며 영유아가 스스로 활동을 계획하고, 실행하며, 평가할 수 있는 능동적 학습자로, 교사는 하이스코프 프로그램에서 강조하는 핵심경험을 중심으로 학습환경을 구성하고 유아가 선택한 활동 안에서 인지적, 사회 · 정서적, 신체적 발달을 돕는 자로 역할을 규정하였다.

### 2) 목표

유아의 전인발달을 위한 하이스코프 프로그램의 목표는 다음과 같다.

① 유아의 능동적인 참여를 통해 스스로 학습할 수 있는 능력을 기른다.
② 학교생활과 사회생활의 준비과정으로 스스로 선택한 목표와 과제를 수행하고 완성할 수 있는 독립심, 책임감, 자신감을 기른다.
③ 언어능력(말하기, 듣기, 읽기, 쓰기), 사회성, 창의적인 표현, 건강한 신체, 논리적 사고력과 지식습득을 기른다.
④ 스스로 탐구할 과제를 계획하고, 실행하며, 다른 사람들과 나누는 의사소통 기술과 표상능력을 기른다.

### 3) 교육내용 및 주요 경험

#### (1) 교육내용

교육내용은 분류, 연속, 시간적 관계, 공간적 관계를 중심으로 이루어진다.

① 계획된 활동들과의 경험을 통해 유아들은 물체의 구분, 비교, 순서화 등을 학습한다.

② 상징적 표상능력발달에 관심을 갖는다. 표상의 단계는 구체적인 대상단계-색인단계-상징단계-기호단계로 나아간다.

- 구체적인 대상단계 : 실제 대상물
- 색인단계 : 대상의 일부분 또는 소리 등을 단서로 대상을 알아내기
- 상징단계 : 대상의 사진, 그림, 점토모형, 블록을 돌이라고 가장하는 등 대상의 대체물을 사용하는 단계
- 기호단계 : 글자를 포함한 단어나 문자, 지도, 기호 등

#### (2) 주요 경험

하이스코프의 능동적 학습을 위한 주요 경험은 유아가 직접 참여하는 것을 전제로 교사와 유아의 상호작용, 교실환경, 하루 일과, 평가를 고려하여 구성한다.

##### ① 교사와 유아의 상호작용

하이스코프 교사는 유아의 사고수준을 파악하여 능동적인 학습이 이루어지도록 관찰하고 소통한다. 특히, 유아 스스로 자신의 생각을 자유롭게 표현하고 문제를 해결하도록 이끈다.

##### ② 교실환경

하이스코프 교실은 교육적 경험을 위한 다양한 흥미영역으로 구성한다. 영유아들이 흥미를 가지고 스스로 활동을 선택하여 적극적으로 탐구할 수 있는 적절한 학습환경과 자유로운 탐색과 표현을 할 수 있는 편안하고 안전한 분위기 제공을 통해 학습과 발달을 도모한다.

### ③ 하루 일과

하이스코프는 교사와 유아가 예측 가능하도록 일과가 계획되어 있다. 주어진 시간 내에 과제를 마칠 수 있는 자기조절력 발달을 위해 시간에 대한 융통성을 부여하지 않는다. 하루 일과는 개별 활동, 소그룹과 대그룹활동으로 이루어진다. 유아들은 스스로 계획하기, 이야기하기, 실행하기 그리고 실행한 과정에 대해 다른 친구들과 교사에게 경험을 되돌아 볼 수 있는 반성적 평가를 한다(Plan–Do–Review(계획–실행–반성적 평가). 하이스코프 프로그램의 하루 일과는 교사 주도 활동과 유아 주도 활동이 적절하게 구성되며 구체적인 일과는 〈표 5-1〉과 같다.

〈표 5-1〉 하루 일과

| 시간 | 일과 | 주요 내용 |
|---|---|---|
| 8:30 | 등원 및 인사 나누기 | |
| 8:45 | 계획하기<br>(15%) | • 작업 판에 어떤 활동이 있는지를 살펴보고 유아 스스로 활동을 선택한다.<br>• 선택을 어려워하는 유아는 교사가 개별적으로 작업 표시판을 소개해주고 선택을 하도록 격려한다.<br>• 유아 자신의 계획에 대해 자신의 생각을 표현할 수 있는 기회를 제공한다.<br>• 유아 스스로 선택을 결정하고 실행할 수 있도록 유아의 아이디어를 격려하고 확장할 수 있도록 돕는다. |
| 9:00 | 작업(활동)하기<br>(40%) | • 유아 스스로 선택한 활동을 하는 시간으로 하루의 일과 중 가장 긴 시간을 제공한다.<br>• 스스로 선택한 흥미영역별로 준비된 교구들을 직접 조작함으로써 전인적 발달을 도모한다.<br>• 유아 자신이 계획한 활동이므로 교사가 지도를 하거나 지시를 하지 않는다.<br>• 유아가 활동하는 동안 교사는 유아가 어떻게 활동하는지, 또래와 상호작용, 문제해결 등을 주의 깊게 관찰하여 활동이나 개념을 확장할 수 있는 '가르칠 순간'을 포착하여 유아를 격려하고 개입하여 개념 확장 및 문제를 해결하도록 돕는다.<br>• 고정적으로 준비되는 영역은 극화놀이영역, 쌓기 놀이영역, 조작적 놀이영역, 언어, 수, 과학, 음률, 미술활동영역이다.<br>• 각 흥미영역의 교구 및 준비물은 주간계획에 맞추어 준비를 하지만 상황에 따라 바뀔 수 있다. |

<table>
<tr><td>9:45</td><td colspan="2">정리 정돈하기</td><td>• 유아가 사용한 자료를 제자리에 갖다 놓는다. 활동을 끝내지 못했더라도 정리정돈을 해야 한다.</td></tr>
<tr><td>10:00</td><td colspan="2">표상활동 및 평가<br>(25%)</td><td>• 정리정돈이 끝나면 교사 앞에 반원으로 모여 앉아 유아 자신이 활동한 작업에 대해 평가하는 시간을 갖는다.<br>• 표상의 단계는 평가하는 과정으로 유아 자신이 계획하고 선택해서 수행한 작업에 대한 활동경험을 표상하도록 한다(어떤 활동을 했는가? 활동할 때 친구와 어떻게 지냈는가? 어떤 점이 잘 되고 잘되지 못했는가? 질문과 덧붙여 할 말 등).<br>• 표상에 대한 발표는 언어, 그림, 제스처 등 유아가 원하는 다양한 방법으로 한다.</td></tr>
<tr><td>10:10</td><td colspan="2">간식</td><td>• 간단한 쿠키와 우유 등을 제공한다.</td></tr>
<tr><td>10:30</td><td rowspan="4">그룹 활동<br>및 귀가<br>(20%)</td><td>대집단활동</td><td>• 대집단활동은 10~15분 동안 진행되며 손 인형놀이, 게임, 노래 부르기, 율동 및 동극, 악기놀이 등을 하며 서로의 생각을 나누고 교환한다.</td></tr>
<tr><td>10:50</td><td>소집단활동</td><td>• 소집단활동시간은 피아제의 인지적 과제를 중심으로 이루어진다.<br>• 오감으로 사물인식, 역할놀이 그림 그리기와 같은 창의적인 표상활동<br>• 읽기, 쓰기, 느낌을 말로 표현하기<br>• 분류, 서열, 수, 공간, 시간에 대한 개념<br>• 음악 · 동작, 컴퓨터, 과학, 사회성 및 조절력 발달 등의 활동 등을 통해 유아의 사고를 확장한다.</td></tr>
<tr><td>11:00</td><td>실외활동</td><td>• 대근육발달을 위한 놀이기구와 비가 오면 실외에서 놀 수 있는 지붕이 있는 공간 등에서 활동을 한다.<br>• 자전거, 끌 수 있는 수레, 그네 등 다양한 놀이 기구 및 놀잇감이 준비되어 있다.</td></tr>
<tr><td>11:30</td><td>귀가</td><td>• 귀가 시간에 모두 실외로 나가서 부모가 오는 순서에 따라 귀가를 한다.</td></tr>
</table>

### ④ 평가

교사는 포트폴리오를 활용하여 유아의 활동 수행과정, 행동, 대화, 흥미영역 등을 주의 깊게 관찰하고 이를 기초로 객관적인 기록을 한다. 이러한 기록은 유아의 성장발달을 위한 추후의 학습계획에 반영한다.

### ⑤ 교사의 역할

교사는 유아와의 상호작용을 이끌고 발달의 수준을 파악하여 개념을 확장시키기 위해 주의 깊게 유아를 관찰한다. 교사도 유아처럼 능동적인 학습자로서 유아가 문제를 해결하도록 개방적인 질문을 통해 서로의 생각을 나누고 상호작용하여 유아 스스로 발달수준에 적합한 과제를 수행할 수 있도록 격려한다.

## 4 프로젝트 접근법

1920년대 듀이는 프로젝트 접근법을 유아에게 적합한 교수-학습방법으로 소개하여 많은 교사들로부터 각광을 받았다. 이후 프로젝트 접근법은 1990년대 초반 캐츠와 차드(Katz & Chard)에 의해 재조명되어 소개되었다. 프로젝트 접근법은 특정 주제에 대해 심층적으로 연구를 하는 교수-학습방법으로 문제에 대한 정답을 찾기보다는 문제를 해결하기 위해 교사와 또래들이 함께 연구하는 과정에서 주제에 대해 보다 많은 것을 학습하는 데 초점을 둔다(Katz, 1994). 따라서 유아는 프로젝트 협동학습의 과정과 평가과정을 통해 배운다(Vygotsky, 1978).

### 1) 교육목적 및 목표

프로젝트 접근법의 교육목적은 유아의 주변세계에 대한 이해를 향상시키고 지속적으로 학습하려는 성향을 키워주는 과정 중심의 교육이다. 따라서 유아들이 학습할 가치가 있는 주제에 대해 교사의 지도와 안내를 받으며 스스로 연구하는 목적-지향적 활동이다(Katz & Chard, 1989; Kilpateick, 1925).

## 2) 교육 개념



### (1) 경험 중심 교육과정

'경험 중심 교육과정'은 '생활 중심 교육'과 거의 동일한 것으로 이해된다. 유아가 실생활 속에서 문제에 직면하고, 이를 해결해 나가는 과정에서 비로소 진정한 가치를 가진다. 그러므로 교육과정은 반드시 국어, 수학, 과학 등 전통적인 교과 구분에 따라 조직될 필요가 없이 생활의 문제를 중심으로 그것에 관련된 여러 교과들을 통합하여 가르칠 수도 있다.

경험 중심 교육과정은 '아동 중심 교육'이라고 불리는 원리를 기초로 교육의 과정 전체에서 아동의 흥미와 능동적인 참여를 중요시한다. 경험 중심 교육과정은 아동 중심 교육과 함께 듀이(J. Dewey)의 교육철학에 기초를 두고 있는 것으로 알려져 있다.

### (2) 브레인스토밍

브레인스토밍은 일정한 주제에 관하여 유아의 자유발언을 통한 아이디어의 제시를 요구하여 발상을 찾아내려는 방법으로 다양한 아이디어를 자유롭게 제시하고, 이러한 아이디어들을 취합 · 수정 · 보완하여 독창적인 아이디어를 얻는 방법을 말한다. 브레인스토밍을 성공시키기 위해서는 첫째, 상대의 아이디어를 비판하지 말고, 둘째, 자유분방한 아이디어를 환영하며, 셋째, 많은 아이디어를 서로 내놓도록 자유로운 분위기를 형성한다. 브레인스토밍을 통해 제시된 프로젝트 주제망의 예시는 다음과 같다.

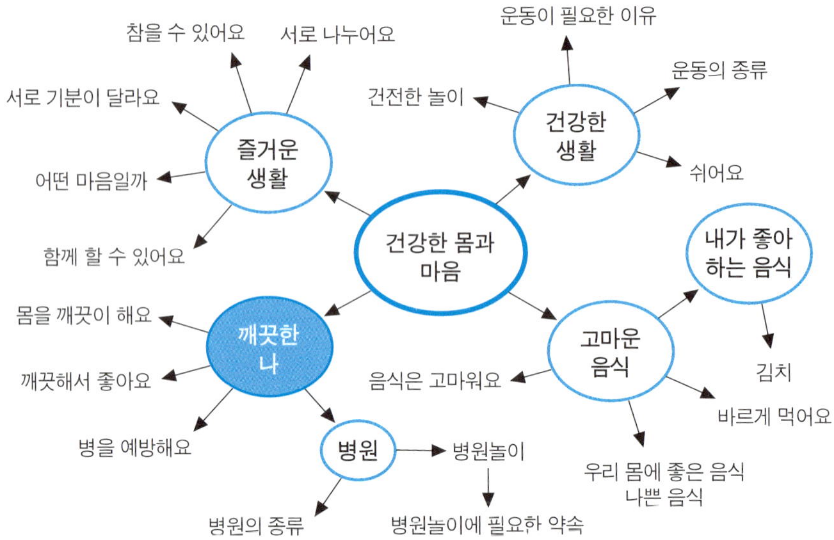


[그림 5-1] 브래인스토밍

## 3) 교육내용 및 방법

프로젝트 접근법을 적용하여 효율적인 교육활동을 전개하기 위한 절차에 대한 서영숙(2000)의 논의를 근거로 그 단계를 제시하면 다음과 같다.

### (1) 1단계 : 도입단계

#### ① 주제 제안

적절한 주제를 선정하기 위해 유아의 관심사에 따른 주제나 명절, 계절과 관련되는 주제를 교사가 유아에게 직접 제안할 수 있다. 이때 교사가 보기에 바람직하고 흥미 있는 주제라 할지라도 유아에게 동기화되어야 한다. 주제를 제안하기 위한 방법으로 관련 자료나 사진전시, 또는 교사 자신이 그 주제와 관련된 책이나 그림, 활동을 보여 주는 방법이 있다.

### ② 주제 선정

여러 가지 가능성이 있는 주제 중에서 유아의 학습에 적합한 주제의 선정기준은 유아가 내면화하면서 살아가기를 바라는 기본적인 사회적 가치가 적절하며 유아가 성장하는 데 있어 관심을 갖는 주제나 개념이 바람직하다.

### ③ 예비주제망 구성

주제가 선정되고 나면 교사들은 함께 모여 브레인스토밍을 통해 예상 주제망을 구성하고 중심사건의 윤곽을 작성하며, 현장 활동을 위한 가능성을 조사하는 등의 초기계획을 세운다. 유아와 함께 주제망을 작성하기 전에 교사들끼리 모여 예비주제망을 작성해 봄으로써 유아가 진행할 활동을 미리 예견하여 준비할 수 있고, 유아의 다양한 반응에 적절히 대처할 수 있는 장점이 있다.

### ④ 흥미 유발

주제가 정해지면 주제에 대하여 어떤 방식으로 접근해 갈 것인가에 대한 계획을 세워야 한다. 교사는 개별 유아가 그 주제에 대해 얼마나 알고 있는지, 그리고 어떤 직접적인 경험이 현재 유아가 이해하고 있는 것의 기초가 되었는지 등에 관심을 갖고, 정해진 주제에 대한 유아의 관심과 흥미를 위해 간단한 이야기나 그와 관련된 구체적인 자료를 준비한다.

### ⑤ 경험 표현

유아가 자신의 실제 경험을 이야기하게 하고 교사는 유아에게 말로 표현하는 것 외에 다른 방법으로 어떻게 표현할 수 있을지를 생각하여 표현하도록 한다. 표현방법은 그리기, 쓰기, 구성하기 등이 그 예가 될 수 있다. 유아의 활동과정을 찍은 사진이나 결과물을 전시하는 것은 그 주제에 대한 논의를 더욱 풍부하게 해준다. 프로젝트 활동 1단계의 표현활동은 과거에 유아가 겪었던 경험에 관한 기억을 되살려 주는 역할을 한다. 그 기억들은 개인적인 것이고 때로는 모호하며 정확한 것, 또는 정교한 것이 되지 못하는 경우가 많다. 이때 그 표현내용은 듣는 사람이 말하는 사람의 관점을 이해하고 공감하면 된다.

⑥ 주제망 작성

유아는 브레인스토밍 과정을 거쳐 교사가 짠 주제망에 자신의 생각을 통합하고 조절하여 교사-유아의 공동 주제망을 완성한다. 이러한 과정 후에 유아가 조사하고자 하는 질문사항들의 목록을 작성하고 나면 1단계인 시작단계는 종료된다.

### (2) 진행단계

진행과정은 다섯 부분으로 이루어지는데, 현장견학활동에 대한 준비, 현장견학, 현장에서 돌아온 후의 활동, 전문가를 학급에 초청하여 유아와 이야기를 나누는 활동, 종합발표나 전시를 통한 활동결과의 공유 등이다.

① 현장견학활동에 대한 준비

프로젝트의 수행 도중에는 1회 이상의 현장견학을 실시하는 것이 효과적인데, 이를 위해서는 준비가 선행되어야 한다. 교사는 유아에게 그들이 보고자 하는 것은 무엇이며 어떤 질문을 할 수 있겠는가, 견학장소에서 어떻게 행동하는 것이 바람직한가? 등을 토의를 통해 알려주어야 한다.

② 현장견학

주제와 관련된 현장을 직접 확인하고, 공장 · 동물 · 차량 · 장비 · 사람 및 각종 행사들을 경험할 수 있는 기회를 얻을 수 있다. 현장견학 시에는 유아가 경험하는 모든 것에 대한 충분한 대화가 이루어질 수 있도록 하는 것이 바람직하다. 이때 유아가 사람들과의 면담을 통해 수집한 정보는 현재의 관찰대상을 이해하는 데 매우 도움이 된다.

③ 현장견학 후의 활동

유아는 현장견학을 마치고 돌아와 견학결과를 토론하면서 무슨 일이 일어났고, 누구와 이야기를 나누었는지, 보고 배운 것이 무엇인지 재확인하게 된다. 그러므로 토의시간에 이 경험들을 이야기해 보도록 함으로써 잊지 않도록 돕는 일이 중요하다. 특히, 유아들의 경우는 공통적으로 경험한 것에 대하여 이야기해 보는 것이 좋다.

#### ④ 전문가 초빙

교사는 현재 연구 중인 주제에 대해 잘 알고 있는 전문가를 교실에 초빙하여 유아와 대화하고 질문에 답변하며 토론에 참여하거나 인터뷰에 응하도록 할 수 있다. 이는 프로젝트를 활성화하는 데 큰 도움을 준다.

#### ⑤ 종합발표 및 전시 공유

전시물에는 프로젝트 진행과정을 담은 사진이나 현장답사 시 찍은 동영상, 녹음, 유아의 그림, 진흙 작품이나 구조물 또는 프로젝트 진행과정, 아동과의 대화내용을 기록한 것을 전시하기도 한다.

이런 과정은 유아에게 자신의 행위와 아이디어가 의미 있는 것이라는 격려를 해주는 효과도 있고, 유아로 하여금 자기 경험의 재방문 · 재발견 · 재구성하는 구체적인 자료가 되기도 한다. 교사도 다음에 같은 주제를 선정했을 때 참고자료로 삼을 수 있다.

### (3) 마무리 단계

#### ① 마무리 단계의 시기 결정

어떤 유아는 프로젝트를 계속하려고 하고, 다른 유아는 다른 주제로 옮겨 가자고 할 때가 있다. 유아가 현재 하고 있는 활동에 특별히 재미를 느끼고 있을 경우 다음 프로젝트에서 이만큼의 재미가 없을지도 모른다는 염려 때문에 그만두려고 하지 않을 수가 있다. 어떤 경우에서든 언제 그 프로젝트를 결론으로 이끌 것인가에 대한 결정을 교사가 내려야 한다.

### ② 마무리 행사를 위한 토의

이 단계는 프로젝트 활동의 마무리를 위한 단계로 다른 학급의 유아, 원장선생님, 학부모 및 기타 관심 있는 사람들이 함께 프로젝트에 참여할 수 있는 기회를 제공한다. 이 단계에서는 공개일을 정하고 그때까지 한 활동들을 재검토하여, 어떤 것을 어떻게 전시할 것인지, 어떤 활동을 할 것인지에 대해 토의를 한다. 무엇보다도 학습한 것을 다른 사람들에게 전달하는 데 역점을 두어야 한다.

일단 공개일에 초청할 사람들이 정해지고 나면 유아는 그들의 프로젝트를 검토해 보고 프로젝트의 특성을 잘 나타낸다고 생각되는 부분을 결정하여야 한다. 또 프로젝트 결과를 보러오는 사람들과 나눌 정보를 어떤 형태로 표현할 때 가장 적합한지에 대해 결정해야 한다. 유아에게 중요한 점은 자신들의 활동을 돌아보며 평가하고, 그 결과를 다른 사람들과 상호 공유하는 데 있다. 이 과정에서 프로젝트 마무리 행사의 이름을 정할 수도 있고, 초대장이나 포스터를 만들 수도 있다.

### ③ 마무리 행사

공개행사를 통해 유아가 성취한 작품에 대해 이야기해 주거나 보여 줌으로써 다른 사람들과 그 결과를 상호 공유할 수 있다. 마무리 행사는 유아로 하여금 프로젝트의 가장 중요한 부분에 관한 이야기를 나누도록 함으로써 그것을 보러 온 사람들이 그 활동과 학급 전체나 각 유아가 성취한 학습에 대해 이해하도록 한다.

부모들은 공개일에 참석하여 유아가 만든 작품들을 봄으로써 유아를 직접 격려할 수 있고, 어떤 과정을 통해 프로젝트가 전개되고 마무리되었는지를 확인할 수 있다.

## 4) 특징

프로젝트 접근법은 주제에 따라 짧게는 며칠에서 몇 주간에 걸쳐 이루어질 수 있다. 유아가 한 가지 주제에 대해 지속적으로 살피는 과정을 중시하는 프로젝트 접근법은 결과보다 유아 스스로 조사하고 토론하는 과정에서 새로운 정보와 개념을 받아들이고 이해하는 과정을 중시한다. 이때 교사는 유아의 안내자이자 자문자의 역할을 수행하면서 유아의 관심을 지속시키기 위한 방법으로 토론, 조사, 질문을 위한 격려 및 조언을 하는 역할을 수행하는 것이 좋다.



## 5 레지오 에밀리아 접근법

레지오 에밀리아 접근법은 이탈리아 북부의 레지오 에밀리아시가 행정적 · 재정적 지원을 하는 시립 유아교육체제이다. 1945년 레지오 에밀리아에서는 파시즘 독재 정권과 제2차 세계대전이 끝나자 당시의 암울함에서 벗어나 새로운 변화를 갈망한 부모들이 자녀들에게 보다 나은 교육환경을 제공해야 한다는데 뜻을 모으고 힘을 모았다. 부모들의 손으로 '탱크학교'를 지어 시작하였고 부모와 지역사회 시민들의 운동과 열정에 의해 1960년대에 시립으로 체제화되었다.

이러한 레지오 에밀리아 시립학교에서 교육하고 있는 '레지오 에밀리아 접근법'은 1970년대 후반에 유럽으로, 1980년대 후반에 미국 동부를 중심으로 세계적으로 알려졌다. 레지오 에밀리아 접근법은 1991년 12월 미국의 〈뉴스위크〉지가 뽑은 세계에서 가장 훌륭한 10개 학교 중 유아교육 분야에 선정되면서 전 세계적으로 알려지기 시작하였다.

### 1) 교육목적 및 목표

레지오 에밀리아 접근법은 교육이 구조화된 교육과정에서가 아닌 발현적인 교육과정을 통해 이루어진다고 보았으며 이때 유아는 교육의 주체이자 협력자이며 의사소통자이다. 따라서 교육의 목적은 여러 주제와 내용을 습득하기보다 개념을 이해하고 학습하는 태도를 중시하여 탐구심과 호기심을 가진 능동적인 아이로 성장시키는 것이 목적이다. 레지오 에밀리아에서는 구체적인 세부목표를 세우지 않고 유아의 흥미와 요구에 따라 스스로 가설을 세우고 탐색하도록 한다.

## 2) 교육 개념

### (1) 피아자

유아를 둘러싼 환경은 제3의 교사로서 기능한다. 레지오 에밀리아의 교육환경에는 유아, 교사, 부모 간의 상호관계를 강조하는 철학적 이념에 따라 함께 모이는 중앙 공간인 피아자(piazza)가 있다. 이탈리아어로 광장의 뜻을 가진 '피아자'는 연령이 다른 반의 유아들이나 교사를 만나 상호 교류하고 활동할 수 있는 장소이다.

### (2) 아틀리에

레지오 에밀리아 유치원에 있는 아틀리에는 말린 꽃, 화분, 나뭇잎과 가지 등의 자연물뿐 아니라 점토, 구리철사, 구리판, 색색의 구슬 등 수없이 많은 매체들이 가지런히 진열되어 사람들을 매료시키며 유아들의 표상을 유도하는 장소이다. 이러한 아틀리에는 두 가지 기능을 한다. 첫째는 유아들이 칠하기, 그리기, 진흙으로 만들기 같은 모든 종류의 상징적 언어기술을 완성해 가는 장소를 제공한다. 소집단 유아들이 프로젝트 관련 탐색에 몰입할 수 있도록 하며 자신의 달라지는 생각을 표상하는 데 사용할 수 있는 자연물, 그리고 칠하고 꾸미는 활동을 위한 2차원 매체와 구성하고 만들고 조립하는 다양한 3차원 매체 등이 선반에 준비되어 있다. 둘째, 교사가 유아들이 어떻게 배우는지를 이해하는 데 도움을 준다. 유아의 표현물들을 통해 교사는 유아의 인지가 어느 정도 변화하고 있는지에 대해 이해할 수 있는 것이다.

### (3) 아틀리에스타

아틀리에에는 한 명의 아틀리에스타가 배치되어 유아들이 어떻게 표현하는지 등에 대한 표현의 자유, 인지적 자유, 상징적 자유의 조화와 의사소통의 길을 창조해

내는지를 이해하는 데 도움을 준다. 아틀리에스타는 매일 출근하여 아침에 교실을 순회하면서 대규모로 진행되고 있는 프로젝트나 소규모의 개인적인 활동이 어떻게 되어가고 있는지 관심을 가지고 알아본다. 교사들과 어떤 것을 어떻게 소개할지, 어떤 일이 일어날지, 그리고 어떻게 할지 이야기한다. 때로는 특정자료를 사용할 것을 권하기도 하고, 교사에게 조언을 해주며, 교사들이 명백히 보이지 않는 주제나 시각적 가능성을 볼 수 있도록 도와준다. 또한 다른 사람들이 생각해 내지 못한 가능성을 창조하기 위해 어린이들에게 직접 개입하는 등 여러 가지 역할을 수행한다.

#### (4) 페다고지스타

레지오 에밀리아 유치원을 열고 직접 운영했던 1960~1970년대부터 페다고지스타의 역할이 생겨났다. 페다고지스타의 주요 업무는 일주일에 한 번씩 담당관과 모여 유치원과 영유아센터 전반에 관련된 정책이나 문제에 대해 토론하고 다른 영유아센터와 밀접한 관련을 맺고 일하는 것이다. 전문가로서의 계속적인 발달과 현직 교사의 훈련을 위해 교사가 새로운 주제나 경험을 생각해 내는 과정에서 그들과 함께 일한다. 페다고지스타는 교사가 유아를 관찰하고 유아의 말을 듣는 기술, 프로젝트를 기록하는 기술, 자신의 연구를 진행하는 기술을 향상시키도록 돕고 새롭게 대두된 흥미 있는 주제에 대해 관심을 가지며, 교사들이 의사소통과 상호작용의 문제에 대해 생각하도록, 어떻게 상호교환이 일어나게 할지 생각해 보도록 돕고 각 가정과 교사가 상호작용을 맺는 데 지원하는 역할을 한다.

### 3) 교육내용 및 방법

레지오 에밀리아 접근법에서의 상징화 주기를 김영호(1999)가 논의한 것을 중심으로 살펴보면 다음과 같은 단계를 거쳐 전개된다.

#### (1) 아이디어 도출

소그룹으로 편성된 유아들이 협동으로 수행할 프로젝트 주제를 선정하고 주제가 갖는 특성을 이해하기 위해 자신의 생각이나 느낌 또는 경험한 바를 말로 표현하는 단계이다. 언어적인 상징인 말하기를 이용하여 주제를 선정하는 것이다.

교사는 유아들이 주제에 대해 어느 정도 흥미를 가지고 있으며, 어느 정도 알고 있는지를 평가해 보아야 하고, 그들이 스스로 탐구할 문제를 찾을 수 있도록 환경을 조성해 주어야 한다. 뿐만 아니라 유아들이 소속감을 가지고 탐구하는 상황에 참여하도록 노력해야 한다. 소속감을 가지고 협력해야만 각 유아들이 좋은 생각을 제시해서 집단 상호작용의 질이 향상될 수 있고, 혼자서 행하지 못하는 불가능한 것을 가능하게 창안해 낼 수 있다. 여기에서는 프로젝트가 자기 개인의 것이 아니라 집단의 것이라고 여길 수 있도록 집단으로 탐구하는 상황에 많이 참여할 수 있게 해야 한다.

프로젝트의 주제나 내용보다는 유아들이 다른 유아들과 함께 생각하고, 느끼고, 작업하고, 발견해 가는 과정을 중시해야 한다. 교사는 유아들이 주제를 선정하기 위하여 토론한 내용을 기록해 두어야 한다. 그리고 유아들이 프로젝트를 위한 주제를 정하기 위해서는 그들에게 강한 주제 선정을 위한 자극적인 환경을 마련해 주어야 한다.

#### (2) 표상하기

이는 전 단계에서 서로 말로 표현한 것을 상기하면서 그림으로 표상해 보게 하는 단계이다. 그림으로 표상하는 도중에 새로운 아이디어가 떠오르면 그것을 첨가하여 그린다. 주제에 관하여 이야기한 것과 자신이 그리고 있는 그림에서 새로 발견된 차이점은 불일치의 의문을 제기하고 그것은 문제를 해결하는 원동력이 된다. 이 표상을 통해 유아가 사고한 내용을 읽어볼 수 있다. 집단토의에서 자기들의 그림에 일관성이 없음을 확인하고 그것을 어떻게 변화시켜야 하는가에 관심을 갖게 된다.

일반적으로 표상은 먼저, 개인표상과 단체표상으로 구분해 볼 수 있다. 여기에서 개인표상은 유아들이 토론한 내용을 자기 혼자서 표상하는 것이고, 단체표상은 그룹의 전체 유아가 함께 표상하는 것을 말한다. 또한 표상은 2차원적 표상과 3차원적 표상으로 나누기도 한다. 주제를 표상함에 있어서 종이를 사용하여 그리는 경우를 2차원적 표상이라 하고, 여러 가지 재료를 사용하여 입체적인 모형을 만드는 것을 3차원적 표상이라 한다. 중요한 것은 한 가지 표상방법에 의존하기보다는 주제의 성격에 따라 여러 가지의 표상방법을 이용하여 표상하는 것이 주제가 갖는 특성에 대한 이해와 지적 자율성을 촉진할 수 있다.

### (3) 모형 만들기

2단계에서 시행한 내용이 실제 상황에 접근한 것인지를 알기 위한 전 단계로서 우선 가상적인 모의 상황을 마련하여 예측해 보게 하는 것이 좋다. 여기에서는 가능하면 실물을 이용하거나 실제적인 직접경험을 통한 학습이 효율적이다. 그러나 매번 실물을 이용하거나 실제 상황에서만 학습할 수 없는 경우가 많다. 그렇다고 언어적인 활동을 통해서 설명적 교수활동으로 교수-학습 상황을 마련하는 것은 비효율적인 학습이 되기 때문에 때로는 축소된 모형을 통해서 실험을 하거나 모의 상황에서 주어진 과제를 해결하기 위한 학습활동을 전개할 필요가 있다. 이 단계는 실증적 검증을 거치는 과정에서 스스로 지식을 터득할 수 있는 기회가 된다. 소집단의 유아들이 전개되고 있는 상황이나 변화되고 있는 과정에 주목하면서 지식의 사회적 구성에 기쁨을 느낄 수 있다.

### (4) 참고자료 그림 활용하기

3단계까지 진전된 내용을 바탕으로 하여 그리기 이외의 이용 가능한 다른 매체를 활용하여 그것들을 다양하게 표현해 보게 하는 것은 매우 중요하다.

### (5) 현장경험하기

주제의 성격을 제대로 이해하기 위해서 실제 경험을 해보는 단계이다. 비체험적인 사전활동과 실제경험의 차이점이 어떻게 발견되고, 그것이 새로운 지식을 구성하게 하는 데 어떻게 작용하는지를 체험하게 해 볼 필요도 있다.

#### (6) 재표상하기

여기에서는 실제 경험을 한 후에 그 주제에 관해 그림 등을 통하여 재표상을 해 보도록 한다. 이때는 재표상을 하는 동안 자신들이 발견한 것을 다른 유아와 같이 이야기하고, 자신이 이미 알고 있었던 것을 수정 · 보완하여 표상하게 하는 것이 중요하다.

#### (7) 확장하기

이전 단계에서까지 확인한 사실들을 다른 장면이나 상황에까지 확장하여 적용해 보도록 하는 것을 말한다. 예를 들면, 비시각적인 것을 시각적으로 표상하는 것과 같은 것을 말한다.

#### (8) 상징화 주기

주제에 관하여 토론하고 표상하며, 시뮬레이션(simulation)을 하고 경험하며, 재표상하는 등의 상징화 주기는 일정의 나선형 교육활동이 된다. 처음에는 하나의 주제에 불과했지만 상징화 주기를 통과하는 동안 주제와 관련 있는 여러 가지 내용이 첨가되어 지식의 범위가 점점 넓고 깊어지게 된다.

#### (9) 확장 및 심화하기

이 단계는 끝없이 계속될 수 있는 과정이다. 여기에서는 유아들로 하여금 그들의 흥미와 이해를 계속하여 일상의 다른 상황이나 사태로 계속 확장시키고 심화시키도록 격려하고 지도해야 한다.

### 4) 특징

#### (1) 표상활동

레지오 에밀리아에서의 유아는 언어, 움직임, 그림, 건축, 조각, 그림자놀이, 콜라주, 극놀이, 음악을 포함하는 상징적 표상에 대한 체계적 집중을 통해서 지적 발달을 촉진한다. 세련된 언어적인 소통이 익숙하지 않은 유아로 하여금 비교적 친숙한 방법인 그림, 몸짓, 점토조각, 구조물 만들기 등 다양한 매체를 통해 유아의 사고, 즉 현재 가지고 있는 가설을 표현한다. 일단 아동들의 초기 가설들이 표상화되면 그것을 토대로 하여 후속 표상물을 점차 개선시켜 나아가도록 한다.

이는 아동들은 동일 현상에 대해 다양한 매체를 활용하여 표상(representation)과 재표상(re-representation)을 거듭하면서 이해를 깊게 해 나간다고 믿기 때문이다. 여기서 표상활동의 목표는 표상 그 자체의 심미적 수준을 향상시키고자 하는 것이 아니라 표상을 학습과 사고를 위한 도구로 활용하여 아동이 연구하는 주제 및 현상에 대한 이해를 깊게 하도록 함이다. 이러한 교사나 성인은 유아의 생각과 느낌을 전달받을 수 있으며 이 과정이 쌓여 경이로운 수준의 의사소통, 상징기술, 창의성을 나타내게 된다.

### (2) 기록화 작업

유아의 활동에 관한 모든 것을 기록으로 남기는 과정과 그 행위의 결과 두 가지 측면을 모두 지칭한다. 기록화 작업에는 유아의 활동과정에 제시되는 코멘트, 토의내용, 그림, 조각 등의 작품, 활동장면의 사진, 현장답사 시의 비디오, 녹음 등이 포함되며 활동이 끝난 후에는 이 내용물들을 잘 조직하여 판넬화한 뒤, 교실 및 현관, 아틀리에, 대외적 순회 전시회에 진열하게 된다.

이러한 기록화 작업은 아동에게 자신의 감정 및 아이디어가 의미 있는 것이라는 인식을 주어 격려하는 효과를 주며, 아동에게 다시 이전의 경험을 제공함으로써 경험의 재발견을 통한 지식의 재구성 자료가 되기도 한다.

# 6 생태교육 프로그램

생태유아교육은 세계관, 아동관, 발달관, 교육관에 있어 생명의 세계관에 근거를 두고 있다. 생태유아교육의 연구와 실천은 1990년대 '우리 아이들의 보육을 걱정하는 모임'에서 시작되어 부산대 부설어린이집 교육 프로그램 개발 연구팀에서 교육이념과 프로그램을 구상하면서 개발되기 시작하였다. 이후 생태유아교육강좌에서 '생태유아교육'이라는 용어를 사용하면서 본격화되었다.

## 1) 교육목적 및 목표

생태교육은 생명공동체, 사람공동체, 아이행복세상을 지향하며 자연과 하나 되는 아이, 다른 사람과 더불어 사는 아이, 행복한 아이를 돌보고자 하는 데 목적을 둔다. 이에 대한 세부 목표는 튼튼한 어린이, 즐거운 어린이, 스스로 하는 어린이, 새로운 것을 생각하는 어린이, 예의 바른 어린이, 생명을 존중하는 어린이, 일을 귀하게 여기는 어린이, 우리 것을 아는 어린이, 지구를 지키는 어린이, 더불어 사는 어린이이다.

## 2) 교육개념

### (1) 삶 교육

생태유아교육은 행복한 삶을 위해 현재 해야 할 것이 무엇인지에 초점을 맞추어 실제 삶을 위한, 삶에 의한 내용을 선정한다. 이를 위해서 올바른 식습관과 우리의 전통음식문화, 세시풍속을 통하여 계절의 변화에 따른 생활의 주기성을 알고 더불어 살아가는 조상들의 삶을 배운다.

### (2) 땀 교육

직접 몸을 움직이면서 땀의 소중함을 체험하는 활동을 말한다. 이처럼 교육에서 몸을 움직이며 노동의 가치를 배우도록 하는 것은 인간의 몸과 마음과 영혼을 건강하게 하는 수행의 과정이자 배움의 과정으로 바라보기 때문이다. 생태유아교육에서 바라보는 신체는 마음과 하나이자 서로 연계를 가지는 것이다.



#### (3) 관계교육

아이들이 함께 더불어 살아가기 위해서는 관계교육이 필요한데, 사람과의 관계, 사물과의 관계, 자연과의 관계가 모두 중요하다. 바깥놀이, 노인 · 유아 상호작용 프로그램, 동 · 식물 교감 프로그램, 장애아 통합 프로그램 등으로 다양한 관계를 경험하게 해 주는 교육 내용을 지향하고 있다.

#### (4) 감각교육

생태유아교육에서는 자연과의 교감을 통해 감각을 찾아줄 필요성을 강조하며 텃밭 가꾸기, 산책, 손끝놀이 등을 통해 집중력과 정서적 안정성을 키우게 되고, 손끝 근육을 잘 통제하게 되며, 미적인 감각을 키울 수 있고, 노작의 즐거움을 경험할 수 있도록 하고자 한다.

#### (5) 앎 교육

앎 교육은 지혜교육이라고 할 수 있다. 생태유아교육에서는 인지교육, 지식교육 및 이성교육보다는 앎 교육을 중요시하는데, 예를 들면 사람들과 함께 생활하기 위해 필요한 것, 수 · 과학에 대한 기초지식, 기본생활습관과 예의범절 등이 있다.

#### (6) 감성교육

유아는 자연을 통해 감성을 기르고 감성적 예술행위를 통해 자연의 이치를 느끼게 되며 유아의 풍부한 감성이 몸으로 펼쳐질 때 행동 하나하나가 예술이 될 수 있을 것이다. 자연은 시나 문학, 무용, 음악, 미술 등의 자원이며, 예술적 영감의 근원이다.

#### (7) 영성교육

영혼의 감수성과 각성을 펼치기 위해 명상 프로그램과 더불어 다양한 프로그램이 요구되므로 몸과 마음과 영혼을 돌보는 실제를 구성해 나가고 있다.

### 3) 교육내용 및 방법

#### (1) 바깥놀이 프로그램

아이들을 교실 '밖으로' 데리고 나가려는 노력이 생태유아교육 실천의 출발점이다. '가르쳐야 한다'는 부담감을 버리고 아이들의 흥미를 자연스럽게 따라가면 된다. 바깥놀이는 특별한 날만 하는 활동이 아닌 일상생활이다. 흐린 날, 비오는 날, 추운 날도 가능하다.

#### (2) 산책 프로그램

산책은 사색, 여유, 자유, 자연스러움, 즐거움, 만남 등의 뜻이 담겨 있다. 또한 거닐다 보면 여러 가지 것들, 즉 사람, 사물, 현상을 만나게 된다. 산책은 아이들이 온갖 자연물을 직접 보고, 만지고, 듣고, 느끼고, 냄새 맡을 수 있는 체험적 교육활동이다. 마음을 비우고 오감으로 자연의 생명을 느끼고 체험하는 것이 더 중요하기 때문이다.

#### (3) 텃밭 가꾸기 프로그램

아이들이 흙냄새를 맡으며 제 손으로 텃밭을 일구고 채소를 길러 봄으로써 계절과 날씨의 변화, 식물의 생장, 수확에 대한 기쁨, 자연에 대한 사랑을 알게 되고, 자연과 함께 하는 삶을 이해하며, 노동의 신성함과 보람을 몸과 가슴으로 느끼게 한다.

#### (4) 세시풍속 프로그램

4계절과 24절기를 거치면서 오랜 조상의 삶 전반에 걸친 생활의 지혜를 온 몸으로 익히며 명절의 의미를 새기고 먹을거리, 놀 거리와 풍습을 재현해 본다.

#### (5) 먹을거리 프로그램

아이들과 채소와 생명의 먹을거리를 키워보는 경험을 할 수 있는 텃밭을 마련한다. 또 유기농산물 농장을 방문하여 자연의 먹을거리를 경험시키는 것도 좋다. 절기에 따른 음식이나 제철의 재료를 이용한 음식을 만들어보는 것도 필요하다. 또한 학부모를 대상으로 모유 먹이기 운동, 아침밥 먹이기, 과자 먹이지 않기, 외식 장소로 패스트푸드점 이용하지 않기, 반찬 가짓수를 줄이고 제철음식 이용하기 등을 내용으로 통신문을 발송할 수 있다. 학부모 수업 참여의 날에 학부모들과 함께 '메주 만들기', '고추장 담그기'도 해 볼 수 있다.

#### (6) 도시 · 농촌 교류 프로그램

농촌과 도시 아이들이 부대끼면서 서로의 문화를 이해하게 되어, 결과적으로 자연과 농촌 및 도시를 동시에 살리는 데 의의가 있다. 농사나 농악교실을 체험하고, 전통 농기구 사용법을 알게 하거나 갯벌을 체험하며, 농촌 아이들과 친구 맺기와 편지 나누기 등의 활동을 한다.

#### (7) 생태미술 프로그램

계절의 변화나 시간 흐름에 따른 자연의 변화와 폐품을 활용한 물질적인 순환을 경험할 수 있는 미술을 해야 하며 다양한 자연을 매체로 표현할 수 있도록 해야 한다.

### 4) 특징

#### (1) 생명 중심 유아교육

자연과 놀이와 아이다움을 되찾아주는 교육, 이성과 영성과 감성의 조화로운 교육, 몸과 마음과 영혼을 돌보는 교육을 통해 신명나는 아이로 키움으로써 사람과 자연이 하나 되고, 사람과 사람이 더불어 살며, 아이들이 행복하게 사는 세상을 꾸리고자 하는 소망과 노력의 산물이라고 할 수 있다. 인간 스스로에 대한 그릇된 이해에서 출발한 인간 중심의 자연 파괴적인 세계관을 극복하고 생태 중심의 이른바 총체적이고 유기적인 세계관 정립을 위해서는 아동 중심 교육에서 생명 중심 교육으로의 전환이 필요하다. 이를 통해 자라나는 유아들에게 우주 만물은 서로 영향을 주고받는 하나의 커다란 순환체계이며, 함께 살아가는 하나의 생명으로 연결되어 있는 생명공동체임을 가르치는 교육이 이루어져야 한다는 것이다.

#### (2) 공동체 중심 유아교육

생태유아교육은 사람과 사람이 더불어 살아가는 사람공동체, 개인과 가족이 함께 어우러지는 가족공동체, 사람과 사회가 함께하는 사회공동체, 사람과 자연이 함께 하는 생명공동체를 실현하는 방향으로 이루어질 필요가 있다. 우리 전통사회의 육아방식과 선조들의 삶에서 그 지혜를 배워야 한다는 것이다.

#### (3) 몸 · 마음 · 영혼의 유아교육

생태유아교육은 지 · 덕 · 체를 고루 갖춘 전인적 인간, 머리 · 가슴 · 손이 조화된 인간을 기르는 것이 바람직한 교육이다. 생태유아교육은 기존의 이성 중심 교육에서 아이들의 몸과 마음과 영혼을 함께 돌보는 유아교육으로 나아가고자 한다. 이를 통해 지 · 덕 · 체를 고루 갖춘 전인적인 아동을 키우고자 하는 것이다.

## 7 다문화교육

다문화교육은 한 나라에 국적, 인종, 종교, 언어, 사회계층 등을 달리한 집단이 존재하여 문화적 다양성을 보호하고 확장해야 한다는 점을 인식하고 존중하는 것을 기본 바탕으로 하고 있다. 다문화 사회에서 서로 다른 문화적 배경을 가진 유아들이 서로의 다른 모습, 특성, 가치를 인정하고 존중하면서 사회적 편견이나 고정관념에 대처할 수 있는 능력을 길러주는 교육이라 할 수 있다. 우리나라의 다문화 가정 자녀 중 만 6세 이하 미취학 유아는 약 11만 6,000여 명으로 향후 학령기 자녀가 지속적으로 예상되어 2017년 다문화교육지원계획을 발표하고 다문화 자녀가 우리 사회의 인재로 성장할 수 있도록 지원하고자 하였다(교육부, 2017).

### 1) 교육목적 및 목표

다문화교육의 목적 및 목표에 대하여 교육부(2007)에서는 다음과 같이 제시하였다. 첫째, 인간은 민족, 인종, 성 등에 관계없이 평등함을 안다. 둘째, 문화적 다양성과 공통성을 이해하고 존중한다. 셋째, 공동체 안에서 서로를 존중하고 협동하는 역할을 이해한다. 넷째, 겉모습이나 생활방식은 달라도 인간으로서의 마음은 같음을 안다.

### 2) 교육개념

다문화 보육 프로그램에 나타난 다문화 프로그램은 다음과 같다(한국보육진흥원, 2014).

#### (1) 문화

문화 간의 유사성과 차이점의 특징을 알고, 각 문화에 대한 이해 및 존중심을 기르며, 문화 간 긍정적인 태도를 발달시킨다.

#### (2) 협력

다양한 사람들과의 상호작용능력과 협동능력을 증대시킨다.

#### (3) 편견

선입견, 편견, 고정관념 및 차별대우에 대한 비판적인 사고를 형성하고, 이러한 문제에 직면했을 때 대처할 수 있는 능력을 키워준다.

#### (4) 정체성

긍정적인 자아개념과 자아정체감 및 집단정체성을 형성할 수 있도록 한다.

#### (5) 평등성

국가, 민족, 인종, 성, 신체적 능력, 사회계층은 모두 다르지만 인간은 모두 평등하다는 긍정적인 태도와 가치를 형성하도록 한다.

#### (6) 다양성

유사점과 차이점을 가지고 있는 다양한 개인과 집단이 존재하는 것을 알고 이러한 다양성에 존중하는 마음을 갖도록 한다.

### 3) 교육내용 및 방법

#### (1) 서로 다른 놀이

놀이의 소개와 공유, 그리고 새로운 놀이의 창출 내용이다.

#### (2) 축제는 재미있어요

여러 나라의 문화에 대한 호기심과 존중, 그리고 경험과 협력이다.

#### (3) 서로 다른 표시, 서로 같은 표시

세계 여러 나라의 다양한 시각적 자료경험을 통해 세계 여러 나라의 공통점과 차이점을 인식하고 이 과정을 통해 문화를 존중하는 내용이다.

#### (4) 우리랑 옷이 달라요

흥미로워할 수 있는 옷이라는 매체를 통해 문화의 다양성과 공통점을 인식하는 것이다.

#### (5) 서로 도와요

세계가 하나 되고 서로 도움을 주고받아야 함에 대한 인식과 경험을 제공하는 것이다.

#### (6) 표현은 달라도 마음은 같아요

나라가 다르고 문화가 달라도 의사소통하는 방법이 다소 다를 뿐 마음은 같음을 전달하는 내용이다.

#### (7) 하나가 되어요

세계 여러 나라가 하나의 스포츠를 통해 협력하고 같은 목표를 가지고 행동할 수 있음을 인식하는 내용이다.

#### (8) 우리나라 옆에도 나라가 있어요

다른 나라를 소개하는 활동이 아니라 해당 나라에 사는 사람들의 관점에서 그 문화를 경험하고 이해하도록 하는 내용이다.

### 4) 특징

#### (1) 가정, 지역사회와의 연계

① 다문화가정 영유아기 자녀들의 건강한 발달을 도모하기 위한 부모교육 및 상담을 시행하는 것이 필요하다. 이때 개인적으로 한국문화에 적응해야 하는 어려움이 있을 뿐 아니라 낯선 한국사회에서의 자녀양육이라는 어려움까지 경험하는 이주여성에 대한 이해를 하도록 해야 한다.

② 어린이집에서 다문화가족 어머니와 상담을 하게 되는 경우, 일반적인 자녀 양육 및 교육에 대한 부모교육, 한국양육문화 적응에 대한 부모안내, 자녀의 생활지도 및 문제행동지도 등과 관련된 상담으로 진행하도록 한다.

### (2) 부모교육

① 어린이집에서는 부모교육을 통해 다문화가정 어머니들에게 자녀양육이나 교육에 관한 적절한 정보를 제공해주고, 이들이 자녀양육에 대한 올바른 가치관을 형성할 수 있도록 도와주어야 한다.

② 다문화가정 부모를 대상으로 부모교육 혹은 부모안내를 하는 경우 그 차이를 인식하고 진행하도록 한다.

③ 부모안내는 부모교육보다는 덜 체계적인 것으로, 다문화가족 어머니에게 한국의 자녀양육과 관련된 정보를 제공해주는 것이다. 부모상담은 다문화가족 자녀가 보다 특수한 상황에 놓여 있거나 개별적인 상담이 필요할 때 전문 상담기관과 연계해야 할 필요가 있다.

### (3) 모임형성

① 영유아기 자녀를 둔 다문화가정 어머니들끼리 자조모임을 형성할 수 있도록 지원해주는 것도 바람직하다.

② '다문화가정 어머니와 면담 전 교사 체크리스트'를 통해 다문화가족 어머니를 대상으로 교육, 안내, 상담을 하게 될 때 사전에 미리 체크해 보면 도움이 될 수 있다.

〈표 5-2〉 다문화가족 어머니와 면담 전 교사 체크리스트

| 고려해야 할 점 | 예/아니오 |
|---|---|
| 1. 교사 자신이 다문화가족 어머니의 문화에 대한 편견을 가지고 있지 않는지의 여부를 점검한다.<br>(예 : 종교가 다른 것에 대한 편견은 없는지 등) | |
| 2. 다문화가족 어머니에게 구체적이고 실제적인 자료를 제공하는지를 점검한다.<br>(예 : 학원을 등록할 때 주의해야 하는 사항-학원비, 학원시간, 학원 버스 운행 여부 등) | |
| 3. 다문화가족 어머니가 태어난 나라의 양육문화에 대해 미리 알아둔다.<br>(예 : 러시아에서는 갓 태어난 아이도 따로 재운다) | |
| 4. 다문화가족 어머니가 양육에 대한 자신감을 높일 수 있도록 격려한다. | |
| 5. 다문화가족 자녀의 행동이 문제행동인지 아닌지에 대한 판단을 도와준다.<br>(예 : 자녀가 혼자 노는 행동이 발달적인 측면에서 보았을 때 적절한 것인지의 여부 등) | |
| 6. 다문화가족 어머니의 양육과 관련된 질문에 개방적인 태도를 갖는다. | |

## 8 장애아 통합교육

성공적인 통합이 이루어지기 위해서는 막연한 동정 차원에서 벗어나 장애인은 비장애인과 더불어 살아가는 사람이라고 인식하는 비장애인의 태도와 변화가 필요하다. 이러한 인간 존엄성의 인식은 장애인에 대한 편견이나 고정관념이 형성되지 않은 가역성이 풍부한 유아시기에 통합하여 교육하여야 한다.

### 1) 장애유아 통합교육의 정의

통합은 장애아가 가능한 정상적인 환경에서 생활하고 작업해야 한다는 철학적 신념의 부분으로 유아교육에서는 완전통합(inclusion)이며 정상화이다.

- 완전통합 : 완전통합은 장애유아와 비장애유아가 한 교실에서 처음부터 끝까지 함께 있으면서 모든 프로그램에 참여하는 것으로 정의한다.

- 정상화 : 정상화는 장애인도 비장애인과 다르지 않으며 더불어 정상적인 생활을 할 권리가 있다는 것으로 정의한다.

### (1) 장애유아 통합교육

장애유아 통합교육은 단순히 장애유아를 비장애유아들과 함께 교육함으로써 이루어지는 것이 아니다. 비장애유아들과 함께 동일한 환경에 배치하였는가 하는 문제보다는 교육 프로그램의 내용과 교수방법을 얼마나 잘 계획하고 실시하고 있는가 하는 문제를 고려해야 한다. 단순한 물리적 · 환경적 통합이 아니라 교과과정의 운영이나 교수의 질에 의해서 결정될 수 있으므로 통합교육은 프로그램 운영 및 계획 등에서 질적인 면을 고려해야 한다.

루이스와 둘락(Lewis & Doorlag, 1995)은 성공적인 통합을 위한 조건을 다음과 같이 제시하였다.

① 정보 제공을 통한 장애유아와 비장애유아에 대한 태도
② 장애유아와 비장애유아의 유사점 인식
③ 통합을 위한 비장애유아의 준비
④ 통합을 위한 부모의 준비

### (2) 통합교육의 유형

유아교육기관에서 이루어지고 있는 통합교육 프로그램의 유형은 다음과 같다.

#### ① 완전통합 프로그램

완전통합은 장애유아와 비장애유아가 모든 프로그램에 참여하는 것으로 잘 훈련된 교사와 장애의 정도가 경미한 장애유아, 그리고 비장애유아의 장애유아에 대한 이해가 선행되어야 한다.

#### ② 역 통합 프로그램

역 통합 프로그램은 장애유아교실에 같은 연령의 비장애유아를 참여시켜 통합

교육을 실시하는 것을 의미한다. 이 프로그램은 장애유아가 보다 안정된 분위기에서 비장애유아의 행동을 보고 느끼며 모방할 수 있고 상호작용할 수 있는 기회를 가진다. 역 통합에서 이루어지는 프로그램은 각 교육기관의 사정(교사와 유아의 비율, 장애유아의 장애 정도, 특수교사의 유무 등)을 고려하여 실시된다.

#### ③ 학급과 학급의 통합 프로그램

장애유아의 학급과 비장애유아 학급 간의 통합을 의미하며, 유아교육기관에서 어느 정도 적응기간이 지난 뒤에 실시하는 것이 효과적이다. 처음에는 자유놀이의 통합으로부터 시작하여 이야기 나누기, 동화 듣기, 신체활동으로 그 범위를 점차 넓혀간다.

#### ④ 소그룹활동의 통합 프로그램

장애유아가 쉽게 참여할 수 있는 프로그램으로 주로 사회성발달을 위한 프로그램으로 구성한다. 장애유아와 비장애유아의 비율을 1 : 1이나 1 : 2~3 정도로 정해 주어 활동할 수 있도록 한다.

#### ⑤ 개별적 통합 프로그램

장애유아의 장애 유형에 맞게 개별적으로 프로그램을 개발하여 적용하는 것을 의미한다.

### (3) 장애유아통합교육의 생태학적 접근

통합은 교실의 내 · 외적으로 작용하는 요소들의 역동적 사회체제에 의해 영향을 받으므로 한 영역만 다루어서는 안 된다. 통합교육 학습환경은 서비스를 제공하는 전문가(특수교사, 언어치료사 등)와 교사 간의 관계, 그리고 행정가의 정책은 장애유아와 가정의 목표들, 가족과 지역사회 구성원의 문화적 가치와 연계되어 영향을 받으므로 만일 목표가 장애유아를 위한 완전통합을 실행하고 이해하기 위한 것이라면 다차원적 연구가 필요하다.

브론펜브레너(Bronfenbrenne, 1979)는 완전 통합 실행을 위한 이론적 구조를 제시하였다. 그는 인간발달은 광범위한 생태학적 구조 내에 다른 체제의 수준은 서로 영향을 주므로 유아가 개체적인 존재라 하더라도 항상 사회문화적인 환경 내에서 생활하며 성장하고 있다는 점을 고려해야 한다고 주장하였다.

### ① 미시체계(micro system)

미시체계는 유아에게 즉각적인 영향을 주는 환경으로 가정이나 유아교육기관과 같은 1차적 환경에서 경험하는 사람, 활동, 역할 및 대인관계 등을 포함하는 기본적인 사회체제다. 앞에서 언급한 것처럼 대부분의 연구들은 완전통합 유아교육기관에서 장애유아는 통합 프로그램에서 이루어지는 교육뿐 아니라 비장애유아의 행동과 발달기술을 동일시함으로써 효과를 나타낸다고 밝혀왔다. 그러나 펙(Peck)과 그의 동료들은 교사들이 장애유아에게 시간과 주의를 기울일수록 비장애유아에게 주는 관심이 줄어드는 반면 장애유아에게는 긍정적인 효과가 있다는 것은 미시체계의 영향을 의미한다고 강조했다.

### ② 중간체계(Meso system)

중간체계는 미시체계와 미시체계 간의 결합으로 학교와 가정을 연계하여 일관성 있게 효율적으로 유아의 성장발달을 도울 수 있다. 예를 들어, 완전통합에 관한 가족구성원의 믿음과 유아교육기관의 교육과의 관계는 통합관계에 영향을 미친다(Winston, 1993). 이와 같이 장애유아가 어떻게 통합교실 내에서 비장애유아들과 관계를 가지는가는 다른 유아들과의 관계에 영향을 준다(예 : 생일 파티 초대). 그러므로 교사는 장애유아와 비장애유아가 서로 어떻게 느끼는지를 알고 함께 활동을 하도록 이끄는 것도 중간체계의 한 부분이다.

### ③ 외체계(exo system)

각 미시체계에서 일어나는 사건들에 의해 유아가 간접적으로 영향을 받는다. 외체계는 유아의 적극적인 참여를 포함하지는 않지만 영향을 주는 사건들에 의해 간접적으로 영향을 받는다. 장애유아를 위한 서비스 제공 측면에서 보면, 프로그램을 어떻게 조직화하였는가는 프로그램 실행에 영향을 줄 수 있다. 예를 들어, 워싱

턴 주에서 5년간 이루어진 통합 프로그램은 완전통합서비스를 유지했지만 구조의 조직화는 완전통합과정에서 재정비하여 실시되었다.

#### ④ 거시체계(macro system)

거시체계는 미시, 중간, 외체계를 모두 포함하며 문화적 맥락에서 각 체계들이 작용하므로 이 세 가지 사회체제 간에 이루어지는 상호작용의 형태들을 모두 포괄한다. 사회화과정에서 세대와 세대 간에 걸쳐 전수되는 지속적 개념을 토대로 하는 신념과 행동이다. 이 신념은 사회제도, 사회적 신분계층을 나타내는 사회구조에 영향을 준다. 예를 들어, 특수교육의 문화는 실제와 같은 통합의 가치들이다. 정상화를 향한 움직임은 오랜 기간 동안 조직의 지지, 특수교육법 그리고 가정과 전문가의 관계에 의해 영향을 받는다.

## 2) 장애유아의 진단 및 교수 전략

장애유아에 대한 사정 및 지원 프로그램은 다음과 같다.

### (1) AEPS(Assessment, Evaluation, and Programming System for Infants and Children)

AEPS는 0~6세 영유아를 위한 사정 · 평가시스템 방법으로 IEP의 목표 선정과 평가에 사용할 수 있도록 개발되었으며 6개 영역에서 영유아의 기능적 기술을 평가하도록 다음과 같이 고안되어 있다(Bricker & Waddell, 2002).

- 소근육운동(도달하고, 잡고 놓기, 작은 운동기술의 기능적 사용)
- 대근육운동(큰 운동영역 : 누운 자세와 엎드린 자세에서 움직임과 이동, 앉은 자세에서 균형 잡기)
- 균형 및 이동, 놀이 기술 · 적응영역(식사하기, 개인위생, 옷 벗기)
- 인지(감각자극, 대상영속성, 인과관계, 모방하기, 문제해결, 물체와의 상호작용, 기본개념)
- 의사소통(언어 전의 상호작용적 의사소통, 단어로 전환하기)
- 단어와 문장의 이해(사회-의사소통적 신호, 단어, 문장 표현하기)
- 사회성(친숙한 어른과 상호작용, 환경과의 상호작용, 또래와의 상호작용)

### (2) IEP(Individualized Educational Program)

IEP는 미국에서 사용하고 있는 특수아동에 대한 개인별 기록의 한 형태(장선철, 2002)로 장애유아의 현재 수준이 어떠하며 무엇을 목표로 하고 어떻게 그 목표에 도달하며, 목표에 도달하기까지 시간이 얼마나 소요되고, 어떻게 목표가 달성되었는지 평가할 것인가에 관하여 명확히 설명하는 체계이다(김진호외 역, 2006). 장애유아의 IEP를 계획 · 실시하는 방법은 다음과 같다.

- 장기목표와 장기목표 도달을 위한 단기목표의 구체화 등의 내용을 단계적, 계열적으로 계획한다.
- 장애유아의 교육과 관련하여 교사 2인과 부모, 그리고 비장애유아와 협력하는 다면적 접근을 한다.
- IEP를 통해 장애유아의 발달과 행동의 강 · 약점을 알고 그 특성 등을 살려 교육과정을 구성한다.
- 교사는 교육과정을 구성 · 실시하며 체계적인 교육이 이루어지도록 평가를 실시한다.

### (3) 가정연계

장애유아를 위한 통합교육 프로그램은 부모와 효율적으로 의사소통하는 것이 필요하다. 이를 위해 윌슨(Wilson, 1995)의 의사소통을 위한 5가지 원칙을 제시하면 다음과 같다.

#### ① 부모의 진술을 수용하기

부모가 말하는 내용이 의미가 있든 의미가 없든지 또는 언어적이든 비언어적이든 표현 자체를 가치 있는 것으로 받아들인다. '나는 부모님의 생각을 이해한다.'

#### ② 적극적으로 경청하기

부모의 말을 적극적으로 경청할 뿐 아니라 몸짓, 표정 등에도 민감하여 말하고자 하는 의미가 무엇인가를 정확히 파악하도록 한다.

#### ③ 효과적으로 질문하기

대화를 할 때는 좋은가, 싫은가와 같은 폐쇄형의 질문보다는 어떻게 생각하는가? 와 같이 개방형의 질문을 통해 많은 정보를 얻도록 한다.

#### ④ 격려하기

장애유아의 어려움에 대해 말하는 것도 필요하지만 개선된 점이나 강점, 그리고 장애유아를 가르치는 기쁨 등에 대해 말해 줌으로써 부모의 참여를 격려한다.

#### ⑤ 초점 맞추기

부모와의 미팅에서 잡담보다는 유아의 프로그램의 진전에 초점을 맞추어야 하므로 진행과정에 대한 관찰기록과 평가기록 등을 사전에 준비한다.

### (4) 전이계획

전이란 유아와 가족이 한 형태의 교육적 배치에서 다른 형태의 교육적 배치로 이동하는 과정이라고 정의할 수 있다(Gargiulo & Kilgo, 2000). 장애유아의 초등학교로의 성공적인 전이를 위해 유아교육기관에서 가르쳐야 할 내용은 다음과 같다.

- 언제, 어떤 상황에서 특정행동을 해야 하는지 분별할 수 있도록 학습하기
- 친구와 어울려 지내기 위한 사회적응기술 훈련하기
- 용변처리, 착 · 탈의 및 몸단장하기
- 실내화 벗고 신기
- 식사하기
- 가정과 초등학교 오가는 방법
- 낯선 사람 따라가지 않기
- 주변시설 및 기관 이용하기
- 초등학교 교실 참여하기
- 알림장 쓰기, 숙제하기, 학습 관련 학문적 기술훈련

- 운동기술훈련, 미술활동을 위한 훈련
- 선배부모면담하기

## 3) 비장애유아의 준비를 위한 프로그램

비장애유아의 장애유아에 대한 태도는 만 3~5세에 형성되며, 대부분 부정적으로 형성된다. 그러나 장애에 대한 정보 제공, 모의 장애체험, 집단토론, 퀴즈활동, 이야기 나누기, 동화 듣기, 극화활동, 구조화된 놀이 및 가정연계활동 등으로 구성된 중재 프로그램은 비장애유아의 태도에 긍정적인 변화를 준다.

### (1) 기본 원리

교사는 비장애유아에게 장애유아에 관한 정보를 제공할 때 다음과 같은 점들을 유의해서 프로그램을 구성해야 한다.

- 장애유아의 문제와 약점을 알게 하는 것보다 이들이 지니고 있는 능력과 강점을 알게 하는 것을 교수목표에 포함한다.
- 개인 간의 차이에 대한 개념을 이해시키고, 모든 사람은 나름대로의 강 · 약점을 지닌 독특한 개성을 지닌 존재임을 인식시켜야 한다.
- 비장애유아와 장애유아의 유사점을 강조한다.
- 장애유아에 대해 가지고 있는 호기심, 공포 그리고 불안과 같은 감정과 느낌, 또 잘못된 개념에 대해 이야기 나누기와 토론을 할 수 있는 기회를 제공한다.
- 장애유아에게 필요한 도움이 무엇이며, 어떻게 도와줄 수 있는지에 대해 설명해준다.
- 장애유아와 비장애유아의 적극적인 상호작용을 이끈다.

### (2) 목적 및 목표

장애유아는 비장애유아와의 관계에서 좋은 감정을 가졌을 때 사회적 참여를 위한 가능성이 증가하며, 비장애유아로부터의 긍정적인 역할 모델이 도움이 되므로 장애유아에 대한 비장애유아의 이해를 위한 통합교육 프로그램의 목적은 다음과 같다.

### ① 목적

비장애유아의 장애유아에 대한 인식과 태도를 긍정적으로 형성하여 장애유아의 잠재력을 증진시키는 데 매우 중요한 역할을 하도록 하는 데 있다. 장애유아는 인간 전체가 장애를 입는 것이 아니며 부분적으로 장애를 겪고 있거나 장애를 지닌 유아라고 볼 수 있다. 그러므로 비장애유아에 비해 부분적으로 능력이 부족한 영역이 있지만 남아 있는 보유능력이 많이 있음에도 주목하여 그가 가지고 있는 비장애유아와의 공통성이나 잠재능력을 개발하는 데 초점을 두어야 한다(김영옥 외, 2005).

### ② 목표

장애유아의 이해 및 태도개선을 위한 통합교육프로그램의 목표는 다음과 같다.

- 비장애유아가 장애유아에 대해 느끼는 여러 가지 생각이나 느낌을 중심으로 구성한다.
- 인간들은 여러 측면에서 서로 다르다는 것을 인식하고 장애유아의 장애원인, 특성, 장애로 인해 나타나는 결과들을 이해하고 수용하는 태도를 기르도록 구성한다.
- 지속적인 상호작용을 통해 장애유아의 행동적 특성에 익숙하도록 구조적이고 체계적으로 구성한다.
- 프로그램의 내용은 비장애유아와 장애유아가 모두 흥미를 가지고 관심을 보이는 내용을 선정하여 프로그램에 함께 참여함으로써 서로 이해할 수 있는 기회를 마련하도록 구성한다.
- 장애체험, 보조 장비, 장애아부모 초청수업, 책, 영화, 비디오, 슬라이드 등을 통한 정보 제공과 이야기 나누기 시간을 구성한다.

- 교실환경 변화를 통해 비장애유아와 장애유아의 능력을 최대한 발휘할 수 있는 기능을 제공하도록 구성한다.
- 적합한 행동 모델을 제시함으로써 장애유아를 존중하는 태도를 형성하도록 구성한다.

### ③ 교육내용

유아교육기관은 초 · 중등학교와 달리 장애유아와 비장애유아가 환경에 적극적으로 참여함으로써 전형적인 발달과 학습이 이루어지도록 교육내용을 구성한다. 세부내용을 제시하면 〈표 5-3〉과 같다(배화여자대학교, 2004 재인용).

〈표 5-3〉 교육내용

| 구분 | 통합교육 프로그램의 원리 |
|---|---|
| 비장애 유아의 발달적 현상 | • 장애유아에 대한 호기심을 솔직하게 표현한다.<br>• 장애유아와 접촉을 기피한다.<br>• 장애유아와의 관계에 문제를 갖는다. |
| 장애유아의 발달적 현상 | • 공포 또는 불안감을 갖는다.<br>• 놀이에서 제외된다.<br>• 투명인간 취급을 받는다.<br>• 고립된다.<br>• 과도한 분리불안을 보인다.<br>• 목표를 달성하는 데 실패를 한다. |
| 비장애유아의 태도와 이해 | • 비장애유아가 장애유아에 대해 느끼는 여러 가지 생각이나 느낌을 질문하도록 격려한다.<br>• 장애유아의 장애원인, 특성, 장애로 인해 나타나는 결과들에 관한 정보를 제공한다.<br>• 지속적인 상호작용이 이루어지도록 구조적이고 체계적인 계획을 한다.<br>• 장애체험, 보조 장비, 장애아 부모 초청수업, 책, 영화, 동영상 등을 통한 정보 제공과 토론의 시간을 갖는다.<br>• 장애유아를 놀이에 참여시키도록 격려한다.<br>• 장애를 가진 성인을 교실에 초대한다.<br>• 특별한 장애를 가진 장애우를 초대한다.<br>• 비장애유아와 장애유아의 공통점에 주목한다.<br>• 장애유아가 도울 수 있는 기회를 제공한다.<br>• 장애유아의 보조 장치를 만지기 전에 허락을 받는다.<br>• 돕기를 원한다면 항상 물어보도록 한다.<br>• 별명을 부르는 것을 금지한다.<br>• 비장애유아들의 감정이입을 발달시킨다. |

| | |
|---|---|
| 장애유아의 프로그램 참여 | • 점진적으로 프로그램에 익숙하도록 한다.<br>• 장애유아에게 지나치게 도움을 주지 않는다.<br>• 우정과 사회성발달을 위해 필요 시 교사가 개입한다.<br>• 적합한 행동 모델을 제공한다.<br>• 프로그램에 음악을 포함한다.<br>• 프로그램에 미술을 포함한다.<br>• 상호작용 계획을 수립한다.<br>• 장애유아가 잘하는 부분을 발달시킨다.<br>• 감정을 표현하도록 격려한다.<br>• 행동을 제한한다.<br>• 스크랩북을 만든다.<br>• 지속적인 훈련을 한다. |
| 교사의 인식과 태도 | • 장애유아에 대한 태도를 생각한다.<br>• 필요한 도움을 받는다.<br>• 교실환경에 쉽게 참여할 수 있도록 한다.<br>• 전인적인 유아로 바라본다.<br>• 장애상태에 대해 배운다.<br>• 일반화를 유의한다(개별화된 교육이 필요하다). |

# 유아교육과정 계획 및 운영

**제6장**

이 장에서는 유아교육과정 계획과 운영을 알아보기 위해 목표 및 목적, 목표 진술방법, 내용선정, 내용조직, 교수학습방법, 교육평가, 교육계획안 작성을 중심으로 살펴보고자 한다.

제6장

# 유아교육과정 계획 및 운영

## 1 목적 및 목표

교육과정을 설계하는 데 있어서 가장 중요한 활동은 교육목적을 설정하는 것이다. 교사는 교육목적에 도달하기 위하여 교육내용을 선정 및 조직하고 학습경험을 선택하여 교육방법 및 평가방법을 구체화한다. 그러나 일반적으로 교육활동에서 교육목적과 목표를 혼용하여 교육평가에 반영하기도 하므로 교육목적과 교육목표를 확인하는 작업부터 시작되어야 한다.

교육목적(educational purposes)은 교육이 지향하는 기본적인 방향을 제시하는 것으로 포괄적이고, 일반적인 동시에 이상적인 개념으로 교육이념에 해당된다. 그에 반면 교육목표는 구체적이고, 실제적으로 교육활동의 구체적인 방향을 제시하는 개념으로 사용된다. 그리고 교육목표는 상위개념인 일반적 목표(goals)와 하위개념인 구체적 목표(objectives)로 구분된다. 일반적 목표는 교육적으로 기대되는 목표를 달성하는 데 장기간 소요되는 성격을 지니며, 구체적 목표는 일반적 목표의 틀 속에서 구체적이고, 세부적이며, 현실적으로 측정과 관찰이 가능한 비교적 양적인 개념으로 사용된다.

이러한 교육의 목적을 일반적 목표 및 구체적 목표와의 관계를 그림으로 나타내면 [그림 6-1]과 같다.

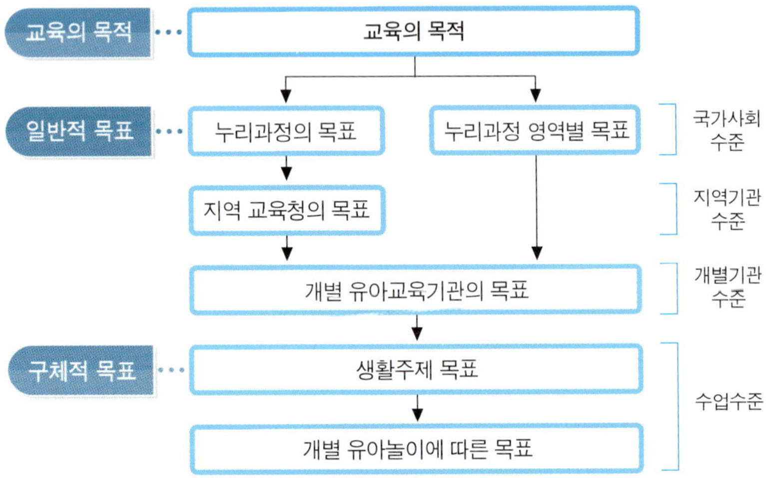


[그림 6-1] 교육의 목적과 목표와의 관계

## 1) 유아교육의 목적

교육의 목적은 교육에 대한 국가나 사회의 일반적인 요구를 담고, 교육을 통해 개발될 수 있는 인간의 다양한 특성으로 진술된다. 우리나라 교육 목적의 근본이 되는 「교육기본법」 제2조는 유치원, 초등학교, 중학교, 고등학교의 교육과정에서 추구해야할 목적을 제시한다.

〈표 6-1〉 교육기본법 제2조(교육이념)

| 교육은 홍익인간(弘益人間)의 이념 아래 모든 국민으로 하여금 인격을 도야(陶冶)하고 자주적 생활능력과 민주시민으로서 필요한 자질을 갖추게 함으로써 인간다운 삶을 영위하게 하고 민주국가의 발전과 인류공영(人類共榮)의 이상을 실현하는 데에 이바지하게 함을 목적으로 한다. |
|---|

## 2) 유아교육의 일반적 목적과 목표

교육의 일반적 목표는 교육의 목적으로부터 도출되며, 교육의 목적에 비해 조금 더 구체적이다. 유아교육의 일반적 목표에 해당하는 것으로 19개정 누리과정의 목표, 지역교육청의 목표, 누리과정 영역별 목표를 들 수 있다.

### (1) 19개정 누리과정의 목적과 목표

19개정 누리과정의 목적과 목표는 고시문에 나타난 인간상을 통해서 먼저 살펴볼 수 있다. 이이 따른 자세한 내용은 [그림 6-2]와 같다.

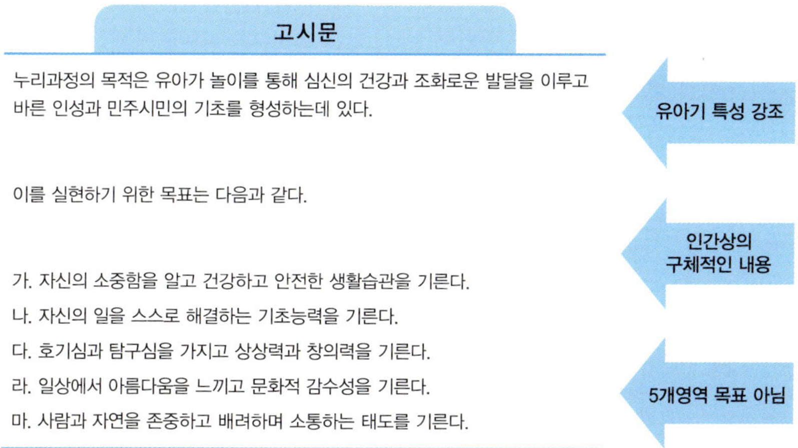


[그림 6-2] 19개정 누리과정 고시문에 제시된 유아교육의 목표

19개정 누리과정의 목표는 국가수준에서 결정하는 유아교육의 교육목표를 의미한다. 추구하는 인간상이 우리나라 모든 학교 교육과정에서 공통적으로 추구해 가야할 교육적 비전이라면 목적과 목표는 각 학교 급별에서 각 학습자의 특성을 고려하여 지향하는 교육 목적을 제시한 것이다. 19개정 누리과정의 목적은 유아가 놀이를 통해 심신의 건강과 조화로운 발달을 이루고 바른 인성과 민주 시민의 기초를 형성하는데 있다. 즉, 19개정 누리과정의 목적은 '놀이를 통해'를 강조함으로써

유아기의 고유한 특성을 반영하고자 한 것이다. 지난 누리과정에서 인간상을 넣지 못하여 5개영역의 목표가 누리과정의 목표가 되었기 때문에 마치 5개 영역의 내용을 배우는 것이 교육과정의 궁극적 목표인 것처럼 오해할 수 있었다. 그러나 19개정 누리과정에서 제시된 목표는 유아가 추구하는 인간상으로 성장하기 위해 필요한 사항을 중심으로 구성하여 제시하였다. '가'항은 건강한 사람의 구체적인 내용이다. '나'항은 자주적인 인간의 구체적인 내용이다. '다'항은 창의적인 인간의 구체적인 내용이다. '라'항은 감정이 풍부한 인간의 구체적인 내용이다. 그리고 '마'항은 더불어 사는 인간의 구체적인 내용이다. 즉, '가'항은 더 이상 신체운동□건강영역의 목표가 아님을 설명하는 것이다. 마찬가지로 '나'는 의사소통의 목표가 아니라는 것이다. 인간상과 누리과정의 목표는 5개 영역의 목표와 일대일 대응관계가 아니다. 59개의 내용이 고르게 분포되어 반영되는 것이다. 이에 따른 구체적인 내용은 [그림 6-3]과 같다.

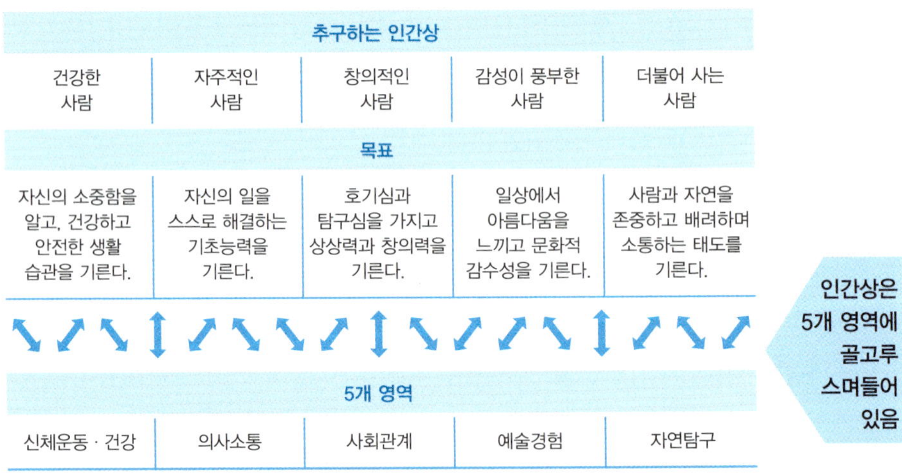


[그림 6-3] 추구하는 인간상과 목표 및 5개 영의 관계이해

### (2) 지역 교육청의 목표

각 지역 교육청은 교육의 목적이나 누리과정의 목표를 토대로 해당 지역이나 유아교육기관의 특수한 여건과 요구에 분석한 결과를 참고하여 교육 목표를 결정하게 된다. 예를 들어 ○○시 유치원아들의 기본운동능력이 타 시 · 도에 비해 뒤떨어진다는 객관적인 조사 결과가 있다면 ○○시 교육청은 기본운동능력의 신장을 주요 교육의 목표로 설정할 수 있다. 이와 같이 지역 교육청의 목표는 기관이 처한 특수한 사정에 따라서 특정한 교육 목적을 구체화 하거나 각 유아교육기관의 목표 중 일부를 선택함으로 만들어 지는데 적용범위와 적용기간의 한정, 그리고 교육 목표를 달성하기 위한 수단의 암시 등이 교육의 목적이나 누리과정의 교육목표와 구별된다.

지역 교육청의 목표는 교육에 대한 비전과 교육지표, 교육시책 및 역점 추진 과제 등 다양하게 표현된다. 이러한 지역교육청의 목표를 구체적으로 살펴보면 [그림 6-4]와 같다.

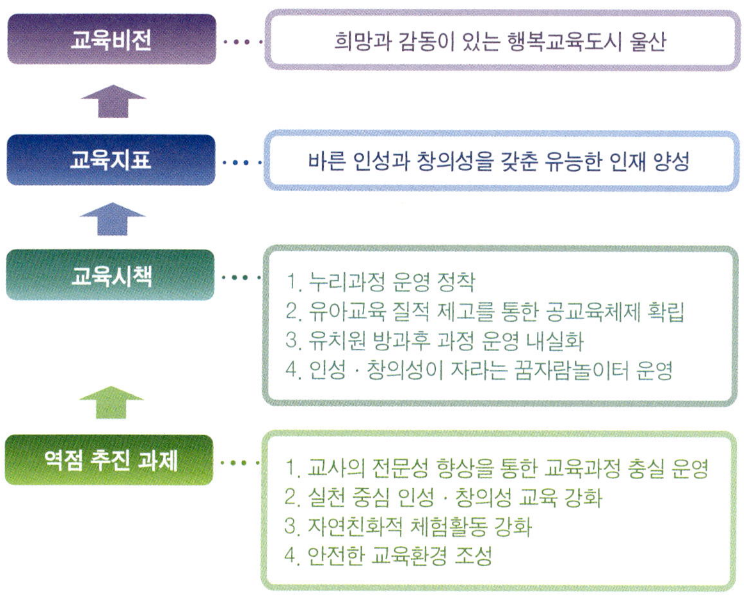


[그림 6-4] 울산광역시교육청 유아교육의 구체적 목표

### (3) 19개정 누리과정의 영역별 목표

19개정 누리과정 영역별 목표는 5개 영역의 성격에 바탕을 두고 설정된다. 각각의 지역 교육청과 개별 유아교육기관의 교육목표는 각 영역의 목표들을 달성함으로써 실현된다. 누리과정 문서에는 5개 영역별 교육목표가 일반적인 수준으로 제시되어 있으며, 각 지역교육청과 개별 유아교육기관의 문서에는 각 기관의 특수성을 감안한 누리과정 영역별 교육목표가 제시된다. 19개정 누리과정 신체 · 운동건강, 의사소통, 사회관계, 예술경험, 자연탐구 등 5개 영역의 구체적인 목표는 〈표 6-2〉, 〈표 6-3〉, 〈표 6-4〉, 〈표 6-5〉, 그리고 〈표 6-6〉와 같다.

〈표 6-2〉 신체운동 · 건강영역의 목표

| 실내외에서 신체활동을 즐기고 건강하고 안전한 생활을 한다.<br><br>1) 신체활동에 즐겁게 참여한다.<br>2) 건강한 생활습관을 기른다.<br>3) 안전한 생활습관을 기른다. |
|---|

〈표 6-3〉 의사소통영역의 목표

| 일상생활에 필요한 의사소통 능력과 상상력을 기른다.<br><br>1) 일상생활에서 듣고 말하기를 즐긴다.<br>2) 읽기와 쓰기에 관심을 가진다.<br>3) 책이나 이야기를 통해 상상하기를 즐긴다. |
|---|

〈표 6-4〉 사회관계영역의 목표

| 자신을 존중하고 더불어 생활하는 태도를 가진다.<br><br>1) 자신을 이해하고 존중한다.<br>2) 다른 사람과 사이좋게 지낸다.<br>3) 우리가 사는 사회와 다양한 문화에 관심을 가진다. |
|---|

〈표 6-5〉 예술경험영역의 목표

| 아름다움과 예술에 관심을 가지고 창의적 표현을 즐긴다.<br><br>1) 자연과 생활 및 예술에서 아름다움을 느낀다.<br>2) 예술을 통해 창의적으로 표현하는 과정을 즐긴다.<br>3) 다양한 예술 표현을 존중한다. |
|---|

〈표 6-6〉 자연탐구영역의 목표

| 탐구하는 과정을 즐기고 자연과 더불어 살아가는 태도를 가진다.<br><br>1) 일상에서 호기심을 가지고 탐구하는 과정을 즐긴다.<br>2) 생활 속의 문제를 수학적, 과학적으로 탐구한다.<br>3) 생명과 자연을 존중한다. |
|---|

### (4) 개별 유아교육기관의 목표

개별 유아교육기관은 목표를 설정하기 위하여 전년도 유아교육기관 운영 평가와 학부모 및 지역사회 및 지역 교육청의 요구조건을 반영하여 원훈, 경영관, 그리고 비전 등을 계획한다. 이에 따라 누리과정의 영역별 목표를 반영하여 각 기관의 교육 목표를 설정하게 된다. 이러한 개별 유아교육기관의 목표는 [그림 6-5]에서 살펴볼 수 있다.

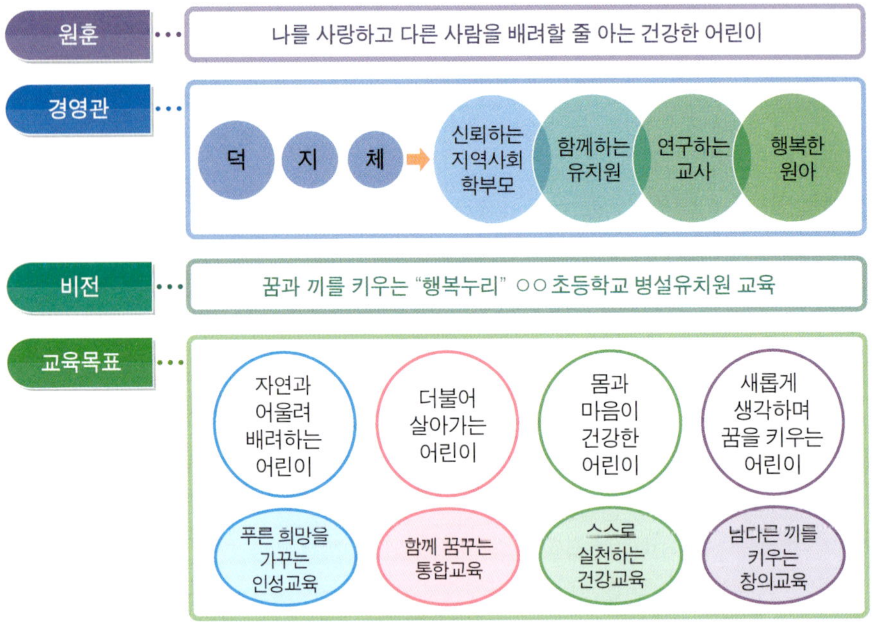


[그림 6-5] 울산시 ○○초등학교 병설유치원 교육목표의 예

### 3) 유아교육의 구체적 목표

구체적 교육목표는 비교적 단기간의 수업을 통하여 유아들이 알아야 하는 것들을 상세하게 진술한 것으로서 이를 위하여 활동내용이나 활동방법 등을 구체적으로 제시하는 역할을 한다. 유아교육에서 구체적인 목표는 누리과정 5개 영역을 바탕으로 유아의 흥미 · 요구 · 경험 및 지역사회 환경을 반영하여 생활주제를 기반으로 살펴볼 수 있다. 생활주제의 목표는 주간계획안의 목표를 설정하는 기초가 되고, 일일교육계획 및 단위활동계획 목표에 의하여 실현된다. 그러나 일반적으로 유아교육기관에서 생활주제의 목표를 구체적으로 제시하지 않고 각각의 생활주제의 의미로 제시하여 그 주제에 대한 설명으로 대체하기도 한다. 이러한 유아교육에서 생활주제의 의미, 주간활동 주제, 일일활동 주제, 단위활동 주제와 관련된 구체적 목표에 대한 서술은 [그림 6-6]에서 살펴볼 수 있다.

| 생활주제 | 유치원과 친구/ 어린이집과 친구 |
|---|---|
| 생활주제 의미 | 만 5세반에는 만 3~4세반에서 이미 유치원 생활을 경험하고 진급한 유아와 당해연도에 유치원에 처음으로 입학한 유아가 함께 있다. 그러나 유치원 경험 유 · 무와 관계없이 모든 만 5세 유아들에게는 '학기 초 적응'이라는 과제가 있다. 새로운 반과 교실에서 새로운 선생님, 친구들과 더불어 성공적으로 인간관계를 맺고 잘 적응하는 것은 매우 중요하다. 또한 만 5세반에서는 유치원에 대해 좀 더 익숙한 재원생들이 신입생들의 적응을 돕는 배려 문화와 또래 교수에 관련된 경험이 필요하다. 친구 간에 서로 도움을 주고받으면서 만 5세반이라는 새로운 환경에 성공적으로 적응해 본 경험이 있는 유아들은 일 년 후 보다 용이하게 초등학교에 적응할 수 있을 것이다. 생활주제 '유치원과 친구'는 유아들이 유치원의 물리적 · 인적 환경을 탐색하면서 친구들과 긍정적인 관계를 형성하고, 행복한 유치원 생활을 하도록 돕기 위해 주제로 선정되었다. 생활주제 '유치원과 친구'의 궁극적 목표는 유아들이 새롭게 만난 물리적 환경과 인적 환경의 변화를 인식하여, 앞으로 만나게 될 다양한 변화를 받아들이고 새로운 삶의 공간 속에서 잘 적응할 수 있도록 돕는 것이다. 유아들은 이 생활주제와 관련된 다양한 경험을 통하여 '유치원'이라는 환경과 유치원에서의 하루 일과에 대한 전반적인 이해를 도모하고, 나아가 자기주도적인 학습을 경험하게 될 것이며, 새로운 친구와 선생님을 비롯한 유치원에서 만나게 되는 어른들과 사귀고 긍정적인 관계를 유지하는 데 필요한 다양한 가치와 전략들을 경험하면서 '사람과 관계 그리고 소통의 중요성'을 인식하게 될 것이다. 또한 유아들은 친구들과 협력하여 주도적으로 유치원 생활에 참여하면서 소속감과 공동체 의식을 느끼게 될 뿐 아니라, 유치원이라는 작은 사회의 구성원으로서 자신이 할 수 있는 일을 알고 실천하며 성장할 수 있을 것이다. |

| | 1주 | 2주 | 3주 | 4주 |
|---|---|---|---|---|
| 주간활동 주제 | 유치원의 환경 | 유치원에서의 하루 | 유치원에서 만난 친구 | 함께 만드는 유치원 |
| 목표 | • 반 이름과 활동영역 이름이 가진 의미를 알고 사용한다.<br>• 우리 반에 필요한 약속을 함께 정해 본다.<br>• 유치원에서 함께 지내는 어른들에 대해 알고 감사한 마음을 가진다. | • 유치원의 일과를 알고 즐겁게 생활한다.<br>• 자유선택활동을 계획하고 활동 결과를 스스로 평가해 본다.<br>• 놀이의 약속과 규칙을 알고 지킨다. | • 친구에게 관심을 갖고 친구의 의미를 생각해 본다.<br>• 좋은 친구가 되기 위해 노력하며 사이좋게 지낸다. | • 우리 유치원을 상징하는 것들과 역사에 대해 알고 자긍심을 가진다.<br>• 모두가 행복할 수 있는 유치원의 조건에 대해 생각해 본다.<br>• 미래의 유치원을 창의적으로 설계해 본다. |

| 일일활동 소주제 | 친구 간의 예의 지키기 |
|---|---|
| 목표 | • 친구의 생각과 느낌을 고려하여 말해야 함을 안다.<br>• 친구 사이에도 지켜야 하는 예의가 있음을 안다.<br>• 친구와 갈등 상황이 있음을 알고 긍정적으로 해결해 본다. |

| 단위활동 주제 | 친구가 하는 말 |
|---|---|
| 목표 | • 말이 가진 힘에 대해 생각해 본다.<br>• 친구의 생각과 느낌을 고려하여 말해야 함을 안다.<br>• 친구 사이에도 지켜야 하는 예의가 있음을 안다. |

[그림 6-6] 누리과정 '5세 유치원과 친구' 구체적인 목표

출처 : 교육과학기술부 a(2012).

## 2 목표 진술방법

교육내용의 범위를 한정 짓고 그 속에 포함되는 주요 항목들을 지시하는 힘을 가지고 있는 교육목표는 구체성을 가져야 한다. 이러한 구체성을 지닌 교육목표는 유아교육의 교육내용 및 활동의 선정과 조직 방식, 그리고 교육평가에 대한 기본적인 방향을 제공한다. 그러므로 교육목표의 설정과 진술은 교육과정 계획의 실제적인 출발점이 된다고 말할 수 있다. 교육목표 진술은 행동적 목표 진술과 표현적 목표 방식으로 나누어 살펴볼 수 있다.

### 1) 행동적 목표 진술방법

행동적 목표 진술 방식은 타일러(Tyler, 1949)에 의해 먼저 시작되었다. 타일러는 교육목표를 내용과 행동의 형식으로 진술하기 위해 교육의 구체적 목표를 찾고 진술하는 도구인 이원 분류표를 [그림 6-7]과 같이 만들었다. 이는 교육 목표를 진술하는 데 내용과 행동이라는 이차원적 구조를 지니는 것으로 학습자인 유아를 중심으로 활동경험을 선정하고 조직하거나 평가계획을 세우는 데 도움이 되도록 목표를 제시하는 것이다(박도순, 홍후조, 2006). 예를 들면, '유아들은 영양의 중요성을 이해할 수 있다.'라는 교육목표는 '유아들은'이라는 학습자와 '영양'이라는 내용과 '중요성 이해'라는 행동으로 구성하는 것이다. 이러한 타일러의 이원 분류표를 활용한 목표 진술방법은 교육의 구체적 목표를 찾고 진술하는 부분에 있어서는 유용한 도구가 되지만, 교육목표를 지나치게 내용과 행동으로 일반적으로 진술하고 극도로 세분화하였기에 장기적인 교육적 효과에는 도움이 되지 못한다는 의견이 있다(김대현, 2011).

| 행동 / 내용 | 1 중요한 사실 및 원리의 이해 | 2 믿을 만한 정보에 대한 지식 | 3 자료의 해석력 | 4 원리의 적용력 | 5 학습연구와 결과보고의 기능 | 6 넓고 성숙된 흥미 | 7 사회적 태도 |
|---|---|---|---|---|---|---|---|
| A. 인체의 기능 | | | | | | | |
| 영양 | × | × | × | × | × | × | × |
| 소화 | × | | × | × | × | × | |
| 순환 | × | | × | × | × | × | |
| 호흡 | × | | × | × | × | × | |
| 생식 | × | × | × | × | × | × | × |

유아들은 영양의 중요성을 이해할 수 있다.

학습자 (생략 가능) / 내용 / 행동

**[그림 6-7] 타일러의 교육목표의 이원분류표에 따른 행동적 목표 진술**

출처 : 이종승(1987). Tyler의 교육과정과 수업의 기본원리. 서울: 교육과학사.

메이거(Mager, 1962)는 행동적 목표 진술을 상세하게 진술해야 함을 주장하며, 타일러보다 행동적 목표 진술을 보다 조작주의적인 방법을 극대화시키는 특징이 있다. 그는 행동적 목표 진술은 학습자인 유아가 교육활동을 통해 달성하고자 하는 행동적 특성인 도달점 행동(terminal behavior)과 그 도달점 행동이 일어나는 활동 상황에 대한 조건(condition), 그리고 그 도달점 행동이 어느 정도 잘 했는지를 밝혀 놓은 준거(criteria)가 명시되어야 함을 주장하였다(유광찬, 2008). 이에 따른 자세한 내용은 〈표 6-7〉의 예시와 같다.

〈표 6-7〉 메이거의 행동적 목표 진술

| ① 쌓기 놀이영역에서 지켜야 할 규칙을 | 2가지 이상 | 말할 수 있다. |
|---|---|---|
| 조건 | 준거 | 도달점 행동 |
| ② 올챙이가 개구리가 되기까지의 과정을 | 순서대로 | 나열할 수 있다. |
| 조건 | 준거 | 도달점 행동 |

행동적 목표 진술은 〈표 6-7〉과 같이 교사와 유아 모두가 교육의 도달점에서 유아들에게 기대되는 행동에 대한 분명한 청사진을 갖게 한다. 이것은 교육의 방향과 안정성을 제공하는 데 도움을 줄 수 있으며 특정 교사가 교수 목적을 특이하게 해석하거나 애매하게 지각하지 않고 정확한 내용을 제시하는 데 도움이 된다. 그러나 모든 교육의 내용을 행동적 목표로 진술하는 것에는 어려움이 있고 유아를 대상으로 하는 교육은 학습의 결과보다는 과정을 중시하기 때문에 유아교육에서 행동적 목표 진술은 필요한 경우에 사용하는 것이 좋다.

## 2) 표현적 목표 진술방법

표현적 목표 진술은 유아들이 하는 활동의 결과를 도달점 행동에 초점을 두기보다 유아들이 경험하는 모든 활동과정에 초점을 둔 진술 방식이다. 유아들은 동일한 상황에서 서로 다른 경험을 갖게 되고, 주관적인 관점을 갖기 때문에 그들의 인식과 반응, 표현 방식 등이 다르게 나타난다. 이에 대해 아이즈너(Eisner, 1985)는 유아들의 개별성을 존중하고 다양한 표현 방식을 인정하는 표현적 목표 진술을 제시하였다. 표현적 목표 진술은 유아가 활동을 하는 환경을 의미하는 상황(situation)과 그 환경에서 의미를 어디에 두는가를 밝히는 문제(problem), 그리고 유아들이 의미를 둔 활동에 표현하는 방법인 과제(task)로 구성되어 있다.

〈표 6-8〉 아이즈너의 표현적 목표 진술

| | | |
|---|---|---|
| ① 다양한 곤충들을 살펴보며 | 그 움직임을 생각하여 | 음악에 맞춰 몸으로 표현할 수 있다. |
| 상황 | 문제 | 과제 |
| ② 나무를 표현한 다양한 작품을 감상하고 | 그 작품의 선과 형태에 대해 | 생각과 느낌을 말로 표현할 수 있다. |
| 상황 | 문제 | 과제 |

표현적 목표 진술은 다양한 활동 상황에서 모든 유아들의 주관적인 관점이 존중되고, 각 유아들의 활동과제의 결과가 다르게 나타날 수 있기 때문에 활동결과의 성취 여부를 평가할 수 없다(박영신 외 5인, 2015). 따라서 표현적 목표 진술은 유아들의 잠재능력 개발에 초점을 둘 때 사용하는 목표 진술방법이라고 할 수 있다.

## 3 내용선정

### 1) 유아교육내용의 선정기준

유아 교사가 수업을 준비할 때 가장 큰 관심을 갖는 것은 유아교육의 내용이다. 1980년대에 학교교육에 대한 비판이 높아지고 교육개혁에 대한 논쟁이 일어남에 따라 NAEYC에서 유아교육내용 선정기준에 대한 지침을 제시하였다. 이 지침서의 초점은 유아교육의 내용은 유아들이 기본 기술을 획득하고 유아와 관련이 있는 의미 있는 학습을 경험하며, 유아는 환경과 상호작용하고 교사와 협력적 교수학습을 통해 활동을 하며, 주제와 관련된 내용의 폭넓은 학습을 경험할 수 있도록 하고, 그리고 교과 간에 통합적 학습을 할 수 있는 내용으로 나타나 있다(이기숙, 2006). 이러한 교육내용을 유아교사들이 쉽게 사용할 수 있도록 NAEYC에서는 20개의 질문으로 구성했고, 자세한 내용은 [그림 6-8]과 같다.

### 기본 기술 및 지식획득

- 교육과정의 내용이 상호작용적인 학습을 이끌어나가며 유아의 지식의 구성을 격려하는가?
- 교육과정의 내용이 사회적, 정서적, 신체적, 인지적 목표를 달성하도록 돕는가?
- 지식이나 기술을 습득해 나가는 동안 학습에 대해서 유아에게 긍정적인 느낌을 갖게 하며 학습을 하고자 하게 만드는가?

### 의미 있는 학습경험

- 그 교육과정의 내용이 유아들에게 의미가 있는가?
- 유아에 대한 기대가 현실적인가? 또는 유아가 성장한 후에 배우는 것이 더욱 쉽고 효율적인가?
- 교육과정의 내용이 유아와 교사에게 흥미로운가?
- 교육과정의 내용이 유아의 개인차나 그 개인의 가족의 다양성에 반응할 수 있는가?
- 유아가 현재 지니고 있는 지식이나 능력을 확립하고 발전시킬 기회를 주는가?
- 유아에게 의미 있는 상황 속에서 활동을 구성하도록 해줌으로써 개념의 이해를 도와주고 있는가?

### 협력적이고 통합적 교수학습

- 전통적인 교과영역과 충분히 통합되어 있는가?
- 관련 분야의 기준에 따라 지식이 정확하고 신빙성 있게 제시되는가?
- 그 내용 요소가 알만한 가치가 있는 것인가?
- 활동적인 학습을 촉진하며 유아에게 의미 있는 선택을 하도록 허락하는가?
- 유아가 과업을 완수하는 데 정답에만 중점을 두기보다는 유아의 탐구와 탐색을 촉진하는가?
- 사고하고 추론하고 문제해결을 수행하고 의사결정을 하는 능력을 격려하는가?
- 유아와 성인 혹은 또래 간의 사회적 상호작용을 장려하고 격려하는가?
- 활동성, 감각적인 자극, 맑은 공기, 휴식, 영양, 배설에 대한 유아의 생리적 욕구를 존중하는가?
- 유아의 심리적 안정감, 안전, 소속감 등을 장려하는가?
- 성공의 느낌, 학습의 즐거움을 장려하는 경험을 제공하는가?
- 교사와 유아에게 융통성을 허용하는가?

[그림 6-8] NAEYC에서 제시한 유아교육 내용에 대한 구체적 질문

또한 유아교육내용의 선정기준에 대해 방인옥과 연구자들(2012)은 유아의 발달적 특성과, 흥미와 요구조건이 부합될 수 있도록 하는 학습자의 특성, 논리 · 수학적 지식, 물리적 지식, 사회적 지식을 대표하는 지식적 차원 그리고 유아의 가정환경이나 지역사회환경, 사회적 상황 및 문화적 전통과 관습적인 사회 문화적인 맥락을 고려하여 교육내용을 선정해야 한다고 했다.

## 2) 유아교육내용의 선정 유형



유아를 가르친다는 것은 유아가 무엇을 할 수 있는 것에 초점을 두는 것이 아니라 우리 사회에서 유아에게 기대하는 것이 무엇인가에 의해서 결정될 수 있다. 바이버(Biber, 1984)는 "유아가 무엇이 되어야 하고, 될 수 있다는 가치 정립에서부터 시작되어야 한다"고 주장하면서 유아교육의 내용은 발달단계에 적합한 기술습득이나 초등준비교육 이상의 것으로 선정되어야 한다고 보았다(이기숙, 2006).

바이버의 주장을 기초로 유아들에게 가르쳐야 하는 내용은 학자들마다 서로 다른 관점과 가치를 주장했기 때문에 매우 다양하다. 게젤(Gesell, 1880~1961)과 홀(Hall, 1884~1924)은 성숙주의 관점으로 유아교육의 내용을 유아 개인의 힘이 잘 작용할 수 있도록 지원하는 역할에 대해 강조했고, 스키너(Skinner, 1904~1990)는 행동주의이론을 바탕으로 유아들의 행동에 따라 적절한 자극을 제공하여 발달 지점까지 도달하여 행동을 변화시키는 것을 교육내용으로 주장했다. 피아제(Piaget, 1896~1880)와 비고츠키(Vygotsky, 1896~1934)는 인지발달이론의 관점으로 유아의 현재 발달상태를 파악하고 이에 따라 유아가 흥미를 가지고 상호작용에 몰입할 수 있도록 물리적 · 사회적 환경을 제공할 수 있는 교육내용을 선정해야 한다고 하였다. 따라서 여러 학자들이 보는 학습의 가치는 그들의 관점에 따라 다르게 나타나며 교육의 내용 또한 다양한 관점으로 전개된다고 할 수 있다.

여러 학자들의 주장을 바탕으로 슈비르츠와 로빈슨(1982)은 『유아교육과정을 위한 교육과정 설계(Designing curriculum for early childhood)』에서 유아교육의 내용을 현대 유아교육의 관점에서 지식의 6가지 유형으로 구분하여 설명하였다. 지식의 6가지 유형은 서로 배타적인 것이 아니며, 한 가지에만 근거해서 교육내용이 구성되지 않고 서로 상호 보완적인 역할을 하거나 몇 가지가 함께 묶여서 교육내용을 만들어 가기도 한다.

### (1) 사실 축적

영유아는 주변 세계를 탐구하면서 다양한 감각을 통해 '사실'에 대해 발견해 간다. 즉, 영유아들이 경험하고 관찰할 세부적인 사실들인 색깔, 모양, 소리, 맛, 온도, 크기, 무게, 질감 등 다양한 물리적 속성부터 사물의 다양한 종류와 명칭, 역사적인 사건이나 뉴스에서 접하는 사실 등을 중요한 교육내용으로 바라본다.

영유아들에게 사실 축적으로 교육내용을 바라볼 경우 다양한 사실들은 영아일수록 지식을 구성해가는 상호작용의 중심이 되지만 유아들에게는 기본적인 사실 수집이 없다면 교육내용을 구성할 수가 없는 문제점이 발생한다. 또한 유아는 자기중심적인 사고에 의해 본인에게 중요하다고 생각하는 사실들만 축적하는 경향이 나타나 교사가 의도성을 벗어나 설명식 수업으로만 이루어질 수도 있다. 그러므로 유아교육에서 사실 축적이 필요한 교육내용이라면 사실에 대해 미리 유아들에게 제시하지 않고 사실에 대한 것을 서로의 다양한 관점으로 살펴보고 일반적으로 통용되는 사실에 대해 접근해 나아갈 수도 있다. 예를 들어, 여러 가지 모양에 대해 사실축적해야 하는 교육내용이라면 어린 영아들에게 모양만 제시하는 것이 아니라 그 모양과 관련된 사물을 제시하여 그 모양에 대한 사실을 축적할 수 있고, 유아들에게는 사고의 관점을 확장하여 이 모양이 사용되고 있는 주변의 다양한 물건들을 찾아보는 방법으로 사실을 축적하며 교육내용을 선정할 수 있다. 이에 따른 자세한 내용은 〈표 6-9〉와 같다.

〈표 6-9〉 영유아를 위한 사실 축적 교육내용

| 사실 축적 | 영아들을 위한 교육내용 | 유아들을 위한 교육내용 |
| --- | --- | --- |
| 동그라미<br>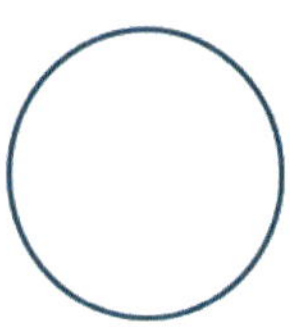 | 동글 동글 동그란 ○○<br> | 주변에 동그라미 모양 찾기<br>동그라미 모양으로 만들 수 있는 것<br>   |

### (2) 기술 축적

기술 축적은 반복적인 경험과 연습에 의해 익숙해지는 것으로 유아들에게 기본생활습관, 사회적 기술, 학습 기술과 같은 개인생활과 집단생활을 위해 필요한 기술이다. 즉, 교사들은 유아의 기본생활습관 형성을 돕기 위해 스스로 정리 · 정돈하기, 양치질하기, 신발 신고 벗기, 손 씻기 등의 일상생활 기술이 익숙해 지도록 교육내용을 선정하여 지도한다. 또한 친구와 상호작용하기, 사이좋게 지내기, 협력하기 등의 사회적 기술과 읽기, 쓰기, 셈하기, 만들기, 그리기 등의 학습 기술을 바탕으로 교육내용을 선정한다(박찬옥 외, 2016). 예를 들어, 영유아에게 쓰기를 지도할 때 친숙한 것부터 시작을 해서 관심을 가지도록 하는 것이 좋다. 0~1세는 끼적이기에 관심을 가지는 단계로 커다란 종이에 무독성 크레용을 이용하여 끼적여 보는 활동을 하고, 2세는 자기이름에 관심을 가질 수 있도록 여러 모양에 자신의 이름이라고 끼적이면 교사는 그 아래에 영아의 이름을 적어주는 활동으로 자신의 이름이 쓰인다는 것을 알아 관심을 갖도록 할 수 있다. 또한 3세는 자신의 이름을 조금 더 익숙하게 만들기 위해 자신의 이름을 꾸며보는 활동을 하고, 4세는 자신의 이름과 친구들의 이름을 비교하면서 같은 단어를 찾아보는 활동을 하며, 5세는 우리반 이름표를 활용하여 오늘 온 친구들의 이름을 써보거나 요리활동에 참여한 친구들의 이름을 써보는 활동을 할 수 있다. 이에 따른 자세한 내용은 〈표 6-10〉과 같다. 이러한 기술 축적을 위해 교사들은 유아들에게 교육내용을 일방적으로 지시하기보다는 유아가 자발적으로 놀이하는 과정 중에 자연스럽게 습득되도록 해야 한다.

〈표 6-10〉 영유아를 위한 기술 축적 교육내용

| 구분 | 0~1세 | 2세 | 3세 | 4세 | 5세 |
|---|---|---|---|---|---|
| 표준보육과정 및 누리과정 관련 요소 | 끼적이기에 관심을 가진다. | 자기이름 끼적이기에 관심을 가진다. | 자기 이름의 글자에 관심을 가진다. | 자기 이름을 써 본다. | 자신의 이름과 주변의 친숙한 글자를 써본다. |
| 기술 축적 | 커다란 종이에 무독성 크레용을 이용하여 끼적여 보기 | 모양에 이름 끼적이면 교사는 그림 아래에 영아의 이름 적어 주기 | 자기이름 꾸미기 | 자기 이름 친구들의 이름에도 있는가 찾아보기 | 오늘 출석한 친구들 이름 쓰기, 요리에 참여하고 싶은 사람 이름 쓰기 |
| 활동 예시 |  |  |  | 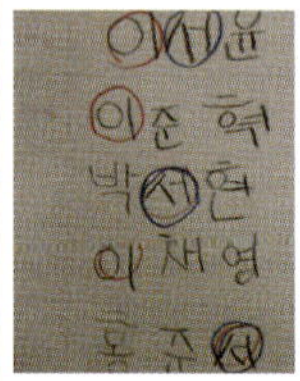 |  |

사진출처 : 표준보육과정(2013), 누리과정(2012).

### (3) 교과영역

교과영역은 교육의 목적을 전달하기 위해 지식과 학문을 체계화하고 요목화하여 구분해 놓은 교육영역이다(임부연, 최남정, 양혜련, 2016). 이러한 교과영역은 초·중등학교 교육과정에서 교과로 교육내용을 제시하고 있다. 유아교육에서 교과영역은 각 교과의 내용을 분리시켜 지도하는 것이 아니라 유아의 생활경험이나 놀이와 통합하여 통합적인 교육내용을 반영한다. 예를 들어, '봄'이라는 주제에서 2015 개정 초등교육과정(2017. 3. 1 시행)을 운영하고 있는 초등학교 1학년에서는 봄이라는 통합교과의 주제가 국어와 수학교과에까지 영향을 미치지 않지만, 누리과정에서는 봄에 관련해서 신체운동·건강, 의사소통, 사회관계, 예술경험, 자연탐구영역에 따른 교육내용이 통합적으로 반영되는 것을 살펴볼 수 있다. 즉, 누리과정은 '봄'이라는 주제에 대해 분절된 5개 교과영역으로 나누어 살펴볼 수 있지만 초등교육과정과 달리 하나의 주제가 상호 연관성을 가지고 교육내용을 반영한다. 이에 따른 자세한 내용은 〈표 6-11〉과 같다.

〈표 6-11〉 교과영역에 따른 초등교육과정과 누리과정의 교육내용 비교

| 2015 개정교육과정 초등학교 1학년 교육내용 | 누리과정 교육내용 |
|---|---|
| 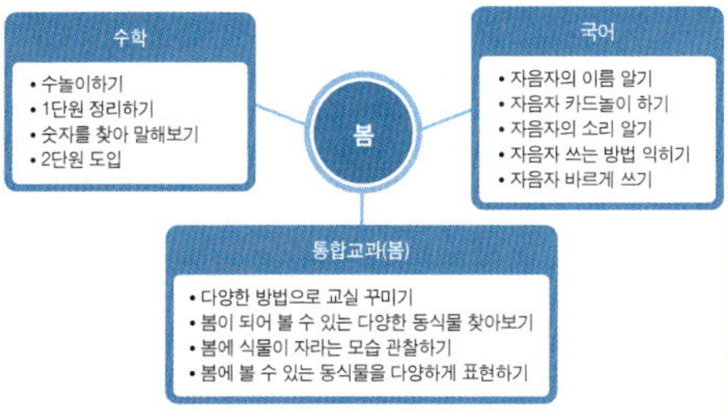 | 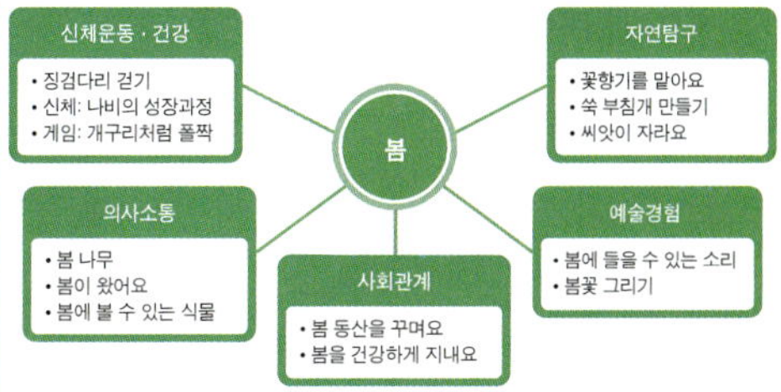 |
| 출처 : 서울은로초등학교 1학년 2017년 4월 10일~4월 14일 계획안. | 출처 : 5세 누리과정 교사용 지도서 ⑪ 봄 · 여름 · 가을 · 겨울 재구성 . |





### (4) 주제 중심

주제 중심은 유아교육내용에서 교과의 내용을 영유아에게 의미 있는 경험으로 통합하는 것을 의미한다. 즉, 영유아의 일상생활에서 쉽게 접하는 경험, 지역사회의 환경, 국경일이나 흥미로운 일들을 대상으로 교육내용을 주제로 구성하여 유아들에게 다양한 영역에서 개념학습이 이루어지도록 통합하는 것을 말한다. 이때 주제는 사회적 기술, 가치, 지식과 탐구과정 및 창의력 등을 포함할 수 있어야 하며 단순한 지식 축적에서 벗어나 영유아들에게 다양한 경험을 제공하는 것으로 선정하는 것이 좋다. 예를 들어, '우리나라' 생활주제에서 유아들이 우리나라의 과거, 현재, 미래의 모습이 각각 단절된 것이 아니라 서로 연관되어 발전하는 것임을 경험하고 스스로가 자발적이고 능동적인 역사의 주체자임을 느끼며 자신의 역할을 인식할 수 있도록 '우리나라 사람들의 생활', '우리나라의 놀이와 예술', ' 우리나라의 역사', '우리나라의 자랑거리' 등의 주제로 교육내용을 나누었다. 이에 따른 자세한 내용은 [그림 6-9]와 같다.

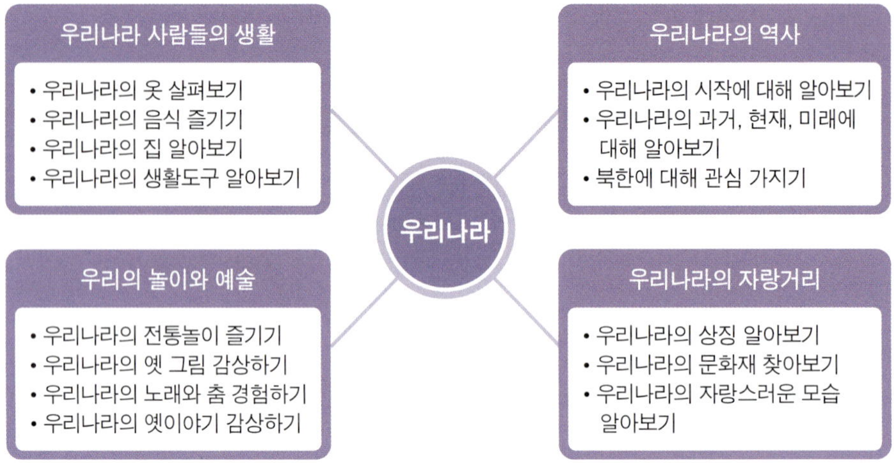


[그림 6-9] 주제 중심에 따른 교육내용

출처 : 교육과학기술부 d(2012). 5세 누리과정 교사용지도서 ⑧ 우리나라. 서울: 교육과학기술부.

### (5) 구조적 학문

유아교육이라는 학문에서 지식을 가장 고차원적인 구조화된 형태로 교사들이 보다 명확하고 근거 있게 교육내용을 조직하도록 하는 데 영유아들이 일상생활에서 가지는 다양한 물음에 대한 해답이 기초가 된다. "왜?"라는 물음에 대한 대답을 중심으로 유아교육에서는 생활주제에서 주요 개념의 기초를 마련하고, 그 개념을 유아의 발달수준에 맞게 구조화하여 교육내용을 선정하고 조직한다. 구조화되어 선정된 유아교육의 내용을 통해 유아들은 지식을 보다 체계적으로 하위개념에서 상위개념의 의미로 점차적으로 구성해 갈 수 있다. 예를 들어, 생활주제 '동물'에서 '우리반 친구들이 좋아하는 동물'을 알아보았을 때 단순 분류를 통해 수를 비교하는 그래프로 만들어보는 활동과 함께 상위개념으로 지식을 유목화할 수 있다. 유목화된 지식은 내가 좋아하는 동물들에 대한 핵심 개념을 도출하면서 지식을 구조화시키게 된다. 이에 따른 자세한 내용은 [그림 6-10]과 같다. 이러한 과정은 전조작기에 유아들에게 다소 어려워 개념의 탐구와 이해보다는 단편적인 개념을 암기하는 결과가 나타날 수 있다. 그러므로 전조작기 유아들이 구체적 조작기로 사고를 확장시키는 데에 도움이 될 수 있도록 교사들은 적절한 교수-학습방법을 활용해야 한다.

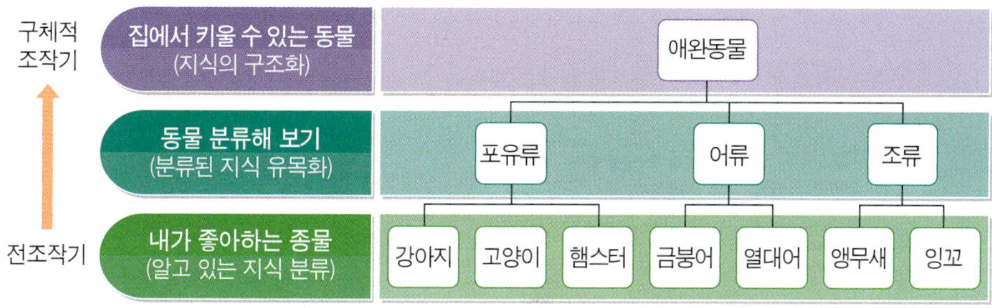


[그림 6-10] 교육내용의 개념을 구조화하는 과정

### (6) 통합적 접근

통합적 접근은 교육내용을 학문과 교과로 단절하지 않는 의미를 지닌다. 유아교육에서 통합적 접근은 앞서 살펴본 사실 축적, 기술 축적, 교과영역, 주제 중심, 구조적 학문의 내용을 총체적으로 통합하는 것이다. 국가수준 영유아교육과정인 표준보육과정과 누리과정의 교육내용은 서로 연계성을 갖고 생활주제 중심으로 사실 축적과 기술 축적, 교과영역, 구조적 학문의 내용이 통합적으로 이루어지고 있음을 알 수 있다.

예를 들어, '우리나라'라는 생활주제를 운영할 때 생활주제를 중심으로 주제와 소주제에 따라 유아들에게 의미 있는 학습경험을 위한 주요 내용이 제시된다. 소주제 안에 내포되어 있는 주요 내용은 학습개념을 의미한다. 이러한 학습개념에 따라 다양한 활동을 통합적으로 경험해 가는 과정을 통해 유아들은 지식을 스스로 구성해 갈 수 있다. 통합적 접근에 따른 교육내용은 〈표 6-12〉와 같다.

〈표 6-12〉 통합적 접근에 따른 교육내용

| 주제 | 소주제 | 주요내용 | 활동명 | 활동 유형 | 누리과정 관련 영역 |
|---|---|---|---|---|---|
| 우리 나라 사람 들의 생활 | 우리나라의 옷 살펴보기 | • 우리나라 전통 의복에 대하여 알아본다.<br>• 우리나라 전통의복과 관련된 생활문화를 경험한다.<br>• 우리나라 전통 의복에 맞고 예절 바르게 행동한다. | 여러 가지 우리 옷 | 이야기 나누기 | 사회관계, 의사소통 |
| | | | 한복을 바르게 입어요 | 이야기 나누기 | 사회관계, 의사소통 |
| | | | 족두리와 사모 | 미술 | 예술경험, 사회관계 |
| | | | 고운 빛깔 우리 옷 | 과학 | 자연탐구, 예술경험 |
| | | | 평절과 큰절을 해요 | 이야기 나누기 | 사회관계, 의사소통 |
| | 우리나라의 음식 즐기기 | • 우리나라 전통음식을 알아본다.<br>• 우리나라 전통음식을 만들거나 먹으며 경험해 본다.<br>• 우리나라 전통음식을 즐긴다. | 밥상 차리기 | 수 · 조작 | 자연탐구, 사회관계 |
| | | | 백설기를 만들어요 | 요리 | 자연탐구, 사회관계 |
| | | | 김치 김서방 전래동요 | 음악 | 사회관계, 예술경험 |
| | | | 맛있는 쌀강정 | 요리 | 자연탐구, 사회관계 |
| | | | 생채소와 장아찌 관찰 | 과학 | 자연탐구, 사회관계 |
| | | | 차 마시는 예절 | 이야기 나누기 | 신체운동 · 건강, 자연탐구 |
| | 우리나라의 집 알아보기 | • 우리나라 전통가옥에 대하여 알아본다.<br>• 우리나라 전통가옥 생활을 경험한다.<br>• 우리나라 전통가옥의 가치를 느낀다. | 우리나라 집 한옥 | 동화 | 의사소통, 사회관계 |
| | | | 어처구니 만들기 | 미술 | 자연탐구, 예술경험 |
| | | | 우리나라 집 사전 만들기 | 언어 | 의사소통, 예술경험 |
| | 우리나라의 생활도구 알아보기 | • 우리나라 전통생활 도구에 대하여 알아본다.<br>• 우리나라 전통생활 도구를 경험해 본다.<br>• 우리나라 전통생활 도구의 우수성을 느낀다. | 신기한 옛날 물건 | 게임 | 의사소통, 신체운동 · 건강 |
| | | | 아씨와 반짇고리 친구들 | 동극 | 사회관계, 예술경험 |
| | | | 한지 그릇 만들기 | 미술 | 사회관계, 예술경험 |

출처 : 교육과학기술부 d(2012). 5세 누리과정 교사용 지도서 ⑧ 우리나라. 서울: 교육과학기술부.

#### (7) 놀이중심 통합적 접근

놀이중심 통합적 접근은 유아가 중심이 되어 놀이가 살아나는 유아 · 놀이 중심 교육과정이다. 즉, 유아 · 놀이 중심 교육과정은 유아아 놀이를 중심에 놓고 유아를 최우선으로 존중하는 교육과정이다. 놀이는 유아의 일상에 자연스럽게 나타난다. 유아는 놀이를 통해 세상과 관계를 맺고 세상에 대한 궁금증을 해결한다. 자연과 날씨, 친근한 사물과 세상을 만나면서 몸을 움직이며 알아 가고, 다른 사람의 말을 듣고 이해하고 소통하며, 새로운 사물과 만나서 얻은 특별한 느낌과 감수성을 바탕으로 다양하게 배울 수 있게 된다. 이렇게 유아는 놀이하면서 배운다. 따라서 놀이를 단순히 교육과정 내용을 잘 가르치기 위한 전략 또는 방법이라고 보기는 어렵다. 다시 말해 놀이를 학습의 도구나 교사가 계획한 활동의 수단으로 국한해서는 안 된다. 유아교육의 근본정신은 유아가 놀이를 통해 배움을 경험할 수 있도록 지원하는 것이기 때문이다. 놀이는 유아의 배움이 일어나는 가장 중요한 원천으로, 유아는 놀이를 통해 개정 누리과정 5개 영역의 내용을 경험한다. 또한 개정 누리과정에서는 놀이가 그 이상의 자연스러운 배움까지 이끌 수 있다고 본다. 놀이를 통한 배움에 주목하는 것은 배움을 개정 누리과정 5개 영역 내용으로만 국한하는 것이 아니라, 다양한 배움을 인정하고 폭넓게 이해하는 것을 의미한다.

경험이란 유아가 생활하며 직접 겪는 모든 일을 말한다. 유아의 경험은 넓고 풍부한 의미를 가지며, 개정 누리과정 5개 영역의 내용을 포함하여 유의미한 내용을 담고 있다는 점에서 배움이라고 할 수 있다. 개정 누리과정 5개 영역의 내용은 놀이에서 통합적으로 나타난다. 유아의 놀이에는 개정 누리과정 5개 영역의 내용이 포함되며, 그 내용을 넘어서는 자연스러운 배움도 존재한다. 따라서 유아의 놀이 경험에서 개정 누리과정 5개 영역의 내용을 연계하여 봄으로써 놀이를 통한 유아의 배움을 이해할 수 있다. 또한 개정 누리과정 5개 영역을 넘어서는 놀이에서의 자연스러운 배움을 발견하는 것도 가능하다. 개정 누리과정 5개 영역의 내용은 놀이에서 통합적이고 순환적으로 나타난다. 이를 통해 유아 놀이가 배움으로서 지니는 의미와 가치를 알 수 있다. 이러한 경험을 통해 놀이를 중심으로 접근하는 교육내용은 다음과 같다.

## "나 잘하죠?"

바깥 놀이터에서 4세 반과 5세 반 유아들이 함께 놀이하고 있다. 유아들은 모래를 파 커다란 구덩이를 만들었다. 4세 은제는 모래 구덩이를 뛰어넘다가 모래 구덩이 속에 빠진다.

**은제** (모래 구덩이를 바라보며) 아, 이거 어려운데….

은제는 한쪽 다리를 크게 들어올려 모래 구덩이에서 위로 올라온다.

그러다 옆에서 소꿉놀이를 하던 수하의 얼굴에 모래가 튄다.

**은제** (수하의 표정을 살피며) 수하야, 미안해.

4세 수하는 얼굴을 찡그리더니 말없이 얼굴에 묻은 모래를 털어 낸다.

옆에 있던 5세 지원이가 말한다.

**지원** 음…. 나는 이거 할 수 있을 것 같은데…. 하얏!

지원이는 모래 구덩이를 가볍게 뛰어넘는다. 지원이는 모래 구덩이의 가장 긴 거리를 뛰어넘고, 반대편에서 또 다시 뛰어넘기를 반복한다. 지원이는 모래 구덩이 뛰어넘기를 성공할 때마다 웃는다.

지원이를 지켜보던 은제가 모래 구덩이 뛰어넘기를 다시 시도한다. 은제는 모래 구덩이 가장자리 끝을 뛰어넘었지만, 두발로 서서 착지하지 못하고 넘어졌고, 두 손으로 바닥을 짚고 곧바로 일어난다. 그리고 손바닥과 무릎에 묻은 모래를 툭툭 털어낸다.

지원이와 은제의 모습을 보고 있던 4세 수하가 소꿉놀이를 멈추고 벌떡 일어난다. 그리고 금세 모래 구덩이를 풀쩍 뛰어넘는다. 그리고 활짝 웃으며 말한다.

**수하** "나 잘하죠?"

출처 : 2019 개정누리과정 해설서, p70

### ① 신체운동 · 건강

- 신체활동 즐기기: 신체를 인식하고 움직인다. 유아는 모래 구덩이에서 올라올 때 다리를 넓게 벌려야 한다는것을 앎. 유아는 넘어졌을 때 손바닥과 무릎에 묻은 모래를 툭툭 털어 냄. 신체 움직임을 조절한다. 모래 구덩이를 뛰어넘을 때 자신의 팔과 다리, 허리 등의 움직임을 조절함. 기초적인 이동운동, 제자리 운동, 도구를 이용한 운동을 한다. 유아들은 한 곳에서 다른 곳으로 점프

하며 몸이 움직이는 방향과 공간에 대해 느끼며, 힘과 빠르기를 다르게 하여 몸을 이동함. 실내외 신체활동에 자발적으로 참여한다. 유아들은 스스로 모래 구덩이를 뛰어넘으며 신체활동에 즐겁게 참여함.

- 안전하게 생활하기: 일상에서 안전하게 놀이하고 생활한다. 유아들은 모래 구덩이의 크기와 너비를 살펴보고, 자신이 잘 뛰어넘는 방법에 대해 생각하며 놀이함. 모래가 튀어서 친구의 얼굴에 묻거나 눈에 들어가면 위험할 수 있다는 것을 알고 행동을 조심함.

### ② 의사소통

- 듣기와 말하기: 말이나 이야기를 관심 있게 듣는다. 유아는 소꿉놀이를 하면서 친구들을 관심 있게 지켜봄. 자신의 경험, 느낌, 생각을 말한다. 유아는 교사에게 자신의 경험과 느낌, 생각을 말함.

### ③ 사회관계

- 나를 알고 존중하기: 나를 알고 소중히 여긴다. 유아는 모래 구덩이 뛰어넘기를 성공하며 성취감과 만족감을 느낌. 유아는 모래 구덩이를 훌쩍 뛰어넘을 수 있는 자신의 능력을 알고, "나 잘하죠?"라고 말하며 자신을 가치 있는 존재로 느낌.
- 더불어 생활하기: 서로 다른 감정, 생각, 행동을 존중한다. 유아는 활짝 웃으며 모래 구덩이를 훌쩍 뛰어넘은 기쁨을 표현함. 이와 달리 실패한 유아는 성공한 유아가 부럽고 한편으로 속상하지만 모래 구덩이 뛰어넘기를 다시 도전함. 유아는 친구의 얼굴에 모래가 튀었을 때, 친구의 찡그린 얼굴 표정을 보고 친구의 감정을 알아차렸고, 미안한 마음을 적절한 말로 상황에 맞게 표현함. 유아는 말없이 얼굴에 묻은 모래를 털어 내면서 친구의 실수를 이해해 줌.

### ④ 자연탐구

- 생활 속에서 탐구하기: 일상에서 길이, 무게 등의 속성을 비교한다. 유아들은 자신이 뛰어넘을 수 있는 모래구덩이의 너비를 비교한 뒤 자신이 잘 뛰어넘을 수 있는 거리를 선택함.

# 4 내용조직

교육내용을 선정한 후에는 그 내용을 언제, 어디서, 어떠한 방법으로 전개하는 것이 효과적인지 체계적으로 조직하는 방법에 대해 생각해야 한다. 교육 내용을 조직할 때에는 수평적 조직과 수직적 조직으로 나누어 고찰할 수 있다. 수평적 조직은 일일활동 진행 시 교육내용들을 유아들의 발달수준에 맞게 수업시간을 적절하게 안배하는 것을 의미하고, 수직적 조직은 각각의 일일교육을 주간계획안 주제에 맞추어 시간의 연속성을 토대로 교육내용을 심화 · 확장시키는 의미로 배치하는 것을 말한다. 수평적 조직을 만들 때에는 스코프의 원리와 통합성의 원리를 고려해야 하고, 수직적 조직을 구성할 때는 계열성의 원리와 수직적 연계성의 원리를 고려해야 한다.

## 1) 스코프의 원리

스코프(scope)는 유아들이 배워야 할 교육내용과 범위를 결정하는 것이다. 유아들이 배워야 할 교육내용은 연령, 생활주제 및 주제에 따라 달라지고, 그 범위는 표준보육과정 및 누리과정 관련 요소에 따라 결정된다(김대현, 2011). 스코프로 교육내용을 조직할 때에는 유아에게 가장 가깝고 구체적이며 직접적인 경험에서부터 점차적으로 유아에게 간접적이고 추상적인 방법으로 진행한다. 예를 들어, 학기 초에는 유아들에게 가장 가깝고 구체적인 '나'라는 주제를 교육내용으로 선정하고, 점차적으로 '가족, 우리 동네, 우리나라, 세계 여러 나라'의 순서로 조직한다. 또한 주제에 따라서 연령과 발달수준이 낮을수록 교육내용과 범위는 좁아지고, 연령이나 발달수준이 높을수록 그 내용과 범위는 넓어지게 된다.

그러나 유아로부터 공간적으로 멀리 떨어져 있는 '세계 여러 나라'라는 주제에 대해 개인적 환경 차이에 의해서 호기심을 갖게 된다면 스코프로 교육내용을 조직하는 것에 대한 한계성을 가진다(박찬옥 외, 2016).

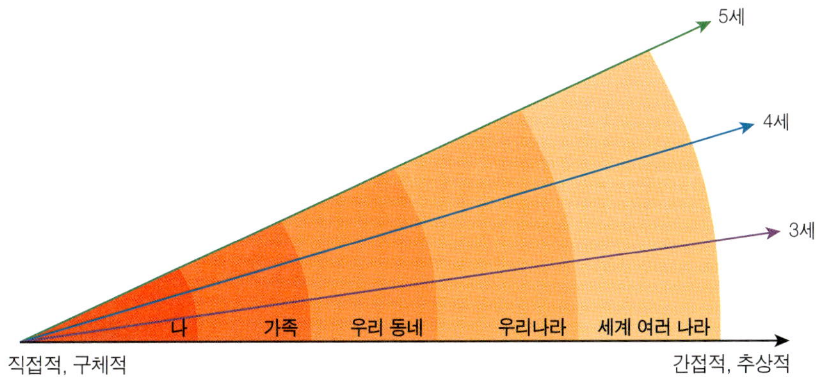


[그림 6-11] 유아교육의 내용과 범위의 수평적 조직

## 2) 계열성의 원리

계열성(sequence)은 교육내용을 배우는 순서를 의미하는 것으로 유아들이 어떤 내용을 먼저 배우고 어떤 내용을 뒤에 배우는 가를 결정하는 것이다. 여기서 배워야 할 내용의 순서는 유아교육기관의 급별, 연령, 학기, 월, 주, 일일별로 결정된다. 즉, 유아교육기관에서 어떤 내용을 먼저 배우고, 어떤 내용을 나중에 배우는가? 생활주제를 한 학기, 1년간 또는 3~5세까지 배운다면 어떠한 생활주제나 주제를 어떤 시기에 배울 것인가를 결정하는 문제와 관련된 것이다. 계열성에서 교육내용은 선행하는 경험보다 내용의 폭이 넓어지고 깊이가 깊어지도록 구성하는 것으로 브루너의 교과 논리에 기반을 둔 나선형 교육과정으로 이해할 수 있다. 나선형 교육과정은 달팽이의 집이 위로 올라갈수록 점점 커지고 넓어지듯이 영유아교육과정에서 연령이 높아질수록 서로 다른 내용을 제시하는 것이 아니라 유사한 생활주제에 비슷한 교육내용을 조직하는 것이다. 이때 제시되는 생활 주제에 따른 비슷한 내용은 연령과 발달수준, 탐구방식, 표현방법에 따라 적합성을 고려하여 제시하여야 한다.

예를 들면, '봄'이라는 생활주제에서 '봄 풍경 즐기기'라는 주제에 '봄이 왔어요'라는 소주제로 활동을 진행한다면 2세는 '봄 햇살 느끼기'라는 실외활동을 통해 겨울과 다른 봄은 따뜻한 날씨라는 것을 몸으로 체험하는 활동으로 진행할 수 있고,

3세는 '봄이 오는 소리'라는 동화를 듣고 봄이 왔다는 것을 유아들과 함께 생각해 볼 수 있다. 4세는 동화와 함께 '봄이 왔대요'라는 새노래 지도를 통해 자연들이 봄이 왔다는 것을 소리로 표현할 수 있다는 것에 관심을 가질 수 있도록 지도할 수 있다. 그리고 5세는 '봄이 왔대요'라는 새노래 지도를 통해 가사에서 알려주는 내용이 아닌 유아들이 직접 봄이 왔다는 소리를 생각해 보고 개사를 해보는 활동으로 사고력을 확장시킬 수 있다. 또한 유 · 초 연계교육으로 초등학교 1학년에서는 봄의 소리에 대해 의성어, 의태어로 구분해서 지도하기도 한다. 이와 같이 계열성의 교육내용은 교육과정의 기본 구조를 다루되 시간의 흐름에 따라 점점 폭넓고 깊이 있게 조직해 가는 것이다. 즉, 나선형으로 교육과정을 조직한다는 것은 연령이 높아짐에 따라 교육내용의 단순 반복을 넘어서 점차적으로 내용이 심화, 확장되어 가는 것을 의미한다.

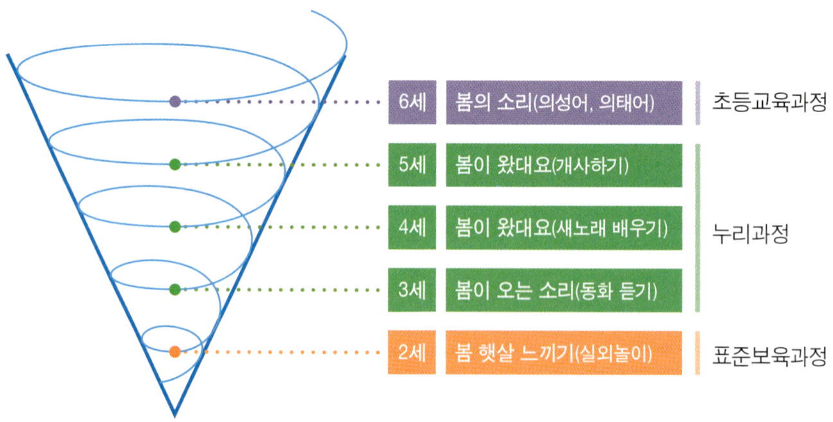


[그림 6-12] 계열성에 따른 나선형 교육과정 조직

그러나 태너와 태너(Tanner & Tanner, 2006)는 브루너의 나선형 교육과정은 출발점을 교과 구조에 두고 있어 학습자를 전문분야의 학자로 간주함으로써 학습자의 심리를 무시하고 교과들과의 상호 관련성을 경시한 문제점을 지적했고, 김대현(2006)은 나선형 방식의 교육과정 구성은 교육내용을 반복적으로 제시하여 학습량을 증가시킨다는 점을 비판하기도 했다.

이러한 비판점에도 불구하고 영유아교육과정에는 나선형 조직으로 교육과정을 운영하고 있다. 왜냐하면 교육대상이 영유아이기 때문에 교육내용을 단순하고 쉬운 것에서 어렵고 복잡한 것으로 구성하여 영유아들에게 성취감을 보여줄 수 있고, 영유아들이 이미 알고 있는 교육내용에서 모르는 새로운 내용으로 조직하여 앎에 대한 호기심을 제시할 수 있기 때문이다. 또한 교육내용을 사실이라는 단순한 개념에서 지식을 구조화시키면서 영유아들은 지식에 대한 상위 개념을 형성할 수 있는 환경을 제공하고, 구체적인 개념에서부터 추상적인 개념을 형성하도록 일상적인 주변의 호기심과 관련된 내용에서 점점 멀어진 범위의 환경으로 교육내용을 조직할 수 있기 때문에 영유아들에게 사고의 폭을 넓힐 수 있는 기회를 제공하기 때문이다.

### 3) 수직적 연계성의 원리

수직적 연계성(vertical articulation)은 이전에 배운 내용과 앞으로 배울 내용의 관계에 초점을 둔 것으로 특정한 학습의 종결점이 다음 학습의 출발점과 잘 맞물리도록 교육내용을 조직하는 것이다. 예를 들어, 3~5세 누리과정은 국가수준 교육과정의 형태를 지향하는 것으로 초등학교 교육과정과의 지속성을 강화하고 보다 포괄적인 관점에서 하위 연령대인 0~2세 표준보육과정과의 연계를 고려하여 내용이 체계화되어 있다. 즉, 누리과정은 3~5세 유아들에게 양질의 교육, 보육경험을 공통적으로 제공하고, 특히 5세 연령의 내용은 초등학교 저학년 교육과정과 체계적으로 연계 되는 것을 매우 중요하게 생각하였으며, 3세 연령의 내용은 아래 단계인 0~2세 표준보육과정과 연계를 고려하였다. 이러한 과정으로 0~2세 표준보육과정, 3~5세 연령별 누리과정, 초등학교 1학년 교육과정 등은 각각의 교육과정 간에 내용의 연계성을 갖도록 체계화하였다. 예를 들어, 누리과정의 '나와 가족'이라는 생활 주제는 표준보육과정에서는 '나는 가족이 있어요'라는 생활주제와 초등학교 1학년 교육과정에서는 '학교, 가족, 마을'이라는 대주제와 함께 서로 수직적으로 연계되어 있음을 살펴볼 수 있다. 이러한 주제는 연령이 증가함에 따라 심화 확장된 교육내용으로 조직된다는 것을 직접적으로 보여 주는 것이다.

또한 0~2세 표준보육과정과 3~5세 누리과정, 초등학교 1학년 교육과정은 각각 교육과정 내에서 교육내용도 수직적 연계성이 유지되도록 조직한다. 예를 들어, 누리과정의 생활주제가 '나와 가족'일 경우 각각의 주제(나의 몸과 마음 – 소중한 나 – 소중한 가족 – 가족의 생활과 문화)에서도 서로 연계성을 가지며, 각 주제에 따른 소주제에서도 연계성을 바탕으로 교육내용이 조직됨을 살펴볼 수 있다. 이와 같이 0~2세 표준보육과정 및 초등학교 1학년 교육과정도 각 교육과정 내에서 서로 연계성을 갖고 교육내용이 서로 긴밀하게 연결되어 있음을 알 수 있다. 이러한 수직적 연계성은 유아들이 배울 내용을 이전 생활주제나 또는 같은 생활주제 앞에서 제시된 내용과 관련 지으며 교육과정이 조직된다는 것을 의미하므로 교사들은 각 주제에 민감성을 갖고 교육내용을 실행해야 할 것이다.

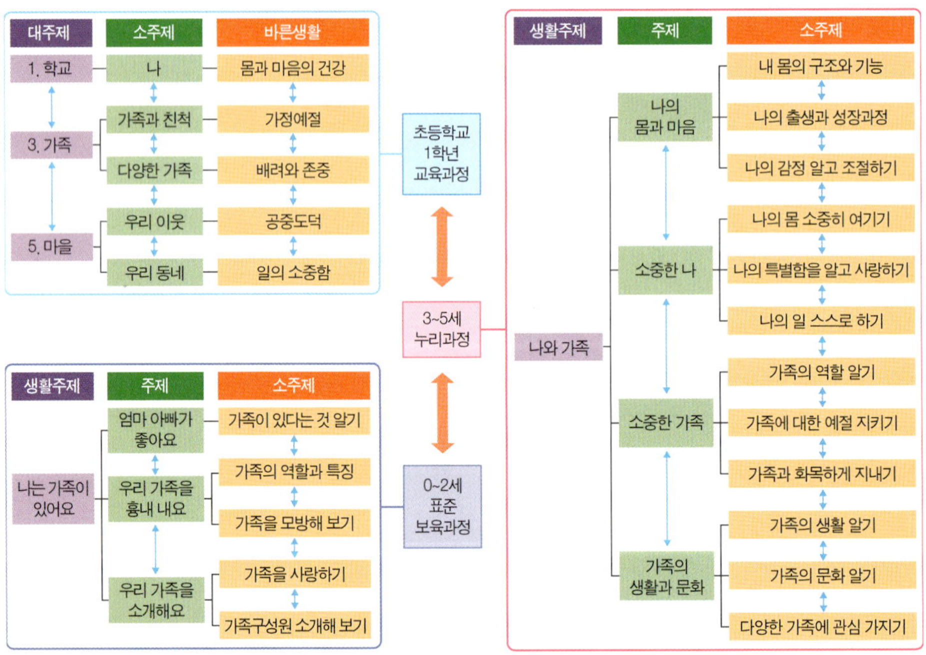


[그림 6-13] 각 교육과정 간, 교육과정 내 수직적 연계성

### 4) 통합성의 원리

통합성(integration)은 교육내용들의 관련성을 바탕으로 교육내용을 하나의 주제로 묶는 것을 말한다. 또한 수업의 효과를 높이기 위하여 관련 있는 교육내용을 동시에 혹은 비슷한 시간대에 배열하는 것을 의미한다. 교육내용을 통합하는 이유는 연령의 구분과 5개 영역의 구분된 것을 통합적으로 내용을 조직하여 영유아들의 신체, 정서, 언어, 인지 그리고 사회성 등이 고르게 발달하도록 돕기 위해서이다. 이는 영유아의 발달은 서로 영향을 미치며 통합적으로 발달하기 때문에 교육내용은 통합적으로 조직되어야 함을 의미한다. 예를 들어, '안전교육'이라는 주제는 '건강과 안전'으로 생활주제를 따로 운영을 하기도 하지만 대부분 각 생활주제에서 '안전'은 연관을 지어서 통합적으로 운영을 한다. 안전교육뿐만 아니라 인성교육, 창의성교육, 기본생활습관교육 그리고 녹색성장교육도 교육내용들의 상호연계성을 바탕으로 통합적으로 운영된다.

〈표 6-13〉 통합성의 원리에 따른 교육내용 조직

| 안전 관련 주제 | 타 생활주제 | 연계활동 |
|---|---|---|
| 안전한 놀이와 생활 | 유치원과 친구 | • 유치원에서 안전하게 놀이를 하려면<br>• 유치원에서의 안전 캠페인 |
| | 나와 가족 | • 응급 전화번호부 만들기<br>• 다정한 손길<br>• 늑대와 일곱 마리 아기양<br>• 꼭꼭이 미아 예방송<br>• 바른 미디어 사용<br>• 나를 지켜요 |
| | 우리 동네 | • 소화기 만들기<br>• 교통안전마을 만들기<br>• 소방관 놀이<br>• 응급환자를 옮겨라 |
| | 동 · 식물과 자연 | 동물원 갈 때 안전규칙 |
| | 생활도구 | • 인터넷 사용 습관 빙고게임<br>• 안전 알림판<br>• 소화기 만들기<br>• 바른 미디어 사용 |

| | 교통기관 | • 교통안전마을 만들기<br>• 자전거 면허 시험장<br>• 교통경찰관 놀이 |
|---|---|---|
| | 환경과 생활 | 대피를 하려면 |
| | 봄 · 여름 · 가을 · 겨울 | • 여름철 물놀이 안전<br>• 겨울철 안전하게 지내려면 |

출처 : 교육과학기술부 c(2012). 5세 누리과정 교사용 지도서 ⑤ 건강과 안전. 서울: 교육과학기술부. 재구성.

# 5 교수학습방법

## 1) 원리

영유아교육에서 강조하는 교수학습의 원리를 정리하면 다음과 같다(방인옥, 박찬옥, 이기현, 김은희, 2013).

### (1) 놀이 중심의 원리

영유아에게 놀이는 생활 그 자체이며 동시에 발달과 학습을 의미한다. 영유아는 놀이를 통해 즐거움과 기쁨을 누리며 놀이의 경험과 탐색을 통해 지식, 기술, 태도가 발달하게 된다.

놀이의 사전적 의미는 즐거움을 얻기 위해 자발적으로 행하는 모든 활동이므로 놀이 중심의 교육은 영유아가 즐거워서 택하고 전개해 나가도록 해야 하며 이것이 무교육, 무계획의 교육을 의미하는 것이 아니라 영유아의 관심과 생각의 여러 가능성을 계획하며 이루어지도록 해야 한다.

영유아에게 필요한 모든 경험은 놀이의 형태로 제공되어야 하며 교사는 자발적으로 놀이에 참여하도록 격려하고 환경을 구성하며 상호작용하는 역할을 해야 한다.

### (2) 개별화의 원리

각 영유아는 각기 다른 발달수준, 사전경험, 흥미수준, 이해수준을 가지고 있다. 타고난 성향을 거스르는 교육은 인간의 획일화를 조장해 큰 갈등과 고통만 안겨주며 아무런 효과를 기대할 수 없다. 각 영유아가 가지고 있는 다른 개별적 특성은 학습과정에 참여하는 정도나 속도 등의 차이로 이어질 수 있으므로 영유아의 개인적 특성에 따라 교수학습방법을 다르게 적용할 필요가 있다. 따라서 관찰을 통한 영유아 개인의 정확한 이해에 기초해 활동을 다양한 수준과 형태로 제공해 영유아가 자신의 흥미와 수준에 맞는 활동에 참여할 수 있도록 해야 한다.

비고츠키는 각 영유아가 학습 상황에서 도움을 받아야 할 영역을 근접발달지역이라는 용어를 사용해 설명했다. 근접발달지역은 영유아에 따라 혹은 같은 영유아라 할지라도 학습영역에 따라 다양하다. 그러므로 교사는 영유아의 능력, 발달수준을 명확히 파악하여 호기심을 가지고 도전할 수 있도록 돕는 것이 필요하다.

### (3) 탐구학습의 원리

현대교육의 심리학적 기초가 되는 구성주의에서는 학습자를 주변환경과의 적극적 상호작용을 통해 스스로 지식을 구성하는 능동적 지식 구성자로 본다. 영유아는 주변환경에 대한 호기심을 가지고 있으며 이를 해결하기 위해 적극적으로 탐색하고 탐구하는 과정을 통해 인지적 발달이 이루어진다. 따라서 영유아의 호기심을 자극할 수 있는 물리적 환경을 구성해 자발적인 관찰과 실험을 격려하고 스스로 문제를 해결하는 다양한 과정을 경험하게 하는 교수-학습이 이루어지는 것이 필요하다.

### (4) 생활 중심의 원리

영유아의 실제 생활과 멀거나 경험해 보지 못한 활동은 영유아의 흥미를 떨어뜨리고 이해를 어렵게 하지만 실제 생활과 가깝고 경험해 본 활동은 의미 있게 전달될 수 있다. 따라서 일상생활 속에서 다양한 사건과 여기서 발생하는 영유아의 흥미와 관심, 질문 등이 교육활동으로 이어지는 것이 좋다.

### (5) 통합의 원리

통합은 발달영역 간 통합, 교육과정의 생활영역 간 통합, 교육활동 간 통합, 영유아교육기관과 지역사회의 통합을 의미하며 이런 통합을 통해 학습경험이 영유아에게 내적으로 통합되도록 하는 것을 말한다. 이를 위해 영유아의 관심과 흥미에 따라 선정된 주제를 중심으로 여러 생활영역의 활동이 다양한 형태로 제공되어 영유아의 전인적 발달로 이어지게 해야 한다. 영유아의 일과를 구성할 때 다양한 영역의 다양한 활동이 주제를 중심으로 의미 있게 준비되어야 하는 것도 이를 위해서이다.

### (6) 자발적 활동의 원리

영유아가 내적 동기유발을 통해 자발적으로 활동을 할 때 놀이에 더 몰입하며 의미 있는 놀이가 이루어질 수 있다. 영유아의 자발적 활동은 과거 경험과 관련 있고 실제 생활과 연관이 있을 때, 영유아의 흥미를 충족하는 상황에서 더 잘 이루어지며 영유아의 자발적인 활동을 격려하는 수용적인 분위기가 조성될 때 극대화될 수 있다.

교사는 영유아의 활동 중간에 개입하기보다는 동기유발할 자료를 옆에 두거나 관심을 보이는 활동, 자발적인 참여를 이끌어 내는 것이 중요하다.

### (7) 다양성과 균형성의 원리

영유아 시기에는 어느 특정영역의 발달만 이루어지는 것이 아니라 다양성에 기초한 여러 영역의 활동을 경험해 보는 것이 좋다. 이를 위해 모든 교과영역을 계획하여 여러 활동들을 경험할 수 있도록 해야 한다. 또 실외활동과 실내활동, 정적 활동과 동적 활동, 대·소집단활동과 개별 활동, 휴식시간 등이 적절히 구성되어야 하며 다양한 흥미영역, 교재교구가 제공되어야 한다.

### (8) 의미 있는 반복의 원리

영유아에게 한 번에 많은 것을 제공하게 한다거나 한 번의 활동으로 모든 것을 배우게 하는 것은 가능하지 않다. 따라서 시간을 두고 차근차근 의미 있는 반복을 통해 배우고 인식하게 하는 교수-학습원리를 활용하는 것이 좋다. 그러나 의미 없는 반복은 영유아의 흥미를 떨어뜨릴 수 있으므로 의미 있는 상황 속에서 영유아가 스스로 반복할 수 있도록 돕는 것이 필요하다.

## 2) 환경구성

### (1) 환경구성의 원리

영유아교육기관의 환경은 영유아의 성장과 발달에 매우 중요한 요소이다. 환경구성에 있어 고려해야 할 원리는 다음과 같다(Decker & Decker, 2001).

- 프로그램 유형에 상관없이 모든 시설은 영유아를 중심으로 구성되어야 한다.
- 건물의 형태는 영유아의 발달수준이나 발달적 요구에 적합하고 지역 특성을 고려하여 결정해야 한다.
- 영유아의 안전과 시설 종사자들의 안전을 최우선으로 중시한다.
- 건물의 효율성을 높이기 위해 공간과 교구의 배열에 변화를 준다.
- 시설이나 설비를 계획할 때 융통성을 고려한다. 이는 고려내용에 따라 개별 공간이나 집단 공간으로 사용이 가능하도록 설계되어야 한다.
- 기관이 시설이나 설비를 계획할 때 비용을 고려한다. 최소의 경비로 최대의 효과가 있을 수 있는 좋은 시설을 갖추도록 사전에 많은 연구와 검토를 해야 한다.
- 설립 시 시설의 위치를 고려한다. 행정상의 편의나 비용을 우선적으로 고려하기보다 영유아의 필요나 요구를 충족시킬 수 있고 교육목표를 달성하는 데 도움이 될 수 있는지 고려한다.

이와 같은 원리를 적용해 환경을 구성하면 영유아가 안정적인 분위기 속에서 다양한 활동을 즐겁게 참여할 수 있으며 흥미와 발달에 따른 활동이 가능해진다.

### (2) 영아를 위한 환경구성

영아를 위한 보육공간은 매우 중요하며 전통적인 교실의 개념과는 조금 다른 특성을 지닌다. 영아에게 보육공간은 생활공간인 동시에 교육공간이다. 영아를 위한 환경구성 시 고려해야 할 원리를 살펴보면 다음과 같다(양옥승, 최경애, 이혜원, 2015).

- 영아를 위한 환경은 이용하는 영아의 신체적 · 인지적 · 사회 정서적 발달수준에 적합해야 한다.

  수유기, 포복기, 걸음마기 초기 또는 걸음마기 후기 영아의 신체조정능력 차이를 고려하여 탐색공간의 크기와 놀잇감 배치를 결정한다. 감각운동기의 하위단계별 인지발달의 차이를 고려하여 탐색환경을 조성해 준다. 0~1세반은 일상생활영역과 함께 놀이활동을 구성하고 2세반은 놀이활동영역을 중심으로 구성한다.

- 영아의 건강과 안전을 위한 청결하고 위생적인 환경과 관리가 필수적이다.

  보육실의 수유, 급식, 배변지도 영역은 기본적으로 위생관리가 용이하게 설계되어야 하며 매일 청결하게 관리해야 한다. 영아들이 다치지 않도록 책상이나 교구장의 모서리가 날카롭지 않도록 하고 또한 영아가 삼킬 수 있는 작은 물건이나 놀잇감을 제공하지 않는 것이 좋다.

- 정서적 안정감과 행복감을 주는 환경을 구성한다.

  시각적 · 촉각적으로 포근하며 안정감을 줄 수 있는 색상, 디자인, 재질을 선택하고 배치한다. 지나치게 자극적인 색감이나 장식물보다는 부드럽고 아늑한 느낌이 필요하다. 다른 영아들과 함께 지내기도 하지만 때로는 조금 떨어져서 편안히 쉴 수 있는 공간도 필요하다.

- 영아의 움직임과 이동성을 고려한다.

  영아기는 기기, 잡고 서기, 걷기 등을 배워 나가는 시기로 일정 시간 대근육 움직임을 하지 않고 정적 활동에 집중하거나 욕구를 참았다가 기거나 뛰어다니는 것은 매우 어렵다. 자연스러운 대근육활동 욕구에 따라 마음껏 움직일 수 있는 공간이 보육실 내 또는 인접 공간에 배치되는 것이 좋다.

- 영아의 놀이 특성을 반영해 탐색과 놀이활동이 충분히 이루어지도록 다양한

놀이영역을 구성한다.

0세반에서 2세반으로 갈수록 놀이영역의 수를 늘린다. 영아의 신체영역은 보육실 내로 구성하고 놀이영역은 조용한 놀이와 시끄러운 놀이를 구분하여 배치한다.

〈표 6-14〉 영아기와 걸음마기를 위한 물리적 환경

| 영아기 | 걸음마기 |
|---|---|
| ❖ 신뢰감 촉진을 위한 환경<br>• 수면영역, 놀이영역의 분리<br>• 교사 대 아동의 낮은 비율과 소집단<br>• 영아의 관점과 눈높이에 적합한 공간<br>• 정리가 손쉽고 예측 가능한 친숙한 공간<br>• 자유로운 탐색을 권장하고 금지가 필요하지 않도록 세심하게 준비된 공간 | ❖ 자율성 지원을 위한 환경<br>• 신체에 알맞은 크기의 가구와 자조기술을 촉진하는 자료<br>• 스스로 정리 정돈할 수 있는 배치와 참여기회<br>• 선택 가능한 여러 자료<br>• 혼자 들어가거나 숨을 수 있는 안전한 개인공간 |
| ❖ 애착 형성을 위한 환경<br>• 교사가 영아를 안거나 돌보기 편안한 의자와 바닥<br>• 부모가 머무르거나 수유할 수 있는 공간<br>• 개별적으로 영아를 돌보며 다른 놀이를 지켜볼 수 있도록 구성된 활동영역<br>• 편안한 기저귀 갈이, 수유 등 양육공간 | ❖ 운동성을 위한 환경<br>• 대근육활동영역과 시설<br>• 영역 사이에 이동하기 쉬운 통로 확보<br>• 끌거나 미는 놀잇감<br>• 여러 가지 공<br>• 오르고 내려가는 경사로 |
| ❖ 운동성 촉진을 위한 공간<br>• 자유롭게 놀이할 수 있는 바닥<br>• 운동성이 낮은 영아를 보호할 수 있는 구분<br>• 정기적인 안전 점검 | ❖ 자조기술을 위한 환경<br>• 영아용 식기와 닦아내기 쉬운 공간<br>• 신체 크기에 맞는 변기와 세면대<br>• 혼자 입거나 벗을 수 있는 옷 |
| ❖ 감각을 위한 환경<br>• 개별적 탐색을 위한 영역과 낮은 기구<br>• 빨고 잡고 두드리고 소리 낼 수 있는 놀잇감<br>• 지나친 과자극의 제한 | ❖ 감각 운동적 탐색을 위한 환경<br>• 모방놀이를 위한 놀잇감<br>• 개방적 구조의 다양한 놀잇감<br>• 놀이 유형에 따라 활동영역을 단순하게 구분<br>• 관찰과 탐색을 위한 사물 |
| ❖ 실외환경<br>• 영아용 의자, 그네<br>• 깨끗하고 부드러운 바닥, 낮은 경사<br>• 산책을 위한 유모차<br>• 식물과 동물 | |

### (3) 유아를 위한 환경구성

유아를 위한 교육환경은 실내 교육환경, 실외 교육환경으로 구분된다.

◈ 실내환경구성

영유아교육기관의 실내환경은 다음과 같은 점이 고려되어 계획 · 설계되어야 한다.

- 유아들이 활동할 수 있는 넓은 공간이어야 한다.
- 채광을 조절할 커튼, 블라인드가 필요하다. 창문은 바닥 면적의 1/5 정도, 창은 유아들이 밖을 내다보기 쉬운 것이 좋다.
- 소음방지를 위해 천장과 벽면은 방음재로 시공한다. 이중창, 커튼 및 깔개를 깔고 책상과 의자 다리에는 고무를 끼우고 영역 간 소음은 교구장으로 방지한다.
- 실내온도는 20~22도가 적절하고 습도는 50~60%를 유지한다.
- 밀폐되지 않도록 자주 환기한다.
- 실내 설비와 교구는 키와 연령, 신체발달에 적합하고 견고하며 가볍고 모서리가 둥글며 교육적으로 가치 있는 것으로 한다.

〈표 6-15〉 유치원의 물리적 구성요소

| 구성요소 | 하위요소 | 평가항목 |
|---|---|---|
| 안전성 | 공간의 안전성 | • 발달에 따른 안전한 공간<br>• 공간의 적합성, 움직임 활동에 따른 안전한 공간<br>• 신체의 불균형에 따른 안전한 공간 |
| | 시설, 설비의 안전성 | • 가구 및 벽과 기둥 모서리<br>• 마감재 안전소재, 재료 및 완성도<br>• 신뢰감과 안전감 제공 |
| 쾌적성 | 쾌적성 | 쾌적한 공간(온도, 공기, 습도, 소음, 환기 등) |
| | 휴식성(안락성) | • 휴식과 재충전의 기회 제공<br>• 낯선 곳에서 느끼는 불안감 최소화, 친숙하고 편안한 분위기 형성 |
| | 청결성 | 깨끗하고 정돈된 환경(청결, 위생조건) |
| 융통성 | 구조의 융통성 | 가변적인 공간 배치(활동에 따른 변경 가능성, 공간 구조의 가변성) |
| | 활용성 | 자료의 제시(제시된 자료에 대한 접근) |
| | 교류성 | 자료의 교류(영역 간 자료의 공유와 개방, 선택 가능한 자료 이용) |

| | | |
|---|---|---|
| 편의성 | 편리성 | 편리한 공간 및 시설(학습 · 놀이공간의 배치, 가구 배치, 시설 완비, 이용의 수월성, 자유롭게 접하는 공간 조성) |
| | 다양성 | 다양한 공간 및 가구(크기 및 형태의 다양화, 선택 가능성) |
| | 적합성 | 각 연령에 알맞은 인체공학적 시설, 설비 비품 및 교재 · 교구, 각종 가구의 디자인, 선택 가능성 |
| 자존성 | 자아존중감 | 사적 공간(자기주도적 공간구조, 조용하고 사색하는 공간), 전용공간의 존중 분위기 조성 |
| | 영역성 | 다양한 형태의 경계 표시 |
| 이동성 | 역동성 | 동적인 공간 배치(유도 공간, 커뮤니케이션 공간) |
| | 접근성 | 실내 · 외 자유롭게 움직일 수 있는 충분한 공간(움직임 허용 공간) |
| | 소통성 | 모든 형태의 소통 가능(개방된 커뮤니케이션) |
| 심미성 | 아름다움 | 아름다운 분위기(실내 · 외 배색, 색채, 조경, 그림 등) |
| | 조화로움 | 조도와 배색 등의 조화(채광, 벽, 바닥의 색깔, 재질 등) |

출처 : 박영신 외 5인(2015). 영유아교육과정. 창지사.

◈ 흥미영역 구성

흥미영역(interest center)이란 여러 형태의 교구장이나 분리대 또는 기타의 방법으로 각 영역을 명확하게 구분하는 것을 말하며 활동영역(activity center)이라고도 한다. 교실에 준비되어야 하는 흥미영역은 책보기, 역할놀이, 미술, 수조작, 과학, 쌓기 영역 등이며 흥미영역은 준비되었다가 없어지기도 하고 크기가 조정되거나 영역이 통합되거나 실외영역으로 확장되어서 탄력적으로 운영될 수 있다.

프로스트(Frost)는 교실 내부의 공간구성을 네 가지 공간으로 구분하였다(Frost & Kissinger, 1976).

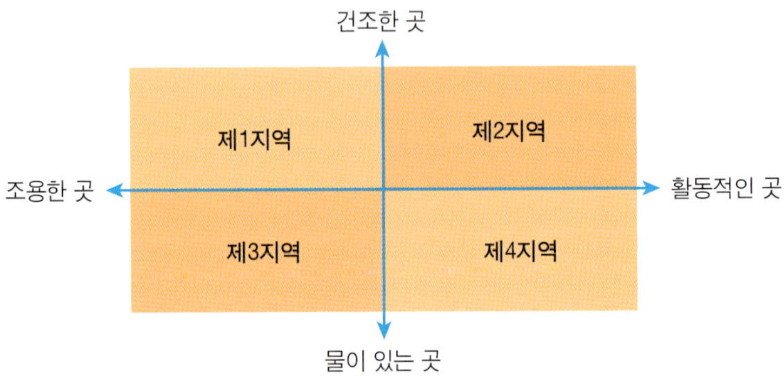


[그림 6-14] 실내공간 구성기준

프로스트는 실내공간 구성을 건조하고 조용한 영역(1지역)과 건조하고 시끄러운 영역(2지역), 물이 있고 조용한 영역(3지역), 물이 있고 시끄러운 영역(4지역)으로 나누어 흥미영역을 구성하는 것이 바람직하다고 보았다. 즉, 1지역에는 언어, 과학, 수놀이, 쓰기, 책보기, 게임, 조작놀이 등의 소집단활동, 2지역에는 대근육활동과 쌓기, 목공, 역할, 음률놀이 등의 활동, 3지역에는 점토 만들기, 미술, 요리 등의 활동, 4지역에는 실외활동과 모래놀이, 손 씻기, 물을 사용하는 과학활동 등을 배치하도록 제안한다.

흥미영역은 영역의 독립성이 보장되기도 하지만 연계성이 이루어지도록 구성하는 것이 좋다. 미술영역에서 자동차를 만들면 쌓기 영역에서 자동차 도로를 함께 구성해 놀이하고 실외영역에서 자동차 경주를 해보는 연계활동이 이루어지는 것이 필요하다.

흥미영역의 교실환경은 공간활용과 아동의 행동조절, 아동의 자율성과 교육적 효과 측면에서 다음과 같은 효과를 기대할 수 있다(Mindess & Mindess, 1972).

첫째, 영유아에게 활동에 대한 선택의 기회를 풍부히 해주고 자신의 활동계획 수행을 좀 더 분명하고 손쉽게 해주며 사려 깊고 목적이 뚜렷한 활동이 되도록 도와준다.

둘째, 물리적 · 시각적으로 경계가 뚜렷해지고 영역별 참여인원을 정할 수 있으므로 공격성이 줄어들고 다른 영유아의 방해를 자연적으로 통제하게 되므로 영유아가 안정된 분위기에서 활동에 몰두할 수 있다.

셋째, 다양한 활동에 고르게 참여할 수 있도록 교사가 배려할 수 있다.

넷째, 영유아 스스로 활동을 선택하고 계획할 기회를 갖게 되므로 의사결정능력 및 자율성, 독립성을 길러줄 수 있다.

다섯째, 자신의 속도에 맞추어 활동을 진행할 수 있다.

여섯째, 다른 영유아와 언어적 상호작용이 증가하고 건전한 활동을 위한 신체적 행동이 나타난다. 또한 교사-영유아 간 상호작용도 증가된다.

일곱째, 효과적인 배치로 불필요한 관리시간을 줄일 수 있다.

### 3) 활동별 교수-학습방법

#### (1) 실내활동영역

실내활동에서의 자유선택활동은 교실에 준비된 여러 흥미영역을 스스로 선택하고 자율적으로 참여하는 활동으로 개별 영유아의 독립된 활동과 다양한 형태의 집단활동이 자연스럽게 일어난다. 실내활동에서의 흥미영역은 쌓기 놀이, 언어, 역할, 수조작, 과학, 음률, 미술영역 등으로 제시한다. 각 흥미영역별 계획과 운영지침은 다음과 같다(교육과학기술부 · 보건복지부, 2013).

◈ 쌓기 놀이영역

쌓기 놀이영역에서는 다양하고 정교한 구조물을 만들 수 있는 여러 가지 색, 크기, 형태, 소재, 모양의 블록을 제공하여 경험한 것과 상상한 것을 구성해 볼 수 있도록 해야 한다. 유아의 쌓기 놀이가 활성화되기 위해서는 여러 블록의 종류와 수량을 인원수와 발달수준에 맞게 적절히 준비하고 충분한 공간을 제공해야 하며 영역에서 활동할 인원 수를 제한하는 것이 필요하다.

영유아가 자신의 환경을 조작하고 만드는 과정에서 다른 영유아와 협력하는 행동이 함께 이루어지므로 다른 활동공간과 청각적으로 보호되는 넓은 공간, 작은 적목을 가지고 놀 수 있는 작고 조용한 영역의 두 가지로 제공될 수 있다. 또 키가 낮은 장이나 바닥에 테이프를 붙여 다른 영역과 구분하고 바닥에 카펫을 깔아주는 것이 좋으며 수납장과 선반은 문이 없는 것으로 제공한다.

생활 주제에 따라 적절한 소품을 함께 준비해주면 놀이가 더 확장될 수 있다. 예를 들어, '직업'이라는 주제가 진행된다면 쌓기 놀이영역에도 경찰관, 의사, 간호사, 교사 등 다양한 직업을 나타내는 사진이나 직업에 사용되는 물건을 준비해주면 쌓기 놀이영역에서 주제와 관련된 다양한 구조물을 구성해볼 수 있다. 영유아가 스스로 적목을 사용하고 정돈할 수 있도록 선반과 바구니에 블록모형 그림을 부착한다.

◈ 언어영역

언어영역은 듣기, 말하기, 읽기, 쓰기 활동이 이루어지는 공간으로 생활주제 및 영유아의 흥미와 경험에 따라 자료가 제시되어야 한다. 그림책, 동화, 동시 보고 듣기가 이루어지며 손인형, 융판자료, 디오라마, 그림동화 등의 매체를 활용하여 동극을 경험하거나 글씨나 동시, 편지 쓰기 활동이 이루어질 수 있다.

언어영역은 활동이 많고 소음을 유발하는 쌓기 놀이, 목공놀이, 조형놀이, 물 · 모래놀이, 음률놀이, 대 · 소근육활동 및 대집단활동놀이영역과는 분리하여 조용한 곳에 배치한다. 또 조용한 영역이 될 수 있도록 방음시설을 갖추는 것이 좋으며 개별적 듣기 활동을 위한 콘센트와 자료가 제시되어야 한다.

언어영역에는 영유아의 발달수준에 맞는 그림책을 제공해 주어야 하며 이름카드, 그림카드 등과 쓰기 종이, 도구를 준비해 주는 것이 좋다.

◈ 수 · 조작영역

수 · 조작영역은 수세기, 분류, 순서 짓기, 패턴, 측정과 같은 수활동을 경험하는 공간이다. 연령이 어릴수록 1 : 1 대응, 분류, 비교, 서열을 할 수 있는 자료인 구슬, 솔방울, 단추 등을 준비해 수개념의 발달을 도와주는 것이 좋으며 생활주제와 영유아발달에 따라 조각그림 맞추기, 끼우기, 바느질하기, 게임 등 다양한 놀잇감을 준비하고 영유아 간 상호작용이 이루어지는 판 게임, 카드 게임 등을 준비하는 것이 좋다. 영유아가 마주 보고 앉아 게임할 수 있는 작은 책상을 준비해 주어야 한다.

◈ 역할놀이영역

역할놀이영역은 다양한 사람이나 사건에 대해 영유아가 보고 경험하거나 희망을 담아 상상하거나 생각한 것을 행동으로 표현하는 공간이다. 역할놀이영역에서의 활동은 영유아의 정서적 · 사회적 성장을 돕고 지적 성장을 촉진시킬 수 있다.

역할놀이영역에는 또래와 극놀이를 할 수 있는 장소와 무대, 다양한 인형과 소품, 의상이 준비되는 것이 좋으며 소음을 줄이는 바닥재가 설치되는 것이 좋다. 또 소꿉놀이영역에는 스토브, 싱크대, 찬장, 탁자, 의자, 침대 등을 둘 수 있는 공간을 제공한다.

역할놀이영역의 놀잇감은 가정에서 사용하는 물건을 재활용하여 제시해 주는 것이 좋으며 생활 주제와 흥미에 따라 영역의 크기와 교구의 내용을 조정하여 제시해 주어야 한다.

◈ 음률영역

음률영역은 악기 연주, 노래 부르기, 음악 감상과 창의적인 신체표현을 경험하는 공간이다. 음률영역에서의 활동은 개인의 음악적 표현력을 길러주고 음률의 이해와 음악을 통한 감성발달의 기초가 된다.

다양한 음악적 경험을 제공하여 여러 종류의 음악을 듣고 감상할 수 있도록 해 주어야 하며 다양한 크기와 형태, 소리를 가지고 있는 악기를 갖추어 경험할 수 있도록 도와주는 것이 좋다.

음률영역은 충분한 공간이 제공되어 음악을 듣고 악기를 연주하며 몸을 움직일 수 있도록 구성하는 것이 좋으며 소리를 흡수하고 활동하기 적합한 카펫을 깔아주는 것이 좋다. 마이크, 카세트, 헤드폰 등의 전기시설에 대한 안전에 주의해야 한다.

◈ 과학영역

과학영역은 다양한 물체와 물질, 동물과 식물 등의 자연환경, 간단한 도구와 기계에 호기심을 가지고 지속적으로 탐구하는 태도를 기르며 이에 대한 기초 지식을 얻고 탐구하는 능력을 기르는 곳이다. 과학영역은 동적인 활동영역과 분리하여 조용한 곳에 배치하는 것이 좋으며 직접 만져보고 관찰하고 실험할 수 있는 자료를 충분히 준비해 주고 이를 기록할 수 있는 자료도 함께 준비해주는 것이 좋다.

◈ 조형영역

조형영역은 그리기와 같은 평면작업과 만들기, 꾸미기와 같은 입체활동을 통한 창의적 표현활동이 이루어지는 영역이다. 조형영역은 영유아에게 자아의 표현능력과 이미지 개선, 주어진 문제의 해결능력과 원만한 의사소통, 기술적인 기능 획득, 사물의 인식능력과 소근육발달에 대한 다양한 기회를 제공한다.

조형영역은 바람과 햇빛으로부터 보호받을 수 있는 실내공간에 준비해주고 활동에 필요한 공간, 완성된 작품의 전시공간, 도구와 재료의 수납공간 등이 합리적으로 배열되어야 한다. 그림을 그릴 수 있는 다양한 색과 크기의 종이, 도구, 입체활동을 경험할 수 있는 다양한 크기와 모양의 재료들이 준비되어야 하며 조형영역의 놀이를 위한 재료의 종류나 양은 유아의 발달수준, 흥미에 따라 제시해 주어야 하며 작품을 소중히 다루고 기록하여 전시해 주어야 한다.

### (2) 실외활동영역

실외활동영역은 실외에서 이루어지는 영유아의 놀이영역으로 실외환경을 구성할 때 고려해야 할 사항은 다음과 같다(임재택, 2002).

- 햇볕이 잘 들고 영유아가 자유롭게 뛰어놀 수 있는 넓은 장소가 있어야 하며 양지와 음지가 적절히 배치되어 있어 영유아가 뛰어놀다가도 쉴 수 있는 공간이어야 한다.
- 영유아가 다양한 놀이에 활용할 수 있도록 모래밭, 풀밭뿐 아니라 낮은 언덕이나 자갈길, 자전거를 사용할 수 있는 딱딱한 길, 물놀이와 모래놀이를 할 수 있는 곳 등 다양한 특성을 가진 지표면을 가지고 있어야 한다.
- 실외놀이에 필요한 다양한 놀잇감을 보관하고 영유아가 스스로 정리하기에 용이한 창고가 있어야 하며 영유아가 자연과 근접한 곳에서 동 · 식물을 자유롭게 관찰할 수 있는 화단과 동물 우리가 있어야 한다.
- 영유아가 다양하게 활용할 수 있는 놀이시설을 갖추고 있어야 한다. 영유아가

자유롭게 오르내릴 수 있는 놀이기구뿐 아니라 모래놀이, 물놀이에 필요한 놀잇감도 갖추어야 한다.

- 영유아의 안전과 위생이 중요하므로 놀이시설 및 놀잇감을 정기적으로 점검하며 실외놀이 후 영유아가 깨끗하게 닦을 수 있는 세면시설이 준비되어야 한다.

실외활동영역은 실내에서 하기 어려운 활동까지 이루어질 수 있도록 구성되어야 하며 놀이터의 고정기구를 실외활동영역이라 생각하기 쉬우나 실외활동에서 놀이기구를 통한 한정적 활동 외에 다양한 경험을 할 수 있도록 계획하고 지원해 주는 것이 필요하다. 이를 위해 환경을 놀이터만으로 구성하기보다는 다양한 활동을 경험할 수 있는 몇 개의 영역으로 구분하여 준비해 주는 것이 좋다.

#### ◈ 물놀이, 모래놀이영역

물놀이영역에 비치될 교구는 수도나 펌프, 물놀이대, 다양한 그릇, 구멍이 뚫린 용기, 투명한 호스, 바가지, 물레방아 등이며 모래놀이에 비치될 교구는 모래와 흙 파기 도구, 모래를 옮기고 담을 다양한 모양의 그릇 등이다. 주제와 관련한 여러 사물들을 함께 준비해 주는 것도 좋다. 물놀이영역과 모래놀이영역은 함께 준비해 주어도 좋으며 한 개의 영역씩 번갈아 가며 준비해 주어도 좋다. 여름에는 물놀이영역을, 가을에는 모래놀이영역을 준비해 주면 의미 있는 실외활동이 진행될 수 있다.

#### ◈ 운동놀이영역

종합놀이터가 설치되거나 여러 가지 움직임을 경험할 수 있는 놀이기구가 준비될 수 있다. 연령에 적합한 크기와 안전을 고려하여 준비되어야 하며 모서리나 마무리, 칠 등이 안전하게 처리되어야 한다. 미끄럼틀, 그물망, 흔들다리, 오름판, 그네, 시소 등이 준비될 수 있다. 바닥이 안전하게 준비되어 떨어졌을 때의 위험에 대비하는 것이 필요하며 운동놀이영역에 함께 하기 전 지켜야 할 규칙과 약속에 대해 미리 이야기 나누는 것이 좋다.

◈ 동 · 식물 기르기 영역

동물을 기르고 관찰하기 위한 자료와 식물 기르기를 위한 꽃밭, 텃밭, 삽, 물주기 도구, 화분 등이 포함될 수 있다. 또한 동 · 식물 관찰에 필요한 돋보기, 관찰을 기록할 수 있는 기록지와 쓰기 도구가 준비되어야 한다. 또 매일 물을 주거나 먹이를 주기 위한 순서표가 준비되어 모든 유아들이 참여하고 관찰할 수 있게 해주는 것이 필요하다.

◈ 자전거 길

실외활동영역에 여유가 있다면 자전거나 자동차를 탈 수 있는 길이 있으면 좋다. 자전거 길 위에 횡단보도, 중앙선, 회전선 등을 그어주고 교통신호를 사용해 교통규칙을 지킬 수 있도록 한다.

◈ 블록영역

실외에서 이루어지는 블록놀이는 실내에서보다 더 큰 크기로 준비될 수 있으며 물놀이나 모래놀이와 연계하여 이루어지면 의미 있는 활동으로 진행될 수 있다.

### 4) 일과계획

영유아가 하루 동안 시간을 어떻게 보낼지에 대한 내용을 일과라 한다. 영유아를 위한 일과계획이 잘 이루어진 경우 영유아는 편안함과 안정감을 느끼며 교육이 잘 이루어질 수 있다. 영유아의 발달수준, 지역사회의 실정, 유치원의 특성, 활동내용 및 계절을 고려하여 하루의 일과가 조정 · 운영될 수 있으며 영유아교육기관에서 경험하는 일과의 특징은 다음과 같다(이경미, 2009).

첫째, 우리나라의 대표적인 유아교육기관인 유치원과 어린이집의 교육목표를 달성하기 위해 일과를 운영한다.

유치원의 경우 3~5세 누리과정에서 제시한 교육목표를 반영한 일과를 운영하고 어린이집의 경우 0~5세 표준보육과정에서 제시한 보육목표를 반영한 일과를 운영한다.

둘째, 영유아가 보내는 일과는 그들의 발달특성이 반영된다.

영유아의 발달과 학습은 통합적이고 연속적이기 때문에 그 특성이 일과에도 반영되어야 한다. 따라서 이러한 발달에 대한 지식을 통해 유아교육기관에서는 전인발달을 목표로 놀이 중심, 활동 중심, 생활 중심, 과정 중심의 일과를 운영해야 한다.

셋째, 통합이라는 측면에서 일과를 계획한다.

통합일과는 유아의 전인발달과 효율적 학습을 위하여 유아의 경험, 흥미 및 요구와 교육내용을 통합하고 교과목들을 통합적으로 재조직하여 가르치는 방법으로 정의할 수 있다.

통합적 일과를 위해 교실환경은 다양한 흥미영역으로 구성하고 각 흥미영역 간의 통합이 일어나도록 한다. 또 일과의 교육내용과 활동 역시 통합되어 유아가 생활 속에서 경험할 수 있도록 구성한다. 이를 위해 대부분의 영유아가 경험할 수 있는 생활주제를 내용으로 선정하고 그 내용을 영유아가 구체적 · 직접적으로 경험할 수 있도록 개별 활동 또는 집단활동으로 구성하여 교육한다.

#### (1) 일과운영의 기본 원리

영유아교육기관의 일과 구성 · 운영 시 고려할 점은 다음과 같다.

첫째, 규칙적이고 일관성 있는 일과를 계획 · 운영한다.

영유아가 기관에 빨리 적응하고 안정감을 느낄 수 있는 규칙적이고 일관성 있는 일과를 운영해야 다음에 할 활동을 예측하고 이에 맞추어 자신의 활동과 행동을 조절할 수 있다.

둘째, 영유아들의 흥미와 요구를 반영한다.

일과운영을 계획하더라도 영유아의 흥미와 요구에 따라 융통성 있는 운영을 하는 것이 바람직하며 일과운영에서 영유아의 의사를 반영하는 것이 필요하다.

셋째, 일과는 융통성 있게 운영한다.

이미 계획한 활동이 있어도 영유아의 흥미, 날씨, 참여도 등을 고려해 다른 활동으로 내체하거나 축소, 연장하는 융통성 있는 운영이 필요하다. 예를 들어, 눈을 관찰하는 활동을 계획했으나 갑자기 눈이 오는 날씨라면 실내에서 이루어지는 것보다는 직접 실외활동을 통해 눈을 관찰하고 놀이하는 활동으로 변경하여 진행할 수 있을 것이다.

넷째, 일과계획은 일정한 시간을 영유아의 신체적 욕구(배변훈련, 화장실 가기, 급 · 간식 먹기)가 반영되게 구성한다.

영유아는 놀이에 집중하면 배설욕구를 적절히 조절할 수 없고 피곤하거나 배가 고프면 짜증을 내기 쉬우므로 의도적으로 신체적 욕구를 조절할 수 있게 계획해야 한다.

다섯째, 활동 간의 균형을 고려한다.

대 · 소집단 활동, 개별 활동, 실내활동과 실외활동, 동적 활동과 정적 활동 간의 균형을 고려한다.

여섯째, 여러 유형의 상호작용이 일어날 수 있게 한다.

유아-유아 간, 유아-교사 간, 유아-교구 간 상호작용 등 여러 유형의 상호작용이 일어날 수 있도록 풍부한 상호작용의 기회를 제공한다.

일곱째, 활동을 계획하고 실행한 후 반드시 평가한다.

하루 일과 후에 평가하는 시간을 통해 영유아가 자신의 감정과 느낌을 표현하도록 하며 다음 활동을 계획할 때 참고할 수 있도록 한다.

### (2) 영아를 위한 일과구성

영아를 위한 일과의 구성에서는 일상생활(먹기, 자기, 기저귀 갈기, 씻기)이 중심이 되며 신체, 언어, 탐색활동이 균형 있게 병행되어야 한다. 영아를 위한 일과운영이 효율적으로 이루어지게 하기 위한 전략을 살펴보면 다음과 같다(삼성복지재단, 2003).

첫째, 영아의 일과운영은 간식 · 배변 · 잠자기 · 휴식 등 영아의 신체리듬에 맞게 일상생활 중심으로 계획하며 신체 · 탐색 · 표현 · 언어 등의 활동이 균형 있게 이루어질 수 있도록 한다. 영아반의 하루 일과는 개별적인 욕구가 배려되는 따뜻한 보호와 교육적인 경험이 동시에 이루어져야 한다.

둘째, 이 시기의 영아는 빠른 속도로 성장하므로 영양소의 공급이 중요하다. 개별 영아의 생리적 요구에 맞추어 제공한다.

셋째, 하루 일과를 정해진 시간보다는 정해진 순서대로 융통성 있게 진행한다. 정해진 순서대로 운영하면 매일 반복되는 일과 순서에 의해 영아가 앞으로 일을 예측할 수 있어 심리적 안정감을 느낄 수 있기 때문이다. 그리고 매일의 활동시간은 개개인의 욕구를 충족시킬 수 있도록 융통성이 있어야 한다.

넷째, 놀이나 활동은 영아 한 명 또는 소집단으로 진행되도록 한다. 영아는 대집단활동을 하기에는 어리기 때문에 개별적 상호작용과 배려를 더 필요로 한다. 경우에 따라 대집단활동을 계획할 때는 횟수가 많지 않아야 하며 그 활동시간이 너무 길지 않게 해야 한다.

다섯째, 혼자서 걸을 수 있게 되면서 활동영역이 넓어지고 신체적 활동의 욕구가 강한 시기이므로 충분히 움직일 수 있는 기회를 준다. 따라서 산책 및 실외놀이에 보다 긴 시간이 필요하다.

여섯째, 만 1세를 넘어서면서 규칙적인 수면을 취할 수 있고 낮잠시간도 줄어들어 오후에 1회 정도만 낮잠시간을 계획하며 낮잠시간에 영아가 집에서 가져온 이불이나 장난감을 가지고 잘 수 있도록 배려한다.

영아의 하루 일과의 진행에 대해 구체적으로 살펴보면 다음과 같다.

◈ 등원

등원 시 교사는 부모와 영아의 전날 건강상태 · 심적 상태 · 식사 여부 · 배변 · 투약의뢰에 대한 정보를 교환한다. 부모를 직접 만나지 못할 경우 부모가 수첩에 기입한 내용을 자세히 확인한다. 교사는 영아와 부모가 안정된 상태에서 헤어질 수 있게 배려해야 한다. 등원을 통해 영아가 교사로부터 환영받는 느낌을 받을 수 있으며 친구들과 만나 인사를 나누며 사회적 관계를 맺는 기술도 배우게 된다.

◈ 실내 자유선택활동

자유선택활동시간은 교사가 구성한 흥미영역에서 자유롭게 놀이하는 시간으로 영아에게 발달적 수준에 적합한 교재 · 교구를 제공하고 탐색할 수 있는 충분한 시간을 주어야 한다. 가능한 영아 자신의 흥미에 따라 자유롭게 놀 수 있도록 격려하며 교사는 한 흥미영역에 주제와 관련된 다양한 교재교구와 활동을 계획하고 개별적인 상호작용으로 영아의 놀이를 격려해 주어야 한다.

또한 영아는 성장하며 놀이시간이 차츰 길어져 너무 활동이 오래되면 신체적 · 정서적으로 지치게 되므로 정적 활동과 동적 활동의 균형이 이루어져야 하며 활동의 양을 조절해 주어야 한다.

◈ 실외 자유선택활동

실외놀이는 영아에게 대근육을 발달시킬 수 있는 기회를 제공하고 실내에서 경험하는 것과 다른 환경을 탐색할 수 있으므로 산책, 자연물 탐색, 물놀이, 모래놀이, 그림 그리기 등의 다양한 형태를 계획하는 것이 좋다. 실외활동 전에 영아의 기저귀 상태를 확인하고 미리 화장실에 다녀오게 한다. 실외놀이시간이나 하루 일과 중에 어린이집 주변을 산책할 시간을 계획하는 것이 좋으며 산책을 통해 나무, 돌, 하늘, 새와 곤충 등을 접하며 자연에 대한 친숙함과 긍정적인 상호감을 지니게 된다. 걷지 못하는 영아도 유모차를 태워 정원이나 공원을 산책하는 시간을 자주 갖는 것이 좋다.

◈ 대 · 소집단활동

대 · 소집단활동은 함께 모여 집단으로 이야기를 듣고 나누고 문제를 해결하는 시간이지만 영아를 대상으로 하는 교육 프로그램의 경우 대집단으로 활동을 진행하는 것은 효과적이지 않으며 교사 주도의 대집단활동보다는 개별적으로 탐색하고 조작하는 활동이 주를 이루어야 한다. 따라서 대집단활동은 집에 가기 전에 함께 인사를 나누거나 동화를 듣는 형태로 하루 1회 정도 이루어지는 것이 좋다.

만 2세 정도가 되면 또래와 함께 놀이를 하며 교사가 준비한 활동에 주의집중 시간이 늘어나게 되는데, 이때는 신체활동이나 동화 듣기, 노래 부르기, 게임 등 더 다양한 활동이 이루어질 수 있으나 영아의 발달수준에 맞고 너무 길지 않은 수준에서 계획되어야 한다.

영아반의 집단활동계획과 실행 시 유의할 사항은 다음과 같다(김희진, 김언아, 홍희란, 2004).

- 집단활동은 영아가 이해하거나 실행할 수 있는 수준이어야 한다. 추상적이거나 발달수준을 넘어서는 활동은 영아의 주의를 끌 수 없을 뿐 아니라 어린이집의 생활에 대한 부정적인 이미지를 형성하게 만든다.
- 활동시간이 너무 길지 않아야 한다. 학기 초에는 거의 2~3분 정도 의자 없이

카펫에 모여 앉아 이름 불러주기만 하다가 점점 조금씩 시간을 늘려 가는 것이 좋다. 따라서 영아의 월령과 개인적 특성에 따라 5~10분 이내의 활동으로 계획하고 영아의 반응에 따라 조절한다.

- 시청각적 매체를 활용하면 영아의 주의집중과 이해에 도움이 될 수 있다. 손가락인형이나 손인형, 녹음자료, 입체적 그림자료, 실물자료 등 다양한 매체를 활용한다.
- 참여하고 싶어 하지 않거나 다른 활동을 하고 싶어 하는 영아는 방해가 되지 않는다면 수용해 준다.

◈ 간식 및 식사

어린이집에서 많은 시간을 보내는 영아는 하루 동안 필요한 영양소의 상당 부분을 어린이집에서 섭취하므로 영아의 건강을 책임지고 식습관지도를 함께 해야 한다. 영아는 월령이나 개인차에 따라 수유 및 이유식, 간식 및 점심이 달라질 수 있으므로 영아 개별적으로 이를 파악하고 적절히 제공해 주어야 한다.

음식을 먹는 시간에는 즐거운 마음으로 편안하게 먹을 수 있도록 하고 식습관지도는 일찍부터 시작하여 스스로 먹을 수 있도록 준비시켜야 한다. 손 씻기, 정리하기 등의 기본생활습관을 형성하는 시간으로 활용하며 바르게 앉아 먹기, 숟가락이나 포크 바르게 잡기, 남기지 않기, 골고루 먹기 등의 태도를 기를 수 있도록 지도한다.

특정 음식을 먹지 않거나 새로운 음식을 거부하는 경우 억지로 먹게 하려고 애

쓰지 않고 맛만 보게 하고 점진적으로 양을 늘리거나 미리 적은 양을 배식해 다 먹었을 때 긍정감과 성취감을 느낄 수 있게 하는 것이 좋다. 식습관지도는 가정과 연계를 가지고 일관성 있게 이루어지는 것이 좋다.

◈ 낮잠 및 휴식

낮잠과 휴식은 활동으로 인한 피로를 풀고 정서적 안정감을 갖게 하는 활동으로 건강한 생활을 위해 필수적이다. 그러므로 어린이집의 낮잠시간은 다른 교육활동과 마찬가지로 중요한 시간이다. 영아의 습관, 수면시간, 잠버릇, 깨어난 후의 정서상태 등을 파악해 낮잠시간을 배려해 주어야 한다.

교사는 영아가 편히 잘 수 있는 습도, 온도, 채광을 잘 조절해 편안하고 안정된 분위기를 만들어 주어야 하며 이불과 베개는 집에서 사용하던 것을 준비해 편안히 잘 수 있게 해주고 위생적으로 관리해야 한다. 잠이 깬 후 개별적 활동을 하며 기분 좋게 잠에서 깰 수 있게 해주는 것이 좋으며 음악을 틀어 주는 것도 좋다.

◈ 배변 및 씻기

영아의 경우 배변훈련은 중요한 시간이며 기본생활습관을 형성하는 좋은 기회가 된다. 간식과 점심 전후, 낮잠 전후, 실외놀이 활동 후 등의 시간에 배변과 씻기 활동을 계획할 수 있다.

기저귀를 사용하는 영아는 수시로 기저귀를 점검하고 적절히 대응해 주어야 하며 기저귀를 갈아줄 때 눈을 맞추며 상호작용을 해주어야 한다. 보통 2세 무렵 대·소변을 가리기 시작하는데, 성공적으로 잘하는 것도 중요하지만 스스로 성취했다는 경험을 갖게 하는 것이 중요하므로 심리적인 압박을 주지 않고 준비가 되었는지 확인하고 스스로 할 수 있도록 돕는 것이 필요하다.

◈ 정리정돈 및 전이활동

정리정돈은 대부분의 활동과 자유선택활동 끝에 꼭 이루어져야 하는 것으로 놀이가 끝난 후 영아가 사용하던 놀잇감을 정리정돈할 수 있도록 돕는다. 스스로 정리할 수 있도록 교재교구를 낮게 배치하고 정리장과 바구니에 그림과 글씨가 있는 사진을 붙여 정리할 수 있도록 하는 것이 좋다. 정리정돈 노래를 틀어주거나 정리를 알리는 신호를 정해 정리정돈이 이루어질 수 있게 하는 방법도 활용할 수 있다.

전이시간은 놀이 정리, 집단활동 준비, 점심시간 전후, 장소의 이동 때 등이며 짧은 시간이지만 전이시간이 잘 계획되지 않으면 혼란스러워질 수 있으므로 전이시간을 어떻게 구성할지 사전에 준비하고 미리 영아들에게 이야기해주는 것이 필요하다.

◈ 하루 마무리 및 귀가

일과를 마무리하며 영아의 신체적 변화가 없는지 잘 살피고 배변, 수면, 특이사항을 일일보육일지와 영아수첩에 기록한다. 보호자가 도착하면 일지기록, 영아관찰을 토대로 영아의 일과에 대해 대화하고 귀가지도를 한다.

### (3) 유아를 위한 일과구성

영아기를 지나 유아 시기가 되면 생리적 욕구에 대한 통제력이 발달하고 독립적으로 수행할 수 있는 행동이 많아진다. 또 주의집중시간이 증가하고 이에 따라 개별 활동이 아니라 다양한 형태의 대 · 소집단활동이 가능해진다.

유아의 하루 일과의 진행에 대해 구체적으로 살펴보면 다음과 같다.

◈ 등원

유아가 등원하기 전 교사는 기관의 실내 · 외 시설과 환경을 점검하고 안전과 위생에 유의한다. 교실은 환기하고 교구가 제자리에 정돈되어 있는지 확인하며 수업에 필요한 교재교구가 정리되어 있는지 확인한다. 유아가 등원하면 개별적으로 반갑게 맞이하여 인사를 나누고 부모로부터의 전달사항을 확인하며 유아의 건강상태와 심리상태를 점검한다. 유아가 환영받는 느낌으로 만날 수 있도록 반갑게 맞이해 주어야 하며 유아가 스스로 자기 물건을 관리하고 해야 할 일을 스스로 할 수 있도록 해주는 것이 좋다.

◈ 자유선택활동 및 계획

자유선택활동은 흥미영역별로 구성된 실내 · 외환경에서 유아의 흥미, 요구, 발달수준에 맞는 활동을 유아들이 자유롭게 선택해 활동하는 시간이다. 유아의 자율성과 주도성이 요구되는 시간이며 집단생활을 경험하는 시간이기도 하다.

- 소개하기 및 계획하기 : 유아들이 활동을 선택할 수 있게 주제와 관련된 활동을 소개한다. 놀이를 계획할 때에는 활동계획표를 이용해 교사와 함께 계획을 세우며 조금 큰 유아의 경우 자신의 놀이계획표에 원하는 활동을 계획하도록 하며 다양한 영역에서 놀이를 계획할 수 있게 개별적으로 지도한다.
- 놀이 참여하기 : 유아들이 흥미영역을 중심으로 놀이를 시작하면 교사는 함께 놀이에 참여하거나 놀이를 제안할 수 있으며 환경조성을 통해 놀이를 자극하고 심화시킬 수 있다. 놀이에 참여하지 않거나 하나의 활동에만 참여하는 유아들을 격려하고 지원한다.
- 관찰 및 기록하기 : 유아의 놀이를 관찰해 놀이선호를 파악한다. 개별적인 흥미, 발달수준, 관심사를 파악하기 위해 관찰, 기록한다.
- 환경 유지 및 관리하기 : 자유선택활동의 놀이를 관찰하며 놀잇감을 보충하거나 유지, 관리하여 즐겁게 놀이하는 교육적 환경을 마련한다.
- 안전관리 : 유아들의 안전에 주의하여 관찰해 안전사고를 미리 예방한다.

자유선택활동의 계획과 평가는 반드시 이루어져야 하며 그 예는 다음과 같다.

〈표 6-16〉 만 3세 자유선택활동 계획표

## 자유선택 활동 계획 및 평가

| 영역 / 날짜 2월 | 쌓기놀이 | 역할놀이 | 수/조작 | 미술 | 언어 | 음률영역 | 기분이 어떠했나요? |
|---|---|---|---|---|---|---|---|
| 17일 월요일 | ☺ | ☺ | ☺ | ☺ | ☺ | ☺ | |
| 18일 화요일 | ♡ | ♡ | ♡ | ♡ | ♡ | ♡ | |
| 19일 수요일 | ☆ | ☆ | ☆ | ☆ | ☆ | ☆ | |
| 20일 목요일 | ◇ | ◇ | ◇ | ◇ | ◇ | ◇ | |
| 21일 금요일 | ♛ | ♛ | ♛ | ♛ | ♛ | ♛ | |

〈표 6-17〉 만 4세 자유선택활동 계획표

**★ 자유선택활동 계획 및 평가표 (9월)** ( 주제 : 우리나라 ) ( 오늘 하고 싶은 놀이를 정해 계획해보세요. )

이름:

| 날짜 / 영역 | 15 일 월요일 | | 16 일 화요일 | | 17 일 수요일 | | 18 일 목요일 | | 19 일 금요일 | |
|---|---|---|---|---|---|---|---|---|---|---|
| | 계 획 | 실행 여부 | 계 획 | 실행 여부 | 계 획 | 실행 여부 | 계 획 | 실행 여부 | 계 획 | 실행 여부 |
| 쌓기놀이 | | | | | | | | | | |
| 역할놀이 | | | | | | | | | | |
| 언어 | | | | | | | | | | |
| 수·조작 | | | | | | | | | | |
| 과학 | | | | | | | | | | |
| 미술 | | | | | | | | | | |
| 음률 | | | | | | | | | | |
| 평가 | ○ | | ○ | | ○ | | ○ | | ○ | |

〈표 6-18〉 만 5세 자유선택활동 계획표

# ★ 자유선택활동 계획 및 평가표 ★

## 2000년 0월

( 놀이 하고 싶은 영역을 3~4영역을 골라 ○하세요)

| 날짜 / 영역 | 16일 월요일 | | 17일 화요일 | | 18일 수요일 생일잔치 | | 19일 목요일 | | 20일 금요일 | |
|---|---|---|---|---|---|---|---|---|---|---|
| | 계획 | 평가 | 계획 | 평가 | 계획 | 평가 | 계획 | 평가 | 계획 | 평가 |
| 언어 | | | | | | | | | | |
| 음률 | | | | | | | | | | |
| 수조작 | | | | | | | | | | |
| 쌓기놀이 | | | | | | | | | | |
| 역할놀이 | | | | | | | | | | |
| 과학 | | | | | | | | | | |
| 미술 | | | | | | | | | | |
| 평가 | ☺ 😐 ☹ | | ☺ 😐 ☹ | | ☺ 😐 ☹ | | ☺ 😐 ☹ | | ☺ 😐 ☹ | |
| | 계획대로 했으면 ○, 하다가 말았으면 △, 못했으면 x | | | | | | | | | |

◈ 정리정돈 및 평가하기

자유선택활동이 끝난 후 유아들이 자신이 사용한 교재교구를 제자리에 정돈한다. 활동이 더 진행되기 원하는 경우 유아들 간 약속을 정해 정리하지 않고 보관할 수 있도록 한다. 귀가 전 평가나 활동 후 평가를 통해 유아들이 재미있었던 일, 어려웠던 일 등에 대해 이야기하고 평가하며 자연스럽게 일과와 활동에 대한 평가가 이루어지도록 한다. 평가 시 언어적 표현뿐 아니라 그림, 표정, 스티커 등으로 다양하게 평가해 볼 수 있도록 계획하는 것도 좋다.

◈ 대 · 소집단활동

대집단활동이란 한 반의 유아가 모두 참여하는 활동으로 이야기 나누기, 동화, 게임, 노래 등으로 이루어질 수 있다. 소집단활동은 한 반의 절반으로 나누거나 6~8명의 소집단으로 구성하며 한 교사가 자유선택활동 시간을 이용해 진행하거나 다른 교사가 집단을 나누어 활동을 진행할 수 있다. 대 · 소집단 유형은 각 활동의 목적, 유아의 요구나 흥미에 따라 융통성 있게 운영한다.

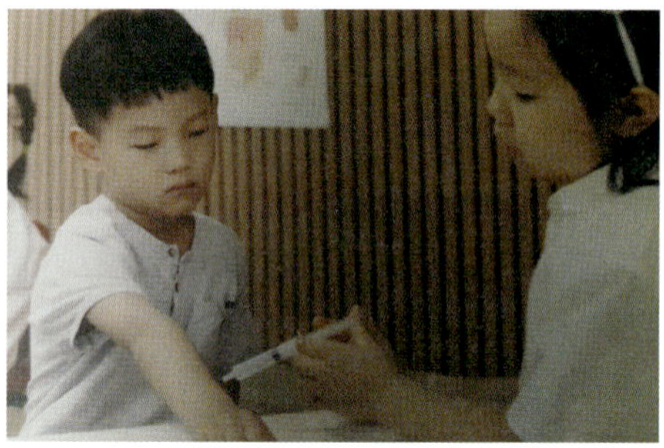

◈ 바깥놀이, 실외자유선택활동

바깥놀이는 유아가 바깥의 넓은 공간에서 뛰기도 하고 마음껏 몸을 움직여 노는 대근육을 활용한 신체활동, 산책 등의 자연체험활동, 동 · 식물을 기르거나 관찰하는 활동, 책읽기, 그리기, 만들기 등의 조용한 활동, 물과 모래놀이활동 등으로 운영된다. 유아에게 있어 실외놀이는 필수적이며 가능한 매일 실외놀이를 계획하는 것이 좋다. 실외활동 전에는 안전에 유의하며 미리 규칙을 정하고 한 번 더 안전 규칙을 이야기하는 것이 필요하다.

◈ 간식 및 점심시간

간식 및 점심시간은 성장기에 꼭 필요한 영양을 공급하고 활동을 통해 소비된 에너지를 보충하는 시간이다. 이 시간 동안 식사의 즐거움을 경험하고 바른 식습관을 형성하며 식사예절을 배울 수 있도록 한다. 오전 간식은 반드시 제공해야 하나 점심시간을 고려해 너무 부담스럽지 않게 준비하며 오후 간식은 보다 충실한 식단으로 제공하는 것이 필요하다.

간식 및 점심시간이 너무 길어지지 않게 일정시간을 정해 주되 급하게 먹지 않도록 하고 먼저 식사한 유아들은 양치한 후 조용한 영역에서 활동하며 휴식할 수 있도록 한다.

◈ 낮잠 및 휴식

유아들은 너무 놀이를 많이 하면 피곤한 줄 모르고 힘들어 할 수 있으므로 일과 중 휴식시간을 계획한다. 특히, 동적 활동 후에는 정적 활동을 계획해 자연스럽게 휴식할 수 있게 하는 것도 필요하다. 낮잠은 종일반의 경우 반드시 필요하며 낮잠을 거부하는 유아는 조용한 활동을 하고 30분 정도는 누워서 쉬도록 하는 것도 좋다.

◈ 귀가지도

하루 일과를 마치고 귀가할 때 교사와 친구들과 인사하며 하루 일과를 정리하고 평가한다. 유아는 옷을 꺼내 입고 자신의 가방과 전달사항을 챙겨 귀가한다. 일과 중 특별한 일이 있었던 경우 부모에게 즉시 알려주고 가정에서의 유아 지도에 도움이 되도록 한다.

어린이집의 하루 일과 운영의 예를 제시하면 다음과 같다(보건복지부, 2012).

〈표 6-19〉 어린이집 만 3~4세 유아의 일과(예)

| 시간 | 활동명 |
|---|---|
| 7:30~9:00 | 등원 및 통합보육/ 오전 간식 |
| 9:00~10:30 | 오전 자유선택활동 |
| 10:30~10:50 | 정리정돈 및 화장실 가기 |
| 10:50~11:20 | 대 · 소집단활동 |
| 11:20~12:20 | 실외활동/ 손 씻기 |
| 12:20~13:20 | 점심식사 및 이 닦기 |
| 13:20~14:00 | 조용한 활동/ 정리정돈 및 낮잠 준비 |
| 14:00~15:40 | 동화 듣고 낮잠, 휴식 |
| 15:40~16:10 | 낮잠 깨기 및 정리정돈 |
| 16:10~16:30 | 오후 간식 |
| 16:30~17:40 | 오후 자유선택활동 |
| 17:40~18:00 | 귀가 준비 |
| 18:00~19:30 | 귀가 및 가정과의 연계 |

〈표 6-20〉 어린이집 만 5세 유아의 일과(예)

| 시간 | 활동명 |
|---|---|
| 7:30~9:00 | 등원 및 통합보육 |
| 9:00~10:20 | 오전 자유선택활동 |
| 10:20~10:50 | 정리정돈 및 화장실 가기/ 오전 간식 |
| 10:50~11:20 | 대 · 소집단활동 |
| 11:20~12:10 | 실외활동/ 손 씻기 |
| 12:10~13:20 | 점심식사 및 이 닦기 |
| 13:20~13:40 | 대 · 소집단활동 |
| 13:40~15:00 | 오후 자유선택활동 |
| 15:00~15:30 | 화장실 가기/ 손 씻기/ 오후 간식 |
| 15:30~16:20 | 실외활동/ 손 씻기 |
| 16:20~17:30 | 오후 자유선택활동 |
| 17:30~18:00 | 귀가 준비 |
| 18:00~19:30 | 귀가 및 가정과의 연계 |

# 6 교육평가

## 1) 평가의 개념

평가는 어떤 대상의 가치나 수준을 판단하는 일이다. 즉, 교육평가는 교육의 가치나 수준을 판단하는 일이라 볼 수 있으며 판단기준은 교육과정뿐 아니라 유아의 발달이나 행동에 대한 전반적인 범위를 평가하는 것이라 볼 수 있다. 유아평가는 유아의 특징과 개별성을 이해함으로써 적절한 교육적 가치를 제공하기 위한 중요한 수단이다.

평가의 대상은 영유아, 교사, 교육과정으로 나누어 살펴볼 수 있다.

### (1) 영유아평가

영유아의 진정한 평가는 자연스러운 맥락 안에서 일어나야 하며 평가를 통해 영유아의 발달수준, 이해수준, 흥미, 정서, 성향, 기술 등을 이해할 수 있다. 또 영유아의 발달 정도는 한두 번의 평가로 파악하기 어려우므로 지속적인 평가여야 한다. 영유아평가의 목적을 살펴보면 다음과 같다(교육과학기술부, 2012, 보건복지부 2012).

- 유아의 개인적 요구와 발달수준 파악
  동일 연령이라 해도 발달 정도는 유아마다 다르다. 영역별 발달 정도가 균등하지 않아서 또래에 비해 일찍 발달한 발달영역이 있는가 하면 늦은 발달영역도 있다. 또한 유아마다 흥미와 개인적 요구가 다양하여 학습 양식도 서로 다르고 경험을 확장해 나가는 방법도 다르다. 교사는 유아의 현재 발달수준, 흥미와 개인적 욕구, 강점과 약점을 파악함으로써 유아를 이해하고 발달에 적합한 아동 중심 프로그램을 계획하고 운영해야 한다.
- 유아의 교육 · 보육 목표 성취 여부 파악
  유아평가는 개별 유아에게 적합한 목표를 설정하고 경험이나 활동을 제공하여 환경을 구성하며 적절한 교수 전략을 세우는 교육 · 보육활동을 개선하기 위해 필요하다. 유아의 발달 정도 및 학습 준비도 수준에 관한 객관적인 정보는 유아를 위한 누리과정을 계획하고 수정 · 보완하는 등 유아에 관한 의사결정의 기초가 된다.

- 부모 및 관련 분야 전문가들과의 정보 공유

  부모의 이해 정도를 높여주고 가정에서도 유아의 발달에 맞는 지도를 실시하도록 도와준다. 또 초등학교 진학이나 특별한 도움이 필요하여 외부 기관에 의뢰해야 할 경우 유아에 관한 정확한 정보를 제공하여 최적의 발달을 도모한다.

이와 같이 영유아평가의 목적은 개별 유아에 대한 정확한 이해를 통해 교육과 보육에 반영하고 영유아의 전인적 성장에 도움을 주고자 하는 것이다.

### (2) 평가의 방법

영유아를 위한 평가는 특정한 교육활동만 평가하거나 특정시간에 이루어지는 것이 아니라 일상적 공간과 상황에서 이루어진다. 그러므로 유아의 생활과 학습의 과정을 총체적으로 평가해야 한다.

일상에서 평가를 하는 것은 쉽지 않으며 따라서 영유아의 능력과 발달, 학습과정에서의 변화를 평가하기 위해서는 평가 시기와 방법에 대해 구체적으로 계획할 필요가 있다.

영유아의 평가방법은 형식적 평가와 비형식적 평가가 있다. 형식적 평가는 구체적이고 제한된 범위의 영유아행동에 대한 평가로 창의력검사, 준비도 검사 등이며 비형식적 평가는 유아의 행동관찰, 면담, 비디오나 사진자료 등이 해당된다. 영유아의 평가방법은 다양하며 각 평가도구의 장점이 다르기 때문에 평가 시 적절하게 평가방법을 활용해야 하며 단 하나의 평가방법으로 신뢰할 정보를 얻지 못하므로 영유아의 평가 시에는 다양한 평가방법을 활용해야 한다.

◈ 관찰법

관찰법은 가장 오래되고 일반적이며 보편적이다. 일상생활 속에서 영유아가 활동하는 모습을 관찰자가 본 대로 기록하는 것이다. 관찰은 전문적 훈련과정이 없이도 누구나 쉽게 사용할 수 있는 방법이지만 관찰의 객관성을 확보하기 어렵다. 따라서 관찰목적, 관찰 장면이나 행동, 결과의 분석을 체계적으로 계획해야 한다. 관찰법에서는 교사가 평가도구가 되기 때문에 교사의 관찰능력과 기술이 판단의 중요한 척도가 된다. 관찰법의 장 · 단점을 비교하면 다음과 같다(임재택, 1997).

〈표 6-21〉 관찰법의 장 · 단점

| 장점 | 단점 |
|---|---|
| • 교사는 어떤 특별한 훈련 없이도 쉽게 관찰할 수 있다.<br>• 시간적 · 상황적 구애를 받지 않고도 관찰할 수 있다.<br>• 다른 측정방법과 병행하여 사용 가능하다.<br>• 집단적 혹은 개별적으로 관찰 가능하다.<br>• 어떤 발달영역에서도 적용 가능하다. | • 타당도가 관찰자의 능력에 달려 있다.<br>• 관찰자의 편견이 개입될 수 있다.<br>• 시각적으로 보여지는 행동 유형에 의해 부정확한 측정의 우려가 있다.<br>• 교수행위와 동시로 관찰을 진행할 경우 전체적 맥락을 파악하기 어렵다. |

관찰법을 통해 좋은 평가자료를 얻기 위해 교사는 다음과 같은 점에 주의해야 한다(백혜리, 김진영, 최윤정, 2006).

- 다양한 상황에서 유아를 관찰할 수 있도록 적절한 시간과 장소를 결정해야 한다.
- 관찰내용을 일정한 형식에 따라 일관성 있게 기록해야 한다. 기록 시 실제로 관찰한 것과 관찰자의 해석을 분명히 구분해야 한다.
- 기록이 필요한 유아의 행동이 언제 일어날지 예측이 어려우므로 항상 기록할 준비를 한다.
- 교사의 지나친 추측이나 과장 해석을 항상 경계하고 객관적인 시각을 유지하고자 노력해야 한다.
- 후광효과를 경계해야 한다. 유아의 행동에 대해 선입견과 편견을 가지고 관찰해서는 안 된다.

관찰법의 종류로는 일화기록법, 평정척도, 시간 · 사건표집법, 체크리스트 등이 있다.

- 일화기록법(anecdotal record)

  일화기록은 한 유아가 나타낸 짧은 내용의 사건이나 행동을 시간 순서대로 기록하는 방법으로 유아교육현장에서 가장 많이 활용되고 있다. 상황에 대해 아무 정보가 없는 사람이 읽어도 그 사건이나 상황을 확실히 알 수 있도록 주변 상황과 인물의 말 등을 사실적으로 남기도록 한다. 수업 중에 관찰을 기록할 경우 사건, 말의 요지, 주변 상황, 주요 단어를 기록해 두었다가 일과 후 정리하는 것이 좋다. 일화기록법은 관찰자의 편견이 들어갈 수 있으며 교사가 이 양식에 익숙하지 않을 경우 정확하게 기록하기만 해서 평가의 자료로 활용되지 못할 수도 있다.

- 평정척도(rating scale)

  평정척도는 유아의 정도나 특성의 정도를 몇 단계로 나누어 평정하는 것이다. 대개 3단계에서 7단계로 구성되며 작성이 용이하고 수량화하기 편리하지만 교사가 유아의 행동을 관찰하여 행동 정도에 대해 판단하는 시간이 행동목록보다 상대적으로 더 소요되며 관찰내용을 직접현장에서 기록하는 것이 아니라 관찰결과에 따른 판단을 요구하므로 개인적 편견이나 오류의 가능성을 배제하기 어렵다.

- 시간 · 사건표집법(time/event sampling)

  표집법은 행동을 측정할 수 있도록 미리 정한 범주를 사용하는 관찰기술로 시간표집법은 미리 정한 관찰대상의 행동을 일정 시간 간격으로 관찰하여 기록하는 것으로 짧은 시간 동안 행동이 얼마나 발생하는지 양적으로 측정하는 방법이며 사건표집법은 자연스러운 상태에서 일어나는 행동의 원인과 결과를 알고자 하거나 특정행동이 얼마나 자주 일어나는지 알아볼 때 유용한 방법이 될 수 있다.

- 체크리스트(check list)

  체크리스트는 행동목록법이라고도 부르며 유아의 현재 상태를 평가하기 위해 관찰하고자 하는 내용을 행동목록으로 만들어 각 항목에 해당하는 행동이 보일 경우 체크하여 수치화하는 방법이다. 체크리스트는 이미 만들어진 자료를 사용하거나 필요한 경우 교사가 직접 제작해 사용할 수 있다. 체크리스트는 행동 발생 유무를 쉽게 파악할 수 있으나 행동의 발생빈도나 질적 수준에 대한 정보를 얻을 수 없고 미리 정해 놓은 항목 이외의 중요한 행동을 놓치기 쉬운 단점이 있다.

◈ 검사법

• 표준화 검사

표준화 검사는 검사의 목적, 내용, 대상, 실시 절차, 실시 조건, 채점 및 결과 해석이 표준화되어 있다. 따라서 유아의 발달특성을 객관적으로 평가하기에 편리하다. 표준화 검사는 모든 유아를 신뢰도가 높고 기준이 동일한 평가도구로 측정할 수 있다는 장점이 있으나 서열화를 부추기는 요인이 될 수 있다. 이와 같은 결과로 유아로 하여금 스트레스가 유발되어 평가가 추구하는 더 나은 교육을 위한 것에서 벗어난 검사가 될 수 있다.

• 교사 제작 검사

교사 제작 검사는 표준화된 검사를 교사가 제작하는 것이다. 유아들을 검사하고자 하나 특정 검사도구가 없을 때 교사가 제작, 개발할 수 있으나 검사도구의 신뢰도와 타당도를 검증하는 과정과 절차가 복잡하다는 한계가 있다.

◈ 면담법(면접법)

면담은 대화를 통해 유아나 부모에게서 다양한 자료를 획득하는 방법이며 부모 상담과 같은 공식적인 일정에서 일어나기 쉽다. 그러나 비형식적이고 비공식적인 면담이 등·하원 시나 짧은 만남을 통해서 가능하다. 면담은 상대방의 진실하고 사적인 내용의 자료를 모을 수 있으며 다른 평가와 병행이 가능하다.

면담법은 면담 대상의 상황에 따라 융통성 있게 질문하고 질문에 응답할 뿐 아니라 비언어적 행동이나 여러 정보를 함께 관찰할 수 있으므로 다양한 정보를 많이 얻을 수 있다. 또한 다른 평가방법에 비해 응답률이 높으며 면접 대상이 잘 이해하지 못하는 부분에 대해 설명이나 추가 질문이 가능한 장점이 있다. 그러나 피면담자와의 유대감이 형성될 때까지 일정한 시간이 필요하며 감정적 몰입으로 인해 객관적이지 못한 편견이 개입되어 신뢰도를 떨어뜨리는 요인이 될 수 있다.

◈ 포트폴리오

포트폴리오는 시간의 흐름에 따라 나타나는 유아의 성장과 발달, 학습과정과 결과 등 활동작업에 대한 관찰자료를 체계적으로 수집하고 보관하며 조직한 파일이다. 포트폴리오 평가는 단순한 자료 철이나 유아의 작업 표본을 수집해 놓은 것을 의미하는 것이 아니며 수집된 기록물을 근거로 유아의 학습 및 수행력을 향상시키거나 모니터하기 위해 고안된 평가의 한 유형이다.

포트폴리오는 전시 포트폴리오, 평가 포트폴리오, 기록 포트폴리오, 과정 포트폴리오로 구분된다(문미옥, 2014).

〈표 6-22〉 포트폴리오의 종류

| 구분 | 내용 |
|---|---|
| 전시 포트폴리오 | 아동의 최상의 작품이나 결과물을 전시하는 데 사용됨. 늘 다시 들여다봄으로써 유아 스스로가 자신에 대한 자부심을 가질 수 있음 |
| 평가 포트폴리오 | 프로그램의 목적, 목표, 기준에 따라 아동의 진보를 평가하는 데 목적이 있음. 일화기록, 관찰 체크리스트, 평정척도검사 등을 포함 |
| 기록 포트폴리오 | 다음 해 아동을 인계할 교사에게 아동의 발달에 대한 모든 기록을 제공하는 데 사용됨. 일화기록, 관찰 체크리스트, 교사의 설명과 해석, 부모면담기록, 결과물 등을 포함 |
| 과정 포트폴리오 | 시간의 흐름에 따라 진행된 프로젝트에서 나타나는 지속적인 작업 내용을 포함. |

포트폴리오의 내용은 다양하며 일화기록, 관찰 체크리스트, 교사의 설명과 해석, 부모면담기록, 활동작업 샘플, 관찰 일지, 교사 저널, 유아의 이야기, 대화 기록, 읽은 책 목록, 작품, 프로젝트 과정 분석자료, 사진 등 유아발달의 변화와 방향을 이해하는 데 도움을 주는 모든 자료를 포함한다.

그러나 어떤 기준이 없이 모든 정보들을 다 모으는 것이 포트폴리오가 아니라 유아의 발달적 변화를 드러내거나 학습의 과정을 드러내도록 구성하여 교육에 대한 평가가 가능한 것이 되어야 한다.

### (3) 교사평가

교사평가의 목적은 교사가 책임을 성실히 수행하는지 판단하기 위해서, 교사의 전문성을 신장하기 위해서, 인사관리에 있어 판단 기준을 만들기 위해서이다.

교사평가는 자기평가와 타인에 의한 평가로 나누어 볼 수 있다.

◈ 자기평가

- 자기평가 척도를 사용한 평가

  교사들이 본인 스스로 다양한 자기평가 척도를 사용한 평가를 시행해볼 수 있다. 주기적으로 본인의 교수 행위에 대한 체크리스트를 통해 반성적 사고를 가짐으로써 바람직한 교사로서의 성장을 도울 수 있다.

- 반성적 저널 쓰기

  반성적 저널 쓰기는 교사들로 하여금 감추어진 신념을 드러내어 검토하고 분석하는 기회를 제공한다. 주된 인물, 갈등 상황을 중심으로 저널을 쓰면 반성적 사고를 향상시키는 데 효과적이다. 유치원과 학급에서 일어나는 교수와 관련된 행위를 스스로 관찰, 분석, 평가할 수 있는 수단이 될 수 있다. 그러나 교사가 쓰는 것을 좋아하고 기록하며 반성할 수 있는 능력을 갖추었을 때만 효과적이며 꾸준히 자신과 대화를 나누며 자신의 신념과 교수활동을 분석하고 해결책을 고안할 때 반성적 사고가 향상될 수 있다.

◈ 타인에 의한 평가

- 교사평가도구를 활용한 동료평가

  교사를 평가하는 도구를 사용함으로써 동료 간 평가가 가능하다. 동료 간 평가는 경쟁적이고 위협적일 수 있으나 열린 시각으로 받아들이면 자신을 객관적인 시각에서 판단함으로써 자기 발전의 계기가 될 수 있다.

- 수업 분석

  수업 분석은 동료 교사의 수업 또는 사례를 분석하는 방법이다. 대부분 수업 중에 다른 교사들의 수업을 관찰하거나 조언을 얻을 수 없다. 따라서 수업 분석을 통해 자신의 교수 행위를 객관적으로 살펴볼 수 있고 동료 교사의 피드백을 얻을 수 있어 교사의 반성적 사고를 기르는 데 도움을 줄 수 있다.

### (4) 교육과정 운영평가

◈ 운영평가 원리

- 유치원교육계획, 교육활동, 운영 전반에 걸친 평가를 실시한다.
- '유아교육 프로그램 평가'에 의거 객관성 있는 자체 평가를 실시한다.
- 사전연수를 통해 교사들이 공감대를 형성한 후 실시한다.
- 결과는 수합하여 정리한다.
- 평가시기 : 월말, 학기말
- 평가 결과의 활용 : 평가 결과를 공개하고 개선방안에 대하여 협의한다.
- 1학기 중간평가는 2학기 유치원교육과정 운영 개선에 활용한다.

◈ 교육과정 운영 자체 평가(상시)

| 구분 | 평가준거 |
|---|---|
| 교육과정계획·평가 | 1. 연간 교육계획안이 있는가?<br>2. 월간 및 주간 교육계획안이 있는가?<br>3. 일일계획안이 있는가?<br>4. 동일연령의 교사들이 함께 계획에 참여하는가?<br>5. 어린이들의 흥미 및 발달수준에 맞게 활동을 계획하는가?<br>6. 다음 날의 교육을 위한 학습자료를 전날에 준비하는가?<br>7. 방과 후 일일계획안에 따른 평가를 하는가?<br>8. 개별 어린이의 활동 진행 및 수준에 대하여 기록하는가?<br>9. 교사는 어린이의 출석을 매일 점검하는가?<br>10. 전체 교사 회의를 정기적으로 하고 있는가?<br>11. 교사의 자기 개발을 위한 지속적인 자기 장학 및 동료 장학이 이루어지고 있는가? |

| | |
|---|---|
| 물리적 환경구성 | 1. 모든 시설 · 설비가 어린이의 신체적 조건에 알맞게 준비되었는가?<br>2. 물리적 환경은 안전성을 고려하여 구성되어 있는가?<br>3. 실내의 온도가 적절히 유지되고 있는가?<br>4. 실내에 다양한 흥미영역이 준비되어 있는가?<br>5. 흥미영역의 배치는 공간 배치 원리를 따르는가?<br>6. 공간의 크기 및 어린이의 수에 맞게 학습자료가 충분히 준비되어 있는가?<br>7. 놀잇감이 개방된 선반 위에 정리되어 있으며 바구니가 쟁반에 담겨 있어 어린이가 놀잇감을 옮기기에 편리하게 되어 있는가?<br>8. 벽에 있는 그림이나 사진이 유아의 눈높이에 맞게 제시되어 있는가?<br>9. 계절과 주제에 맞게 물리적인 환경이 변화하고 있는가?<br>10. 식기와 기타 가구, 교재들이 청결한가?<br>11. 실내외를 정기적으로 소독하고 환기하는가?<br>12. 응급처치에 필요한 응급 용품들이 준비되어 있는가?<br>13. 안전에 대한 사전 지침이 준비되어 있는가? |

◈ 교육행사 운영평가(상시)

| 내용 | 평가준거 |
|---|---|
| 교육행사 운영 전반 | • 다양한 교육행사를 계획하고 운영하는가?<br>• 유아의 발달에 적합한 행사를 운영하는가?<br>• 행사를 통하여 사전, 사후의 활동이 연결되어 이루어졌는가?<br>• 전체 교사회의를 통해 행사진행이 계획되었는가?<br>• 필요한 자료들이 전날까지 미리 준비되어 있는가?<br>• 행사 후의 평가가 이루어지고 있는가?<br>• 행사 진행 장소에 대한 사전답사와 협의가 충분히 이루어졌는가?<br>• 응급처치에 필요한 의약품이 준비되어 있는가? |
| 현장학습 | • 견학 시 유아의 이동거리가 적당한가?<br>• 주변에 위험요소가 있지 않은가? |
| 부모참여 프로그램 | • 부모참여 프로그램 시 부모의 요구가 적절히 반영되었는가?<br>• 부모참여 시 유아교육기관에 대한 이해가 이루어지는 프로그램을 계획 · 운영하는가? |

◈ 연령별 · 주제별 교육과정 평가(만 5세반)

| 생활주제 | 유치원과 친구 | 대상 | 만 5세 – 푸른산반 |
|---|---|---|---|
| 진행 기간 | 2000년 0월 0일 ~ 2000년 0월 0일 | | |
| 주제전개에 대한 평가 | | | |
| 처음 새로운 교실, 선생님, 친구들을 만나서 시작하는 주제로 적합한 것 같다. 먼저 유치원에서의 환경, 하루 일과, 친구에 대해 알고 익히는 단계를 거치면서 혼자가 아닌 함께라는 이름으로 유치원 생활을 할 수 있는 배려, 협동의 마음가짐을 심어줄 수 있어서 의미가 있었던 것 같다. | | | |

<table>
<tr><th colspan="3">활동평가</th></tr>
<tr><th>구분</th><th>잘된 점</th><th>보완점</th></tr>
<tr><td>자유선택 활동</td><td>처음 환경이 바뀐 후 여러 가지 영역과 놀잇감에 대해 탐색하는 시간을 가졌다. 놀이이름표를 사용하는 방법에 데헤 이야기를 나누고 필요성에 대해 알려주어 정해진 인원만큼, 규칙과 약속을 정해 놀이할 수 있도록 지도하였다.</td><td>놀이이름표를 사용할 때 주의사항을 조금 더 상세하게 이야기해주었어야 했는데, 놓친 부분이 있어 추후에 이야기해 주었다.<br>– 놀이이름표 정리는 맨 나중에 하기<br>– 자리가 없을 때에 친구 이름표 떼지 않기<br>– 잃어버리지 않도록 주의하기</td></tr>
<tr><td>대 · 소 집단 활동</td><td>유치원에서 여러 가지 활동 시 지켜야 할 약속과 규칙에 대한 소개가 많이 이루어져서 대부분 이야기 나누기 활동으로 진행되었다. 이야기 나누기 자리에서 유아들이 앉는 방법, 경청하는 바른 태도를 익혀 볼 수 있어 좋았다.</td><td>교사와 유아의 이야기 나누기 수업과 이야기하기의 수업이 골고루 활동되지 못한 것 같아 아쉬웠다. 다양한 교수자료를 가지고 함께 활동하며 자연스럽게 익히기보다는 규칙과 약속을 안내하고 유아는 듣고 기억하도록 활동했던 것이 아쉬웠다.</td></tr>
<tr><td>주제별 환경구성</td><td colspan="2">

<br>• 친구에게 듣고 싶은 말을 게시해 두어 좋은 이야기를 해주고자 함<br>• 꼬마선생님 이름표에 친구를 도와주는 모습을 그리고 실제로 돕도록 함</td></tr>
</table>

◈ 연령별 · 주제별 교육과정 평가 (만 4세반)

| 생활주제 | 유치원과 친구 | 대상 | 만 4세반 |
|---|---|---|---|
| 진행 기간 | 2000년 0월 0일 ~ 2000년 0월 0일 | | |
| 주제전개에 대한 평가 | | | |
| '유치원과 친구'라는 주제를 통해 낯선 유치원 환경에 적응하고 유치원에서 즐겁고 안전하게 생활할 수 있는 방법에 대해 이야기 나누고, 실천할 수 있도록 하는 것을 목표로 하여 유아들과 활동을 진행해 나갔다. 그로 인해 약속을 지키며 안전하게 생활하려고 노력하는 모습을 보이며 적응해 나가는 모습이 보였다. | | | |

| 활동평가 | | |
|---|---|---|
| 구분 | 잘된 점 | 보완점 |
| 자유선택활동 | 자유선택활동시간에 새로운 교실에 있는 영역별 놀잇감의 약속을 알고 실천할 수 있도록 교구에 대한 소개와 규칙에 대해 이야기한 후 활동을 진행하여 아이들이 안전하고 즐겁게 참여할 수 있었다. | 주제와 관련되어 있는 교구가 부족하고 관련 동화 및 소품 등이 마련되어 있지 않아 수업과 연계된 자유선택활동이 제대로 이루어지지 못했던 것 같다. 활동을 시작하기 전 교구를 확인하고, 사전에 준비 및 제작해야 할 필요성을 느꼈다. |
| 대 · 소 집단활동 | 대집단활동을 하기 전 의자사용방법과 안전하게 매트에 앉는 방법들에 대해 이야기 나누어 아이들이 집중할 수 있는 태도를 기르도록 하였다. 또한 미리 꽃/나비 팀을 구성하여 소그룹 활동 시 자신의 팀을 알고 활동에 참여할 수 있도록 지도하였다. | 학기 초라서 그런지 아직은 대그룹으로 모여 이야기 나누거나 활동할 때 집중시간이 길지 않았다. 아이들이 주의 집중할 수 있는 손유희나 소품 등을 다양하게 활용하여 수업을 계획해야겠다. |
| 주제별 환경구성 |   |   |

◈ 연령별 · 주제별 교육과정 평가 (만 3세반)

<table>
<tr><th>생활주제</th><td>유치원과 친구</td><th>대상</th><td>만 3세 – 고운마음반</td></tr>
<tr><th>진행 기간</th><td colspan="3">2000년 0월 0일 ~ 2000년 0월 0일</td></tr>
<tr><th colspan="4">주제전개에 대한 평가</th></tr>
<tr><td colspan="4">집단생활을 처음으로 경험하는 유아들이 낯선 환경에 대한 두려움 때문에 적응을 하는데 시간이 걸릴 것이라고 예상한 것과 달리 유치원에 대한 호기심과 기대감을 가지고 유치원에서의 하루 일과에 잘 참여하며 계획된 활동에 즐겁게 참여하는 모습을 볼 수 있었다. 또한 유치원은 친구들과 함께 생활하며 약속과 규칙을 지켜야 하는 곳임을 알고 유치원이라는 곳을 즐겁게 인식할 수 있는 주제가 된 것 같다.</td></tr>
</table>

<table>
<tr><th colspan="3">활동평가</th></tr>
<tr><th>구분</th><th>잘된 점</th><th>보완점</th></tr>
<tr><th>자유선택 활동</th><td>유아들이 가정에서 놀이했던 ‘장난감’과 유치원의 ‘교구’의 차이점을 느낄 수 있도록 교실 내 흥미영역의 놀잇감을 소개하고, 놀잇감 사용방법 및 놀이시간에 지켜야 할 약속 등을 동화자료로 이야기 나누고 반복적으로 경험하며 영역별로 놀이하고 정리도 해볼 수 있도록 지도하였다.<br>반복적인 경험을 통해 유아들이 유치원에서의 약속과 규칙을 인식하는 모습을 볼 수 있었다.</td><td>유아들이 아직 스스로 하는 것에 서툴고 시간이 다소 걸리지만 유아들이 스스로 성취감을 느끼고 유치원 생활을 즐겁게 받아들일 수 있도록 많이 칭찬해주어야겠다.<br>또한 동화를 더 다양한 방법으로 유아들에게 전달할 수 있도록 융판이나 손인형, 막대인형 등을 활용해보는 것도 좋을 것 같다.</td></tr>
<tr><th>대 · 소 집단활동</th><td>모루, 빵끈, 지끈, 빨대 등 여러 가지 재료를 탐색해보고, 재료들을 이용하여 친구들의 머리카락을 꾸며보았다. 형태 표현이 어려운 시기이기 때문에 다양한 재료를 탐색하고 붙여 표현하는 기법이 유아들의 수준에 적합했던 것 같다. 또한 작품을 게시판에 게시하여 유아들이 학기 초에 친구들의 얼굴과 이름을 즐겁게 익힐 수 있도록 하였다.</td><td>유아들이 미술재료를 종이에 붙일 때 면봉에 목공풀을 묻혀 붙이도록 하였는데, 목공풀을 너무 많이 하거나 너무 적게 하여 주변에 묻히거나 재료가 붙지 않는 경우가 있었다.<br>활동을 계획할 때 유아들의 수준에 적합한 자료를 제시하는 것에 대한 연구가 더 필요할 것 같다.</td></tr>
<tr><th>주제별 환경구성</th><td colspan="2"> <br>유치원에서 친구들과 안전하고 즐겁게 지내기 위해 지켜야 하는 규칙과 약속에 대한 상황그림을 게시하여 유아들이 유치원에서 지켜야 하는 규칙과 약속에 관심을 갖고 그 의미를 알고 지킬 수 있도록 하였다.</td></tr>
</table>

◈ 학급운영평가-자기평가(교사용)

실시날짜 2018년 3월/ 6월/ 9월/ 12월(총 4회 평가) 교사 : (인)

| 영역 | 평가문항 | 1 2 3 4 5 부적합 보통 적합 3월 일 | 6월 일 |
|---|---|---|---|
| 교육철학 | 1. 기관의 교육철학 및 교육이념이 설정되어 있는가? | 1 2 3 4 5 | 1 2 3 4 5 |
| | 2. 기관의 교육철학을 연(월)간, 주안, 일안 등 모든 교육계획안에 반영하고 있는가? | 1 2 3 4 5 | 1 2 3 4 5 |
| | 3. 일일계획안에 구체적 교육목표를 명시하고 있는가? | 1 2 3 4 5 | 1 2 3 4 5 |
| 물리적 환경 | 1. 모든 시설, 설비가 어린이의 신체적 조건에 알맞게 준비되어 있는가? | 1 2 3 4 5 | 1 2 3 4 5 |
| | 2. 물리적 환경은 안전성을 고려하여 구성되었는가? | 1 2 3 4 5 | 1 2 3 4 5 |
| | 3. 실내의 온도가 적절히 유지되는가? | 1 2 3 4 5 | 1 2 3 4 5 |
| | 4. 실내에는 다양한 흥미영역이 준비되어 있는가? | 1 2 3 4 5 | 1 2 3 4 5 |
| | 5. 흥미영역의 배치는 공간배치원리를 따르는가? | 1 2 3 4 5 | 1 2 3 4 5 |
| | 6. 영역별 활동계획판이 준비되어 있는가? | 1 2 3 4 5 | 1 2 3 4 5 |
| | 7. 대집단활동영역은 전체 어린이가 활동할 만한 충분한 공간인가? | 1 2 3 4 5 | 1 2 3 4 5 |
| | 8. 공간의 크기 및 어린이의 수에 맞게 학습 자료가 충분히 준비되어 있는가? | 1 2 3 4 5 | 1 2 3 4 5 |
| | 9. 놀잇감이 개방된 선반 위에 정리되어 있으며 바구니나 쟁반에 담겨 있어 어린이가 놀잇감을 옮기기에 편리하도록 되어 있는가? | 1 2 3 4 5 | 1 2 3 4 5 |
| | 10. 벽에 있는 그림이나 사진 등이 어린이의 눈높이에 알맞게 게시되어 있는가? | 1 2 3 4 5 | 1 2 3 4 5 |
| 물리적 환경 | 11. 계절주제 등에 맞게 물리적 환경이 변화하는가? | 1 2 3 4 5 | 1 2 3 4 5 |
| | 12. 활동실 내에는 어린이가 휴식할 수 있는 조용한 영역이 있는가? | 1 2 3 4 5 | 1 2 3 4 5 |
| | 13. 어린이가 활동을 편안하게 할 수 있도록 작업복(앞치마) 이 준비되어 있는가? | 1 2 3 4 5 | 1 2 3 4 5 |
| | 14. 식기 기타 학습 자료들이 깨끗한가? | 1 2 3 4 5 | 1 2 3 4 5 |
| | 15. 속옷이 비치되어 있는가? | 1 2 3 4 5 | 1 2 3 4 5 |
| | 16. 실내를 자주 환기시키는가? | 1 2 3 4 5 | 1 2 3 4 5 |
| | 17. 실내 · 외를 정기적으로 소독하는가? | 1 2 3 4 5 | 1 2 3 4 5 |
| | 18. 응급처치에 필요한 의료용품이 준비되어 있는가? | 1 2 3 4 5 | 1 2 3 4 5 |
| | 19. 응급처치에 관한 보고서-투약보고서, 어린이의 건강기록부, 예방접종카드 등이 사용되는가? | 1 2 3 4 5 | 1 2 3 4 5 |
| | 20. 전염병 예방을 위한 건강과 안전에 대한 사전주의지침이 준비되어 있는가? | 1 2 3 4 5 | 1 2 3 4 5 |

| 영역 | | 평가문항 | 1 2 3 4 5 부적합 보통 적합 3월 일 | 6월 일 |
|---|---|---|---|---|
| 등원 및 귀가 | | 1. 일과가 시작되기 전에 활동실을 점검하는가? | 1 2 3 4 5 | 1 2 3 4 5 |
| | | 2. 어린이가 도착하는 대로 반갑게 맞이하는가? | 1 2 3 4 5 | 1 2 3 4 5 |
| | | 3. 부모와 떨어지기 어려워하는 어린이의 상태를 이해하고 보살피는가? | 1 2 3 4 5 | 1 2 3 4 5 |
| | | 4. 어린이 스스로 신발과 겉옷을 챙기도록 하는가? | 1 2 3 4 5 | 1 2 3 4 5 |
| | | 5. 어린이의 보호자와 간단한 대화를 통해 어린이에 관한 정보를 기록하는가? (예 : 건강상태, 투약 · 귀가시간 등) | 1 2 3 4 5 | 1 2 3 4 5 |
| | | 6. 모든 어린이가 귀가한 후 활동실을 점검하는가? | 1 2 3 4 5 | 1 2 3 4 5 |
| 자유선택활동 | 유아와의 상호작용 | 1. 교실에 돌아온 어린이가 활동을 스스로 계획하도록 돕는가? | 1 2 3 4 5 | 1 2 3 4 5 |
| | | 2. 어린이가 계획한 것을 실행할 수 있도록 준비하고 도와주는가? | 1 2 3 4 5 | 1 2 3 4 5 |
| | | 3. 명료하고 공정한 규칙을 설정하고 일관성 있게 지도하는가? | 1 2 3 4 5 | 1 2 3 4 5 |
| | | 4. 교사 중에 한 사람은 항상 활동실에 머물러 있어 놀이를 지도하고 모든 어린이를 지켜보는가? | 1 2 3 4 5 | 1 2 3 4 5 |
| | | 5. 어린이를 주위의 간섭이나 방해로부터 보호하는가? | 1 2 3 4 5 | 1 2 3 4 5 |
| | | 6. 남녀 차별 없이 모든 어린이가 다양한 활동에 참여할 수 있는 기회를 주는가? | 1 2 3 4 5 | 1 2 3 4 5 |
| | | 7. 개별 어린이의 신체적 · 정서적 욕구에 민감한 반응을 보이는가? | 1 2 3 4 5 | 1 2 3 4 5 |
| | | 8. 모든 어린이를 편견 없이 대하는가? | 1 2 3 4 5 | 1 2 3 4 5 |
| | | 9. 어린이의 생각과 느낌을 존중하고 성의 있게 반응하는가? | 1 2 3 4 5 | 1 2 3 4 5 |
| 자유선택활동 | 유아와의 상호작용 | 10. 과제에 어려움을 느끼는 어린이에게 신체접촉, 언어적 상호작용, 자료 제공 등으로 과제를 수행할 수 있도록 돕는가? | 1 2 3 4 5 | 1 2 3 4 5 |
| | | 11. 어린이의 사고를 자극하는 질문, 의견 제시, 아이디어 제공, 또는 놀잇감 및 교육자료 첨가 등의 방법으로 어린이의 활동을 확장 변형시키려고 노력하는가? | 1 2 3 4 5 | 1 2 3 4 5 |
| | | 12. 어린이가 자기과업을 성공적으로 수행했을 때 격려, 칭찬해 주는가? | 1 2 3 4 5 | 1 2 3 4 5 |
| | | 13. 어린이들 간에 협동하기, 차례 지키기, 나눠주기, 협의하기, 교대하기 등의 친사회적 행동이 이루어지도록 돕는가? | 1 2 3 4 5 | 1 2 3 4 5 |
| | | 14. 어린이에게 작업계획의 실행에 대한 평가 기회를 주는가? | 1 2 3 4 5 | 1 2 3 4 5 |

| | | | | |
|---|---|---|---|---|
| | | 15. 활동내용, 제공되는 교재교구는 어린이의 생활과 밀접하고 실제적인 자료와 구체적인 활동이 하루 일과의 중심이 되는가? | 1 2 3 4 5 | 1 2 3 4 5 |
| | | 16. 활동의 범위를 지역 사회까지 확장하는가? | 1 2 3 4 5 | 1 2 3 4 5 |
| | 언어영역 | 1. 어린이가 정규적인 하루의 일과시간대를 알고 이에 따라 행동할 수 있도록 도와주는가? | 1 2 3 4 5 | 1 2 3 4 5 |
| | | 2. 어린이 개인 또는 집단의 흥미, 관심사에 따라 하루의 일과가 융통성 있게 진행되는가? | 1 2 3 4 5 | 1 2 3 4 5 |
| | | 3. 정리정돈시간에 어린이와 함께 참여하여 모델을 보이는가? | 1 2 3 4 5 | 1 2 3 4 5 |
| | | 4. 학습자료로 복사된 그림이나 사진 등을 부착하여 어린이의 정리정돈을 도와주는가? | 1 2 3 4 5 | 1 2 3 4 5 |
| | | 5. 건강, 사회, 표현, 언어, 탐구의 모든 생활영역 간에 조화를 이루어 어린이의 활동을 촉진하려고 노력하는가? | 1 2 3 4 5 | 1 2 3 4 5 |
| | | 6. 교사들 간의 효율적인 역할분담이 이루어지는가? | 1 2 3 4 5 | 1 2 3 4 5 |
| | | 7. 언어의 발달을 자극하는 다양한 자료가 항상 준비되어 있는가? | 1 2 3 4 5 | 1 2 3 4 5 |
| 자유선택활동 | 언어영역 | 8. 비치되어 있는 책은 어린이의 연령과 주제에 맞는가? | 1 2 3 4 5 | 1 2 3 4 5 |
| | | 9. 어린이에게 이야기 책, 동시 등을 자주 읽어주며 내용을 이해하고 감상할 수 있도록 안내하는가? | 1 2 3 4 5 | 1 2 3 4 5 |
| | | 10. 어린이에게 여러 가지 언어활동자료로 이야기를 꾸며 볼 기회를 주는가? | 1 2 3 4 5 | 1 2 3 4 5 |
| | | 11. 어린이가 자신의 느낌이나 생각, 경험한 것, 좋아하는 것에 대해 언어적으로 표현하도록 격려하는가? | 1 2 3 4 5 | 1 2 3 4 5 |
| | | 12. 올바른 어휘, 문장을 구사하여 어린이에게 언어적인 모델이 되는가? | 1 2 3 4 5 | 1 2 3 4 5 |
| | | 13. 일상적인 활동을 통해 자연스럽게 읽기와 쓰기를 경험하도록 하는가? | 1 2 3 4 5 | 1 2 3 4 5 |
| | 쌓기 | 1. 끼우기, 분리하기, 맞추기, 재배열하기, 모으기, 패턴 만들기 등을 할 수 있는 다양한 조작적 자료(퍼즐, 끼우기 블록, 카드와 모형 등)가 준비되어 있는가? | 1 2 3 4 5 | 1 2 3 4 5 |
| | 수·조작·과학영역 | 1. 유아에게 수 개념에 대한 다양한 자료를 제공하는가? | 1 2 3 4 5 | 1 2 3 4 5 |
| | | 2. 유아에게 사물의 형태, 크기, 색 등에 따라 이름을 붙이고 변별할 수 있는 기회를 주는가? | 1 2 3 4 5 | 1 2 3 4 5 |
| | | 3. 주제에 따라 다양한 자료를 제공하는가? | 1 2 3 4 5 | 1 2 3 4 5 |
| | | 4. 유아가 직접 사물을 보고, 듣고, 만지고, 냄새 맡기 등 경험의 기회를 주는가? | 1 2 3 4 5 | 1 2 3 4 5 |
| | | 5. 관찰(동·식물 기르기), 고장 난 기계, 실험, 측정, 탐구할 수 있는 다양한 활동이 제공되는가? | 1 2 3 4 5 | 1 2 3 4 5 |

| 영역 | 세부 영역 | 문항 | 평가 | 평가 |
|---|---|---|---|---|
| 자유선택활동 | 미술영역 | 1. 미술활동에 필요한 다양한 자료가 준비되어 있는가? | 1 2 3 4 5 | 1 2 3 4 5 |
| | | 2. 유아의 그림발달단계에 맞게 지도하는가? | 1 2 3 4 5 | 1 2 3 4 5 |
| | | 3. 물감 그리기, 손가락 그림, 콜라주 등과 같은 창의적 표현활동의 기회를 주는가? | 1 2 3 4 5 | 1 2 3 4 5 |
| | | 4. 다양한 종류의 폐품이 항상 준비되어 있는가? | 1 2 3 4 5 | 1 2 3 4 5 |
| | | 5. 다양한 종류의 색깔, 모양 종이가 준비되어 있는가? | 1 2 3 4 5 | 1 2 3 4 5 |
| | | 6. 창의적 작품을 만들 기회를 주는가? | 1 2 3 4 5 | 1 2 3 4 5 |
| | | 7. 그림 그릴 수 있는 다양한 자료를 제공하는가? | 1 2 3 4 5 | 1 2 3 4 5 |
| | 역할영역 | 1. 역할놀이를 할 수 있는 기본자료(소꿉놀이 세트, 인형, 모자, 옷, 가방, 신발, 전신거울, 전화기 등)와 각종 직업을 나타내는 소품 등이 준비되어 있는가? | 1 2 3 4 5 | 1 2 3 4 5 |
| | | 2. 역할놀이에 적절한 개입을 하는가? | 1 2 3 4 5 | 1 2 3 4 5 |
| | 신체활동 | 1. 실외놀이활동을 적극적으로 격려하거나 참여하는가? | 1 2 3 4 5 | 1 2 3 4 5 |
| | | 2. 물, 모래놀이, 이젤 그림 등의 기회를 주는가? | 1 2 3 4 5 | 1 2 3 4 5 |
| | | 3. 눈과 손의 협응력을 발달시키는 활동이 주어지는가? | 1 2 3 4 5 | 1 2 3 4 5 |
| 대·소집단활동 | | 1. 대소집단활동이 다양한 형태(여러 가지 동화, 노래와 음률지도, 작업슬라이드와 비디오 감상, 이야기 나누기 및 토의)로 이루어지는가? | 1 2 3 4 5 | 1 2 3 4 5 |
| | | 2. 제시되는 자료의 크기가 대 · 소집단에 적합한가? | 1 2 3 4 5 | 1 2 3 4 5 |
| | | 3. 대 · 소집단활동은 어린이의 흥미와 발달수준에 적절하게 진행되는가? | 1 2 3 4 5 | 1 2 3 4 5 |
| 간식 및 점심 | | 1. 영양을 고려하여 식단이 작성되는가? | 1 2 3 4 5 | 1 2 3 4 5 |
| | | 2. 식사 전에 손을 씻도록 하는가? | 1 2 3 4 5 | 1 2 3 4 5 |
| | | 3. 식사 전후에 상을 닦는가? | 1 2 3 4 5 | 1 2 3 4 5 |
| | | 4. 점심 후에 이를 닦거나 헹구도록 하는가? | 1 2 3 4 5 | 1 2 3 4 5 |
| | | 5. 수저를 어린이 혼자 힘으로 사용할 것을 격려하는가? | 1 2 3 4 5 | 1 2 3 4 5 |
| | | 6. 어린이와 함께 식사를 하여 올바른 식습관에 대한 모델이 되는가? | 1 2 3 4 5 | 1 2 3 4 5 |
| | | 7. 충분한 시간을 주는가? | 1 2 3 4 5 | 1 2 3 4 5 |
| | | 8. 즐거운 분위기 속에서 식사를 할 수 있도록 하는가? | 1 2 3 4 5 | 1 2 3 4 5 |
| | | 9. 식사시간에 나타난 어린이들의 특별한 식생활 문제(특정 음식물에 대한 알레르기 반응, 편식 등)를 파악하고 적절히 대처하는가? | 1 2 3 4 5 | 1 2 3 4 5 |

| | | | |
|---|---|---|---|
| | 10. 식사준비를 도울 수 있는 기회를 주는가? | 1 2 3 4 5 | 1 2 3 4 5 |
| | 11. 식사 후에는 조용한 놀이를 하도록 안내하는가? | 1 2 3 4 5 | 1 2 3 4 5 |
| 신체운동 | 1. 안전과 건강에 대한 교육내용을 다루고 있는가? | 1 2 3 4 5 | 1 2 3 4 5 |
| | 2. 다양한 소근육활동을 실행하고 있는가? | 1 2 3 4 5 | 1 2 3 4 5 |
| | 3. 다양한 대근육활동을 실행하고 있는가? | 1 2 3 4 5 | 1 2 3 4 5 |
| 사회관계 | 1. 예절과 질서 등의 기본생활습관을 다루고 있는가? | 1 2 3 4 5 | 1 2 3 4 5 |
| | 2. 긍정적인 자아개념을 갖도록 돕고 있는가? | 1 2 3 4 5 | 1 2 3 4 5 |
| | 3. 친사회적 행동과 도덕적 행동을 하도록 지도하는가? | 1 2 3 4 5 | 1 2 3 4 5 |
| | 4. 전통문화를 알고 생활 속에 적용하도록 지도하는가? | 1 2 3 4 5 | 1 2 3 4 5 |
| 예술경험 | 1. 상황에 적합하게 감정을 표현할 수 있는 기회를 주는가? | 1 2 3 4 5 | 1 2 3 4 5 |
| | 2. 창의적으로 신체표현을 하도록 돕는가? | 1 2 3 4 5 | 1 2 3 4 5 |
| | 3. 다양한 소재를 활용하여 창의적 미술활동을 하도록 돕는가? | 1 2 3 4 5 | 1 2 3 4 5 |
| | 4. 우리나라 전통음악, 춤, 미술작품 등을 감상하도록 지도하는가? | 1 2 3 4 5 | 1 2 3 4 5 |
| 의사소통 | 1. 말을 할 때 상대편이 잘 알아들을 수 있도록 지도하는가? | 1 2 3 4 5 | 1 2 3 4 5 |
| | 2. 자기 경험, 생각, 느낌을 자신 있게 말하도록 지도하는가? | 1 2 3 4 5 | 1 2 3 4 5 |
| | 3. 여러 가지 도형으로 글자 구성해보기를 지도하는가? | 1 2 3 4 5 | 1 2 3 4 5 |
| | 4. 교사가 상황에 적절하게 정확히 말하도록 모범을 보이는가? | 1 2 3 4 5 | 1 2 3 4 5 |
| 자연탐구 | 1. 유아가 관찰, 실험, 예견하도록 자료를 충분히 제공해 주는가? | 1 2 3 4 5 | 1 2 3 4 5 |
| | 2. 사물의 특성에 따라 색, 모양, 크기, 순서 짓기, 길이, 부피, 무게, 넓이 측정하기를 지도하는가? | 1 2 3 4 5 | 1 2 3 4 5 |
| | 3. 수의 기초개념을 이해하도록 일대일 대응, 수세기, 많고 적음, 변별하기 활동을 하게 하는가? | 1 2 3 4 5 | 1 2 3 4 5 |
| | 4. 등원과 귀가시간, 일과의 순서 등 일상생활 속에서 시간에 대한 기초 개념을 가지도록 지도하는가? | 1 2 3 4 5 | 1 2 3 4 5 |

◈ 운영평가(부모용 설문지)

## 유치원교육과정운영을 위한 설문지(2018)

__________ 반

안녕하십니까? 부푼 기대감과 설렘으로 가족들의 손을 잡고 유치원 강당에 모여 입학식을 한 것이 엊그제 같은데 어느새 결실의 계절이 돌아와 지난 시간을 되돌아보게 됩니다. 그동안 우리 아이들과 부모님들의 성원에 힘입어 즐겁고 행복한 시간을 보낼 수 있었습니다. ○○○유치원 교육에 대하여 적극적으로 신뢰하고, 협력해주시는 부모님들께 항상 감사드립니다. **2018학년도 유치원교육과정에 대한 부모님들의 의견이나 생각을 2018학년도 교육과정 계획에 반영하고자 하오니 번거로우시더라도 의견을 주시기 바랍니다.**

작성하신 설문은 **11월 1일(화)까지** 보내주세요.

2018. 0. 00

○○○유치원장

* 해당하는 곳에 √ 표시하고, 기타 란에는 의견을 자유롭게 적어주세요.

1. 유치원교육과정 운영 및 실행에 대해 어떻게 생각하십니까?
   ① 매우 만족 ② 만족 ③ 보통 ④ 기타 ( )

2. 유치원교육과정 운영에 있어 어떠한 점을 만족하십니까? *복수응답 가능*
   ① 3, 4, 5세 누리과정을 기반으로 한 통합적 교육활동
   ② 가정과 연계한 기본생활습관 지도
   ③ 부모 참여활동 및 참관수업(만 3, 4세반 운동회, 사랑반 가족의 날, ○○○합창제, 부모참여수업, 인라인 스케이트 대회, 음악회 등)
   ④ 생태놀이활동(숲체험장활동 및 숲체험놀이)
   ⑤ 텃밭 활동(씨앗 심기, 상추, 고추, 가지 등 채소 심기, 배추 · 무 모종 심기, 감자 · 고구마 심고 수확하기)
   ⑥ 다문화(영어)교육
   ⑦ 기타 ( )

3. 2018학년도 각종 행사 및 운영이 유치원교육과정을 이해하는 데 도움이 되셨습니까?
   ① 매우 도움이 되었다. ② 도움이 되었다. ③ 조금 도움이 되었다.
   ④ 기타 ( )

4. 유치원교육과정 운영에 있어 어떠한 점이 우수하다고 생각하십니까?
   ( )

5. 유치원교육과정 운영에 있어 어떠한 점이 미흡하거나 보완이 필요하다고 생각하십니까?
( )

6. 유치원 실내 · 외 환경에 대해 만족하십니까?
(실외놀이터/ 숲놀이터/ 축구장/ 텃밭/ 생각 키우기 방/ 교실환경구성/ 강당/ OOO 체험장 등)
① 매우 만족 ② 만족 ③ 보통 ④ 기타 ( )

7. 유치원 실내 · 외 환경 중 보완 또는 확충이 필요하다고 생각하는 곳이 있으면 적어주세요.
① 실내 ( )
② 실외 ( )

8. 방과후과정(종일반) – 선택과정(1일 8시간 이상) *해당하는 경우 작성*

1) 2018학년도에 실시된 방과후과정(종일반)에 대해 만족하십니까?
① 매우 만족 ② 만족 ③ 보통 ④ 기타 ( )

2) 방과후과정(종일반) 운영에 대한 건의사항을 자유롭게 적어주십시오.
( )

9. 방과후수업(특강) – 선택과정(1일 1과목 2시–2시45분) *해당하는 경우 작성*
1) 2018학년도에 실시된 방과후수업에 대해 만족하십니까?
① 매우 만족 ② 만족 ③ 보통 ④ 기타 ( )

2) 방과후수업의 희망과목을 적어 주십시오.
: 기존 진행하고 있는 과목 외
( )

3) 방과후수업(특강) 운영에 대한 건의사항을 자유롭게 적어주십시오.
( )

10. 2018학년도 우리 유치원 교육활동에 대한 부모님의 의견을 자유롭게 적어 주시기 바랍니다.

| |
|---|
| |

설문에 응답하여 주셔서 감사합니다.

### (5) 기관평가

국가수준의 교육과정 평가가 기관평가라는 형태로 이루어지고 있으므로 유치원 평가지표(교육과학기술부, 2017)와 보육시설 평가인증지표(한국보육진흥원, 2017)를 살펴봄으로써 교육과정의 평가항목과 내용을 알아보고자 한다.

◈ 유치원평가지표

- 유치원평가의 목적
  - 누리과정을 충실히 운영할 수 있는 유치원 운영체계 구축 및 유치원의 책무성 제고를 통한 유치원교육서비스의 질적 수준 제고
  - 유치원 운영 전반을 체계적 · 종합적으로 점검하고 평가결과 환류 및 맞춤형 지원을 통해 유치원 운영 개선
  - 평가결과 공개를 통해 학부모의 알 권리 및 유치원 선택권 보장으로 학부모의 유치원교육에 대한 만족도 제고
- 유치원평가의 공통지표(교육과학기술부, 2017)

〈표 6-23〉 제4주기 유치원평가 지표 및 평가 항목

| 제4주기(2017~2019년) | | |
|---|---|---|
| 평가영역<br>(항목 수) | 평가지표 | 항목 수 |
| Ⅰ.<br>교육과정<br>(29) | 1-1. 교육계획 수립 및 실행<br>1-2. 균형적 · 통합적 일과 운영<br>1-3. 교수 · 학습방법<br>1-4. 교사-유아 상호작용<br>1-5. 유아 간 상호작용 시 교사 역할<br>1-6. 평가 | 4<br>5<br>6<br>6<br>4<br>4 |
| Ⅱ.<br>교육환경 및<br>운영관리<br>(20) | 2-1. 실내 공간 구성<br>2-2. 실외 공간 구성<br>2-3. 기관 운영<br>2-4. 가정 및 지역사회와의 연계<br>2-5. 방과후 과정 | 5<br>3<br>5<br>5<br>2 |
| Ⅲ.<br>건강 · 안전<br>(15) | 3-1. 실내외 공간의 청결 및 안전<br>3-2. 급 · 간식<br>3-3. 건강증진을 위한 교육 및 관리<br>3-4. 등 · 하원의 안전<br>3-5. 안전교육 및 사고 대책 | 4<br>3<br>3<br>2<br>3 |
| Ⅳ. 교직원<br>(13) | 4-1. 원장의 리더십<br>4-2. 교직원의 근무환경<br>4-3. 교직원의 처우와 복지<br>4-4. 교직원의 전문성 제고 노력 | 4<br>3<br>3<br>3 |
| 총계 | 20개 | 77 |

〈표 6-24〉 유치원 평가지표

| 영역 | 평가지표 | 평가항목 |
|---|---|---|
| Ⅰ. 교육과정 (29) | 1-1. 교육계획 수립 및 실행(4) | 1. 국가수준의 교육과정에 제시된 목표 및 내용을 반영한다.<br>2. 유아의 발달수준 및 학급특성을 고려하여 연간, 월간, 주간, 일일계획안을 작성한다.<br>3. 연간, 월간, 주간, 일일계획안의 목표 및 내용이 적절하며, 연계성이 있다.<br>4. 누리과정의 영역을 반영하여 교육활동을 실시한다. |
| | 1-2. 일과 운영(5) | 1. 계획에 따라 유아의 연령에 적합한 놀이, 활동, 일상생활 경험을 균형 있게 통합적으로 운영한다.<br>2. 자유선택활동시간을 매일 충분히 배정하여 운영한다.<br>3. 바깥놀이시간을 매일 충분히 배정하여 운영한다.<br>4. 놀이나 활동을 융통성 있게 운영한다.<br>5. (특) 특수교육대상 유아를 위한 관련 서비스(치료지원 포함)를 일과 중에 통합적으로 제공한다. |
| | 1-3. 교수-학습 방법(6) | 1. 주제에 적합한 활동계획을 수립하고 그에 적절한 교수-학습방법과 자료를 활용한다.<br>2. 교사는 유아가 활동에 대한 흥미나 호기심을 갖도록 한다.<br>3. 교사는 다양한 놀이와 활동이 유아의 자발적 선택에 의해 주도적으로 이루어지도록 격려한다.<br>4. 교사는 유아의 놀이상황을 관찰하면서 놀이를 지원한다.<br>5. 교사는 유아가 다양하게 생각하여 대답할 수 있도록 발문한다.<br>6. 교사의 태도가 안정되고 자신감이 있다. |
| | 1-4. 교사-유아 상호작용(6) | 1. 교사는 신체적 특성, 가족 및 민족 배경 등으로 인한 편견 없이 모든 유아를 존중한다.<br>2. 교사는 유아의 기질, 정서적 상태, 놀이 선호 등을 파악하여 적절히 반응한다.<br>3. 교사는 유아의 개별적 요구나 질문을 주의 깊게 듣고, 적절하게 반응한다.<br>4. 교사는 유아가 이해할 수 있는 내용으로 눈을 마주치며 이야기한다.<br>5. 교사는 위협, 비난, 조롱 등 부정적 언어를 사용하지 않는다.<br>6. 교사는 칭찬과 격려를 통해 유아에게 자신감을 준다. |
| | 1-5. 유아 간 상호작용 시 교사 역할(4) | 1. 교사는 유아가 일상에서 또래와 긍정적 상호작용을 하도록 격려한다.<br>2. 교사는 유아가 자신의 의견이나 생각을 또래에게 말로 표현하도록 격려한다.<br>3. 교사는 유아가 적절한 약속과 규칙을 알고 지킬 수 있도록 격려한다.<br>4. 교사는 유아 간 다툼이나 문제가 발생하지 않도록 환경을 마련하고, 발생 시 적절히 개입한다. |
| | 1-6. 평가(4) | 1. 유아의 행동을 객관적으로 관찰 · 기록한다.<br>2. 교육과정목표와 내용을 준거로 유아의 발달특성과 변화를 평가한다.<br>3. 유아평가결과를 교육과정 편성 및 운영에 반영하고, 부모면담의 자료로 활용한다.<br>4. 교육과정 운영에 대한 평가를 실시하고, 그 결과를 다음 계획안에 반영한다. |
| Ⅱ. 교육환경 및 운영관리 (20) | 2-1. 실내 공간 구성 (5) | 1. 교실 내 흥미영역은 유아의 연령 및 발달특성을 고려하여 충분한 공간에 구성한다.<br>2. 유아의 요구를 충족하는 다양한 공간을 마련하고 있다.<br>3. 실내 시설 및 설비가 유아의 발달수준에 적합하다.<br>4. 계획안의 주제와 관련된 교재 · 교구들을 유아의 연령수준에 맞게 영역별로 다양하게 구비하고 있다.<br>5. 비품과 교재 · 교구를 보관하는 별도의 공간이 있고, 연령별, 주제별 또는 영역별로 정리되어 있다. |

| | | |
|---|---|---|
| | 2-2.<br>실외 공간 구성<br>(3) | 1. 실외(옥외) 놀이터 등을 구비하고 있다.<br>2. 유아발달에 적합한 다양한 놀이기구를 구비하고 있다.<br>3. 실외 공간에 다양한 활동영역을 제공하고 있다. |
| | 2-3.<br>기관 운영(5) | 1. 학급을 편성 규정에 맞게 운영하고 있다.<br>2. 개별 유아의 생활기록부를 작성 · 관리하고 있다.<br>3. 신입유아 적응을 위한 지원을 하고 있다.<br>4. 예결산서를 대내외적으로 공개한다.<br>5. 입학금과 수업료 외의 기타 경비 관련 규정을 마련하여 준수하고 있다. |
| | 2-4.<br>가정 및 지역사회와의 연계(5) | 1. 부모와 상호 협의하에 유치원을 개방한다.<br>2. 부모교육을 다양하게 실시하고 있다.<br>3. 부모와 개별면담을 하고 가정과의 소통을 다양한 방법으로 실시하고 있다.<br>4. 유아와 가족의 문제를 파악하고 지원한다.<br>5. 지역사회와 연계한 다양한 활동을 실시하고 있다. |
| | 2-5.<br>방과후 과정(2) | 1. 특성화 활동을 운영지침에 따라 실시한다.<br>2. 방과후 과정을 위한 기본 시설 · 설비를 구비하고 담당인력을 배치하고 있다. |
| Ⅲ.<br>건강 ·<br>안전<br>(15) | 3-1.<br>실내외 공간의<br>청결 및 안전(4) | 1. 실내외 공간을 청결하고 쾌적하게 관리하고 있다.<br>2. 실내외 공간을 유아의 안전을 위해 위험요인 없이 관리하고 있다.<br>3. 실내외 놀잇감이 안전하고, 위험한 물건을 안전하게 보관 · 관리하고 있다.<br>4. 안전시설 및 설비를 비상시 효율적으로 사용할 수 있도록 관리하고 있다. |
| | 3-2.<br>급 · 간식(3) | 1. 영양의 균형을 고려한 급 · 간식을 제공하고 있다.<br>2. 식자재의 구입 · 보관 및 조리공간을 위생적으로 관리하고 있다.<br>3. 조리 및 배식과정을 청결하고 위생적으로 관리하고 있다. |
| | 3-3. 건강증진을<br>위한 교육 및<br>관리(3) | 1. 손 닦기, 양치질 등 청결한 위생습관을 실천한다.<br>2. 교사는 유아의 건강상태를 살펴보고 적절하게 지원한다.<br>3. 유아와 교직원의 건강증진을 위한 예방관리와 교육을 실시한다. |
| | 3-4.<br>등 · 하원의 안전<br>(2) | 1. 유아는 등 · 하원 시 성인의 보호하에 있다.<br>2. 통학차량을 운행할 경우 안전요건을 갖추어 관리한다. |
| | 3-5. 안전교육 및<br>사고 대책(3) | 1. 유아를 대상으로 안전교육을 지속적으로 실시하고 있다.<br>2. 교직원은 안전교육을 받고 유아학대예방지침을 준수한다.<br>3. 영유아, 교직원 및 시설 보험에 모두 적합하게 가입하고 있다. |
| Ⅳ. 교직원<br>(13) | 4-1.<br>원장의 리더십(4) | 1. 원장은 자신의 전문성 향상을 위해 노력하고 있다.<br>2. 원장은 교직원을 존중하고, 교직원의 발전을 위해 지원하며, 면담을 실시한다.<br>3. 원장은 정기적인 교사회의 등을 통해 교직원의 의견을 민주적으로 수렴한다.<br>4. (사립) 2년 이상 근속한 교사가 전체 교사의 50% 이상이다. |
| | 4-2. 교직원의<br>근무환경(3) | 1. 교사실과 개인사물함을 별도로 마련하고 있다.<br>2. 교사의 업무지원을 위한 자료 및 설비를 충분히 구비하고 있다.<br>3. 성인용 화장실/변기를 유아용과 별도로 설치하고 있다. |
| | 4-3. 교직원의<br>처우와 복지(3) | 1. 교직원 인사와 관련하여 공정한 규정이 있으며, 이를 준수하고 있다.<br>2. 교직원의 보수와 관련한 규정이 있으며, 이를 준수하고 있다.<br>3. 교직원의 복지를 위해 노력하고 있다. |
| | 4-4. 교직원의<br>전문성 제고(3) | 1. 신규 교직원에게 업무 관련 오리엔테이션을 실시하고 있다.<br>2. 교원의 전문성 제고를 위한 다양한 연수기회를 부여하고 있다.<br>3. 교사의 교수-학습방법에 대한 장학을 실시하고 있다. |

◈ 어린이집 평가인증지표

보육서비스의 중요성이 부각되며 국가보육정책의 질적 수준의 제고에 관심이 증가되었다. 이에 어린이집 질적 수준 관리의 필요성이 제기되어 정부에서는 2003년 어린이집 평가인증제 모형 개발, 2005년 시범운영을 거쳐 2006년부터 평가인증제도를 본격적으로 확대 시행하였으며 2017년 3차 지표가 제시되었다.

어린이집 평가에 대해 한국보육진흥원(2017)에서 발간한 2017 어린이집 평가인증 지표교육에서 발췌한 제3차 어린이집 평가인증지표를 통해 살펴보고자 한다.

- 어린이집 평가인증의 목적
  - 보육서비스의 질적 수준을 향상시켜 영유아가 안전한 보육환경에서 건강하게 양육될 권리를 보장할 수 있도록 한다.
  - 어린이집이 보육서비스의 질적 수준을 높이고자 준비하고 노력하는 과정을 통해 원장과 보육교직원의 전문성이 증진되도록 한다.
  - 보육서비스의 질적 수준에 대한 정보를 제공하여 부모들이 합리적으로 어린이집을 선택할 수 있도록 한다.
  - 보육정책 수립의 주체인 정부가 보육현장을 효율적으로 지원하고 관리하는 체계를 확립한다.

〈표 6-25〉 어린이집 평가인증지표

| 평가영역 (항목 수) | 평가지표 | 평가항목 수 |
|---|---|---|
| 1. 보육과정 및 상호작용(31) | 1-1 보육계획 수립 및 실행 | 4 |
| | 1-2 일과운영 | 5 |
| | 1-3 교수-학습방법 및 놀이 지원 | 6 |
| | 1-4 교사-영유아 상호작용 | 6 |
| | 1-5 영유아 간 상호작용 시 교사역할 | 4 |
| | 1-6 평가 | 4 |
| | 1-7 일상생활 | 2 |
| 2. 보육환경 및 운영관리(19) | 2-1 실내공간 구성 | 5 |
| | 2-2 실외공간 구성 | 3 |
| | 2-3 기관운영 | 4 |
| | 2-4 가정 및 지역사회와의 연계 | 5 |
| | 2-5 어린이집 이용 보장 | 2 |

| | | |
|---|---|---|
| 3. 건강 · 안전(15) | 3-1 실내외 공간의 청결 및 안전 | 4 |
| | 3-2 급 · 간식 | 3 |
| | 3-3 건강증진을 위한 교육 및 관리 | 3 |
| | 3-4 등 · 하원의 안전 | 2 |
| | 3-5 안전교육 및 사고대책 | 3 |
| 4. 교직원(14) | 4-1 원장의 리더십 | 4 |
| | 4-2 교직원의 근무환경 | 3 |
| | 4-3 교직원의 처우와 복지 | 3 |
| | 4-4 교직원의 전문성 제고 | 4 |

## 7 교육계획안 작성

### 1) 교육계획안 작성의 이해

유아들에게 학습은 경험의 끊임없는 과정 속에서 새로운 지식을 얻고 기술을 몸에 익히고 바람직한 태도와 습관을 갖게 하고, 나아가 필요한 지식, 기술, 태도, 그리고 습관 등이 새롭게 변화되도록 한다. 유아들에게 학습을 경험의 재구성을 통해 이루어지도록 하기 위해 교사는 장기적인 계획을 갖고 교육계획안을 작성하여 가르친다. 교사는 교육계획한 작성과정을 통해 교육에 대한 사전활동을 계획하고 실제 실행을 거쳐 사후평가 및 활동 개선 등을 고려하여 다음 교육활동에 반영하는 전문성을 발휘한다(황윤세, 2010). 교사의 전문적 행위는 유아들의 현존상태보다 더 나은 상태로 성장시키기 위해 교육을 설계하고 계획하여 더 좋은 수업으로 이끌어 가는 것이다. 교육계획안을 작성할 때 교사는 유아의 발달적 특성을 고려하여 실현 가능한 목표를 설정하고 교육내용과 방법을 유아교육기관 실정에 맞게 선정하여 조직해야 한다. 이는 연간, 월간, 주간, 일일활동 및 단위활동 등의 계획을 세우는 것으로 각 유아교육기관에서 실시하는 교육의 청사진이라 할 수 있다(교육부, 2000).

교육계획안은 생활주제를 중심으로 먼저 연간계획안 또는 월간계획안을 수립하고 이를 바탕으로 주간교육계획안, 일일교육계획안, 시간대별 단위활동계획안으로 작성하는 것이 일반적이다. 생활주제를 한 달 이상씩 전개할 수도 있으므로 월간, 주간 등의 용어는 생활주제계획안, 주제계획안의 의미로 이해하는 것이 바람직하지만, 편의상 생활주제는 한 달 단위로 주제는 한 주 단위로, 소주제는 일일 단위로 사용하기도 한다(교육과학기술부, 2009).

생활주제를 중심으로 교육과정을 계획 및 운영할 때 문미옥(2008)은 교육과정을 계획 및 운영하는 단계를 [그림 6-15]와 같이 설계하였고 이를 계획, 실행, 평가의 3단계를 제시하고 계획단계를 다시 8단계로 나누어 총 10단계로 제시하였다. 10단계를 구체적으로 살펴보면 ① 요구조사, ② 생활주제 선정, ③ 주제 및 소주제 선정, ④ 주

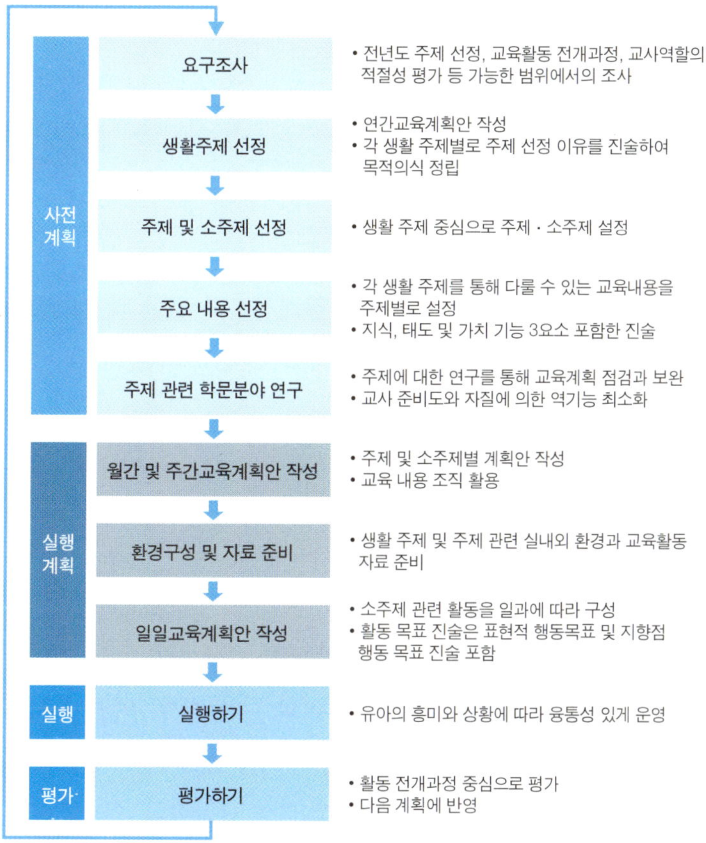


출처 : 문미옥(2008). 교육과 보육을 위한 영유아교육과정. 서울: 창지사. p. 281. 수정 및 보완.

[그림 6-15] 생활주제 중심 통합교육과정의 계획 및 운영

요내용 선정, ⑤ 주제 관련 학문분야 연구, ⑥ 월간 및 주간교육계획안 작성, ⑦ 환경 구성 및 자료준비, ⑧ 일일교육계획안 작성, ⑨ 실행하기, ⑩ 평가하기로 제시하였다.

이러한 과정을 바탕으로 교육계획안을 작성하는 방법은 첫째, 사전계획단계인 연간교육계획안 작성하기, 둘째, 실행계획단계인 월간교육계획안, 주간교육계획안, 일일교육계획안, 단위활동계획안 작성하기, 셋째, 실행단계인 실행하기, 그리고 넷째, 평가단계인 평가하기로 나누어 살펴보고자 한다.

## 2) 사전 계획단계 : 연간교육계획안 작성하기

연간교육계획안을 작성할 때에는 먼저 생활주제를 정하는 것이 중요하다. 생활주제는 유아들이 유치원에서 생활하는 동안 경험할 수 있고, 또 마땅히 경험해야 하는 내용을 동질적인 특성을 중심으로 묶은 것을 의미한다(교육부, 1995). 즉, 생활주제는 유아의 주변생활 속에서 유아에게 의미 있고 가치 있는 내용을 교육과정으로 조직하고 구성하기 위해 유아들의 발달을 고려하여 유아가 자신이 속한 사회문화적 환경 안에서 즐기고 느끼고 알아가도록 교육하기 위한 통합적 틀이다(곽향림, 2011). 교사는 교육적 틀이 되는 생활주제를 전개시키기 위한 과정으로 교육내용의 범위를 조직하여 생활주제 선정 이유를 제시하고 연간교육계획안을 마련한다.

### (1) 생활주제 선정의 이유

생활주제 선정은 표준보육과정 및 누리과정의 교육목표와 교육내용을 기초로 유아의 발달특성 및 흥미, 욕구, 사회 · 문화적 필요, 교육적 가치 및 학문적 체계, 교육이념을 고려하여 선정한다. 이때 교사는 세상에 있는 많은 소재와 현상 중에서 어떤 생활 주제를 선택해야 궁극적으로 의도하는 교육목적과 목표를 달성할 수 있을지 생각해야 한다. 생활주제 선정 시 고려할 점은 첫째, 어떤 주제여야 유아에게 유익한 내용을 가르치거나 경험하도록 할 기회를 제공할 수 있는지, 둘째, 유아에게 가치 있고 의미가 있는지, 셋째, 유아가 직접 관찰하고 조사할 수 있는지, 넷째, 유아의 경험과 연관되어 있는지, 다섯째, 표상방법이 다양한지, 여섯째, 부모와 지역자원 활용이 가능한지, 일곱째, 사회 · 문화적으로 적절한 것인가에 대해 고려한다. 또한 여덟째, 유아의 연령에 적합하며 흥미 있는지, 아홉째, 유아교육기관과 시 · 도교육청, 누리과정 및 표준보육과정의 교육목적 및 내용과 연관되는지를 고려한다. 따라서 교사는 생활주제를 선정하는 이유에 대해서 교사 자신이나 유아교육기관 교육철학 또는 신념, 유아의 개인적 · 문화적 배경, 그리고 지역사회의 특성 등을 고려하여 선정 및 활용하고 재구성해서 사용하는 것이 바람직하다(교육과학기술부, 2009).



### (2) 연간교육계획안 작성

연간교육계획안은 1년간 유아교육기관에서 이루어지는 교육내용의 흐름을 한눈에 볼 수 있도록 각 연령별로 배울 내용들을 생활주제에 따라 주제, 소주제, 연간행사 및 견학 등의 계획이 연계성이 이루어질 수 있도록 계획한다. 교육과학기술부(2009)에서는 연간교육계획안을 운영할 때 고려할 점을 다음과 같이 제시하였다.

첫째, 연간교육계획은 새 학년이 시작되기 전 2월 중순경에 전체 교사회의에서 수립한다. 연간교육계획에서는 전 학년도 연간교육계획과 운영사항을 비교하고 평가한 내용을 반영한다. 생활주제 및 활동내용이 적절했는지, 실시 시점과 실시 기간은 절적했는지 등에 대한 평가내용도 고려해야 한다. 따라서 전년도 계획 · 운영하였던 생활주제를 다른 생활주제로 변경할 수도 있고 실행 기간을 더 길게 또는 짧게 변경할 수 있다.

둘째, 누리과정 교사용 지도서에 제시되어 있는 생활주제들을 중심으로 유아의 흥미, 유아교육기관 및 지역사회의 실정에 따라 이미 제시된 생활주제 및 주제들을 그대로 선정하여 배치하거나 새로운 주제를 첨가할 수도 있고, 2개의 생활주제를 병행하여 구성할 수도 있다. 생활주제들은 엄격한 순서에 따라 제시되는 것이 아니라 유아의 연령, 흥미, 계절 등에 따라 다양하게 제시될 수 있다. 특히, 개별 유치원의 행사는 월, 일까지 구체적으로 결정하여 연간교육계획안에 명시하고 이를 월간 및 주간교육계획안에 반영한다.

셋째, 생활주제 및 주제를 연간교육계획으로 배열할 때에는 유아들이 친숙하게 접하고 있는 구체적인 것부터 점차 추상적인 것으로 확대시켜 나간다. 예를 들면, 유치원, 어린이집→가족→이웃→우리나라→세계 여러 나라 등과 같이 유아와 직접적으로 관계있는 것부터 간접적인 것으로, 현재 유아에게 영향을 주는 것부터 장래에 유아에게 영향을 줄 것으로 생활주제의 범위를 확장시켜 나갈 수 있다. 그리고 처음에는 구체적인 것으로 주제를 정하고 점차 추상적인 것으로 발전시켜 나간다.

넷째, 유아의 연령, 발달 정도, 유아교육기관 경험 유무 등 유아의 특성을 고려하여 연간교육에 반영한다. 예를 들면, 유치원교육을 처음 받는 만 3세 유아들의 경우 생활주제 '유치원과 친구' 소요시간을 보다 길게 잡아야 할 것이다. 반면에 동일한 유치원에 다녔던 재원아들로 구성된 만 4, 5세 학급이라면 생활주제 '유치원과 친구'는 짧은 기간에 이루어질 수 있도록 계획할 수도 있고, '유치원과 친구'를 생활주제 내의 여러 주제 중 특정주제를 보다 확장하여 심도 있게 다룰 수도 있다. 예를 들어, 만 5세반에서는 '유치원의 역사' 주제를 좀 더 확장하여 심도 있게 다룰 수 있다.

다섯째, 국가나 지역사회에서 이루어지는 각종 행사는 교육적 필요를 고려하여 연간교육계획에 생활주제로 포함시킬 수 있다. 즉, 올림픽이나 월드컵 등의 행사나 '노자기 축제', '나비 축제' 등 각 지역사회에서 열리는 민속제, 전시회, 박람회 등을 생활주제로 선정하여 연간교육계획에 포함시킬 수 있다. 연간교육계획에 이러한 생활주제를 포함시키는 것은 유치원과 사회를 더욱 밀접하게 연관시키는 것이다.

여섯째, 생활주제와 관련하여 현장학습, 부모참여 등의 활동을 연계성 있게 계획한다. 생활주제 '동 · 식물과 자연'에서는 철새 서식지, 동물원 또는 모내기하는 논 등으로 현장학습을 계획하고, 생활주제 '우리나라'에서는 민속촌이나 어린이 민속박물관 등으로 현장학습을 계획하여 현장학습 시기를 결정하고 연간교육계획안에 반영할 수 있다.

일곱째, 만 3, 4, 5세의 연간교육계획안이 서로 연계되도록 계획한다. 동일한 생활주제도 연령에 따라 난이도가 다르게 배치할 수도 있고, 만 3세에서는 다루지 않았던 생활주제를 만 4, 5세에서 다룰 수 있다.

여덟째, 연간교육계획안을 가정으로 보내 유아교육기관의 교육계획을 가정에 알린다. 이는 가정에 유치원이나 어린이집의 교육에 대한 이해와 협조를 구하고 부모 또는 다른 가족이 1년 동안 행사에 참여할 수 있는 계획을 세울 수 있게 해 준다.

다음 〈표 6-26〉, 〈표 6-27〉, 〈표 6-28〉은 연간교육계획안의 예이다. 연간교육계획안은 대부분 누리과정 교사용 지도서를 참고하여 구성을 하고 각 지역이나 개별 유치원의 특성을 반영하여 작성한다.

〈표 6-26〉 연간교육계획안 만 5세반 예시

| 학기 | 월 | 생활주제 | 주 | 소주제 | 주요행사 |
|---|---|---|---|---|---|
| 1 | 3 | 유치원과 친구 | 1~2 | 유치원의 환경과 하루 | 입학식 및 오리엔테이션<br>숲 체험 |
| | | | 3 | 유치원에서 만난 친구 | |
| | | | 4 | 함께 만드는 유치원 | |
| | 4 | 봄 | 1 | 봄의 날씨 | 학부모 면담<br>고양 누리길 걷기<br>감자 심기 |
| | | | 2 | 봄의 풍경 | |
| | | | 3 | 봄의 식물 | |
| | | | 4 | 봄의 동물 | |
| | | | 5 | 자연을 보호해요 | |
| | 5 | 나와 가족 | 1 | 나의 몸과 마음 | 재량휴원<br>어린이날<br>고추, 토마토 모종 심기<br>학부모참여수업 |
| | | | 2 | 소중한 나 | |
| | | | 3 | 소중한 가족 | |
| | | | 4 | 가족의 생활과 문화 | |
| | 6 | 우리 동네 | 1 | 우리 동네의 모습 | 소방훈련<br>고추, 토마토 수확하기 |
| | | | 2 | 우리 동네 생활 | |
| | | | 3 | 우리 동네 전통과 문화 | |
| | | | 4 | 함께 만드는 우리 동네 | |
| | 7 | 여름 | 1 | 여름의 날씨 | 합창제<br>감자 수확하기<br>여름방학식 |
| | | | 2 | 여름의 생활 | |
| | | | 3 | 여름의 풍경 | |
| | | | 4 | 여름방학 | |
| 2 | 8 | 건강과 안전 | 3 | 즐거운 운동과 휴식 | 개학식<br>열무씨앗 뿌리기 |
| | | | 4 | 깨끗한 나와 환경 | |
| | 9 | | 1 | 맛있는 음식과 영양 | 숲 체험<br>우리 놀이한마당 |
| | | | 2 | 안전한 놀이와 생활 | |
| | | 우리나라 | 3 | 우리나라 사람들의 생활 | |
| | | | 4 | 우리나라의 놀이와 예술 | |
| | 10 | | 1 | 우리나라의 역사와 상징 | 재량휴원<br>서대문자연사박물관 견학<br>인라인스케이트 대회<br>고구마 수확하기 |
| | | | 2 | 우리나라의 자랑거리 | |
| | | 가을 | 3 | 가을의 날씨 | |
| | | | 4 | 가을의 풍경 | |
| | 11 | | 1 | 가을의 생활 | 학부모참여수업<br>고양어린이박물관 견학<br>열무 수확하기 |
| | | | 2 | 풍성한 가을 | |
| | | 환경과 생활 | 3 | 물과 우리생활 | |
| | | | 4 | 돌, 흙과 우리생활 | |
| | | | 5 | 바람, 공기와 우리생활 | |
| | 12 | | 1 | 빛과 우리생활 | 공연관람<br>숲 체험<br>겨울방학식 |
| | | 겨울 | 2 | 겨울의 날씨와 풍경 | |
| | | | 3 | 겨울철 놀이와 안전 | |
| | 1 | | 3 | 즐거웠던 겨울방학 | 개학식<br>상송초등학교 견학 |
| | | 초등학교 | 4 | 초등학교에 가요 | |
| | 2 | | 1 | 초등학교와 유치원 | 음악회<br>졸업식 |
| | | | 2~3 | 유치원 졸업 | |

출처 : 경기도 고양시 엔젤유치원, 2017.

〈표 6-27〉 연간교육계획안 만 4세반 예시

| 학기 | 월 | 생활주제 | 주 | 소주제 | 주요행사 |
|---|---|---|---|---|---|
| 1 | 3 | 유치원과 친구 | 1 | 유치원과 환경 | 입학식 및 오리엔테이션<br>숲 체험 |
| | | | 2 | 유치원에서의 하루 | |
| | | | 3 | 유치원에서 만난 친구 | |
| | | | 4 | 함께 만드는 유치원 | |
| | 4 | 봄과 동·식물 | 1 | 봄 날씨와 풍경 | 학부모 면담<br>자연사박물관 견학<br>상추 모종심기 |
| | | | 2 | 따뜻한 봄 지내기 | |
| | | | 3 | 봄에 볼 수 있는 동식물I | |
| | | | 4 | 봄에 볼 수 있는 동식물II | |
| | | | 5 | 자연과 더불어 사는 우리 | |
| | 5 | 행복한 우리 가족 | 1 | 소중한 가족 | 재량휴원<br>숲 체험<br>상추 수확하기<br>학부모참여수업 |
| | | | 2 | 가족의 생활과 문화 | |
| | | | 3 | 나의 몸과 마음 | |
| | | | 4 | 소중한 나의 꿈 | |
| | 6 | 우리 동네 | 1 | 우리 동네의 모습 | 숲 체험<br>소방훈련<br>상추 수확하기 |
| | | | 2 | 우리 동네의 생활 | |
| | | | 3 | 우리 동네의 사람들 | |
| | | | 4 | 우리 동네 전통과 문화 | |
| | | | 5 | 소중한 우리 동네 | |
| | 7 | 여름 | 1 | 여름이 되었어요 | 합창제<br>여름방학식 |
| | | | 2 | 여름 풍경과 곤충 | |
| | | | 3 | 여름철 건강과 여름방학 | |
| 2 | 8 | 건강과 안전 | 3 | 즐거웠던 여름방학 | 개학식<br>배추 모종 심기 |
| | | | 4 | 맛있는 음식과 영양 | |
| | 9 | 우리나라 | 1 | 우리나라의 놀이와 추석 | 우리 놀이한마당<br>숲 체험 |
| | | | 2 | 우리나라의 예술 | |
| | | | 3 | 우리나라 사람들의 생활 | |
| | | | 4 | 우리나라의 역사 | |
| | | | 5 | 우리나라의 자랑거리 | |
| | 10 | 가을 | 1 | 가을이 되었어요 | 재량휴원 |
| | | | 2 | 가을 곡식과 열매 | |
| | | | 3 | 가을 꽃과 나뭇잎 | |
| | | | 4 | 가을 곤충 | |
| | 11 | 환경과 생활 | 1 | 돌, 흙과 우리의 생활 | 배추 수확하기<br>월드컵공원 견학<br>학부모참여수업 |
| | | | 2 | 바람과 우리의 생활 | |
| | | | 3 | 빛과 우리의 생활 | |
| | | | 4 | 소리와 우리의 생활 | |
| | 12 | 겨울 | 1 | 계절의 변화 | 숲 체험<br>겨울방학식 |
| | | | 2 | 겨울 풍경 즐기기 | |
| | | | 3 | 건강한 겨울 보내기 | |
| | 1 | 즐거웠던 겨울방학 | 1 | 즐거웠던 겨울방학 | 개학식 |
| | | | 2~3 | 새해 | |
| | 2 | 형님반이 되어요 | 1 | 즐거웠던 우리 반 | 음악회<br>수료식, 종업식 |
| | | | 2~3 | 형님반이 되어요 | |

출처 : 경기도 고양시 엔젤유치원, 2017.

〈표 6-28〉 연간교육계획안 만 3세반 예시

| 학기 | 월 | 생활주제 | 주 | 소주제 | 주요행사 |
|---|---|---|---|---|---|
| 1 | 3 | 유치원과 친구 | 1~2 | 유치원의 환경과 하루 | 입학식 및 오리엔테이션<br>숲 체험 |
| | | | 3 | 유치원에서 만난 친구 | |
| | | | 4 | 함께 놀이하는 유치원 | |
| | 4 | 봄 | 1 | 봄맞이하기 | 학부모 상담<br>원당 종마목장 견학<br>숲 체험 |
| | | | 2 | 봄 날씨 느끼기 | |
| | | | 3 | 봄과 친구하기 | |
| | | | 4 | 자연과 함께하는 우리 | |
| | 5 | 나와 가족 | 1 | 자라나는 나의 몸과 마음 | 재량휴원<br>숲 체험<br>학부모참여수업 |
| | | | 2 | 소중한 나 | |
| | | | 3 | 우리 가족 이야기 | |
| | | | 4 | 행복한 우리 집 | |
| | 6 | 동 · 식물과 자연 | 1 | 궁금한 식물 | 서대문자연사박물관 견학<br>소방훈련<br>숲 체험 |
| | | | 2 | 식물과 우리의 생활 | |
| | | | 3 | 궁금한 동물 | |
| | | | 4 | 동물과 우리의 생활 | |
| | | | 5 | 자연과 더불어 사는 우리 | |
| | 7 | 여름 | 1 | 여름 풍경 즐기기 | 합창제<br>여름방학식 |
| | | | 2 | 여름에 볼 수 있는 동 · 식물 | |
| | | | 3 | 여름에 할 수 있는 놀이 | |
| | | | 4 | 여름철 건강과 여름방학 | |
| 2 | 8 | 교통기관 | 4 | 여러 가지 육상 교통기관 | 개학식<br>숲 체험 |
| | | | 5 | 항공/해상 교통기관 | |
| | 9 | | 1 | 고마운 교통기관 | 우리 놀이한마당<br>소방서 견학 |
| | | | 2 | 즐거운 교통기관 | |
| | | 우리나라 | 3 | 우리나라의 역사와 자랑거리 | |
| | | | 4 | 우리나라 사람들의 생활 | |
| | 10 | | 1 | 추석과 우리나라의 놀이 1 | 재량 휴원<br>고양 어린이박물관 견학 |
| | | | 2 | 추석과 우리나라의 놀이 2 | |
| | | | 3 | 우리나라의 예술 | |
| | | 가을 | 4 | 가을 날씨 느끼기 | |
| | 11 | | 1 | 가을 풍경 즐기기 | 상암노들공원 견학<br>숲 체험<br>학부모참여수업 |
| | | | 2 | 다양한 색의 가을 | |
| | | | 3 | 풍요로운 가을(곡식과 열매) | |
| | | 환경과 생활 | 4 | 돌, 흙과 우리생활 | |
| | | | 5 | 바람, 공기와 우리생활 | |
| | 12 | | 1 | 빛, 소리와 우리생활 | 겨울방학식<br>공연관람 |
| | | 겨울 | 2 | 겨울 맞이하기 | |
| | | | 3 | 겨울철 건강과 겨울방학 | |
| | 1 | 즐거웠던 겨울방학 | 3 | 즐거웠던 겨울방학 | 개학식 |
| | 2 | 형님반이 되어요 | 4 | 자라난 나 | |
| | | | 1 | 즐거웠던 우리 반 | 음악회<br>수료식, 종업식 |
| | | | 2 | 즐거운 설날 | |
| | | | 3 | 형님반에 가요 | |

출처 : 경기도 고양시 엔젤유치원, 2017.

### (3) 생활주제 선정의 의미진술

1년간의 생활주제를 모두 선정하고 나면 이번에 실행할 생활주제를 계절과 교육적 필요, 유아의 흥미 등을 고려하여 생활주제 선정 의미를 진술한다. 생활주제의 의미 진술은 구체적으로 그 생활주제를 통해 무엇을 경험하고 어떤 가치 있는 목적이 달성될 수 있는지를 중심으로 생활주제의 목적 및 필요성, 발달의 적합성 등이 잘 드러나게 진술해야 한다(교육과학기술부, 2009). 5세 누리과정 교사용 지도서에서 제시된 생활주제 중 '나와 가족'에서 생활주제의 의미를 제시하면 〈표 6-29〉와 같다.

〈표 6-29〉 생활주제 '나와 가족' 선정의 의미

'나와 가족' 생활주제는 유아기에 호기심의 대상인 자신의 몸과 마음에 대해 이해할 수 있는 기회를 제공하며 자기 조절 및 긍정적인 자아개념을 발달시키고자 한다. 또한 '나와 가족' 생활주제는 유아가 태어나서 가장 처음 접하게 되는 인간관계인 가족 안에서 가족구성원으로서의 자신을 이해하고, 가족의 다양한 문화와 생활에 대한 경험을 제공하기 위해 선정되었다.

유아기는 감각기능, 운동능력, 협응력과 같은 신체능력이 발달함과 동시에 자신의 감정변화, 감정조절 및 표현 등을 구체적으로 경험하게 되는 시기이다. 이러한 발달적 특성에 근거하여 유아로 하여금 자신의 몸과 마음에 대해 알아보고 '나의 몸과 마음'의 소중함을 인식하고, 자신의 감정을 조절하여 적절하게 표현할 수 있는 능력을 기르는 것이 필요하다. 또한 이 시기는 가족 및 사회구성원으로서의 나에 대한 인식이 형성되므로, 유아가 자신과 타인의 몸에 대한 인식을 근거로 자신을 소중히 여기고, 유아가 남과 다른 자신만의 특별함을 알고 사랑하며, 스스로 할 수 있는 일에 대해 적극적으로 참여하여 자신감을 갖도록 해야 한다. 뿐만 아니라 나에 대한 인식과 정체성이 발달하는 과정에서 사회화의 일차 집단인 가정 안에서 가족구성원의 역할을 이해하고 가족들과 원만한 관계를 유지하며 가족을 사랑하는 마음을 갖도록 하는 것이 중요하다. 특히, 인간성 상실, 저출산 등의 심각한 현대사회의 문제에 대처하기 위해서도 유아기부터 가족의 소중함을 강조하는 가치관 교육이 생활화되어야 할 것이다. 더불어 현대의 급변하는 사회환경으로 인하여 가족의 구조와 구성원이 점차 다양해지고 있으며 이들이 수행하는 역할과 가치관, 생활 방식도 변화하고 있음을 고려할 때 가족의 생활과 문화의 다양성을 인식하고 차이를 존중할 수 있는 유아의 태도가 더욱 요구된다.

따라서 '나와 가족' 생활주제를 통해서 유아가 나와 가족에 대한 기본적인 지식과 이해를 기초로 나와 가족을 사랑하고 타인과 더불어 살아가는 민주시민으로서의 자질을 기를 수 있도록 돕고자 한다.

출처 : 교육과학기술부 b(2012). 5세 누리과정 교사용 지도서 ② 나와 가족. 서울: 교육과학기술부. p. 3.

### (4) 주제 및 소주제 선정

주제와 소주제는 생활주제를 중심으로 선정하며, 교육적 가치, 유아의 발달특성과 흥미, 현대사회의 요구 등을 고려한다. 이때 교사는 주제 및 소주제와 관련된 전문 서적, 활동자료집, 사전 및 백과사전 등 다양한 자료를 참고하고, 이를 기초로 브레인스토밍이나 마인드맵을 통하여 주제 및 소주제를 중심으로 한 개념망을 그려 보거나 도표로 정리해 볼 수 있다. 또한 유아들과의 이야기 나누기를 통해 유아들의 생각이나 제안을 반영할 수도 있다. 주제 및 소주제를 선정한 후에는 주제 선정의 이유를 진술한다(교육과학기술부, 2009). 5세 누리과정 교사용 지도서에서 제시한 생활주제 '나와 가족'의 주제 '나의 몸과 마음', '소중한 나', '소중한 가족', '가족의 생활과 문화'의 주제 선정 이유를 제시하면 〈표 6-30〉과 같다.

〈표 6-30〉 생활주제 '나와 가족'의 주제 선정의 이유

'나와 가족' 생활주제에서는 유아가 자신의 몸과 마음에 대한 이해를 바탕으로 긍정적인 자아개념을 가지도록 하기 위해 '나의 몸과 마음'과 '소중한 나'를 주제로 선정하였다. 또한 가족의 의미를 이해하고 소중히 여기며 협력하는 태도를 기르도록 '소중한 가족'을 주제로 다루고자 하였으며, 다양한 가족의 생활과 문화를 경험하고 존중할 수 있도록 '가족의 생활과 문화'를 선정하였다. 유아의 발달적 특성과 흥미, 시대적 요구, 교육적 가치 등을 고려해서 주제를 선정했으며, 이를 구체적으로 살펴보면 다음과 같다.

| 주제 | 나의 몸과 마음 | 소중한 나 | 소중한 가족 | 가족의 생활과 문화 |
|---|---|---|---|---|
| 소주제 | • 내 몸의 구조와 기능 알기<br>• 나의 출생과 성장 과정 알기<br>• 나의 감정 알고 조절하기 | • 나의 몸 소중히 여기기<br>• 나의 특별함을 알고 사랑하기<br>• 나의 일 스스로 하기 | • 가족의 역할 알기<br>• 가족에 대한 예절 지키기<br>• 가족과 화목하게 지내기 | • 가족의 생활 알기<br>• 가족의 문화 알기<br>• 다양한 가족에 관심 가지기 |

출처 : 교육과학기술부 b(2012). 5세 누리과정 교사용 지도서 ② 나와 가족. 서울: 교육과학기술부. p. 4.

### (5) 주요 내용 선정

주제와 소주제가 선정되면 다음은 주요 내용을 선정한다. 주요 내용은 주제와 소주제를 잘 반영하여 선정할 때 중점을 두어야 할 부분으로 내용 선정의 원칙은 다음과 같다(교육과학기술부, 2013).

첫째, '나와 가족'의 교육내용 선정은 2007 개정 유치원교육과정에서 제시한 교육과정의 주제를 근간으로 하였으며, 5세 누리과정에서 제시한 만 5세의 기본능력과 창의·인성 형성을 중점으로 활동을 구성하였다. '나와 가족'에서 제시된 창의성 관련 요소는 인지적 요소인 문제해결력, 사고확장능력, 사고수렴능력과 동기적 요소인 호기심, 흥미, 몰입과 성향적 요소인 개방성, 독립성 등이다. '나와 가족'에서 제시된 인성 관련 요소는 자신, 타인, 다른 문화 및 사람, 생명과 환경, 전통문화 등에 관한 존중, 가족, 이웃에 대한 배려, 나눔, 개인 및 집단의 차원에서 협력 등을 포함한다.

둘째, 소주제와 내용은 5세 누리과정에서 제시하고 있는 개념수준에 준하되, 초등학교 교육과정의 바른 생활, 슬기로운 생활, 즐거운 생활 등에서 제시된 '나와 가족'에 대한 기본교육내용(예 : 나, 나의 몸, 학교, 학교와 나, 가족 등)에 관한 내용과의 연계성을 고려하여 선정하였다. 또한 '나와 가족'에 관한 내용을 초등학교 교육과정의 국어(읽기, 듣기, 말하기, 문학작품 등), 수학(길이, 규칙성, 양의 비교 등)과 연계하도록 하였다.

셋째, '나와 가족'은 다루어지는 주요 내용의 특성상 사회관계영역(나를 알고 사랑하기, 가족과 함께 생활하기)에 치중되는 경향이 있으나 5개 영역의 내용이 균형 있게 포함되도록 내용을 선정·조직하였다. 예를 들어, 생활주제 '나와 가족' 중 주제 '나의 몸과 마음'은 누리과정의 '신체운동·건강' 영역의 내용인 '신체인식하기', '사회관계' 영역의 내용인 '나와 다른 사람의 감정 알고 조절하기', '자연탐구' 영역의 내용인 '탐구하는 태도 기르기', '의사소통' 영역의 내용인 '말하기'를 고려하여 선정·조직하였다.

넷째, '나' 주제에서는 유아가 구체적인 경험을 통해 자신의 몸과 감정에 대한 기본 개념을 이해하고, 이를 기초로 자신의 성장과 출생과정, 감정 조절, 나만의 특별함 알기 및 사랑하기, 나의 일 스스로 하기 등을 내용으로 구성하였다. 또한 '가족' 주제에서는 유아가 가족구성원의 역할, 예절에 대한 이해를 바탕으로 가족과 함께 더불어 지내는 내용을 우선적으로 경험할 수 있도록 하였다. 다음으로, 유아가 실생활에서 직접 경험할 수 있는 가족의 다양한 생활과 문화를 이해하고 이와 더불어 다른 가족의 문화나 다문화가정 등을 경험하도록 내용을 선정 · 조직하였다.

이 같은 관점을 반영하여 '나와 가족' 생활주제의 주요 내용 중 지식, 태도 및 가치, 기능과 관련된 주요 내용 및 누리과정 관련 요소의 예를 제시하면 〈표 6-31〉과 같다.

〈표 6-31〉 생활주제 '나와 가족'의 주요 내용과 누리과정 관련요소의 예

| 구분 | 주요 내용 | 누리과정 관련요소 |
|---|---|---|
| 지식 | 신체 각 부분에는 이름과 기능이 있다. | 신체운동 · 건강 : 신체인식하기, 신체인식하고 움직이기 |
| 태도 및 가치 | 사람은 여러 가지 감정을 느끼고 표현한다. | 사회관계 : 나와 다른 사람의 감정 알고 조절하기, 나와 다른 사람의 감정 알고 표현하기 |
| 기능 | 자신의 감정을 적절하게 조절하며 적절하게 표현한다. | 의사소통 : 말하기, 느낌, 생각, 경험 말하기 |

### (6) 주제 관련 학문 분야 연구

생활주제, 주제, 소주제를 선정하고 난 후, 이 주제가 관련 학문 분야에서 중요하며 가치 있는 내용을 포함하고 있는지를 검토해 볼 필요가 있다. 누리과정이나 표준보육과정을 참고하여 생활주제, 주제, 소주제를 재구성하거나 새로운 주제를 첨가하여 계획할 경우에는 그 생활주제, 주제, 소주제가 학문적으로 타당한 내용을 포함하고 있는지를 검토하는 것이 바람직하다. 한 해에 한두 개의 새로운 생활주제를 선정하여 연구하는 것을 몇 해만 거듭하면 어느새 일 년간의 생활주제, 주제, 소주제에 대한 자료 수집의 기반이 마련될 것이다. 또한 교사들이 협동하여 연구 · 조사한다면 더욱 효율적으로 생활주제, 주제, 소주제에 대한 연구가 축적될 것이다.

### 3) 실행계획단계 : 월간, 주간, 일일 및 단위활동 교육계획

#### (1) 월간교육계획안 작성하기

월간교육계획은 연간교육계획에 따라 한 달 동안 이루어지는 교육활동 및 행사들을 한눈에 볼 수 있도록 세부적인 내용들을 포괄한 교육계획이다. 교사는 월간교육계획을 수립하여 한 달 동안 진행할 교육내용과 전체적인 흐름을 쉽게 파악하고 교육활동에 대하여 구체적으로 생각할 수 있다. 교사는 월간교육계획안을 통하여 생활주제, 주제, 소주제별로 선정된 주요 내용을 어떠한 활동 유형을 통해 통합적으로 경험하게 할 것인지에 대한 것을 계획하게 된다. 월간교육계획안을 계획하고 운영할 때 고려할 점은 다음과 같다(교육과학기술부, 2009).

첫째, 월간교육계획안은 특별한 사태가 발생한 경우를 제외하고는 연간교육계획에 기초하여 작성한다. 월간교육계획안은 연간교육계획안에서 수립되어 있는 각 생활주제의 시작과 종료를 기초로 공휴일이나 기념일, 유치원의 행사 등을 고려하여 작성한다.

둘째, 월간교육계획안은 연간교육계획에 기초하여 작성하되 전달에 계획했던 활동 중 하지 못한 것이 있거나 충분하지 못한 활동이 있을 때 다음 주까지 연장할 것인지 종료할 것인지, 다른 생활 주제에 포함시킬 것인지를 함께 고려하여 결정해야 한다.

셋째, 월간교육계획은 새로운 생활주제를 시작하기 일주일 전쯤 다음 생활주제에 대한 교육계획을 구체적으로 세우는 것이 바람직하다.

넷째, 유아의 특성과 능력, 유아교육기관 및 지역사회의 필요와 요구, 교육적 필요, 재정 등을 고려하여 주제를 배치하며 다양한 활동들을 안배한다. 이때 전 학년도 월간교육계획안과 실행사항에 대한 평가내용을 살펴보고 반영할 내용이나 사항을 고려하여 수립한다.

다섯째, 월간교육계획 및 운영 시 유아와 이야기 나누기나 브레인스토밍 등을 하여 유아의 흥미와 욕구, 제안을 충분히 반영하도록 한다.

여섯째, 교사는 각 지역과 유아교육기관 및 유아의 특성을 고려하여 적합한 생활주제와 주제, 그리고 교육내용을 선정하고 목표를 설정한다.

일곱째, 선정된 생활주제와 관련하여 환경구성을 어떻게 하고 어떤 교재·교구를 활용할 것인지 계획하고 주제가 진행됨에 따라 필요한 것을 첨가하며 운영해 간다.

여덟째, 학급 간 교류와 확장이 이루어지도록 다른 학급 교사와 정보를 나누고 협력하여 계획하고 운영한다. 특히, 학급 내 전시회, 발표회 등을 통해 교사와 유아들 사이에 교류가 이루어질 수 있도록 계획한다.

아홉째, 월간교육계획안은 교사가 중요한 일정을 기억하도록 도와주므로 일정한 장소에 게시하는 것이 좋다. 월간 및 주간 교육활동, 유아의 생일, 현장학습일, 공휴일, 명절 등을 표시해 두어 한 달 동안 유아교육기관에서의 생활을 한 눈에 볼 수 있도록 한다.

열째, 현장학습 장소는 미리 현장답사를 하고 예약을 해 두며, 일정을 구체적으로 계획해 둔다. 현장학습활동은 학급 간에 공동으로 이루어질 때도 있다. 이때 교사 간에 협력하여 역할을 분담한다.

열한째, 월간교육계획안을 가정으로 보내 가정에서도 연계성 있는 지도를 할 수 있고 미리 그 달의 행사를 알고 준비, 협조하도록 한다.

열두째, 월간교육 운영 역시 연간교육 운영과 마찬가지로 융통성 있게 한다.

월간교육계획안은 연간교육계획안을 바탕으로 생활주제의 의미를 선정한 이유와 주요내용을 반영하여 〈표 6-32〉, 〈표 6-33〉와 같이 작성한다. 그러나 유아교육기관의 편의상 생활주제의 의미와 생활주제망, 주제 및 소주제의 주요내용은 삭제한 후 〈표 6-34〉처럼 한 장으로 작성하기도 한다.

〈표 6-32〉 생활주제의 의미를 반영한 월간교육계획안 '나와 가족' 작성 예시

<table>
<tr><th>생활주제</th><th>나와 가족</th><th>추정기간</th><th>2017년 5월 2~5주(4주간)</th></tr>
<tr><td>생활주제 의미</td><td colspan="3">'나와 가족' 생활주제는 유아기에 호기심의 대상인 자신의 몸과 마음에 대해 이해할 수 있는 기회를 제공하며 자기 조절 및 긍정적인 자아개념을 발달시키고자 한다. 또한 '나와 가족' 생활주제는 유아가 태어나서 가장 처음 접하게 되는 인간관계인 가족 안에서 가족구성원으로서의 자신을 이해하고, 가족의 다양한 문화와 생활에 대한 경험을 제공하기 위해 선정되었다. 유아기는 감각기능, 운동능력, 협응력과 같은 신체능력이 발달함과 동시에 자신의 감정변화, 감정조절 및 표현 등을 구체적으로 경험하게 되는 시기이다. 이러한 발달적 특성에 근거하여 유아로 하여금 자신의 몸과 마음에 대해 알아보고 '나의 몸과 마음'의 소중함을 인식하고, 자신의 감정을 조절하여 적절하게 표현할 수 있는 능력을 기르는 것이 필요하다. 또한 이 시기는 가족 및 사회구성원으로서의 나에 대한 인식이 형성되므로, 유아가 자신과 타인의 몸에 대한 인식을 근거로 자신을 소중히 여기고, 유아가 남과 다른 자신만의 특별함을 알고 사랑하며, 스스로 할 수 있는 일에 대해 적극적으로 참여하여 자신감을 갖도록 해야 한다. 뿐만 아니라 나에 대한 인식과 정체성이 발달하는 과정에서 사회화의 일차 집단인 가정 안에서 가족구성원의 역할을 이해하고 가족들과 원만한 관계를 유지하며 가족을 사랑하는 마음을 갖도록 하는 것이 중요하다. 특히, 인간성 상실, 저출산 등의 심각한 현대사회의 문제에 처하기 위해 서도 유아기부터 가족의 소중함을 강조하는 가치관 교육이 생활화되어야 할 것이다. 더불어 현대의 급변하는 사회환경으로 인하여 가족의 구조와 구성원이 점차 다양해지고 있으며 이들이 수행하는 역할과 가치관, 생활 방식도 변화하고 있음을 고려할 때 가족의 생활과 문화의 다양성을 인식하고 차이를 존중할 수 있는 유아의 태도가 더욱 요구된다. 따라서 '나와 가족' 생활주제를 통해서 유아가 나와 가족에 대한 기본적인 지식과 이해를 기초로 나와 가족을 사랑하고 타인과 더불어 살아가는 민주 시민으로서의 자질을 기를 수 있도록 돕고자 한다.</td></tr>
<tr><td>생활 주제망</td><td colspan="3">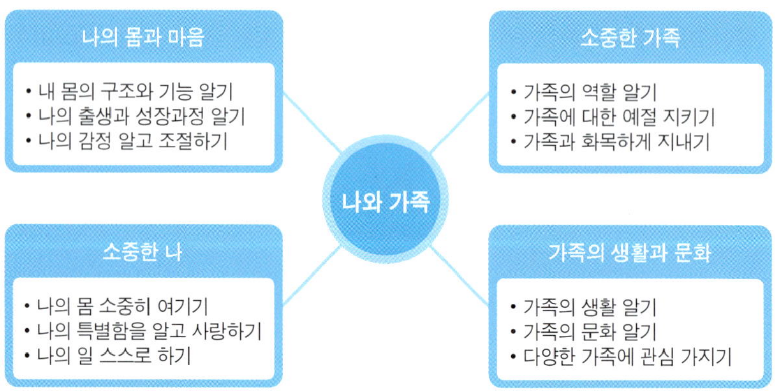
</td></tr>
</table>

**주제 및 소주제 주요 내용**

| 주 | 주제 | 소주제 | 주요내용 |
|---|---|---|---|
| 1 | 나의 몸과 마음 | 내 몸의 구조와 기능 알기 | ① 신체 각 부분의 특성과 기능을 안다.<br>② 자기 스스로 신체의 움직임을 조절한다.<br>③ 감각기관을 활용하여 사물의 특성과 차이를 안다. |
| | | 나의 출생과 성장과정 알기 | ① 나의 출생과정을 안다.<br>② 나는 세상에 태어난 소중한 존재임을 안다.<br>③ 나의 몸은 시간이 지남에 따라 성장하고 변화함을 안다. |
| | | 나의 감정 알고 조절하기 | ① 나의 감정이 상황에 따라 변함을 안다.<br>② 나의 감정을 표현하는 방법에는 여러 가지가 있음을 안다.<br>③ 나의 감정을 긍정적으로 조절하여 표현한다. |
| 2 | 소중한 나 | 나의 몸 소중히 여기기 | ① 나와 다른 사람의 몸을 소중히 여긴다.<br>② 위험한 상황에서 안전하게 대처하는 방법을 안다.<br>③ 건강의 중요성을 알고 건강하게 생활하는 습관을 기른다. |
| | | 나의 특별함을 알고 사랑하기 | ① 가족 및 사회구성원으로서 소중함을 안다.<br>② 내가 잘할 수 있는 것을 찾아보고, 미래에 하고 싶은 일에 관심을 갖는다.<br>③ 나와 다른 사람은 같은 점과 다른 점이 있음을 안다. |
| | | 나의 일 스스로하기 | ① 내가 할 수 있는 일이 있음을 안다.<br>② 내가 할 수 있는 일을 계획하고 실천한다.<br>③ 내가 하는 일에 자신감을 갖는다. |
| 3 | 소중한 가족 | 가족의 역할 알기 | ① 가족구성원의 역할이 있음을 안다.<br>② 가족구성원의 역할은 상황에 따라 변화될 수 있음을 안다.<br>③ 가족구성원의 요구와 문제에 관심을 갖는다. |
| | | 가족에 대한 예절지키기 | ① 가족 간의 지켜야 할 예절이 있음을 안다.<br>② 대상과 상황에 적합한 예절을 지킨다.<br>③ 웃어른께 예절 바르게 행동한다. |
| | | 가족과 화목하게 지내기 | ① 가족의 의미와 소중함을 안다.<br>② 가족은 서로 도우며 협력해야 함을 안다.<br>③ 가족은 서로 배려하며 화목하게 지내야 함을 안다. |
| 4 | 가족의 문화와 생활 | 가족의 생활 알기 | ① 가족마다 즐겨먹는 음식이 다름을 이해한다.<br>② 가족에게는 함께 사는 집이 있음을 안다.<br>③ 가족이 사는 집의 구조에 관심을 갖는다. |
| | | 가족의 문화 알기 | ① 가족에게는 특별한 날이 있음을 안다.<br>② 가족구성원마다 좋아하는 것과 싫어하는 것이 있음을 알고 존중한다.<br>③ 가정마다 서로 다른 가족 문화가 있음을 알고 존중한다. |
| | | 다양한 가족에 관심 가지기 | ① 다양한 가족의 유형이 있음을 알고 존중한다.<br>② 다문화 가족에 관심을 갖는다.<br>③ 다문화 가족의 다양성과 차이점에 대해 알고 존중한다. |

**사전협의 (주제 관련 학문분야 연구)**

- '나의 몸과 마음'에서는 유아가 몸의 구조와 성장에 대한 기본적인 이해를 구성하고, 자신의 감정에 대한 인식과 함께 조절능력을 기르는 것에 중점을 두고 지도한다.
- '소중한 나'에서는 유아가 자신의 몸에 대한 소중함을 인식하고 긍정적인 자아개념을 형성하는 것에 중점을 두고 지도한다.
- '소중한 가족'에서는 유아가 가족의 역할과 가족 간의 예절을 이해하고, 가족구성원으로서 협력하고 배려하는 태도를 기르는 것에 중점을 두고 지도한다.
- '가족의 생활과 문화'는 최근 가족구조뿐만 아니라 생활 방식, 가족구성원의 문화, 다양한 가족에 대한 관심 등을 반영하여 지도한다.

〈표 6-33〉 만 5세 월간교육계획안 작성 예시

| 5월 월간교육계획안 | | | | | |
|---|---|---|---|---|---|
| 생활주제 | | 나와 가족 | | 시기 | 2017. 5. 8 ~ 6. 2 (4주간) |
| 주 | | 1주 | 2주 | 3주 | 4주 |
| | | 5.8–12 | 5.15–19 | 5.22–26 | 5.29–6.2 |
| 주제 | | 나의 몸과 마음 | 소중한 나 | 소중한 가족 | 가족의 생활과 문화 |
| 목표 | | • 나의 몸은 시간이 지남에 따라 변화된다는 것을 안다.<br>• 나의 감정을 조절하여 긍정적으로 표현한다.<br>• 상황에 따라 여러 감정이 생긴다는 것을 안다. | • 나의 소중함을 알고 자신을 보호할 수 있는 능력을 기른다.<br>• 나의 특별함을 알고 사랑한다.<br>• 나와 다른 사람의 서로 다른 점을 이해하고 존중한다. | • 가족구성원의 역할을 알고 구성원의 요구와 문제에 관심을 갖는다.<br>• 가족 간에 지켜야 할 예절을 알고 대상과 상황에 맞게 예절을 지킨다.<br>• 가족의 소중함을 알고 서로 협력하여 화목하게 지낸다. | • 다양한 가족의 유형이 있음을 안다.<br>• 가정마다 서로 다른 가족문화가 있음을 알고 존중한다. |
| 자유선택활동 | 쌓기 역할 | • 적목놀이<br>• 성장과정 표현하기 | • 몸속 뼈대 만들기<br>• 신체검사 놀이 | • 우리 가족 집 만들기<br>• 가족놀이<br>• 아기 재우기 | • 우리 가족이 살고 싶은 집<br>• 전통혼례<br>• 가족 나들이 |
| | 언어 | • 나는 기쁠 때와 화날 때가 있어요. | • 나의 소중한 보물<br>• 나의 꿈을 찾아서 | • 우리 가족 별명<br>• 존댓말 카드 | • 가족나무<br>• 꽃다발 편지<br>• 어떤 가족일까요? |
| | 수·조작 | • 발로 길이재기<br>• 내 얼굴의 구멍 찾기 | • 나를 숫자로 소개해요<br>• 직업퍼즐 | • 가족 역할 퍼즐<br>• 내가 할 수 있는 효도 | • 우리 집 완성하기<br>• 모습은 다르지만 같아요<br>• 북한 주민의 고향 여행 |
| | 과학 | • 나는 자라요<br>• 표정으로 나타내요 | • 나의 진디 인형<br>• 옷을 입어요 | • 가족 물건 관찰하기<br>• 할아버지 할머니 돕기 | • 우리집 구조 관찰하기 |
| | 미술 | 신기한 몸속 모형 만들기 | • 내가 되고 싶어요 | • 우리 가족이 하는 일<br>• 가족 접어 꾸미기 | • 우리집 모형<br>• 우리집 별미 만들기 |
| | 음률 | 이거리 저거리 각거리 | • 내가 만든 악기 연주 | • 자장가 듣기<br>• 악기로 연주해 보세요 | • 결혼행진곡 감상<br>• 리듬악기 치며 노래 부르기 |

| | | | | | |
|---|---|---|---|---|---|
| 대·소집단활동 | 이야기 나누기 | • 신기한 몸속<br>• 내가 기쁠 때와 슬플 때<br>• 표정으로 나타내요<br>• 친구의 감정을 느껴요<br>• 명화 속 감정을 찾아요 | • 내 이름 삼행시<br>• 나의 자랑거리가 있어요<br>• 소중한 나를 위한 약속 | • 행복한 우리 가족<br>• 가족 간의 예절<br>• 누가 앉는 자리일까요? | • 다양한 가족이 있어요<br>• 우리 가족이 특별한 날<br>• 가족 사랑의 날<br>• 다시 지은 콩쥐팥쥐<br>• 같은 나라 사람만 가족일까? |
| | 동시 동화 동극 | • 동화) 우리 몸의 구멍<br>• 동화) 기쁨과 슬픔<br>• 동시) '감정' 동시 짓기<br>• 동시) 마음<br>• 동화) 화가 나는 건 당연해 | • 동화) 사랑스러운 까마귀<br>• 동화) 내 몸을 지켜요<br>• 동화) 생일 축하해 | • 동화) 돼지책<br>• 동화) 사촌동생 쿠야<br>• 동극) 반말쟁이 민지<br>• 동화) 예쁘게 말해요 | • 동화) 해와 달이 된 오누이<br>• 동극) 은혜갚은 호랑이<br>• 동시) 우리 가족<br>• 동화) 반쪽이 |
| | 음악 | • 소중한 나의 꿈 | • 나는 특별해<br>• 나는 연주 왕 | • 자장자장 아기가 자요 | • 옛날이야기<br>• 사랑<br>• 엄마, 아빠나라 동요감상 |
| | 신체 | • 나처럼 움직여봐 | • 어떤 표정일까요?<br>• 스트레칭 체조 | • 나도 집안일을 도울 수 있어요 | • 다양한 가족 만들기 |
| | 게임 | • 신기한 몸 속 이름 맞추기 | • 소리를 들으며 따라가기 | • 심부름을 해요<br>• 여기에 앉으세요 | • 우리는 한 가족 |
| | 미술 | • 나는 자라요<br>• 친구 자화상 그려보기 | • 나는 할 수 있어요<br>• 행복카드 만들기 | • 우리 가족이 좋아하는 음식 | • 우리 집 가족신문 만들기<br>• 우리 가족은 왕 |
| 바깥놀이 | | • 내 몸으로 공을 쳐요<br>• 훌라후프 징검다리 | • 줄 아래로 빠져나가기<br>• 고정된 줄 뛰어넘기 | • 소꿉놀이<br>• 설거지하기 | • 자연물로 우리 가족 꾸미기 |
| 안전교육 | | • 소방대피 훈련 | • 내 몸은 소중해요 | • 좋은 느낌과 나쁜 느낌 | • 가족의 전화번호 |
| 기본생활 습관 | | • 상황에 맞게 인사를 해요 | • 실외놀이 후 손을 깨끗이 씻어요 | • 웃어른에게 두 손으로 드려요 | • 음식을 먹을 때 조용히 먹어요 |

출처 : 교육과학기술부 b(2012). 5세 누리과정 교사용 지도서② 나와 가족. 서울: 교육과학기술부. pp. 16-19. 재구성.

### (2) 환경구성 및 자료준비하기

월간교육계획안을 실행하는 첫 주에는 생활주제 및 주제와 관련한 실내 · 외 환경구성과 자유선택활동의 각 흥미영역 및 교육활동에 필요한 교재교구자료를 준비한다. 유아에게 최적의 교육 방법이 놀이라고 볼 때, 놀이를 하는 것만으로도 교육이 일어나도록 하는 것이 교사의 주요 역할 중 하나이다(교육과학기술부, 2009).

놀이를 통한 교육적 효과를 증진시키기 위해 교사는 교실에서 각 영역별 교재교구를 통한 환경구성 및 벽면 구성을 할 때 생활주제에 맞추어서 배치를 한다. 예를 들어, 생활주제가 '나와 가족'일 경우 생화주제에 맞추어 환경구성을 할 경우 벽면환경을 영역별로 살펴보면 언어영역에는 우리 가족 소개신문을 게시, 수 · 조작영역에는 우리반 가족의 수 비교자료, 미술영역에는 나의 자화상 그리기 전시, 음률영역에는 '옛날이야기' 리듬악기 연주 악보, 그리고 역할영역에는 우리집 전개도 등으로 구성할 수 있다. 또한 자유선택활동을 위해서 각 흥미영역별 교재교구는 생활주제에 따라 4~8가지 정도로 배치하여 유아들이 호기심을 가지고 놀이에 참여할 수 있도록 한다. 이에 따른 내용을 구체적으로 살펴보면 [그림 6-16]과 같다.

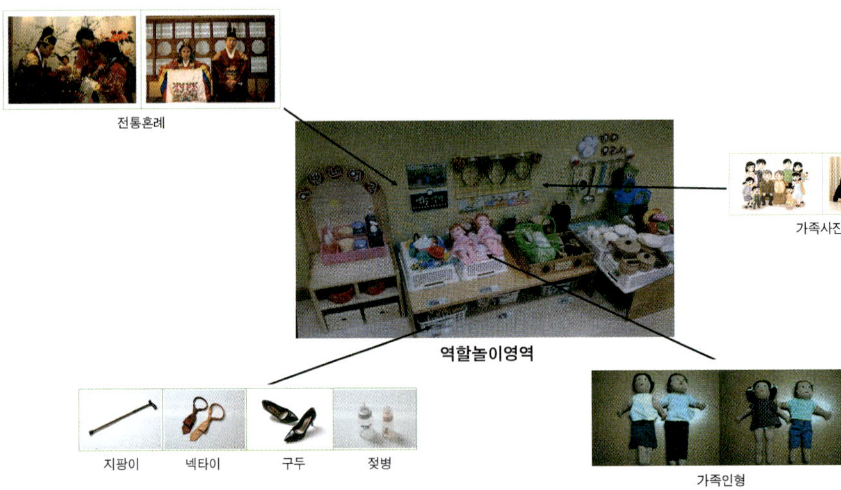


[그림 6-16] 생활주제 '나와 가족' 활동 시 역할놀이영역 환경구성 예시

생활주제 '나와 가족'에 맞춰서 역할놀이영역을 주제 '나의 몸과 마음'에서 활동으로 '나의 성장과정 표현하기', 주제 '소중한 나'에서 활동은 '신체검사 놀이', 주제 '소중한 가족'에서 활동은 '가족놀이', 주제 '가족의 생활과 문화'에서 활동은 '전통혼례'라는 주제로 계획을 할 수 있다. 이러한 계획에 따라 기존에 역할영역구성을 전체를 바꾸는 것보다는 기존에 활동했던 자료를 처음에는 그대로 두고 주제를 진행할 때 하나씩 첨가를 하거나 주제에 맞추어서 교체하는 형식으로 사용한다. 이는 앞 주에 이루어졌던 주제와 이번 주 주제의 전이가 자연스럽게 이루어지는 것과 함께 앞으로 이루어질 주제에 대해 유아들에게 자연스럽게 호기심을 자극할 수 있고 주제를 더욱 심도 있게 다루는 데 사고의 확장 폭을 넓혀 줄 수 있는 방법이다.

### (3) 주간교육계획안 작성하기

생활주제에 따라 선정된 월간 교육계획의 주제는 유아의 흥미나 요구, 지역사회의 여건이나 유아교육기관의 환경에 따라서 몇 가지의 주제로 나누게 나뉜다. 이러한 주제들이 주간교육계획안의 주제가 된다. 유아교육기관에서 주간교육계획안을 작성할 때 통합적 접근이라는 측면에서 유아교육과정의 생활영역 또는 자유선택활동의 흥미영역을 중심으로 조직되고(전일우, 2004), 1주 동안에 이루어지는 모든 활동들을 한 눈에 볼 수 있도록 세부적인 내용까지 포함시켜서 계획이 이루어진다(교육과학기술부, 2009). 연간교육계획안과 월간교육계획안은 일 년 동안의 교육 일정과 행사 등을 중심으로 개략적으로 작성되는 반면, 주간교육계획안은 주제를 중심으로 관련된 활동을 각각의 흥미영역을 중심으로 조직하고(전남련, 2013), 주제와의 연관 속에서 교육활동 전개 및 환경구성 등이 보다 구체적으로 언급되어 있어서 부모들에게 가정통신문의 형태로 전해지기 때문에 유아교육기관의 교육과정을 이해하는 데 보다 용이한 자료(최미숙, 박영미, 2002)로 사용된다.

교사는 주간교육계획안을 통해 한 주 동안 이루어질 모든 교육활동들을 미리 점검하고 필요한 준비를 한다. 주간교육계획안을 계획하고 운영할 때 고려할 점은 다음과 같다(교육과학기술부, 2009).

첫째, 주간교육계획안에 그 주제를 통해 유아들이 달성해 가야 할 목표를 분명하게 진술한다. 목표 진술은 선정된 주요 내용을 반영하여 유아가 도달해 가야 할 명확한 행동목표로 구체적으로 명료하게 진술하며, 행동진술방식은 지식, 태도 및 가치 기능적 측면을 고려한 용어로 진술하는 것이 바람직하다. 필요에 따라 조건이나 상황을 함께 진술할 수도 있다. 또한 학습이나 학습경험의 주체는 교사가 아니라 유아 개개인이므로 목표는 유아를 주체로 진술한다.

둘째, 주간교육계획안을 작성할 때 주제 및 소주제와 주요 내용을 잘 반영할 수 있는 놀이형태의 교육활동을 개발하거나 선정한다. 교육활동 개발 및 선정 시에는 유아의 연령별 발달수준과 흥미에 적합한지, 쌓기 놀이, 역할놀이, 언어, 수 · 과학, 음률, 조형 등 다양한 활동 유형으로 전개되는지, 각 활동들 교과영역 내에서 통합을 이루는지 등을 고려해야 한다. 또한 주변환경 및 자료를 활용할 수 있는 활동으로 개발하거나 선정하여야 한다.

셋째, 주간교육계획안에는 요일별로 자유선택활동시간에 각 흥미영역에서 하는 활동들과 대 · 소집단활동들, 바깥놀이활동 등을 선정하여 구체적으로 기록한다. 즉, 생활주제 및 주제와 관련하여 자유선택활동시간에 각 흥미영역에서 이루어질 활동과 대 · 소집단활동, 바깥놀이활동, 그리고 활동을 전개할 장소, 활동에 필요한 교재교구, 이야기 나누기의 주제, 시간 배정을 구체적으로 기록한다. 이때 대 · 소집단활동은 이야기 나누기, 동화 · 동시 · 동극, 음률, 신체, 게임, 요리 등 다양한 활동을 선정한다. 그 밖에도 적절한 환경구성을 자세히 기록한다. 생활주제 또는 주제가 바뀌지 않고 계속되는 경우, 생활주제에 따른 기본 환경은 그대로 두고 필요한 부분의 교재교구만 교체해 준다.

넷째, 주간교육계획안에는 교육활동뿐만 아니라 교사나 보조교사(교직원, 부모 자원자, 자원봉사자 등)의 이름과 역할을 구체적으로 적어 둔다. 예를 들어, 조형영역에서 월요일부터 수요일까지 동극을 위한 무대 꾸미기에 필요한 소품을 만든다면 누가 지도할 것인지를 정하고 미리 어떻게 지도할 것인지에 대하여 알리고 부탁해 둔다. 또 요리하기와 같이 교사의 도움을 많이 필요로 하는 활동은 사전에 세심하게 계획해야 한다. 만일 경단 만들기를 하여 간식으로 먹는다면 활동에 필요한 재료

〈표 6-34〉 만 5세 주간교육계획안 작성 예시

<table>
<tr><td colspan="2">반 이름</td><td colspan="2">00반</td><td>시기</td><td colspan="2">2017년 5월 3주</td></tr>
<tr><td colspan="2">생활주제</td><td colspan="2">나와 가족</td><td>주제</td><td colspan="2">소중한 나</td></tr>
<tr><td colspan="2">목표</td><td colspan="5">• 나의 소중함을 알고 자신을 보호할 수 있는 능력을 기른다.<br>• 나의 특별함을 알고 사랑한다.<br>• 나와 다른 사람의 서로 다른 점을 이해하고 존중한다.</td></tr>
<tr><td colspan="2">날짜(요일)<br>활동</td><td>15일(월)</td><td>16일(화)</td><td>17일(수)</td><td>18일(목)</td><td>19일(금)</td></tr>
<tr><td colspan="2">소주제</td><td>특별한 날</td><td>나의 몸 소중히<br>여기기</td><td>나의 일<br>스스로 하기</td><td colspan="2">나의 특별함을 알고<br>사랑하기</td></tr>
<tr><td rowspan="7">자유선택활동</td><td>쌓기<br>역할</td><td></td><td colspan="2">몸 속 뼈대 만들기<br>신체검사 놀이</td><td colspan="2">내가 일하고 싶은 곳<br>이럴 땐 싫다고 말해요.</td></tr>
<tr><td>언어</td><td>선생님<br>고맙습니다</td><td>나의 소중한<br>보물</td><td>나는 잘 할 수<br>있어요.</td><td>나에게 꿈이<br>있어요</td><td>나의 꿈을<br>찾아서</td></tr>
<tr><td>수/<br>조작</td><td></td><td colspan="2">나를 숫자로 소개해요</td><td colspan="2">직업퍼즐</td></tr>
<tr><td>과학</td><td></td><td>옷을 입어요</td><td colspan="3">나의 잔디인형</td></tr>
<tr><td>미술</td><td>카네이션<br>만들기</td><td colspan="3">사랑스러운 까마귀 동극자료 만들기</td><td>내가 되고<br>싶은 것</td></tr>
<tr><td>음률</td><td></td><td colspan="2">'나는 특별해' 노래 감상하기</td><td colspan="2">내가 만든 악기로 연주하기</td></tr>
<tr><td rowspan="7">대소집단활동</td><td>이야기<br>나누기</td><td>스승의 날</td><td>내 이름 삼행시</td><td>나에게 자랑거리<br>가 있어요</td><td>소중한 나를<br>위한 약속</td><td>나의 꿈</td></tr>
<tr><td>동시<br>동화<br>동극</td><td>(동화)<br>선생님<br>고맙습니다</td><td>(동화)<br>사랑스러운<br>까마귀</td><td>(동화)<br>내 몸을 지키는<br>소중한 약속</td><td>(동화)<br>그루터기야<br>생일 축하해</td><td>(동극)<br>사랑스러운<br>까마귀</td></tr>
<tr><td>음악</td><td></td><td>(노래)<br>나는 특별해</td><td></td><td>나는 연주 왕</td><td>(노래)<br>소중한 나의 꿈</td></tr>
<tr><td>신체</td><td></td><td></td><td>어떤 표정일까요?</td><td></td><td>스트레칭 체조</td></tr>
<tr><td>게임</td><td></td><td>소리를 들으며<br>따라가요</td><td></td><td></td><td></td></tr>
<tr><td>요리</td><td>몸에 좋은 두부<br>피자</td><td></td><td></td><td></td><td></td></tr>
<tr><td>미술</td><td></td><td></td><td>나는 할 수<br>있어요</td><td>행복카드<br>만들기</td><td></td></tr>
<tr><td colspan="2">바깥놀이</td><td></td><td>줄 아래로<br>빠져나가기</td><td></td><td>고정된 줄<br>뛰어넘기</td><td></td></tr>
<tr><td colspan="2">안전교육</td><td colspan="5">내 몸은 소중해요</td></tr>
<tr><td colspan="2">기본생활습관</td><td colspan="5">실외놀이 후 손을 깨끗이 씻어요</td></tr>
</table>

출처 : 교육과학기술부 b(2012). 5세 누리과정 교사용 지도서② 나와 가족. 서울: 교육과학기술부. p. 17. 재구성.

들은 누가 어떻게 준비해야 할 것인지, 요리활동은 누가 지도할 것인지를 계획해야 한다.

다섯째, 주간교육계획안은 요일의 특성도 고려하여 계획한다. 월요일에는 가정의 주말 가족행사로 인하여 유아의 상태를 고려하여 개별 활동을 중심으로 계획하거나 한 주의 활동을 탐색할 수 있도록 활동을 계획한다.

여섯째, 활동 간의 연계가 유기적으로 이루어질 수 있도록 계획한다. 그 주의 주제와 관련된 탐색활동과 심화활동을 균형 있게 안배한다. 이때 비슷한 유형의 활동이 많이 겹치지 않도록 계획하고 운영한다.

주간교육계획안은 주제를 통해 유아들이 달서해야 할 목표를 분명히 진술하고, 주제와의 연계성 및 교육활동 간의 통합성, 그리고 활동 유형 간의 균형성을 고려하여 작성하면 〈표 6-34〉와 같이 나타낼 수 있다.

### (4) 일일교육계획안 작성하기

일일교육계획은 효과적인 교육과정 운영에 영향을 미치는 가장 중요한 요소 중의 하나로 교육목표를 달성하기 위한 가장 실천적인 계획으로 학습내용과 교수전략의 누락과 중복을 피하고 등원부터 하원에 이르기까지 일과시간표로 작성된다(정명화 외, 2009). 일일교육계획은 주간교육계획에 기초하여 하루 동안 이루어지는 모든 활동을 순서적으로 계획하고 운영한다. 일일교육계획안은 생활주제, 교육목표, 활동목표, 활동요소시간, 준비물, 활동방법, 유의사항 등을 기록하는 것이다.

#### ① 일일활동계획의 기본원리

교사는 일과에 포함된 각 활동들의 효과적인 교수-학습방법을 연구하여 일일교육계획안을 수립해야 한다. 일일교육계획 역시 유아의 흥미, 상황에 따라 융통성 있게 계획하고 운영한다. 일일교육계획 및 운영의 기본원리는 다음과 같다(교육과학기술부, 2009).

첫째, 일일교육계획안에는 유아가 하루 일과를 통해 달성해 가야 할 일일교육목표를 진술한다. 그리고 하루 동안 이루어질 교육활동에 대해 각 활동별로 활동목표를 진술한다. 일일교육목표 진술방식은 교육내용을 포함하여 유아가 도달해 가야 할 행동목표를 구체적으로 진술한다.

둘째, 영향을 주는 사항들을 고려하여 계획하고 운영한다. 즉. 수업시간, 인적 자원, 물리적 환경, 시기 등에 따라 활동집단의 크기, 활동소요시간, 모이는 형태나 장소, 교재교구의 종류나 양 등을 어떻게 할 것인지 구체적으로 결정하여 계획하고 운영한다.

셋째, 일관성 있게 계획하고 운영한다. 하루의 일과는 대체로 반일반의 경우 등원, 하루 일과계획, 자유선택활동, 간식, 대 · 소집단활동, 하원 등의 순으로 이루어지고, 방과 후 과정반은 교육과정반 일과 이후에 방과 후 특성화활동, 휴식 및 낮잠, 오후 간식, 자유선택활동, 바깥놀이, 하원 등의 순으로 이루어진다. 하루 일과를 일관성 있게 운영하는 것은 유아로 하여금 언제, 어디서, 무엇을, 어떻게 해야 하는지를 알게 하므로 유아가 안정감을 가지고 자신의 행동과 욕구를 조절하며 능동적으로 활동할 수 있게 해 준다. 일과 활동에 대한 순서 판을 걸어 두어 유아들이 그날의 활동을 볼 수 있게 해 주는 것이 좋다.

넷째, 일과계획을 할 때에는 간식, 배변, 휴식 등 유아의 신체적 욕구를 해결하는 시간을 적절하게 배치해야 한다. 유아는 놀이에 열중하게 되면 자신의 신체적 욕구를 조절하지 못한다. 즉, 화장실에 가는 것을 잊어버려 실수를 하거나 피곤이 쌓이거나 배가 고파서 짜증을 내기 쉽다. 따라서 유아의 신체적 욕구를 고려하여 일일활동계획을 세우고 운영해야 한다.

다섯째, 유아의 흥미와 욕구를 반영한다. 교사는 자신이 세운 계획에 유아들이 맞추도록 하기보다는 유아의 흥미와 욕구를 반영할 수 있는 기회를 주어서 유아가 능동적으로 참여하도록 해야 한다. 자유선택활동시간에는 유아 스스로 자신의 활동을 선택할 수 있는 기회를 주어야 하고 대 · 소집단활동에서도 유아들이 개별적으로나 집단적으로 의사를 표현할 수 있는 기회를 주어야 한다. 또한 교사는 유아에게 다양한 경험을 제공하되 유아 스스로 자신의 활동을 선택할 수 있는 기회를 주어야 한다.

여섯째, 활동 간 균형을 맞추어 배치한다. 일과 안에 동적 활동과 정적 활동, 실내활동과 바깥놀이 활동, 개별 활동과 대 · 소집단활동, 자유선택활동, 교사 주도 활동과 유아 주도 활동을 고루 배치한다. 만일 이야기 나누기를 하고 바로 그 자리에서 음악 감상, 동화 듣기의 순서로 활동을 하는 것은 한 자리에서 정적 활동을 계속하는 것이므로 유아들이 지나치게 긴장을 풀어 오히려 주의를 집중하기가 어려울 것이다. 유아들이 신체적으로 심리적으로 긴장과 휴식을 적절히 할 수 있도록 균형 있게 배치하는 것이 바람직하다. 예를 들면, 대집단으로 동화 듣기 시간 다음에는 신체적으로 활발하게 활동할 수 있는 음률활동이나 바깥놀이활동을 할 수 있다.

일곱째, 여러 유형의 상호작용이 고루 일어날 수 있도록 계획한다. 즉, 교사와 개별 유아의 상호작용, 교사와 대 · 소집단 유아와의 상호작용, 유아와 유아 간의 상호작용, 유아와 교구와의 상호작용 등의 기회가 고르게 일어날 수 있도록 계획 · 운영되어야 한다. 유아는 다양한 상호작용을 경험하므로 사고와 행동, 느낌, 지식 등을 조절하거나 확장할 수 있다.

여덟째, 융통성 있게 운영되어야 한다. 일일교육계획안은 주간교육계획안에 기초하여 작성하지만 유아들의 흥미나 욕구, 우발적인 사건 등을 고려하여 계획하지 않았던 활동이나 내용이 첨가될 수 있다. 교사는 순발력 있게 여러 요소들을 반영하여 교육계획 및 운영을 수정할 수 있어야 한다. 예를 들어, 생활주제 '환경과 생활' 중 주제 '소리와 우리 생활'을 다룰 때, 실내 놀이 중심의 일과를 계획하였는데, 오랜만에 보슬비가 내리고 유아들이 보슬비에 관심을 보인다면, 계획된 실내활동을 계속하기보다는 '소리와 우리 생활' 주제와 연관하여 바깥놀이활동으로 바꾸어 우산을 쓰고 보슬비 소리를 들어 볼 수도 있다. 또한 특정 활동에 유아들이 전혀 흥미를 보이지 않는다면, 다른 활동으로 대체할 수 있어야 하며, 지속적으로 흥미를 보인다면 다음 활동을 미루고 시간을 정정할 수도 있다. 단, 아무리 유아들이 흥미 있어 하는 활동이라도 지나치게 오래 하면 흥미를 잃게 되므로 적절한 시간에 마치도록 한다.

아홉째, 활동의 계획과 실행에 대한 평가를 한다. 교사는 활동목표가 어느 정도 성취되었는지, 계획대로 실행되었는지, 문제점이 있었다면 무엇 때문인지, 수정 · 보완되어야 할 점은 무엇인지에 대하여 평가하고 이를 반드시 기록으로 남겨 후속활동계획에 반영해야 한다. 일과 및 활동에 대한 평가는 유아들과 함께 할 수도 있다.

### ② 일일교육활동계획 및 구성

일일교육활동계획안은 주간교육계획안에 준하여 작성한다. 주각교육계획안은 이미 생활주제의 하위 주제를 중심으로 자유선택활동, 대 · 소집단활동, 환경 구성 등을 중심으로 구성하였다. 따라서 일일교육계획안의 각 활동들은 서로 분리된 교과목이 아니라 생활주제 중심으로 상호 관련이 있는 활동들로 연결되어 있다. 일일활동계획은 하루 일과에 배정된 각 활동들의 요소시간을 계산하고 활동 간 균형을 맞추어 수립하고 운영한다(교육과학기술부, 2009).

현재 누리과정은 1일 3~5시간을 기본적인 교육과정 운영시간으로 하고 탄력적으로 운영하도록 하며, 1일 1시간(60분)씩 바깥놀이 시간을 확보하여 운영하도록 하고 있다(교육과학기술부, 2013). 이를 바탕으로 일일활동의 구성은 일반적으로 등원, 일과계획, 실내자유선택활동(쌓기 놀이영역, 역할놀이영역, 언어영역, 수 · 조작놀이영역, 과학영역, 미술영역, 음률영역 등), 정리정돈, 간식, 대 · 소집단활동(이야기 나누기, 동시 · 동화 · 동극, 음률, 신체, 게임, 요리 등), 바깥놀이활동, 점심, 휴식, 평가 및 귀가지도로 이루어진다. 그리고 특별히 견학을 가거나 유아교육기관의 행사가 있을 경우, 또한 등원시간에 차이가 있을 경우나 그날 초점을 두는 활동에 따라서 일일활동 구성 방식에는 차이가 있다. 이러한 일일활동의 구성방법 및 시간안배방법을 살펴보면 〈표 6-35〉와 같다.

〈표 6-35〉 일일활동 구성 및 시간안배방법 예시

| 일반적 하루 일과 시간표 | |
|---|---|
| 09:00~09:10 | 등원 및 인사 나누기 |
| 09:10~10:10 | 놀이계획 및 자유선택활동 |
| 10:10~10:20 | 정리정돈 및 화장실 다녀오기 |
| 10:20~10:30 | 자유선택활동 평가 |
| 10:30~10:50 | 이야기 나누기 |
| 10:50~11:50 | 바깥놀이 |
| 11:50~12:00 | 화장실 다녀오기 |
| 12:00~13:00 | 점심 및 휴식 |
| 13:00~13:30 | 소집단활동 |
| 13:30~13:40 | 동화 듣기 |
| 13:40~14:00 | 평가 및 귀가지도 |

| 견학 가는 날 하루 일과 시간표 | |
|---|---|
| 09:00~09:10 | 등원 및 인사 나누기 |
| 09:10~09:30 | 이야기 나누기 |
| 09:30~09:40 | 화장실 다녀오기 |
| 09:40~10:20 | 견학장소로 출발 |
| 10:20~11:40 | 견학 |
| 11:40~12:20 | 유아교육기관으로 도착 |
| 12:20~12:30 | 화장실 다녀오기 |
| 12:30~13:30 | 점심 및 휴식 |
| 13:30~13:40 | 동화 듣기 |
| 13:40~14:00 | 평가 및 귀가지도 |

| 신학기 단축 수업 하루 일과 시간표 | |
|---|---|
| 09:00~09:10 | 등원 및 인사 나누기 |
| 09:10~09:40 | 이야기 나누기 |
| 09:40~09:50 | 화장실 다녀오기 |
| 09:50~10:40 | 자유선택활동 |
| 10:40~11:00 | 화장실 다녀오기 및 간식 먹기 |
| 11:00~11:40 | 게임 활동 |
| 11:40~11:50 | 동화 듣기 |
| 11:50~12:00 | 평가 및 귀가지도 |

또한 유아교육기관에서 오전 간식이 제공되는 곳에서 요리활동을 진행하는 경우는 일반적으로 요리활동에서 만든 것을 간식으로 먹기도 한다. 그러나 교사가 시간 안배를 잘 못해서 하루 종일 먹는 일에만 시간을 구성하는 경우가 있는데, 예를 들면 오전에 간식 먹고 한 시간 뒤에 점심 먹고, 그 후에 바로 요리활동을 진행하여 하루 종일 먹는 활동에만 치중하는 오류를 범하기도 한다. 이를 방지하기 위해 교사는 적절히 시간을 배치하는 것을 〈표 6-36〉과 같이 고려해야 한다.

〈표 6-36〉 간식이 제공되는 유아교육기관 일일활동 구성 및 시간안배방법

| 간식을 먹는 경우 하루 일과 시간표 | |
|---|---|
| 09:00~09:10 | 등원 및 인사 나누기 |
| 09:10~09:30 | 간식 먹기 |
| 09:30~10:30 | 놀이계획 및 자유선택활동 |
| 10:30~10:40 | 정리정돈 및 화장실 다녀오기 |
| 10:40~10:50 | 자유선택활동 평가 |
| 10:50~11:20 | 이야기 나누기 |
| 11:20~12:20 | 바깥놀이 |
| 12:20~12:30 | 화장실 다녀오기 |
| 12:30~13:30 | 점심 및 휴식 |
| 13:30~13:40 | 동화 듣기 |
| 13:40~14:00 | 평가 및 귀가지도 |

⬇

| 요리활동을 하는 하루 일과 시간표 | |
|---|---|
| 09:00~09:10 | 등원 및 인사 나누기 |
| 09:10~10:40 | 놀이계획 및 자유선택활동<br>(자유선택활동 시 요리활동) |
| 10:40~10:50 | 정리정돈 및 화장실 다녀오기 |
| 10:50~11:00 | 자유선택활동 평가 |
| 11:00~11:20 | 이야기 나누기 |
| 11:20~12:20 | 바깥놀이 |
| 12:20~12:30 | 화장실 다녀오기 |
| 12:30~13:30 | 점심 및 휴식 |
| 13:30~13:40 | 동화 듣기 |
| 13:40~14:00 | 평가 및 귀가지도 |

### ③ 일일교육활동계획안의 실례

〈표 6-37〉은 일일교육활동계획 및 구성을 바탕으로 일일교육계획안을 작성한 것이다.

## 〈표 6-37〉 만 5세 일일교육계획안 작성 예시

| 반이름 | 은빛반 | 일시 | 2017년 5월 16일 | 수업일수 | 27/209 |
|---|---|---|---|---|---|
| 생활주제 | 나와 가족 | 주제 | 소중한 나 | 소주제 | 나의 몸 소중히 여기기 |
| 목표 | • 자신의 몸은 소중하다는 것을 안다.<br>• 위험한 상황으로부터 대처하는 방법을 알 수 있다. | | | | |
| 하루일과 시간표 | 09:00~09:10 | 등원 및 놀이계획 | | 11:50~12:10 | 새 노래 |
| | 09:10~10:10 | 자유선택활동 | | 12:10~13:00 | 점심 및 휴식 |
| | 10:10~10:20 | 정리정돈 및 화장실 다녀오기 | | 13:00~13:30 | 게임 활동 |
| | 10:20~10:30 | 자유선택활동 평가 | | 13:30~13:40 | 동화 듣기 |
| | 10:30~10:50 | 이야기 나누기 | | 13:40~14:00 | 평가 및 귀가지도 |
| | 10:50~11:50 | 바깥놀이 활동 | | | |

| 활동명/시간 | 활동목표 | 활동내용 | 자료 및 유의점 | 평가 |
|---|---|---|---|---|
| 등원 및 놀이계획 (09:00~09:10) | 바르게 인사한다. | • 유아들을 반갑게 맞이하고 유아의 기분과 건강상태를 살핀다.<br>• 사물함에 가방을 넣고 옷을 옷걸이에 걸어 정리한다.<br>• 오늘의 날짜를 알아본다.<br>• 오늘의 활동을 소개한다. | • 달력<br>• 오늘의 활동판 | 사물함에서 가방끈으로 인해서로 불편함이 나타났다. 앞으로 가방끈이 밖으로 흘러내리지 않도록 지도해야겠다. |
| 자유선택 활동 (09:10~10:10) | • 나의 몸 속 뼈의 생김새에 대해 관심을 가진다.<br>• 다양한 쌓기 도구를 이용하여 창의적으로 뼈대 모습을 구성한다. | 〈쌓기 놀이영역 : 몸 속 뼈대 만들기〉<br>• 자연탐구〉 탐구하는 태도 기르기〉 호기심을 유지하고 확장하기<br>• 자연탐구〉 수학적 탐구하기〉 공간과 도형의 기초개념 형성하기<br>• 우리 몸 속의 뼈에 대해 모형을 보며 알아본다.<br>• 여러 가지 뼈의 형태를 우리 몸을 만지며 어떻게 생겼는지 모형과 비교하여 살펴본다.<br>• 우리 몸 속 뼈가 하는 역할에 대해 알아본다.<br>• 다양한 쌓기 도구를 이용하여 내 몸의 뼈대를 구성해 본다. | • 인체 뼈 책<br>• 모형인체 뼈<br><br>• 여러 가지 블록 | 종이블록으로 뼈대를 구성하는데 쌓기 놀이 영역이 많이 좁은듯 했다. 앞으로 이 자료는 대집단 영역에서 구성을 하면 좋을 것 같다. |
| | • 나의 몸에 관심을 가지고 몸을 소중하게 다루는 방법을 안다.<br>• 신체검사의 중요성을 알고 역할 분담을 하여 놀이를 해 본다. | 〈역할놀이영역 : 신체검사 놀이〉<br>• 신체운동 · 건강〉 건강하게 생활하기〉 질병예방하기<br>• 예술경험〉 예술적 표현하기〉 극놀이로 표현하기<br>• 병원에 가 본 경험에 대해 이야기 나눈다.<br>• 신체검사에 대해 이야기 나눈다.<br>• 신체검사놀이에 필요한 역할과 소품, 의상 등에 대해 이야기 나눈다.<br>• 역할을 정하여 신체검사놀이를 한다.<br>• 역할을 바꾸어 놀이를 한다.<br>• 활동 후 소품들을 정리하고 평가한다. | • 체중계<br>• 키 재는 도구<br>• 시력검사도구<br>• 혈압 재는 기계외 신체검사에 필요한 도구 | 신체검사 놀이가 병원놀이와 함께 이루어져 유아들이 즐겁게 참여했다. |
| | • 나와 다른 사람의 차이를 알고 존중하는 태도를 기른다.<br>• 자신의 감정을 상황에 알맞게 표현한다. | 〈언어영역 : 나의 소중한 보물〉<br>• 의사소통〉 말하기〉 낱말과 문장으로 말하기<br>• 사회관계〉 나를 알고 존중하기〉 나를 알고 소중히 여기기<br>• 기분이 좋았던 경험에 대해 생각해 보고 이야기 나눈다.<br>• 주머니 안의 물건에 대해 이야기 나눈다.<br>• 유아들이 각자 준비해 온 소중한 보물들을 알아본다.<br>• 오늘 소개한 보물 외에도 나를 기분 좋게 해 주는 것에 대해 이야기 나눈다. | • 사전 가정통신문으로 자신의 보물에 대해 준비하여 받아 두기<br>• 주머니<br>• 유아들이 각자 가져온 소중한 물건 | 자신의 보물을 미리 준비하지 않은 유아들에게 우리 교실에서 소중히 여기는 물건에 대해 생각하고 가져오게 했다. 이러한 활동으로 교실에 있는 물건도 소중히 다루어야하는 생각을 가질수 있도록 한것 같아 좋았다. |

| | | | | |
|---|---|---|---|---|
| | • 나와 다른 사람에 대해 관심을 가진다.<br>• 숫자를 활용하여 자신을 소개한다. | 〈수 · 조작영역 : 나를 숫자로 소개해요〉<br>• 사회관계〉 나를 알고 존중하기〉 나를 알고 소중히 여기기<br>• 자연탐구〉 수학적 탐구하기〉 수와 연산의 기초개념 알아보기<br>• 숫자가 사용되는 다양한 상황을 알아본다.<br>• 숫자 카드를 보며 나와 관련된 숫자가 있는지 함께 알아본다.<br>• 숫자를 이용해서 나를 소개해 본다.<br>– 내가 가장 좋아하는 숫자<br>– 우리 가족의 수<br>– 나의 생일<br>– 나의 키, 몸무게<br>– 우리 집 전화번호 | • 사전에 나와 관련된 수에 대해 조사하기<br>• 숫자카드 0~9<br>• 융판<br>• 활동지<br> | 유아들이 수에 대해 다양하게 접근할 수 있는 활도이어서 좋았다. |
| | • 나의 몸을 보호할 수 있는 방법을 안다.<br>• 물체의 변화과정에 관심을 가진다. | 〈과학영역 : 옷을 입어요〉<br>• 신체운동 · 건강〉 건강하게 생활하기〉 질병예방하기<br>• 자연탐구〉 과학적 탐구하기〉 물체와 물질 알아보기<br>• 교사가 손 인형을 이용하여 옷을 입지 않으려고 떼쓰는 아이의 상황극을 보여 준다.<br>• 나의 몸을 보호하는 방법에 대해 이야기 나눈다.<br>– 옷을 입는 이유<br>– 내 몸을 보호하기 위해 내가 할 수 있는 것<br>– 소중한 나의 몸을 다른 사람이 만지려고 할 경우 분명하게 말하는 방법<br>• 실험 도구를 탐색하며 변화를 예측해 본다.<br>• 순서에 따라 활동한 후 투명 컵 속 그림의 변화를 관찰한다.<br><br>1. 컵 1개는 밑면에 구멍을 뚫는다. 2. 구멍을 뚫은 컵을 뒤집어 놓은 상태에서 바깥 부분에 몸을 그린다. 3. 다른 컵에는 옷을 그린다.<br><br>4. 옷을 그린 컵과 몸을 그린 컵을 완성한다. 5. 구멍을 뚫은 컵이 위로 오도록 컵 2개를 포갠다. 6. 물을 채운 수조에 구멍을 막고 컵을 수직으로 넣는다.<br><br>7. 구멍을 막은 손가락을 뗐다 막았다 해본다. 8. 옷을 완전히 입은 그림을 확인해 본다. | • 옷 입는 동영상<br>• 또는 사진<br>• 투명한 플라스틱 컵 2개 (컵 바닥 한 개의 구멍을 뚫은 것과 뚫지 않은 것)<br>• 수조, 물<br>• 유성펜<br>• 손 인형 | 누리과정에 있는 교사용 지도서에 활동방법에 따라 옷을 통해 나를 보호하는 방법과 대인안전 교육 등 2가지 활동을 실험을 통해 진행했다. 이 활동은 활동주제와 맞지 않는 것 같아서 앞으로는 대인안전 활동은 따로 진행하는 것이 좋을 것 같다. |
| **정리정돈 및 화장실 다녀오기**<br>(10:10~10:20) | • 놀이를 한 놀잇감을 정리할 수 있다.<br>• 친구를 도와 정리정돈을 할 수 있다. | • 정리 5분 전 놀이를 마무리할 수 있도록 알린다.<br>• 정리음악에 맞추어 놀잇감을 정리한다.<br>• 정리를 덜 한 친구들을 도와준다.<br>• 정리 후 화장실 다녀온다.<br>• 제자리에 앉는다. | 정리 음악 CD | 정리를 끝낸 유아들에게 정리를 덜 한 친구를 도와 줄 것에 대해 요청했다. 서로 협력하는 모습을 볼 수 있어서 좋았다. |
| **자유선택 활동평가**<br>(10:20~10:30) | • 자신이 놀이 한 자유선택활동을 소개할 수 있다. | • 자유선택활동을 평가한다.<br>– 어떤 영역에서 무슨 놀이를 하였니?<br>– 누구와 함께 놀이를 했니?<br>– 친구들에게 소개해 주고 싶은 영역의 놀잇감이 있니? | 영역별 활동자료 | 서로의 작품을 보고 칭찬과 격려를 해 주는 모습이 좋았다. 그러나 이야기 나누기 시간과 연결되어 오래 앉아 있었다. 앞으로 활동평가 시간을 줄이든지, 아니면 귀가 전에 조금 더 시간을 할애해야겠다. |

| 활동 | 목표 | 내용 | 자료 | 평가 |
|---|---|---|---|---|
| 이야기 나누기<br>(10:30~10:50) | 〈목표〉<br>• 나만의 특별한 이름에 관심을 가진다.<br>• 다양한 말놀이로 어휘력을 기른다.<br><br>〈창의 · 인성관련〉<br>• 창의성 : 인지적 요소– 사고의 확장 | 〈누리과정 관련요소〉<br>• 의사소통〉 말하기〉 느낌, 생각, 경험 말하기<br>• 사회관계〉 나를 알고 존중하기〉 나를 알고 소중히 여기기<br>• 창의성〉 인지적 요소〉 사고의 확장<br><br>〈초등교육과정 관련〉<br>• 듣기 · 말하기– 여러 가지 말놀이에 즐겨 참여한다.<br><br>〈내 이름 삼행시〉<br>• 글자에 대한 노래를 한다.<br>– '리자로 끝나는 말'을 개사하여 '0자로 시작되는 말' 노래를 보른다.<br>• 내 이름에 들어 있는 글자에 대해 이야기한다.<br>– 내 이름에는 어떤 글자가 있을까?<br>– 내 이름에 있는 '오'자로 시작하는 말에는 무엇이 있을까?<br>• 집에서 지어온 '내 이름 삼행시'를 발표한다.<br>– 00는 어떤 삼행시를 지어왔는지 함께 들어보자. | • 내 이름 삼행시 활동지<br>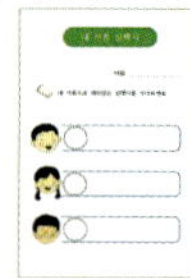<br>• 유아들이 가져온 '내 이름 삼행시' 활동지를 교실에 게시하여 유아들이 함께 읽어 볼 수 있도록 한다.<br>• 문장으로 완성하기 어려워하는 유아는 이름이 들어가는 단어 찾기 활동으로 진행하도록 한다. | 이름 삼행시 지은 것을 잘 듣도록 하기 위해 이름의 앞글자를 함께 제창하면서 진행했다. 즐겁게 활동을 한 것 같아 좋았다. |
| 바깥놀이 활동<br>(10:50~11:50) | • 줄넘기에 관심을 가진다.<br>• 줄의 높이에 따라 몸을 이용하여 줄 아래로 빠져 나갈 수 있다.<br>• 친구들과 함께 즐겁게 참여할 수 있다. | 〈줄 아래로 빠져 나가기〉<br>• 신체운동 · 건강〉 신체활동에 참여하기〉 기구를 이용하여 신체활동 하기<br>• 사회관계〉 다른 사람과 더불어 생활하기〉 공동체에서 화목하게 지내기<br><br>• 줄넘기를 살펴본다.<br>– 이것은 무엇이니?<br>– 사용하는 방법을 알고 있니?<br>• 줄넘기의 다양한 활용방법에 대해 생각해 본다.<br>– 줄넘기는 줄을 넘는 방법밖에는 없을까?<br>– 다른 방법은 없을까?<br>• 두 명의 친구들이 줄을 잡고 높낮이를 다양하게 하도록 하고 다른 친구들을 줄 아래로 빠져나가 본다.<br>• 정리 후 한 줄로 서서 교실로 이동한다.<br>• 화장실을 다녀온 후 대집단 자리에 앉는다. | • 줄넘기<br>• 줄을 잡는 기회도 다양하게 제공하고, 줄 아래로 지나가는 방법도 다양하게 생각해 본다(앞으로, 뒤로, 옆으로, 오리걸음으로 등). | 초등과 연계 수업의 기초로 줄넘기 활동을 처음 시작했다. 줄넘기에 대한 호기심으로 줄넘기를 다양하게 활용하는 방법을 생각해보고 그 의견을 존중해 주었다. 다음 활동으로는 바닥에 줄을 놓고 교사가 흔들면 넘어보는 활동으로 진행해야겠다. |
| 새노래<br>(11:50~12:10) | • 나의 특별함에 관심을 가진다.<br>• 노래를 부르며 즐거운 마음을 가진다. | 〈나는 특별해〉<br>• 사회관계〉 나를 알고 존중하기〉 나를 알고 소중히 여기기<br>• 예술경험〉 예술적 표현하기〉 음악으로 표현하기<br><br>• 내가 잘할 수 있는 것에 대해 생각해 보고 이야기 나눈다.<br>• '나는 특별해' 노래의 가사를 알아본다.<br>• '나는 특별해' 노래를 들어 본다.<br>• 노래를 들어본 후 노래에 대해 이야기 나눈다.<br>• 다양한 방법으로 불러본다.<br>– 박수치며 불러볼까?<br>– 또 다른 방법으로 불러볼 수 없을까?<br>• 노래를 불러본 느낌에 대해 이야기 나눈다.<br>– '나는 특별해' 노래를 불러보니 어떤 느낌이 드니?<br>– 나는 다른 사람과 달리 어떤 점에서 특별하다는 생각이 드니?<br>– 우리들이 이야기한 노래의 느낌에 맞춰 불러볼까? | • 나는 특별해 음원(작사, 작곡 김진)<br>• 가사판<br><br> | 처음듣는 노래여서 노래를 부르는데 힘들어 했다. 앞으로는 자유선택 활동 시간에 미리 틀어놓고 유아들에게 익숙해지면 노래를 배우도록 해야겠다. |
| 점심 및 휴식<br>(12:10~13:00) | • 제자리에 앉아서 점심을 먹을 수 있다.<br>• 이를 깨끗이 닦는다. | • 화장실에서 용변을 보고 손을 씻고 돌아온다.<br>• 가방에서 도시락을 꺼내어 자리에 앉는다.<br>• 식사 도우미 친구들은 앞치마를 매고 급식을 준비한다.<br>• 오늘의 점심 식단을 함께 알아본다.<br>• 조별로 나와서 음식을 받는다.<br>• 자리에 앉아 감사한 마음으로 점심을 먹는다.<br>• 먹은 후 자기 자리를 정리한다.<br>• 이를 닦는다.<br>• 모두 다 먹을 때까지 책을 읽으며 기다린다. | • 앞치마<br>• 1회용 장갑<br>• 행주<br>• 급식<br>• 개별 도시락<br>• 개별 수저 | 점심시간에 자신이 흘린 음식물을 정리하지 않은 유아들이 많았다. 내일부터는 조금 더 주의해서 살펴보고 자신의 식사자리를 정리하도록 해야겠다. |

<table>
<tr>
<td>게임활동<br>(13:00~13:30)</td>
<td>• 눈과 귀의 역할을 알고 소중함을 느낀다.<br>• 친구와 협동하여 게임을 한다.</td>
<td>〈소리를 들으며 따라가요〉<br>• 신체운동 · 건강〉 신체 인식하기〉 신체를 인식하고 움직이기<br>• 사회관계〉 다른 사람과 더불어 생활하기〉 친구와 사이좋게 지내기<br>• 강당으로 이동을 한다.<br>• '요기 저기' 노래를 부르며 주의 집중한다.<br>– 만약 눈이 안 보인다면 어떨까?<br>– 만약 소리가 안 들린다면 어떨까?<br>• 시각장애인을 도와주는 모습의 동영상 자료를 본 후 이야기 나눈다.<br>– 무슨 내용이었니?<br>– 내가 만약 시각장애인이라면 어떤 점이 불편할까?<br>– 시각장애인을 어떻게 도와줄 수 있을까?<br>• 신체활동의 방법을 소개한다.<br>– 두 명이 한 팀이 되어 출발선에 선다.<br>– 한 유아는 안대로 눈을 가리고 지팡이를 잡고 출발선에 선다.<br>– 다른 유아는 마스크로 입을 가리고 악기를 들고 선다.<br>– 교사의 신호 악기에 맞춰 출발한다.<br>– 악기를 든 유아가 악기 소리를 내면 안대를 한 유아는 소리를 들으며 목표점까지 간다.<br>– 안대를 한 유아가 목표점을 터치하면 두 유아가 출발했던 방법대로 다시 출발선으로 돌아온다.<br>• 게임의 규칙을 알아본다.<br>• 순서를 정하고 제자리에 앉는다.<br>• 게임 규칙을 지켜가며 활동을 한다.<br>• 평가를 한다.</td>
<td>• 시각장애인을 도와주는 모습의 동영상<br><br>• 안대<br>• 지팡이<br>• 소리 나는 악기</td>
<td>시각장애인을 이해하는 활동으로 좋았다. 그러나 자신의 역할이 끝난 후 자리에서 장난을 치는 모습이 많이 보였다. 앞으로 게임을 할 때에는 응원하는 사람의 역할을 조금 더 강조해야겠다.</td>
</tr>
<tr>
<td>동화듣기<br>(13:30~13:40)</td>
<td>• 자신의 몸을 소중히 여긴다.<br>• 동화의 내용을 즐겁게 듣는다.</td>
<td>〈사랑스러운 까마귀〉<br>• 사회관계〉 나를 알고 존중하기〉 나를 알고 소중히 여기기<br>• 의사소통〉 듣기〉 동화 · 동시 · 동요 듣기<br>• '사랑스러운 까마귀' 동화를 듣는다.<br>• 동화를 들은 후 동화 내용에 대해 회상한다.<br>– 까마귀는 왜 속상했을까?<br>– 내가 만약 까마귀라면 어떻게 했을까?<br>• 그림만 보며 다시 생각해 본다.<br>• '사랑스러운 까마귀' 동화를 활용하여 동극으로 표현할 수 있는 방법에 대해 이야기 나눈다.<br>• 내일 자유선택활동 시간에 미술영역에서 동극 활동자료를 만드는 것에 대해 소개한다.</td>
<td>사랑스러운 까마귀동화 책<br><br></td>
<td>동화를 듣고 동극자료를 준비하는 활동을 통해 내일 활동에 대한 기대감을 심어 줄 수 있어서 좋았다.</td>
</tr>
<tr>
<td>평가 및 귀가 지도<br>(13:40~14:00)</td>
<td>• 자신의 느낌과 생각을 적절하게 표현한다.</td>
<td>• 오늘 하루 일과를 회상하며 이야기 나눈다.<br>– 어떤 점이 좋았니?/속상했던 일이 있었다면 풀렸니?<br>• 인사를 나눈다.<br>• 이름을 부르는 친구부터 가방을 메고 문 앞에 줄 선다.<br>• 귀가지도를 한다.</td>
<td>개별 가방 이름 확인하기</td>
<td>하루 일과 회상시간을 5분 내로 진행을 해서 많은 유아들이 참여할 수 없었다. 오늘 했던 유아들의 이름을 기록해두고 내일부터는 하지 않은 유아들 위주로 해야겠다.</td>
</tr>
<tr>
<td>기본생활 습관</td>
<td colspan="4">실외놀이 후 손을 깨끗이 씻어요.</td>
</tr>
<tr>
<td>안전교육</td>
<td colspan="4">내 몸은 소중해요.</td>
</tr>
<tr>
<td>총평</td>
<td colspan="4">'내 몸은 소중해요'라는 소주제로 활동을 진행하면서 나에 대해 관심을 갖는 방법으로 접근을 시도했다. 이 소주제를 진행할 때는 앞으로 안전을 강조하면서 진행하면 좋을 것 같다. 오늘의 소주제 '내 몸은 소중해요'라는 주제보다 '나는 소중해요'라는 소주제로 바꾸어야 겠다. 그래서 오늘의 활동처럼 자신에 대해 긍정적인 사고를 갖도록 해야겠다.</td>
</tr>
</table>

출처 : 교육과학기술부 b(2012). 5세 누리과정 교사용 지도서 ② 나와 가족. 서울: 교육과학기술부. pp. 65–100. 재구성.

### (5) 단위활동계획안 작성하기

단위활동은 일일교육계획안에서 일과 시간을 구성하는 기본활동으로 등원부터 귀가까지 하루 동안 적게는 5개에서 많게는 10가지 정도의 활동으로 구성된 것을 말한다. 단위활동의 운영시간은 짧게는 10분에서 길게는 60분에 이르기까지 다양하지만 유아의 집중시간을 고려하여 20분 내외의 활동들로 구성한다(박찬옥 외, 2016). 이러한 과정으로 단위활동들은 일일교육계획을 구체적으로 실천하는 활동이라고 할 수 있다. 따라서 단위활동계획안 작성방법과 실제적인 예시를 통해서 단위활동을 구체적으로 실행하는 방법을 알아볼 수 있다.

#### ① 단위활동계획안 작성방법

단위활동계획안은 연간교육계획 및 월간교육계획, 그리고 주간교육계획과 연계성과 일관성을 갖고 일일교육계획안을 구체적으로 실행하는 단계의 계획안이라고 할 수 있다. 단위활동 계획안을 작성하기 위한 구체적인 방법은 다음과 같다.

첫째, 단위활동계획안은 일일교육계획안의 소주제와 연계성을 갖고 구체적인 활동을 실행하는 과정으로 작성한다. 단위활동계획안의 각 활동은 각각의 독립적인 수업계획서로 인식하는 것이 아니라 소주제를 구체적으로 실행하는 단계의 계획안으로 인식하고 소주제의 목표 실행을 위해서 각각의 수업들은 연계성을 갖고 일관성 있게 계획한다.

둘째, 세부적인 활동을 구체적으로 실행하기 위한 과정으로 작성되는 단위활동계획안 안에는 활동명, 활동 유형, 활동영역, 활동목표, 누리과정 관련 요소, 활동자료, 활동방법, 활동의 유의점, 활동평가, 확장활동 등을 기입한다(박찬옥 외, 2016). 이러한 기입과정을 통해 10~60분의 각각의 단위활동들을 더욱 체계적으로 실행할 수 있도록 돕는다.

셋째, 활동목표 진술방법은 소주제 목표진술방법보다 더 구체적이고 명료한 용어로 진술한다. 목표 진술은 교육과정의 영역별 활동내용을 기술하지 않고 구체적인 활동내용과 관련된 내용 및 행동을 기술한다. 단위활동계획안의 목표는 한 가지 활동에 대한 목표이므로 더 구체적으로 행동지향점 목표 또는 표현적 행동목표로 진술하되 주제와 연관된 개념과 교육과정의 내용과 연관된 내용이 포함되어야 한다(부산유아교육진흥원, 2010). 이에 따른 자세한 내용은 〈표 6-38〉과 같다.

〈표 6-38〉 단위활동계획안 목표 진술방법

**1. 이야기 나누기 : 집안일을 함께해요.**
- 가족은 서로 협력해야 함을 안다. (주제와 관련된 개념)
- 자신의 생각을 정확하게 말할 수 있다. (교육과정과 관련된 개념)

**2. 수 · 조작영역 : 어떻게 말할까?**
- 위험한 상황을 인식하고 대처하는 능력을 기른다. (주제와 관련된 개념)
- 주사위를 던져 나온 수만큼 물체를 움직일 수 있다. (교육과정과 관련된 개념)

출처 : 부산유아교육진흥원(2010). 좋은 수업 만들기를 위한 2010 우수 수업지도안. 부산: 부산광역시유아교육진흥원. p. 12. 재인용.

넷째, 누리과정 관련 요소를 명확히 작성한다. 교사는 유아의 전인발달을 위해 수업 시 5개 영역을 골고루 반영시킨 수업을 진행한다. 5개 영역이 반영된 수업을 진행하고 있다고 보여줄 수 있는 명확한 근거자료는 누리과정 관련 요소이다. 또한 각 단위활동계획안에 따라 이루어지는 수업에서 누리과정 관련요소를 명확하게 작성하는 것은 각 수업에서 특정 누리과정 관련 요소가 반복되는 것을 막아준다. 이와 같이 창의 · 인성 관련 요소와 초등교육과정 관련 요소도 같은 방법으로 적용하여 작성한다.

다섯째, 단위활동계획안의 활동방법은 도입, 전개, 마무리가 일관적이고 유기적으로 연결되어 있어야 한다(서동미 외, 2013). 도입은 수업의 본 활동을 시작하기 전 유아들의 흥미를 유발시키고 활동에 대한 사전 호기심을 갖고 활동에 참여할 수 있도록 계획하는 과정이다. 전개는 활동을 진행하는 데에 교사의 발문을 통해 유아들이 수업내용을 이해하도록 돕는 활동과정을 계획하는 과정이다. 마무리는 활동의 내용을 되새겨 보면서 유아들이 알게 된 내용에 대해 만족감 및 성취감을 심어주고, 확장활동과 연결시켜 다음 활동에 기대감을 심어줄 수 있도록 계획한다. 단위활동계획안의 단계별 내용을 구체적으로 살펴보면 〈표 6-39〉와 같다.

〈표 6-39〉 단위활동계획안의 주요 단계별 내용

| 지도단계 | 소요시간 | 주요활동 |
|---|---|---|
| 도입 | 3~5분 | • 동기유발<br>• 목표제시<br>• 선행학습과 관련 짓기 |
| 전개 | 10분 | • 유아와 교사의 상호작용을 동한 학습내용 탐색 및 탐구<br>• 학습자료를 활용한 주제탐구<br>• 다양한 교수학습방법의 활용(설명, 시범, 문제해결, 직접명령, 자기표현 등)<br>• 학습내용의 심화, 응용<br>• 유아의 이해수준과 참여 정도에 따라 학습방법이나 내용의 수정 |
| 마무리 | 3~5분 | • 학습내용 회상과 정리<br>• 일반화 안내<br>• 다음 활동 또는 다음날 주제 예고 |

출처 : 서동미, 엄은나, 이혜경, 박성희(2013). 유아교과교육론. 서울: 공동체. p. 27. 재인용.

여섯째, 단위활동계획안에 사용되는 활동자료는 자세하게 기입한다. 활동 시에 사용되는 교구의 사진, 축소된 그림자료 및 가사판, 재료의 구체적 수량, 동화표지, 동영상 및 음원의 출처 등 한눈에 들어올 수 있도록 하여 수업을 준비하는 데 어려움을 겪지 않도록 한다.

일곱째, 유의점은 유아들이 활동 시 고려해야 할 점이나 교사가 알아야 할 내용이나 미리 준비해야 할 것들과 관련해서 작성한다.

여덟째, 활동평가는 단위활동을 통해서 유아들이 경험한 것이 활동목표에 적합하게 이루어졌는가를 확인하는 과정이다. 예를 들어, 교사는 단위활동에서 경험했던 것에 대해 유아들이 충분히 인식하고 있는가에 대해 상호작용을 통해서 평가를 하는 방법과 활동지를 나누어 단위활동 주제에 대해 주어 본인의 생각을 나타내는 정도를 보고 평가할 수 있다.

아홉째, 확장활동은 단위활동 후 다음 후속활동이나 사후 활동 및 가정과 연계 교육을 중심으로 이루어지는 활동이다. 예를 들어, 생활주제가 '나와 가족', 주제가 '소중한 나', 소주제가 '나의 몸 소중히 여기기'에서 단위활동을 '나는 특별해'라는 제목으로 새 노래 불러보기로 한 후 확장활동은 노랫말을 바꾸어 불러보거나 노래가 익숙해지면 악기로 연주하는 방법으로 할 수 있다.

### ② 단위활동계획안 작성의 실제

단위활동계획안 작성방법에 따라서 계획안을 작성하면 〈표 6-40〉과 같다.

〈표 6-40〉 단위활동계획안 작성의 실제

<table>
<tr><th colspan="2">생활주제</th><td>나와 가족</td><th>주제</th><td>소중한 나</td></tr>
<tr><th colspan="2">소주제</th><td>나의 특별함을 알고 사랑하기 I</td><th>활동명</th><td>그루터기야 생일 축하해</td></tr>
<tr><th colspan="2">활동유형</th><td>대집단활동</td><th>활동영역</th><td>동화</td></tr>
<tr><th colspan="2">활동목표</th><td colspan="3">• 생일은 나만의 특별한 날임을 안다.<br>• 동화를 듣고 그 내용을 이해한다.</td></tr>
<tr><th colspan="2">활동자료</th><td colspan="2">'그루터기야 생일 축하해' 플레시 동화<br>(출처 : 경상북도교육연구원 내 친구 교육넷, http://www.gyo6.net/files/board/disk/33/2011/20/sub02/sub0208/in-dex_0208.html)</td><td></td></tr>
<tr><th colspan="2">누리과정 관련요소</th><td colspan="3">• 사회관계 〉 나를 알고 존중하기 〉 나를 소중히 여기기<br>• 의사소통 〉 듣기 〉 동요, 동시, 동화 듣고 이해하기</td></tr>
<tr><th colspan="2">창의 · 인성 관련</th><td colspan="3">인성 〉 나눔 〉 나눔의 의미 알기</td></tr>
<tr><th colspan="2">초등교육과정 관련 요소</th><td colspan="3">• 국어〉문학〉작품 속 인물의 마음, 모습, 행동을 상상한다.<br>• 슬기로운 생활〉 나의 재능을 살펴보고 나에게 맞는 꿈을 찾는다.</td></tr>
<tr><th rowspan="3">활동 방법</th><th>도입</th><td colspan="3">• 주의집중 손유희 활동을 한다.<br>– '재밌는 동화가 왔어요' 노래를 함께 부르며 동화를 듣기 위한 준비를 한다.<br>• 동화 제목과 작가의 이름을 살펴본다.<br>– 오늘의 동화제목은 '그루터기야 생일 축하해'예요.<br>– 작가는 나카아미와예요.</td></tr>
<tr><th>전개</th><td colspan="3">• 동화를 듣는다.<br>• 동화를 듣고 회상한다.<br>– 동화 속의 동물들은 그루터기의 나이를 어떻게 알았니?<br>– 생일은 어떤 날일까?<br>– 동화 속의 동물들은 그루터기의 생일을 어떻게 축하해 주었니?<br>– 지금까지 생일 중에서 기억에 남는 생일은 언제였니?</td></tr>
<tr><th>마무리</th><td colspan="3">• 유치원에서 생일을 축해해 줄 방법에 대해 이야기 나눈다.<br>– 유치원 친구들과 재미있는 생일을 만들어 볼까?<br>– 어떻게 축하해 줄까?<br>• 유치원에서 친구들과 생일을 축하해 주는 놀이를 한다.</td></tr>
<tr><th colspan="2">유의점</th><td colspan="3">생일이나 나이에 관심을 보일 때 자연스럽게 활동을 도입한다.</td></tr>
<tr><th colspan="2">활동평가</th><td colspan="3">• 생일이 자신만의 특별한 날임을 이해했는지 평가한다.<br>• 동화의 내용을 이해하였는지 평가한다.</td></tr>
<tr><th colspan="2">확장활동</th><td colspan="3">• 우리반 친구들의 생일, 가족의 생일 등을 알아보고 그래프 만들기<br>• 역할놀이영역에서 그루터기의 생일을 축하해 주는 놀이하기</td></tr>
</table>

출처 : 교육과학기술부 b(2012). 5세 누리과정 교사용 지도서② 나와 가족. 서울: 교육과학기술부. pp. 78-79. 재구성.

### 4) 실행단계 : 실행하기

교사가 월간 · 주간 · 일일교육계획안을 작성하는 것은 교육적 목표를 달성하기 위하여 체계적이고 합리적으로 문서로 만들어 계획하여 실행하기 위해서이다. 교사가 계획한 교육계획안에 따라서 실행을 할 때 유아의 흥미, 날씨, 유치원의 사정에 따라 변경될 수도 있다. 예를 들면, 생활주제 '나와 가족' 중 주제 '소중한 가족'이 4주차에 계획되어 있지만 어버이날을 고려하여 2주차로 변경하여 실행할 수도 있으며, 유아들의 흥미에 따라 실행 기간을 1주간에서 2주간으로 확장할 수도 있다. 그 밖에도 교육활동의 순서, 교육활동, 교재교육, 환경구성 등을 실행할 때에도 상황에 따라 변동될 수 있다. 교육계획안을 작성할 때에는 체계적으로 준비하되 실행할 때에는 최대의 교육적 효과를 낼 수 있도록 융통성 있게 실행한다.

### 5) 평가단계 : 평가하기

교육계획안을 작성하고 실행하고 거나 종료한 후에는 반드시 평가를 해야 한다. 평가는 유아평가, 교사평가, 그리고 교육과정 평가를 포함한다. 유아평가는 활동과정을 평가하거나 유아의 활동 결과물 등을 평가할 수 있고, 교수평가는 수업실행과정의 적합성 및 교수-학습방법의 적절성 등을 평가하며, 교육과정평가는 계획을 세웠던 교육활동들이 유아의 흥미를 유발시켜 다양한 학습 상황에서 주도성을 갖고 참여할 수 있는 활동인지, 학습 상황에서 유아의 발달 수준을 높이는 데 도움을 주는 활동인가에 대한 것을 평가할 수 있다. 교육계획안을 작성할 때에는 주제 및 교육활동들이 유아에게 흥미를 유발시키는 데 적합하다고 보고 교육적으로 가치가 있을 것이라고 생각을 했으나 실행을 해본 결과 계획에 적절하지 않은 점이 있다면 그러한 것을 파악하여 다음 계획 시 반영해야 한다. 또한 교육계획안 자체는 적절했으나 교사의 교수학습을 실행하는 방법 및 태도나 기타 요인으로 실행에 어려움이 있었다면 이 또한 다음 교육계획안을 작성할 때 반영되어야 한다. 즉, 평가는 계획, 실행, 평가가 순환적으로 이루어짐으로써 교육과정 계획과 실행에 지속적인 발전이 이루어질 수 있도록 한다.

# 제7장

# 19개정 누리과정의 놀이 이해와 실행

이 장에서는 2019 개정 누리과정이 제시하는 유아의 놀이이해와 이에 따른 다양한 교사의 역할을 살펴보고 유아중심 · 놀이중심 교육과정의 운영과 중점사항을 알아보고자 한다.

제7장

# 19개정 누리과정의 놀이 이해와 실행

## 1 유아의 놀이

유아들은 놀기를 좋아한다. 유아들은 놀면서 자라고, 놀면서 배운다. 유아들에게 있어 놀이는 자신을 표출하고 세상과 소통하는 하나의 방식이다. 유아에게 놀이는 삶 그 자체라고 할 수 있다(지성애 외, 2015).

2019 개정 누리과정에서는 배움으로서의 유아 놀이의 의미와 가치를 강조하고 있다. 유능한 유아에게 놀이는 배움의 내용, 방식, 과정이라는 점에서 유아와 놀이를 분리해서 이해하는 것은 불가능하다. 유아는 놀이에 유능하며 스스로 배워나간다(교육부, 2019).

- 유아는 놀이하는 능력을 가지고 태어났다.
  모든 영아는 태어나면서부터 세상과 소통하고 세상에 대해 배운다. 영아가 세계와 소통하는 방식 역시 놀이이다. 영아는 놀이하면서 성장한다.

- 유아는 영아기 경험을 바탕으로 놀이하는 힘을 더욱 키우며 다양한 놀이 경험을 통해 더욱 유능해진다.
  사물을 조작하는 방식이 다양해지며 신체를 더 자유롭게 움직일 수 있고 의사소통 능력이 급격히 발달하며 적극적으로 탐구하고 상상한다. 사회적 관계도 복잡해지고 다양한 정서를 경험하게 된다.

- 유아가 놀이에서 세상과 소통하려는 능동성과 주도성은 배움의 잠재적인 힘이다.
  놀이하는 유아의 특성을 이해하는 것은 유아를 스스로 배울 수 있는 힘을 가진 존재로 보고 유아기의 고유한 특성인 놀이에 주목하는 것이다.

- 유아는 놀이하면서 스스로의 방식으로 배운다.
  유아의 개별 경험을 바탕으로 각자의 방식대로 배우는 것이 바로 놀이이다. 놀이에는 참여하는 유아의 개별 특성이 그대로 반영되며 여러 유아가 모여 만든 놀이는 늘 다채롭다.

- 놀이하는 유아의 유능함은 개정 누리과정에서의 인간상과 연계될 수 있다.
  개정 누리과정에서 추구하는 인간상은 배움의 주체인 유아의 현재 모습이며 앞으로 유아가 성장할 모습이기도 하다.

- 유아는 몸을 움직이며 감각으로 세상과 만난다.
  보고, 듣고, 냄새 맡고, 맛보고, 만지고, 온몸을 움직이면서 세상과 교류한다.

- 유아는 마음껏 움직이며 쌓고, 돌리고, 부수고, 덧붙이며 무언가를 만들고 주변의 물체와 물질을 변화시킨다.
  유아가 세상과 교류하는 능력은 놀이에서 그대로 나타난다. 유아는 놀이하면서 몸과 마음을 마음껏 움직여 세상과 즐겁게 교류하며 건강하게 성장해 간다. 놀이하는 유아는 몸을 움직이고 감각을 사용하여 세상과 교류하는 유능함을 가지고 있다.

- 유아는 몸을 움직이며 놀이하면서 자신의 몸을 안전하게 보호할 수 있는 방식에 대해서도 알아 간다.
  몸을 어떻게 조절해야 넘어지지 않을지, 어떻게 피해야 잡히지 않을지, 철사와 같은 놀이 자료를 어떻게 사용해야 다치지 않을지를 놀이에서 배운다.

- 유아는 하고 싶은 것을 스스로 결정하고 적극적으로 실행한다.
  유아가 스스로 선택하였지만 생각만큼 되지 않을 때도 있다. 그래도 포기하지 않는다. 가끔은 어려운 것도 선택한다. 유아는 자신이 원하는 것이 무엇인지, 그것을 어떻게 해 나갈 것인지에 대한 답을 찾기 위해 적극적으로 탐색한다.

- 유아는 놀이에서 다양하게 시도한다.
  자신이 원하는 것을 할 수 있는 자유로움을 누리려고 한다. 유아는 자유롭게 하고 싶은 것을 선택하면서 놀이 방식을 결정하고 놀이 규칙을 만든다.

- 유아는 놀이에서 자신이 원하는 것을 선택하면서 자신이 무엇을 할 수 있는지를 알아가게 된다.
  유아는 놀이에서 자존감, 자긍심, 자부심을 느낄 수 있다. 놀이하는 유아는 자신감 있고, 당당하게 세상을 살아가는 유능함을 가지고 있다.

- 유아는 세상에 대해 궁금해 하고 알고 싶어 한다.
  유아의 눈과 귀는 세상을 향해 열려있다. 관심이 가고 흥미가 있는 모든 것을 만져 보고 들여다본다. 유아는 호기심으로 놀이한다.

- 유아는 놀이하면서 호기심을 갖고 상상한 것을 창의적으로 탐구한다.
  "이게 무엇이지?", "왜 이렇게 움직이지?" 모든 궁금증에 스스로 대답해 보는 방식이 바로 상상이다. 상상은 유아가 세상에 대한 호기심을 나타내는 방식이고 세상을 알아 가는 방식이다.

- 유아는 자신이 상상하고 탐구한 것을 자기만의 방식으로 자유롭게 표현한다.

호기심이 많고 상상력이 풍부한 유아는 자연과 일상에서 만나는 다양한 사물과 문제에 대해 스스로 탐구하고 자신만의 방식으로 표현한다.

- 유아는 놀이에서 다양한 사물과 매체, 사람과 자연, 우주를 만나며 그 속에서 아름다움을 느낀다.
  유아는 놀이를 통해 감각으로 세상과 만나며 재미와 즐거움, 따스함과 안락함 등의 다양한 감성을 느낀다. 유아는 아름다움과 감성을 느끼면서 자신의 감정을 다양한 언어로 자유롭게 표현한다.

- 유아는 놀이를 더 재미있게, 더 마음에 들게, 더 아름답게 만든다.
  유아의 놀이는 아름다움을 추구한다. 놀이하는 유아는 다양한 사물과 매체, 사람과 자연, 이야기와 주변 세계에 민감하다. 놀이하는 유아는 자신을 둘러싼 환경 속에서 아름다움을 발견하고 공감하며 다양한 언어, 노래, 몸짓으로 풍요로운 감정을 표현하고 부정적인 감정을 해소하는 유능함을 가지고 있다.

- 유아는 세상의 모든 사람, 모든 것과 관계를 맺고 싶어 한다.
  유아는 주변의 또래, 교사 등 모든 사람에게 관심을 갖고 소통한다. 그러면서 유아는 사람의 존재를 느끼고, 다른 사람에게도 느낌, 감정, 생각이 있음을 알게 된다.

- 유아는 놀이에서 다른 사람과 생각이 다를 때, 친구와 함께 놀고 싶을 때, 자신이 원하는 역할을 맡고 싶을 때 등의 여러 상황에서 발생하는 갈등을 풀어 갈 수 있다.
  상황을 지켜보기도 하고, 순서를 정하기도 하면서 더 나은 방법을 찾기 위해 협력한다.

- 유아는 놀이하면서 작은 것도 주의 깊게 살피며 아끼고 돌본다.
  내가 심은 씨앗 주변의 흙 속에서 우연히 발견한 공벌레, 조금씩 자라는 텃밭의 상추 등 살아 있는 자연에 관심을 갖고 돌본다.

# 2 유아놀이의 의미

유아 놀이의 의미와 특성, 교사로서 어떻게 유아놀이의 의미를 읽을 수 있을지 알아보고자 한다(교육부, 2019).

## 1) 배움의 주체인 유아와 배움의 내용, 방식, 과정인 놀이

- 유아에게 놀이는 삶 자체이자 배움의 내용, 방식, 과정이다. 유아는 놀이하면서 감각과 몸, 그리고 기억을 통해 세상과 만나고 개별성을 키우며 배워 나간다.

- 놀이는 유아의 일상에 자연스럽게 나타난다. 유아는 놀이를 통해 세상과 관계를 맺고 세상에 대한 궁금증을 해결한다.

- 놀이를 단순히 교육과정 내용을 잘 가르치기 위한 전략 또는 방법이라고 보기는 어렵다. 다시 말해 놀이를 학습의 도구나 교사가 계획한 활동의 수단으로 국한해서는 안 된다. 유아교육의 근본정신은 유아가 놀이를 통해 배움을 경험할 수 있도록 지원하는 것이기 때문이다.

- 놀이는 유아의 배움이 일어나는 가장 중요한 원천으로, 유아는 놀이를 통해 개정 누리과정 5개 영역의 내용을 경험한다. 놀이를 통한 배움에 주목하는 것은 배움을 개정 누리과정 5개 영역 내용으로만 국한하는 것이 아니라, 다양한 배움을 인정하고 폭넓게 이해하는 것을 의미한다.

## 2) 배움으로서의 유아 놀이 경험의 의미와 특성

- 놀이에서의 자유는 계획된 목적으로부터의 자유, 미리 결정된 규칙으로부터의 자유, 사실로부터의 자유, 시간과 공간의 제약으로부터의 자유를 포함한다.

- 놀이는 뚜렷한 목적을 가지고 계획된 활동으로부터의 자유를 포함한다. 그러므로 교사는 놀이에서 특정 학습 목표를 달성하도록 일방적으로 안내하기보다는 유아가 놀이하는 흐름을 읽고 따라가야 한다. 그래야 놀이의 특성이 살아난다.

- 놀이는 이미 정해진 규칙으로부터의 자유를 포함한다. 유아는 놀이하면서 혼자 또는 함께 규칙을 만들며 이미 만들어진 규칙을 바꾸거나 파기하고 새롭게 생성한다.

- 유아는 자신의 경험을 놀이 맥락에서 활용하지만 그것이 반드시 있는 그대로의 사실일 필요는 없다. 유아는 놀이에서 경험을 자유롭게 선택하고 현실을 넘어서 상상하고 자유롭게 표현할 수 있다.

- 놀이는 특정 시간과 공간의 제약을 받지 않고 언제 어디서나 이루어질 수 있다. 유아는 놀이할 때 필요한 상황을 만들어 낸다. 과거, 현재, 미래를 넘나들고 교실, 복도 등 영역의 경계를 넘어 놀이한다.

- 놀이에서의 주도성은 유아의 자발성, 능동성, 내재적 동기, 즉흥적 전개와 같은 특성과 관련되어 있다. 유아는 놀이하면서 신체적, 사회적, 인지적으로 능동적이며 자발적인 참여를 끊임없이 이어간다. 이처럼 놀이는 유아 스스로 의지를 발동시키고 표현하며 자발적 조율이 전제되는 맥락에서 유지된다.

- 내재적 동기가 놀이의 바탕이 되기 때문에 놀이 주제, 놀이 자료, 놀이 상대, 이야기 줄거리는 개인 또는 집단의 흥미와 관심에 따라 즉흥적으로 생성되고 소멸되고 연결되고 변형된다.

- 유아는 놀이하는 가운데 주도적으로 놀이 맥락을 생성하고 목표를 만든다. 놀이는 주도적 참여자인 유아가 스스로 적극적으로 세상을 알아 가는 여정이자 세상을 새롭게 창조하는 과정으로서 창의성을 담고 있다.

- 놀이에서는 재미와 기쁨, 몰입, 실험, 마주침, 해소, 심미성, 유머 등의 정신적, 정서적 상태를 수반하는 즐거움이 있다. 유아는 또래, 교사와 함께 협력하면서 재미와 기쁨을 느끼고 표현한다. 때로는 재미와 기쁨이라는 정서를 넘어 몰입의 상태로 들어가기도 한다.

- 놀이하면서 유아는 감정을 싹 틔우며 새로운 물질의 성질과 현상 및 관계를 발견하며 상상한다. 호기심을 가지고 세상의 다양한 물질과 만나서 자유롭게 탐색하는 과정에는 유아 고유의 가설을 생성하고 실험하고 관찰하고 도전하며 문제 해결을 하는 성취감과 즐거움이 있다.

- 놀이는 감정의 분출구가 되기도 하고 심미적 경험의 원천이 되기도 한다. 유아는 놀이에서 정서적 긴장, 두려움, 갈등을 해소하고, 따뜻함, 배려, 아름다움과 같은 심미성을 통합함으로써 즐거움을 경험한다.

### 3) 놀이의 의미 읽기

- 교사가 유아 놀이에서 의미를 읽는다는 것은 유아가 놀이에서 무엇을 경험하고, 어떻게 배우며 놀이를 이어 가는지를 이해하는 것이다. 교사가 놀이를 이해하기 위해서는 유아의 놀이에 시선을 주고, 주목하고, 의미를 기록할 필요가 있다.

- 교사는 다음과 같은 이유로 유아의 놀이에 시선을 주고 주목하게 된다. 이는 교사가 놀이의 의미를 읽기 시작하는 것이다.
  - 유아의 놀이가 짧게 끝나고, 다른 놀이로 옮겨 가서
  - 유아가 관심과 흥미를 보여서
  - 유아에게 놀이 자료를 제공한 후 놀이 과정이 궁금해서
  - 유아가 혼자 놀아서
  - 유아가 바깥놀이에서 무엇을 배우는지 궁금해서

- 유아가 하는 놀이의 규칙을 이해할 수 없어서
- 유아가 한 가지 놀이만 해도 배울 수 있는지 궁금해서
- 유아가 교사의 생각(계획)과 다르게 놀이해서
- 유아 사이에 갈등이 일어날 것 같아서
- 유아가 주제와 관련되지 않은 놀이를 해서
- 교사가 제안한 놀이를 유아가 어떻게 주도해 가는지 궁금해서

• 교사는 유아의 놀이를 따라가면서 유아의 놀이를 읽을 수 있다. 교사가 유아의 놀이를 따라간다는 것은 유아가 놀이에서 무엇을 경험하고 배우는지, 어떻게 놀이하고 배우는지, 그리고 놀이를 어떻게 만들고 이어가는지를 이해하는 것이다.

## 3 교사의 역할

### 1) 교육과정운영에서 교사의 역할

개정 누리과정의 가장 두드러진 변화 중 하나는 교사의 자율성을 지원하고 현장에서 놀이가 살아날 수 있도록 국가수준 교육과정을 간략화한 것이다. 교사는 간략화된 교육과정 내용을 기반으로 '유아와 교사가 동시에 주체'가 되는 누리과정을 실현하는 데 초점을 두어야 한다. 기존에 생활주제에 맞춘 계획된 활동을 놀이보다 우선적으로 실시했다면, 이제 이를 지양하고 유아에게 마음껏 놀이할 권리를 회복시켜주는 것이 개정의 취지이다.

개정 누리과정에서는 유아 · 놀이 중심 교육과정이 실현될 수 있도록 교육과정 운영에 대한 교사의 자율성을 강조한다. '자율성'이란 학급의 고유한 특성이 드러나도록 유아의 놀이를 중심으로 교육과정을 운영하는 것을 의미한다. 진정한 유

아 · 놀이 중심 교육과정은 교사의 책무성이 자율성을 뒷받침할 때 완성된다. '책무성'이란 유아 · 놀이 중심 교육과정에서 놀이, 일상생활, 활동이 잘 이루어질 수 있도록 고민하고 지원하는 교사의 역할 인식 및 실천을 의미한다. 교사가 수시로 일과 가운데 유아 · 놀이 중심의 철학을 벗어나지는 않았는지 자신을 돌아보면서 교수를 실천할 때 지켜진다. 즉, 유아 · 놀이 중심 교육과정이라고 하여 교사의 역할이 축소되는 것이 아니라 학급 수준 교육과정의 개발자로서 더 높은 전문성이 요구되는 것이다. 개정 누리과정의 변화에 맞도록 놀이를 잘 운영하기 위해 교사가 수행해야 하는 역할을 살펴보면 다음과 같다.

#### (1) 유아 · 놀이 중심 교육과정 이해하고 실천하기

개정 누리과정에서 일과는 놀이, 일상생활, 활동으로 구성되는데 특별히 '놀이'를 중심으로 일과를 편성할 것을 권장한다. 교사가 누리과정을 잘 이해하고 실행한다는 것은 일과에서 놀이시간을 충분히 제공하고 유아들의 흥미와 무관한 활동을 교사가 계획해서 실시하지 않는다는 것을 의미한다.

#### (2) 놀이를 통한 유아의 배움을 지원하기

유아 중심 교육과정을 성공적으로 실행하기 위해서 교사는 유아를 교육과정 운영의 주체로서 교사와 함께 교육과정을 구성해가는 공동 구성자로 인정해야 한다. 어떤 유아라도 자유롭게 놀이하고 그 안에서 배움을 구성할 수 있는 역량을 지닌 존재임을 신뢰하고 유아의 놀이를 잘 관찰해야 한다.

유아의 놀이를 잘 관찰하기 위해서 교사는 유아를 이해하려는 민감성을 갖추려고 노력하는 동시에 유아가 놀이를 통해 경험하는 것, 스스로 배우는 것이 무엇인지 이해하려고 노력할 필요가 있다. 이때 유아들이 구성하고 만들어내는 총체적 의미를 충분히 읽어내기 위해 노력해야 한다.

유아의 놀이를 지원하기 위해 교사는 놀이에 직접 참여하지 않고도 격려, 미소, 공감의 표정을 보이거나 칭찬과 격려의 말을 건네는 정서적 지원을 제공할 수 있다. 또한, 놀이를 관찰하다가 배움이 일어나도록 질문이나 제안을 건네 보는 등의 상호작용에 기반한 언어적 지원, 공간 구성을 바꾸어주거나 새로운 자료를 제공하는 등의 환경적 지원을 할 수 있다. 환경적 지원을 할 때는 심미적 · 창의적 감수성을 키워줄 수 있도록 공간과 자료를 제공해주는 것이 중요하다.

#### (3) 놀이와 배움을 기록하고 평가하기

개정 누리과정에서 교사는 유아의 놀이, 일상생활, 활동을 잘 관찰하고 기록하다가 유아의 배움을 지원하기 위한 계획을 수립하는 것이 좋다. 유아의 배움을 잘 기록하고 평가하기 위해서 교사는 결과가 아닌 과정에 주목해야 한다. 개정 누리과정은 과도한 부담이 되는 평가의 형식을 탈피하고자 하였으므로 기록 및 평가에 있어서 틀에 맞춘 과도한 문서화보다는 유아 및 놀이 특성에 맞는 기록과 평가가 중요하다.

진행된 주제 및 놀이나 활동에 따라 누리과정 5개 영역 중 일부 영역이나 인간상이 두드러질 수 있으므로 평가를 함에 있어서 단편적인 놀이 에피소드나 활동보다는 전개된 놀이와 일상생활, 활동에 대한 누적된 기록을 총체적으로 고려해야 한다.

#### (4) 함께 배우며 성장하기

유아 · 놀이 중심 교육과정을 실행하기 위해 교사는 자신과 유아의 역량을 신뢰하고, 유아의 자율성을 보장하는 학급의 문화를 만들어야 한다. 이를 위해서 교사는 주기적으로 자신의 교육철학과 개정 누리과정에 대한 이해를 점검하고 배움을 이어가야 한다.

놀이를 지원하는 과정에서 교사는 각 유아와 놀이의 특성을 고려하여 놀이를 언제, 어떻게 지원해야 할지에 대한 끊임없는 고민에 직면하게 된다. 적절한 상호작용의 순간을 놓치기도 하고 도움을 주려다 오히려 교사 주도가 되는 경험을 하기도 한다. 이렇게 정답이 없는 자율적인 교육과정을 운영하면서 교사는 한편으로 자신의 전문성을 인정받는 것 같아 보람도 느끼지만, 다른 한편으로 자신이 잘하고 있는지에 대한 불안감을 느낄 수도 있다. 그러나 이러한 고민과 불안감은 교사가 지속적으로 배움을 추구하게 만드는 원동력이 될 수도 있다. 개정 누리과정에서 강조하는 교육과정 운영의 자율성은 학습공동체를 자율적으로 구성하여 정서적이고 실천적인 지원이 이루어질 것을 기대하는 것이다.



### 2) 영유아교육기관에서 교사의 역할

#### (1) 동료 교원과 함께하기

교사는 유아와 가장 가까이에서 그들의 배움을 지원할 수 있는 교육과정의 주체이자 유아들과 함께 배우고 성장하는 존재이다. 교사가 개정 누리과정을 실행하면서 경험하는 고민에 대해서는 기관의 구성원들과 함께 해결방안을 모색할 수 있다. 유아 · 놀이 중심을 강조하는 개정 누리과정에서는 유아의 놀이를 읽어내고 지원할 수 있는 교사의 역할이 중요해진 만큼 교사의 전문성 신장을 지원하는 협력적 조직문화 조성이 필요하다. 이를 위해서 학습공동체를 구성하여 운영할 수 있다. 학습공동체는 교사들이 함께 교육과정과 수업을 연구하고, 성찰하고 실천하기 위한 것으로 개인의 전문성 신장과 더불어 공동체가 함께 성장하며 교육 실행력을 제고하기 위한 것이다. 학습공동체가 원활히 운영되기 위해서는 구성원 간 신뢰와 협력을 바탕으로 조직의 비전과 교육적 가치를 공유하며, 교육적 성찰과 실행을 통해 구성원 모두가 함께 성장한다는 분명한 목적의식을 갖추고 있어야 한다.

#### (2) 구성원들과 함께 교육비전 만들기

유아 · 놀이 중심 교육과정 운영을 위해서 원장은 교사에게 교육과정 운영에 관한 자율권을 부여하고 지원해야 한다. 수직적 관계 속에서 하향식으로 전달된 교육 비전이 실제 유아의 놀이에서 지속적으로 발현되기란 쉽지 않다. 따라서 원장이 교육비전을 수립하고 제시하는 기존의 방식에서 벗어나 의사결정 과정에 교사들이 자발적으로 참여하여 합의된 교육적 가치와 비전이 실현될 수 있도록 지원하는 원장의 포용적 리더십이 필요하다.

#### (3) 학습공동체의 다양성에 대한 열린 마음

학습공동체는 목적에 따라 유치원 및 어린이집의 동일연령 학급의 교사 및 여러 연령 학급의 교사, 원장과 원감, 특수교사가 참여하는 등 다양한 형태로 구성될 수 있다. 또한, 기관 내에서의 운영뿐만 아니라 관심 분야가 유사한 인근지역의 다른 기관과 네트워크를 형성해 운영할 수도 있다. 학습공동체가 구성되면 정기적으로 혹은 구성원의 필요에 따라 시간을 탄력적으로 변경해 운영할 수도 있다. 모임의 주제는 유아 · 놀이 중심 교육과정을 운영하면서 발생하는 문제, 특히 놀이지원과 관련한 고민 및 그 해결방안을 중심으로 한다. 이를 위해 외부 전문가를 초빙하여 자문을 구할 수도 있지만 자체 구성원들이 주축이 되어 협의하고 해결하는 것이 가장 바람직하다. 학습공동체가 형식적 운영에 그치지 않기 위해서는 교사들이 자유롭게 주제를 선정하고 의견을 나눌 수 있는 수용적 분위기와 자율성이 부여되어야 한다.

### 3) 가정 · 지역사회와 함께하기

개정 누리과정은 유아를 포함한 다양한 주체가 협력하여 함께 만들어 가는 교육과정을 지향한다. 특히 학부모의 유아 · 놀이 중심 교육에 대한 이해는 누리과정의 실행에 영향을 미치는 핵심적 요인이 된다. 교사와 학부모가 놀이에 대한 관점을 공유할수록 유아를 더 잘 지원할 수 있기 때문이다. 따라서 교사는 학부모가 놀이에 대해 어떤 생각을 갖고 있는지 파악하는 것에서 시작하여 학부모와 소통하고 협력하며 그들이 능동적으로 교육과정 변화에 참여할 수 있도록 지원할 필요가 있다. 지역사회는 유아의 놀이를 지원하는 다양한 물적 · 인적 자원을 갖추고 있으므로 유아 삶의 경험을 풍부하게 해주고 유아가 지역공동체의 일원임을 느끼게 할 수 있다. 따라서 교사는 지역사회의 다양한 자원 및 시설을 활용하여 유아의 놀이와 경험이 풍성하게 이루어질 수 있도록 지원할 필요가 있다.

### (1) 놀이 이해를 돕는 학부모 모임 구성하기

개정 누리과정의 유아 · 놀이 중심 철학의 실현은 기관과 학부모가 놀이에 대한 교육적 관점을 공유하는 것에서부터 출발한다. 놀이를 중심으로 한 교육과정에 대한 학부모의 이해를 구하기 위해서는 일반적 내용의 학부모 교육보다는 교실에서 일어나는 구체적인 놀이에 초점을 맞춰 학부모 소모임을 진행하는 것이 좋다. 중요한 것은 기관의 교육적 관점을 일방적으로 전달하는 것이 아니라 학부모가 자신의 자녀를 포함한 유아의 놀이를 이해하고 가정에서의 지원을 위해 놀이참여자로서 어떤 역할을 해야 하는지를 이해할 수 있도록 지원하는 것이다. 또한, 학부모들이 가지고 있는 놀이에 대한 관점을 일시에 바꾸려는 시도보다는 놀이의 교육적 가치를 공유하고 점진적 변화를 모색하는 것이 바람직하다.

### (2) 학부모와 소통하며 놀이 정보 공유하기

가정통신문이나 알림장 등 종이로 된 형식적인 문서 이외에 홈페이지, 어플리케이션 등 다양한 방법으로 놀이에 대해 의사소통한다. 보여주기 위한 사진을 전시하거나 반복되는 일과를 보고하는 것보다는 놀이에 대한 구체적 내용을 공유함으로써 놀이를 통한 경험과 배움에 대해 소통하는 것이 바람직하다.

### (3) 지역사회 자원 활용하기

교사는 지역사회의 물적 · 인적 자원을 최대한 이용하여 유아들의 놀이를 지원해 줄 필요가 있다. 지역사회에는 여러 공공기관, 놀이터, 과학관, 체험관, 박물관, 공원, 숲 등의 다양한 시설과 풍부한 자연환경과 전문 지식을 갖춘 전문가들이 있다. 놀이가 이루어지고 있는 중에 교사는 지역 자원을 방문하는 현장체험활동을 하거나 지역사회의 다양한 전문 인력을 활용하여 유아 경험의 폭을 넓혀줄 수 있다.

## 4) 지역지원체계와 함께하기

유아 · 놀이 중심 교육과정의 구현을 위해서 개별 기관의 원장과 원감뿐 아니라 지역의 기관운영을 지원하는 시 · 도교육청 및 지역교육지원청, 시 · 도청 및 시 · 군 · 구청, 유아교육진흥원, 육아종합지원센터 등도 교사의 교육과정 운영의 자율성과 전문성 신장을 지원한다. 교사가 지역지원체계와 함께 교육과정 운영에서의 어려움을 나누고 해결 방안을 모색해 간다면 유아 · 놀이 중심 교육과정의 실행을 통해 즐거운 변화를 만들어 갈 수 있다.

### (1) 교육과정 운영의 자율화 실현을 위해 지역지원체계로부터 교육현장 지원받기

개정 누리과정의 실행력을 높이기 위해서 교사는 시 · 도교육청 및 지역교육지원청, 유아교육진흥원, 시 · 도청 및 시 · 군 · 구청, 육아종합지원센터로부터 다양한 도움을 받을 수 있다. 교육과정 운영에 있어서 교사의 어려움을 해소하기 위해 교육청과 육아종합지원센터에서는 연수의 기회를 제공할 뿐 아니라 기관별 요구에 부응하기 위한 맞춤형 컨설팅을 제공하고 있다. 유아 · 놀이 중심 교육과정의 실현을 위해 컨설팅과 소그룹 워크숍 등 교사와의 소통이 상시 이루어지는 지원의 지속적 확대가 필요하다.

### (2) 시 · 도교육청과 육아종합지원센터의 유아 · 놀이 중심 교육과정 운영 지원을 위한 학부모교육 활용하기

기관에서 뿐만 아니라 교육청과 육아종합지원센터에서도 학부모교육을 실시한다. 학부모 스스로 놀이의 중요성을 인식하고 변화할 수 있도록 놀이를 주제로 토론하기, 학부모가 참여하는 워크숍 진행하기, 여러 형태의 학부모 공동체를 구성하여 운영하기 등 다양한 방법의 학부모교육을 계획하여 운영한다. 기관은 학부모가 놀이의 교육적 가치를 이해하고 기관과 비전을 공유하면서 함께 유아를 지원할 수 있도록 다양한 학부모교육의 기회를 활용할 수 있다.

#### (3) 누리과정 포털이 개정 누리과정의 실천사례 공유하기

교육부와 보건복지부는 개정 누리과정의 원활한 운영을 지원하기 위해 누리과정 포털(가칭)을 운영할 예정이다. 누리과정 포털은 다양한 놀이 실천사례 및 관련 연수정보를 온라인으로 공유할 수 있도록 함으로써 교사의 누리과정 실행력 향상을 지원하게 된다. 교사들은 자신이 실행한 교육과정 사례를 누리과정포털에 등록하고 다른 교사들과 나눔으로써 우수 사례의 확산에 기여할 수 있다. 또한, 공유된 우수사례를 학습공동체에서 논의하고 토론함으로써 함께 성장하는 기회를 가질 수 있다.

## 4 놀이지원자로서 교사

### 1) 편성 · 운영

유아 · 놀이 중심 교육과정 편성은 유치원과 어린이집에서 하루, 한 주, 한 달, 한 학기, 일 년의 시간을 어떻게 살아갈 것인가에 대한 교육내용과 시간을 조직하는 과정이다. 유아 · 놀이 중심 교육과정에서는 각 기관의 실정에 맞게 교육계획을 수립하고 일과를 놀이, 일상생활, 활동으로 구성하되 놀이가 충분히 이루어지도록 편성하여 운영할 것을 강조한다. 교육과정 편성에서의 놀이는 일과 구성의 단위로서 실내에서 이루어지는 놀이와 바깥놀이를 포함한다.

19개정 누리과정의 편성 · 운영에 대한 고시문을 살펴보면 교육계획에 필요한 1일 운영시간, 일과 운영, 교육계획 수립 및 주요 운영 내용에 대해서 설명을 하고 있다. 이 대한 자세한 내용은 [그림 7-1]과 같다.

**고시 문**

편성 · 운영은 유치원과 어린이집에서 유아 · 놀이 중심 교육과정을 편성하고 운영하기 위해 고려해야 할 공통적 기준을 안내한 것이다.

다음의 사항에 따라 누리과정을 편성 · 운영한다.

가. 1일 4~5시간을 기준으로 편성한다.
나. 일과 운영에 따라 확장하여 편성할 수 있다.
다. 누리과정을 바탕으로 각 기관의 실정에 적합한 계획을 수립하여 운영한다.
라. 하루 일과에서 바깥놀이를 포함하여 유아의 놀이가 충분히 이루어지도록 편성하여 운영한다.
마. 성, 신체적 특성, 장애, 종교, 가족 및 문화적 배경 등으로 인한 차별이 없도록 편성하여 운영한다.
바. 유아의 발달과 장애 정도에 따라 조정하여 운영한다.
사. 가정과 지역사회와의 협력과 참여에 기반하여 운영한다.
아. 교사 연수를 통해 누리과정의 운영이 개선되도록 한다.

[그림 7-1] 19개정 누리과정 편성 · 운영 고시문

### (1) 1일 4~5시간을 기준으로 편성한다.

3~5세 모든 유아에게 공통 교육과정을 제공하기 위해 유치원과 어린이집에서 편성해야 할 누리과정 운영 시간은 1일 4~5시간이다. 누리과정 운영 시간은 유아가 중심이 되고 놀이가 살아나는 유아 · 놀이 중심 교육과정의 운영 시간이며 동시에 국가가 누리과정 운영에 필요한 행정적 · 재정적 지원을 하는 시간을 의미한다.

### (2) 일과 운영에 따라 확장하여 편성할 수 있다.

유치원과 어린이집은 1일 4~5시간의 누리과정 운영 시간 외에도 운영 시간을 확장하여 편성 · 운영할 수 있다. 유치원과 어린이집의 운영 시간에 대한 기준이 다르므로, 각 기관의 실정과 지역적 특성을 반영하여 융통성 있게 편성 · 운영한다. 누리과정 운영 시간 이후, 운영 시간을 확장하여 편성 · 운영할 경우에도 개정 누리과정이 지향하는 유아 · 놀이 중심 교육과정이 이루어질 수 있도록 한다.

### (3) 누리과정을 바탕으로 각 기관의 실정에 적합한 계획을 수립하여 운영한다.

유치원과 어린이집은 국가 수준의 교육과정인 개정 누리과정을 바탕으로 각 기관의 실정에 따라 적합한 계획을 수립하여 운영하여야 한다. 계획안에는 교사가 기관과 학급(반) 수준에서 유아의 놀이를 지원하기 위해 필요한 사항을 미리 생각하여 준비하는 모든 과정이 포함될 수 있다. 개정 누리과정은 계획안 수립에 있어서 기관과 교사의 자율성을 강조하였다. 계획안을 작성할 때에는 교육과 보육 모두를 포괄하여 유아의 경험이 교육적 가치를 가지도록 놀이를 중심으로 기록하고 교사의 지원 방안을 기술할 필요가 있다.

#### ① 자율적인 계획수립

유치원과 어린이집은 각 기관의 교육철학, 가정과 지역사회의 특성, 유아의 요구 등을 반영하여 자율적으로 계획을 수립할 수 있다. 교사는 기존에 활용하였던 연간, 월간, 주간, 일일 계획안을 기관 및 학급(반)의 특성에 적합하게 변경하여 사용할 수 있다. 즉 계획안의 종류, 형식, 분량 등을 자율적으로 조정하여 작성할 수 있다. 예를 들어, 기관 수준에서 매년 작성하는 연간 계획 이외에 월간과 주간, 주간과 일일 계획을 통합하거나 기관과 담당 학급(반) 특성에 따라 간단한 일지 등을 활용하여 계획안을 작성할 수 있다. 또한 기관에서 배부하는 계획안은 유아가 활동할 내용을 미리 계획하여 안내하는 방식에서 유아가 실제 놀이한 내용과 배움에 대한 기록을 공유하는 방식으로 변화할 수도 있다.

#### ② 유아의 놀이를 지원하는 계획안 작성

유아가 주도하는 놀이는 미리 계획하여 운영하기 어렵기 때문에 교사는 유아가 놀이하며 경험한 내용을 중심으로 계획안을 기술할 수 있다. 기존에 계획안을 자유선택활동, 대 · 소집단활동, 바깥놀이 등을 포함하는 정해진 형식에 맞추어 기술해 왔다면 개정 누리과정에서의 계획안은 유아가 실제 놀이한 내용 및 놀이를 지원하는 내용을 포함하되 자율적인 형식으로 바꾸어 볼 수 있다. 이것은 유아가 실제 경험한 놀이 내용과 그에 따른 교사의 놀이 지원 계획을 기술하는 형식으로, 기존의 방식에 비해 사전 계획을 최소화하여 계획을 수립한다는 특징이 있다. 교사는 필요에 따라 안전과 관련된 사항, 유아 특성에 따라 개별적으로 지원해야 하는 사항 등을 계획할 수 있다. 계획안을 자율적으로 작성하고, 사전 계획을 최소화함으로써 교사는 유아가 주도하는 놀이를 적극적으로 지원할 수 있다. 단, 교사는 자율적인 계획 수립의 의미를 계획안을 작성하지 않아도 된다거나 단순히 업무를 줄이는 방식으로 이해하지 않도록 유의해야 한다.

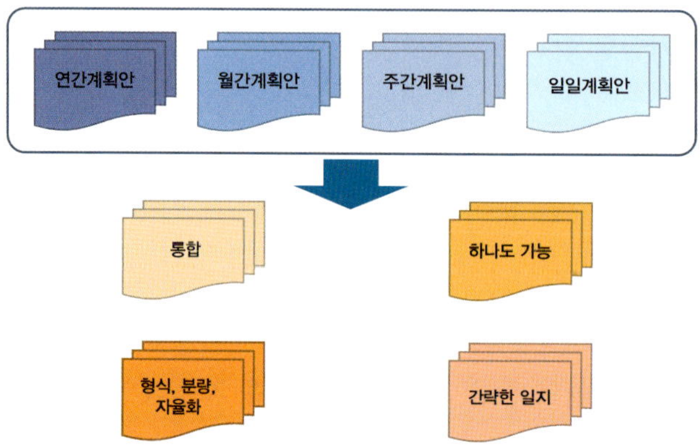


[그림 7-2] 각 기관의 실정에 적합한 계획 수립

## 교육적 지원 계획해 보기

계획하기란 교사가 유아의 놀이를 통한 배움을 지원하기 위하여 교육과정 내용과 시간을 조직하는 것이다. 개정 누리과정에서는 교사가 미리 모든 것을 계획하여 그대로 실행하는 것을 지양하고 실행된 교육과정을 담는 것을 강조하여, 만들어진 교육과정이 아니라 만들어 가는 교육과정에 의미를 둔다. 교사는 전체 또는 개별 유아가 진행하고 있는 놀이에 초점을 두되 유아가 생활 속에서 경험하고 있는 크고 작은 관심사, 일상생활을 편안하게 유지하기 위하여 필요한 경험, 계절이나 날씨와 같은 자연적인 현상, 기관의 특별한 행사 등을 반영하여 계획할 수 있다.

19개정 누리과정에서는 계획과 관련하여 각 기관의 지역적 특성이나 철학에 맞게 교육계획의 양식이나 작성 시기, 활용 방법을 자율적으로 정하도록 한다. 19개정 누리과정은 유아가 경험해야 할 내용을 바탕으로 배움의 통합성, 융통성, 자율성을 강조하므로 기존의 문서양식으로는 담아낼 수 없거나 필요 없는 부분이 생길 수도 있고, 작성의 시기가 변경될 수도 있다. 따라서 연간, 월간, 주간, 일일 계획안의 형식이나 분량을 자율적으로 할 수 있으며 통합하거나 선택적으로 활용할 수 있다.

**㉠ 연간계획안을 검토한다**

연간계획은 개정 누리과정에서 추구하는 인간상, 기관의 철학, 지역사회의 특성, 개인 수준의 다양성을 고려하여 자율적으로 수립할 수 있다. 연간계획은 학급 차원보다는 기관 차원에서 수립하는 것이 일반적이며 일년간의 중요한 경험(예: 기관 적응, 계절, 명절, 그 해의 특별한 국가적 행사, 기관 행사, 진급 등)을 미리 염두에 두고 계획한다. 연간계획은 한 학급에서만 공유되는 것이 아니라 기관 전체의 구성원이 공유하는 자료이므로 기관 차원에서 연간계획을 검토해야 한다. 또한, 유아에게서 발현되는 놀이 주제가 학기를 진행하는 동안 즉각적으로 반영될 수 있도록 여지를 남기고 연간계획을 작성한다. 19개정 누리과정은 유아와 교사가 함께 '만들어 가는 교육과정'이기 때문에 연간계획이 수립되었다 하더라도 유아들의 놀이 경험에 따라 시기와 기간 등이 바뀔 수 있다.

**㉡ 월간, 주간, 일일계획을 검토한다.**

월간, 주간, 일일계획안은 기관과 교사의 필요에 맞게 형식이나 분량이 자율적으로 구성될 수 있다. 월간, 주간과 일일계획을 모두 수립하여야 하는 것은 아니며 하나만 선택하여 작성할 수도 있다. 19개정 누리과정은 교사가 유아의 경험을 미리 조직하기보다 유아의 놀이를 관찰하고 이를 지원하는 방식을 제안한다. 유아의 놀이는 교사가 계획한 대로 진행되는 것이 아니라 시시각각 변화하고 교사의 기대 이상으로 심화될 수 있기 때문에 모든 놀이지원 계획을 미리 수립하기는 어렵다. 교사는 매일 진행된 유아의 놀이를 기록하고 다음 날 지원할 내용을 간단히 계획할 수 있다. 매주 혹은 유아의 놀이 주제에 맞추어 지원 계획을 수립할 수도 있다. 계획안의 양식과 내용, 작성주기는 각 기관의 실정과 철학, 학급의 상황 및 교사의 신념을 고려하여 자율적으로 결정하면 된다.

**㉢ 기관이나 교사의 실정에 맞게 계획안의 형식을 변경한다.**

개정 누리과정에서는 연간, 월간, 주간, 일일계획안을 자율적이고 융통성 있게 작성하도록 하고 있다. 기존의 계획안에 생활주제, 소주제, 일과 중의 시간 배치, 누리과정 5개 영역이나 목표, 활동 개요, 준비물 등을 모두 기록하고 있었음에도 불구하고 실행된 교육과정을 충분히 반영하지 못하고 있다면 이를 어떻게 반영할 것인지 고민해 보아야 한다. 기관에 따라서 계획안이라는 문서에 실행과 평가를 동시에 기록하고 있으므로 계획, 기록, 평가를 통합한 양식을 놀이기록과 평가, ○○반 놀이 이야기 등 다양한 명칭으로 부를 수도 있다.

기존 계획안이 도입, 전개, 마무리까지 많은 계획을 작성하였다면 19개정 누리과정에서는 유아가 놀이한 내용을 실제 기술할 수 있는 칸을 만들어 새로운 계획안으로 바꾸어 갈 수 있다. 따라서 계획은 반드시 교사가 사전에 해야 하는 것만은 아니고 유아의 놀이를 중심으로 실제 일어난 일을 기록하거나 이를 교사가 어떻게 지원하였는지를 적을 수 있다. 즉, 〈표 7-5〉와 같이 놀이 실제를 기록하는 칸의 순서나 내용, 방법도 바꿀 수 있다. 어떤 계획안은 유아가 먼저 놀이를 하고 교사가 이를 지켜보고 관찰하며 지원할 일을 계획하기도 한다. 계획은 최소화하고 놀이한 내용을 기록한 후 다음에 할 지원계획을 생각해 보는 안으로 바꾸어 갈 수 있다.

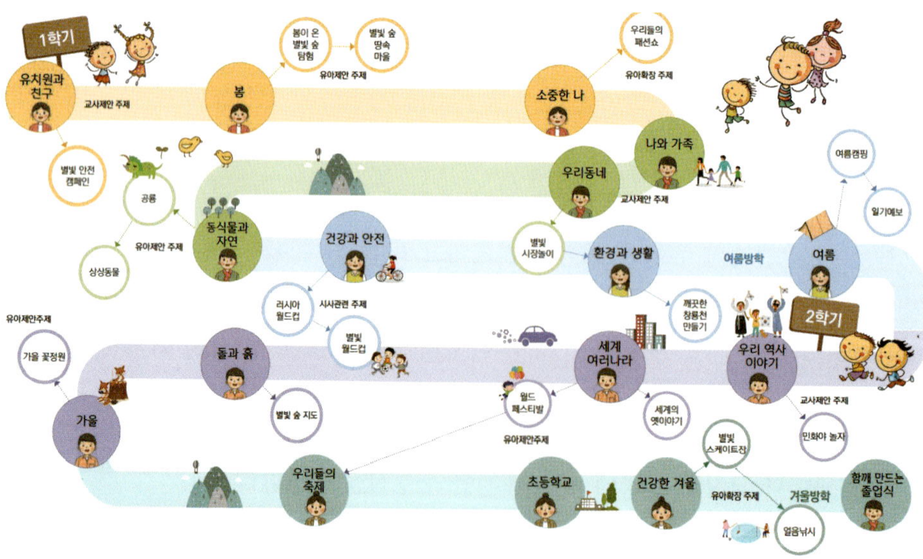


출처: 경기도교육청, 충청남도교육청(2018). 2019개정 누리과정 이해 · 실천자료. 경기도: 경기도교육청. p25.

[그림 7-3] 교사 유아가 함께 만들어간 연간 주제 전개의 예

〈표 7-1〉 두개의 놀이 주제를 반영한 월간교육계획안의 예시

계절 주제와 유아의 발현된 놀이 주제가 동시에 진행됨

| 주 | | 5월 1주 | 5월 2주 | 5월 3주 | 5월 4주 |
|---|---|---|---|---|---|
| 놀이<br>(바깥<br>놀이<br>포함) | 봄 | • 봄꽃 만들기 | • ~~꽃가게 꾸미기~~ | • ~~꽃가게 놀이~~ | |
| | | • 모형꽃, 화분으로 놀기 | • ~~꽃씨 마라카스~~ | | • ~~티슈로 나비 만들기~~ |
| | | • 산책 사진으로 만든 책 | • 씨앗 그림책 | • ~~꽃모양 막대인형~~ | • 봄의 곤충 그림책 |
| | 유아의 흥미에 따라 새로운 주제 '반짝이끈'이 시작되었고, 이를 반영함 | | | | |
| | 반짝이끈 | • 반짝이끈 가지고 나가 놀기<br>• 반짝이끈 나뭇가지에 묶기<br>• 반짝이끈으로 만든 도구로 운동하기 | | | |
| 활동 | | 유아의 흥미에 따라 새로운 주제 '반짝이끈'이 시작되었고, 이를 반영함 | | | |
| | | • 우리 교실에는 어떤 장난감이 있으면 좋을까?<br>• 상자와 반짝이끈 으로 어떻게 놀이할 수 있을까?<br>• 놀이의 진행과정에 따라 문제해결 의견나누기 | | | |
| | | • 동화 '우리 가족' 동화 '봄소풍 | | | |
| | | • 노래'봄에 피는 꽃' | • ~~봄꽃 찾아오기 게임하기~~<br>• 반짝이끈으로 신체 표현하기 | • ~~노래 '씨앗이 자라서'~~<br>• 반짝이끈으로 게임하기 | • ~~노래 '개미'~~<br>• 애벌레 신체 표현하기 |
| 필요한 경우 활동을 통해 유아의 놀이를 지원함 | | | | | |
| 행사일정 | | 5일–원내 어린이날 행사 / 8일–원내 어버이날 행사 & 포토존<br>22일–원내 손씻기 교육 / 29일–급식도우미 활동 | | | |

출처: 교육부, 보건복지부(2019). 2019개정 누리과정 놀이실행자료. 서울: 교육부. p120.

〈표 7-2〉 놀이실행 및 지원을 기록한 주간교육계획안의 예시(1)

| 주제 | 우리 동네 | 목표 | 내가 살고 있는 곳에 대해 궁금한 것을 알아본다. |
|---|---|---|---|

| 요일 | 실행 | 지원 |
|---|---|---|
| … | … | … |
| 목 | • 교실 한 켠에 있는 지도에 대해 관심을 가지고 가장 빨리 가는 길에 대한 대화를 나눔. | • 인터넷을 활용하여 유아가 지도를 잘 볼 수 있도록 지원함. |
| 금 | • 인터넷으로 본 지도를 보며 그림으로 길을 표상함.<br>• 교실에 있는 종이가 작다고 하면서 점점 더 큰 크기의 종이를 요청함. | • 더 큰 종이 제공함: 도화지 → 4절지 → 전지 → 전지 이어 붙여서 그림 그리기. |
| 월 | • 지난주 금요일에 이어 길을 그림으로 표상함. 그림에서 일반도로 뿐 아니라 다양한 길(예: 지하철, 고속도로 등)에 대한 표상이 나타남.<br>• 종이를 이어 붙이는 것의 불편함과 더불어 이어 붙인 종이 위에 올라가서 그림을 그리자 다시 그릴 공간이 좁아지는 상황이 벌어짐. | • 문제 해결 방법에 대해 유아들과 토의하였고 복도에 나가서 그림을 그리기로 결정함.<br>• 종이는 계속 이어 붙이기 어려워 바닥에 그림을 그리면 좋겠으나 바닥을 훼손하면 안되므로 다음날 교사와 함께 자료실에 가서 바닥에 그리기 적절한 그리기 도구가 있는지 찾아보기로 함. |
| 화 | • 자료실에 가서 바닥에 그리고 지우기 적절한 그리기 도구를 찾다가 우연히 테이프를 발견하고 테이프로 길을 만들자고 함.<br>• 유아가 선택한 자료인 테이프로 유아는 복도에서 길을 만들기 시작함. | <br>• 교사와 유아가 함께 자료실에 가서 유아가 선택한 자료(절연 테이프)를 제공함.<br>• 교실 외 놀이공간(복도) 활용함. |
| 수 | • 복도에서 이어서 놀이함. 길이 더 길어지고 커짐.<br>• 색테이프를 요청함.<br>• 테이프로 벽에도 표상을 시작함.<br><br>노랑-고속도로<br>파랑-1호선<br>초록-2호선<br>빨강-3호선<br>"아파트는 바닥X. 서있잖아." | • 벽까지 올라가서 어떻게 다 떼어 정리하나 걱정도 되었지만 유아들의 놀이를 지켜보기로 함.<br>• 요청에 따라 다양한 색깔의 테이프 추가 제공함.<br>• 테이프로 만든 길 위에 입체적으로 동네를 구성할까 싶어 종이벽돌블록과 소품 일부를 제시해 보았음. |
| 목 | • 제시한 블록, 소품에 관심을 보이지 않음. 오로지 테이프로만 길 만들기에 집중함.<br>• 복도도 테이프길로 거의 꽉 차고, 멈춰야 되는지 다른 공간으로 길을 확장해도 괜찮은지 묻기 시작함.<br>• 유아들과 토의 후 계단, 강당까지 가기로 함.<br>• 길/미로/경사로 관련 대화가 오감. | • 유아가 안전하게 놀이하도록 교사도 전체를 관찰하지만, 평소 놀이하던 공간이 아니고 다른 학급의 유아들도 오가는 공간이므로 안전하게 놀이할 수 있도록 안전에 대해 짧게 이야기를 나눔.<br>• 유아들의 의견을 받아들여 복도에서 계단, 강당까지 기관 전체로 이어서 놀이하는 것으로 함. |
| 금 | • 테이프로 길 만드는 유아들이 줄어들고, 복도나 계단에서 길 만들기 놀이를 하기보다는 뛰어다니는 유아들이 많아짐.<br>• 테이프를 떼어 정리하는 과정에서 돌돌 말린 테이프가 공처럼 되었고 테이프 공은 다시 유아들에게 새로운 놀잇감으로 보이기 시작함. | • 길 만들기 놀이에 대한 관심이 줄어들었음.<br>• 정리도 유아와 함께 진행함. 정리하는 과정에서 새로운 놀이자료(테이프 공)를 발견함.<br>• 테이프 공 활용하여 놀이할 수 있는 방법을 유아들 스스로 창안하기 시작함. |

출처: 교육부, 보건복지부 (2019). 2019개정 누리과정 놀이실행자료. 서울: 교육부. p108.

〈표 7-3〉 놀이실행 및 지원을 기록한 주간교육계획안의 예시(2)

**즐거운 새싹반의 한 주 이야기** 기간 : 20○○. ○. ○.(월) ~ ○. ○.(금)

<table>
<tr><td rowspan="3">새싹반 이번 주 경험</td><td rowspan="2">놀이</td><td colspan="3">여러 가지 돌과 흙 탐색하기<br>광목 흙 인형놀이</td></tr>
<tr><td colspan="3">비 오는 날 산책하기 흙이랑 놀아요 모래놀이 텃밭 가꾸기</td></tr>
<tr><td>활동</td><td colspan="3">함께 놀아요, 흙이랑 (동화)<br>던지면 안돼요 (이야기나누기)</td></tr>
<tr><td>놀이 사진</td><td colspan="2"></td><td colspan="2">  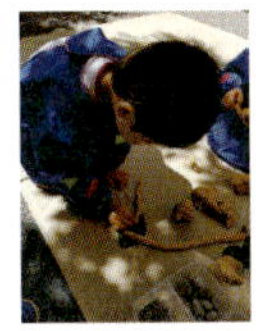<br></td></tr>
<tr><td rowspan="2">이번 주 유아들의 관심</td><td colspan="2">• 흙이 서로 달라요.<br>• 흙에도 색깔이 있어요.</td><td colspan="2">• 돌은 여러 가지 종류가 있어요.<br>• 돌로 여러 가지 놀이를 할 수 있어요.</td></tr>
<tr><td colspan="4">• 이번 주가 끝나갈 즈음 우연히 채색한 투명 통을 창가에 올려놓은 유아들이 창가로 들어오는 빛을 통해 만들어진 무지개를 보며 '빛'에 대해 관심을 갖게 되었음. 유아들은 채색된 통과 그렇지 않은 통을 올려놓고 보는 사람의 눈높이에 따른 빛을 관찰하며 즐거워했음.</td></tr>
<tr><td rowspan="2">다음 주 예상 관심과 놀이</td><td colspan="2">• 빛은 예쁜 색깔이 있어요.</td><td>• 무지개 빛이 궁금해요.</td><td>• 빛은 왜 다 달라요?</td></tr>
<tr><td colspan="4">• 다음 주에는 새싹반 유아들과 반짝이는 '빛'에 대해 탐색하고 놀이할 것으로 예상됨. 한 주간 햇살처럼 반짝이는 유아들의 즐거운 시도가 가득하길 기대해 봄.</td></tr>
<tr><td>학부모님과 함께 할 내용</td><td colspan="3">• 집 주변에서 볼 수 있는 흙과 돌에 관심을 가질 수 있도록 학부모님이 함께 놀이해 주실 수 있도록 안내하기<br>• 흙과 돌과 관련된 재미있는 놀이나 경험을 한 유아가 있다면 클래스팅에 관련 사진과 이야기를 올려주시도록 안내하기. 다른 유아들과 함께 보며 자신의 경험을 즐겁게 나눌 것임에 대해 안내하기<br>• 흙과 돌, 빛과 관련된 도서 및 자원을 기관으로 보내주시도록 안내하기</td><td></td></tr>
</table>

출처: 교육부, 보건복지부 (2019). 2019개정 누리과정 놀이실행자료. 서울: 교육부. p132.

〈표 7-4〉 놀이실행 및 지원을 기록한 계획안 형식 예시(1)

**흥미의 발견** 살랑살랑 바람 같다!

역할 영역에 비치해 둔 스카프를 가지고 놀고 있다. 평소 유아들은 스카프를 역할놀이 소품으로 활용을 많이 한다. 목에 리본처럼 묶기도 하고, 머리에 쓰기도 한다. 혹은 인형의 옷으로 변신하기도 한다. 이렇게 스카프는 유아들의 놀이에서 친숙한 매체이다.

**유아1:** 후후! 이것 봐! 내가 입으로만 불어도 바람처럼 날아가!

입으로 스카프를 부는 유아들 곁으로 다른 유아들이 관심을 갖고 지켜보게 된다.

**교사 동작 교육 지원 계획**

| 후후 불어! 살랑살랑 스카프 | 날아라 스카프 | 스카프로 인형 옮기기 | 스카프 꼬리 잡기 | 나는 슈퍼맨! |
|---|---|---|---|---|
| 스카프를 입으로 후후 불어! | 스카프를 높게 던져 내 몸에 떨어지게 받아보기 | 친구와 협력하여 인형 전달하기 | 스카프 꼬리를 달고 술래를 피해 도망 다니기 | 스카프를 두르고 슈퍼맨이 되어 신나게 날아보기 |
| 조작적 동작 | | | | 창의적 동작 |

**2-1 후후 불어! 살랑 살랑 스카프**

**흥미의 시작** 후후 불어 봐!

**유아1:** 후후~ 초록 바람 나간다!
**유아2:** 나는 분홍 바람이다!
**유아3:** 와 우리 힘을 합쳐서 입으로 바람 만들어서 멀리 나가게 해 보자!
유아들은 가벼운 스카프의 특성을 살려 입으로 불어 날리기를 한다. 그 모습이 재미있어 모여든 아이들 사이에서 스카프가 날리는 모습은 신기하고 즐거운 광경이 된다.

**교사 지원1** 환경적 지원

- 다양한 색의 가벼운 스카프 제공
- 몸을 움직일 수 있는 넓은 공간
- 바람을 만들 수 있는 부채나 선풍기
- 드라이기

**교사 지원2** 언어적 지원

- 입으로 스카프를 불어보자.
- 날아가는 모양이 어떤가요?
- 입 바람 말고, 우리 주변에서 바람을 만들 수 있는 방법이 있을까요?
- 팔을 크게 움직이면 바람이 생길 수 있을까?
- 우리가 신나게 뛰면 바람이 생길까?

**교사 지원3** 동작놀이 확장 지원 계획

유아들은 자신의 팔이나 다리를 세게 혹은 빠르게 움직이면 바람이 만들어질 수 있다고 믿었다. 하지만, 생각보다 스카프가 움직이지 않는 것을 보고 바람을 만들 수 있는 도구나 기계를 찾기 시작했다. 우리의 입바람, 부채, 선풍기 등의 의견을 내기 시작했고 실험해 보았다. 유아들이 충분히 탐색할 수 있는 시간을 제공해야 한다.

**2-2 날아라 스카프**

**동작놀이 관찰** 스카프가 새가 되어 나에게 왔어!

스카프를 위로 던지며 놀던 유아들이 까르르 웃기 시작했다. 한 유아의 머리 위로 스카프가 떨어져 앉은 것이다. 그 모습이 우스운지 여기저기서 유아들이 따라하기 시작한다.
**유아1:** 나는 등으로 떨어지게 맞출 거야!
**유아2:** 나는 가슴! 그런데 조금 어렵네. 스카프를 더 높게 던진 다음에 밑에 누울까?
**유아3:** 나 봐! 스카프가 내 어깨에 떨어졌어! 꼭 새 같네.
유아들은 스카프를 높게 던지고, 자신의 신체 각 부위를 이용하여 받기 시작했다.

**교사 지원1** 환경적 지원

- 다양한 색깔의 가벼운 스카프
- 카펫을 깐 안전한 바닥
- 부딪칠 것이 없는 넓은 공간
- 경쾌한 음악

**교사 지원2** 언어적 지원

- 스카프를 높게 던져보자.
- 스카프를 낮게 던지면 왜 더 빠르게 몸을 움직여야 할까?
- 스카프가 머리 위로 떨어지도록 던져보자.
- 스카프가 어깨로 떨어지게 하려면 어떻게 던져야 할까?

**교사 지원3** 동작놀이 확장 지원 계획

유아들은 스카프를 던져 자신의 몸으로 받는 활동에 굉장히 몰입하였다. 그 중에는 다른 유아가 스카프를 던져 주고 자신이 스카프를 몸으로 받는 유아도 있었다. 이 활동은 유아들의 집중력을 요구하며 또한 동시에 다양한 신체 조절력을 기를 수 있는 활동이 되었다. 스카프를 던져 박수 한번 치고 받기, 두 번 박수 치고 받기 등의 활동으로 연계하여 스카프의 높이를 조절하는 활동을 계획해야겠다.

출처: 최지선, 이애정, 박수진 (2020). 2019개정 누리과정에 기초한 유아동작교육의 이론과 실제. 서울: 양성원. pp.318–320.

〈표 7-5〉 놀이실행 및 지원을 기록한 계획안 형식 예시(2)

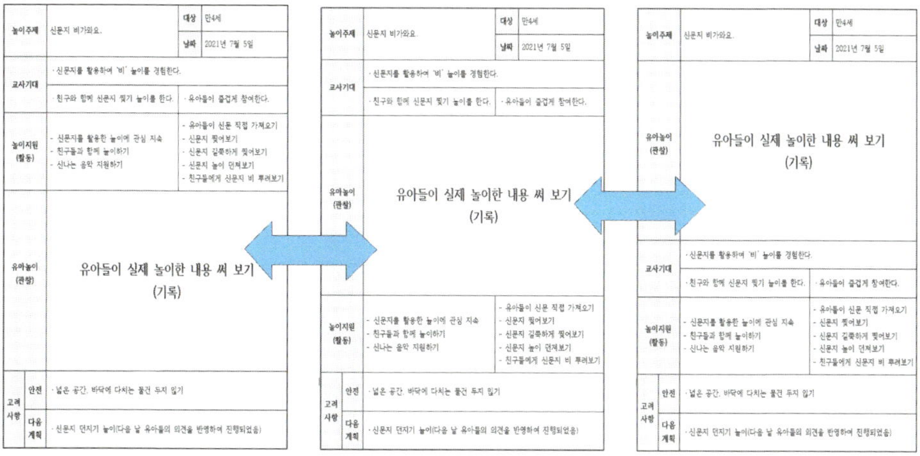


출처: 교육부 (2020). 2019 개정 누리과정 교사연수자료 강사용. p119. 수정보완.

### (4) 하루 일과에서 바깥놀이를 포함하여 유아의 놀이가 충분히 이루어지도록 편성하여 운영한다.

유아 · 놀이 중심 교육과정에서는 교사가 미리 계획하여 하루 일과를 운영하기보다는 유아의 흥미와 관심에 따라 놀이를 충분히 즐길 수 있도록 탄력적으로 편성 · 운영하는 것이 중요하다.

교실에서의 하루는 유아의 놀이와 매일 반복되는 일상생활 그리고 활동으로 구성된다. 19개정 누리과정에서는 일과에서 바깥놀이를 포함하여 유아의 놀이가 충분히 이루어지도록 편성하여 운영할 것을 강조한다. 일과에는 놀이 외에도 등원과 하원, 간식과 점심, 손 씻기와 화장실 다녀오기, 안전에 대한 지도 등 매일 반복되는 일상생활도 포함된다. 또한, 교사는 유아의 놀이를 지원하는 활동도 계획할 수 있다. 놀이, 일상생활, 활동이라는 일과는 교사가 미리 계획할 수 있지만 유아와 의논하여 순서를 정할 수도 있고, 날씨의 변화나 놀이에 대한 흥미 지속 여부에 따라 달라질 수 있다. 교사는 유아가 놀이에 충분히 몰입하고 진정한 배움이 일어날 수 있도록 놀이와 일상생활, 활동을 유연하게 운영할 수 있어야 한다.

### ① 융통성 있는 하루 일과 운영

유치원과 어린이집의 하루 일과는 유아가 주도하는 놀이를 중심으로 편성·운영하도록 한다. 유아는 하루 일과에서 놀이, 일상생활, 활동 등을 하면서 다양한 경험을 한다. 놀이는 바깥놀이를 포함하여 하루 일과 중 가장 길게, 우선적으로 편성·운영하여 유아가 충분히 놀이할 수 있도록 한다. 일상생활에 포함되는 등원, 손 씻기, 화장실 다녀오기, 간식, 점심, 낮잠, 휴식 등은 유아의 신체적 리듬을 반영하여 편성·운영함으로써 유아들이 즐겁게 하루를 보낼 수 있도록 한다. 활동은 유아가 놀이를 통한 배움을 확장해 갈 수 있도록 돕는 교사의 지원이다. 교사는 유아가 주도하는 놀이를 지원하기 위해 필요에 따라 활동을 계획하여 운영할 수 있다. 교사는 미리 계획한 활동을 모두 해야 한다거나 정해진 순서대로 일과를 운영해야 한다는 부담을 내려놓고 유아가 주도하는 놀이의 흐름에 따라 융통성 있게 일과를 운영하도록 한다.

### ② 2시간 이상의 충분한 놀이시간 운영

놀이시간은 짧게 여러 번 제공하기보다 긴 시간으로 편성하여 놀이의 흐름이 끊기지 않고 유아가 충분히 놀이하고 몰입할 수 있도록 한다. 교사는 바깥놀이를 포함하여 놀이시간을 2시간 이상 확보하되, 날씨와 계절, 기관의 상황, 유아의 관심사와 놀이 특성 등을 고려하여 융통성 있게 편성·운영한다. 예를 들어, 하루 일과에서 바깥놀이는 미세먼지, 날씨 등을 고려하여 실내놀이로 편성 운영할 수 있고, 다른 날은 바깥놀이를 길게 편성할 수도 있다.

### ③ 일상생활이 융통성 있고 유아 주도적으로 이루어지도록 한다.

일상생활은 기본적인 욕구를 충족시켜주고 놀이를 잘 할 수 있는 심신의 건강을 제공하는 시간이므로 편안하고 즐겁게 이루어지도록 편성하고 운영한다. 유아들은 놀이와 활동뿐 아니라 일상생활을 통해서도 기본생활습관, 안전, 인성 등 다양한 배움의 기회를 갖는다. 교사는 유아가 자율적이고 주도적으로 일상생활을 할 수 있도록 충분한 시간을 허용해 주어 유아가 편안함을 느끼는 가운데 즐거운 배움이 일어나도록 지원한다. 교사는 놀이의 흐름을 지속하기 위하여 유아의 기본적인 요구를 방해하지 않는 범위 내에서 일상생활 운영방법, 일과 중 시간 배치 등의 변화를 시도해볼 수 있다. 예를 들어, 간식이나 화장실 다녀오기 등의 일상생활은 놀이시간과 분리되어 일어나기도 하지만 놀이를 하는 과정에도 허용될 수 있도록 한다. 또한, 매일 반복되는 일상이지만 놀이와 같은 방식으로 일상생활을 즐길 수 있는 방법을 유아와 함께 찾아보는 것도 좋다.

#### ④ 놀이와 연결하여 활동 운영한다.

교사는 유아의 놀이를 관찰하고, 놀이가 활발하게 이루어질 수 있도록 지원하는 과정에서 필요한 경우 이야기 나누기, 노래, 동화, 게임 등 적절한 유형의 활동을 연결하여 운영한다. 활동은 교사가 계획하여 제안할 수도 있고, 유아가 다른 유아들과 공유하기 위해 준비할 수도 있다. 활동에 참여하는 유아는 학급 전체가 될 수도 있고 관심 있는 소집단의 유아가 될 수도 있다. 일과 중 활동 시간은 교사가 계획하여 실시하거나 놀이의 흐름을 위해 필요하다면 놀이 중간에 잠깐 모여서 활동을 실시하고 다시 놀이로 연결할 수 있다.

#### ⑤ 일과를 융통성 있게 운영한다.

교사는 유아들이 놀이의 흐름이 끊어지지 않고 충분히 놀았다고 느낄 수 있도록 일과를 편성하는 것이 중요하다. 일과의 순서는 일관성이 있어야 하지만 융통성 있게 운영되어야 한다. 교사는 전날의 놀이 흐름에 대한 기록과 평가를 반영하여 다음 날의 일과를 다른 순서로 조직할 수 있다. 다른 연령과 놀이경험을 공유하기 위하여 교사들 간의 협의를 통하여 일과를 조정할 수도 있고 날씨나 자연현상에 따른 관심을 놀이에 반영하기 위해 일과 순서를 바꿀 수도 있다. 일과의 융통성 있는 운영은 유아로 하여금 주도적으로 경험을 구성해볼 수 있는 기회를 준다. 유아와 함께 일과를 평가하고 다음 날의 일과 중 일부를 유아 스스로 정해보게 하는 것, 일과의 변화가 필요하다고 판단될 때 교사가 독단적으로 결정하지 않고 유아의 의견을 반영해주는 것 등의 방법을 시도해볼 수 있다.

### (5) 성, 신체적 특성, 장애, 종교, 가족 및 문화적 배경 등으로 인한 차별이 없도록 편성하여 운영한다.

누리과정은 유아가 성, 신체적 특성, 장애, 종교, 가족 및 문화적 배경 등으로 인해 차별받지 않고 서로 배려하는 마음을 가지도록 편성 · 운영해야 한다. 유아가 다른 사람을 대할 때 자신과 상대와의 다른 점을 틀린 것이 아니라 다른 특성으로 받아들이고 편견 없이 대할 수 있도록 지원해야 한다. 교사는 성별, 신체적 특징 및 장애 유무에 따라 유아를 비교하고 평가하거나 불이익을 주지 말아야 하며 유아에게 고정적인 성 역할과 특정 종교를 강요해서는 안 된다. 또한 유아들에게 다양한 가족 형태 및 문화적 배경을 이해할 수 있는 경험을 제공하여 다양성을 존중하고 배려할 수 있도록 지원한다.

### (6) 유아의 발달과 장애 정도에 따라 조정하여 운영한다.

유아의 놀이는 연령 및 발달적 특성에 따라 다양한 모습으로 나타난다. 같은 연령의 유아들일지라도 흥미, 관심, 경험, 발달, 가정의 문화 등 많은 부분에서 차이가 있으므로, 교사는 유아가 자신에게 적합한 방식으로 놀이할 수 있도록 누리과정을 조정하여 운영한다.

### (7) 가정과 지역사회와의 협력과 참여에 기반하여 운영한다.

유아가 속해 있는 가정, 기관, 지역사회 등은 모두 교육과정의 주체이므로, 상호 연계하고 협력해야 한다. 유아 · 놀이 중심 교육과정을 운영하기 위해서는 무엇보다 부모의 역할이 중요하다. 부모는 유아의 놀 권리와 즐겁게 놀이하며 배우는 놀이의 가치를 이해하여 가정에서 유아의 놀이를 지원해야 한다. 이를 위해 유치원과 어린이집에서는 부모 참여, 간담회, 워크숍, 상담 등 다양한 기회를 마련하여 부모의 역할을 지원할 필요가 있다.

### (8) 교사 연수를 통해 누리과정의 운영이 개선되도록 한다.

교사는 유아의 놀이와 배움을 지원하는 교육과정의 주체이자 유아와 함께 배우고 성장하는 전문가이다. 개정 누리과정에서는 누리과정의 실행자로서 유아의 놀이를 지원하는 교사의 역할을 강조하고 있다. 누리과정의 실천과 지속적인 개선을 위해서는 교사 연수가 필수적이다. 유치원과 어린이집을 지원하는 국가 및 지역 기관에서는 다양한 형태의 교사 연수를 마련하고, 교사가 자율적으로 참여할 수 있는 기회를 제공해야 한다. 교사 연수는 교사가 참여하는 다양한 유형의 교육, 배움 공동체, 소모임 등을 포함한다. 교사는 누리과정에 대한 이해 및 필요 정도에 따라 자발적으로 연수에 참여하여 누리과정 운영을 개선해 가도록 한다.

### 2) 교수 · 학습

유아 중심 및 놀이 중심을 추구하는 개정 누리과정에서는 교사를 유아의 놀이 지원자로 제안하고 있다. 교사는 놀이의 특성, 의미, 가치를 이해하여 유아가 즐겁게 놀이하면서 배우는 경험을 지원할 수 있다. 교사는 적절하게 환경을 구성하고, 유아와 바람직한 상호작용을 하여 유아가 놀이에 몰입하고 놀이를 확장하도록 돕는 역할을 한다. 중요한 것은 유아의 놀이가 어떻게 일어나고 있는지, 무슨 의미를 가지는지, 여러 가지 방법으로 유아들의 놀이에 귀를 기울이고 의미를 찾을 수 있어야 한다. 이러한 교수 · 학습에 대한 자세한 내용은 [그림 7-4]와 같다.

**고시문**

교수 · 학습은 유아가 즐겁게 놀이하며 스스로 배울 수 있도록 교사가 지원할 때 고려해야 할 사항이다.

교사는 다음 사항에 따라 유아를 지원한다.

가. 유아가 흥미와 관심에 따라 놀이에 자유롭게 참여하고 즐기도록 한다.
나. 유아가 놀이를 통해 배우도록 한다.
다. 유아가 다양한 놀이와 활동을 경험할 수 있도록 실내외 환경을 구성한다.
라. 유아와 유아, 유아와 교사, 유아와 환경 간에 능동적인 상호작용이 이루어지도록 한다.
마. 5개 영역의 내용이 통합적으로 유아의 경험과 연계되도록 한다.
바. 개별 유아의 요구에 따라 휴식과 일상생활이 원활히 이루어지도록 한다.
사. 유아의 연령, 발달, 장애, 배경 등을 고려하여 개별 특성에 적합한 방식으로 배우도록 한다.

[그림 7-4] 19개정 누리과정 교수 · 학습 고시문

### (1) 유아가 흥미와 관심에 따라 놀이에 자유롭게 참여하고 즐기도록 한다.

개정 누리과정에서는 유아가 자신의 흥미와 관심에 따라 자유롭게 참여하고 주도하는 놀이를 강조한다. 유아가 주도하는 놀이는 유아가 자신만의 방식으로 자유롭게 이끌어 가는 놀이를 의미한다. 교사는 놀이에 대한 이해를 바탕으로 유아가 주도하는 놀이를 지원할 수 있어야 한다. 유아는 놀이하며 자신의 유능함을 드러내고 즐겁게 배우며 성장한다. 일상에서 자연스럽게 자연, 사물, 사람 등을 만나며 세상과 교감하는 방식은 놀이를 통해 깊어진다. 유아에게 놀이는 앎이자 삶의 방식이다. 유아는 놀이를 통해 자신이 경험한 세상을 재구성하며 세상에 대한 이해를 넓혀 나간다. 유아가 주도하는 놀이는 성인의 간섭과 통제가 최소화되고 유아가 다양한 놀이 환경과 만날 때 활발하게 나타난다. 따라서 실내의 제한된 흥미 영역에서 교사가 미리 준비한 놀이를 선택하게 하는 방식보다는 유아가 자유롭게 놀이하며 즐기는 방식으로 바꾸어 갈 필요가 있다. 교사는 유아가 주도하는 놀이에 내재된 의미와 가치를 파악하고 그것을 이해하는 과정에서 유아에게 무엇을 지원해 줄 수 있을지를 발견할 수 있다. 교사는 놀이 상황과 맥락에 따라 새롭게 생성되는 유아의 놀이를 존중하고 이해하면서 유아가 필요로 하는 놀이자료, 놀이 공간, 놀이 규칙과 안전 등을 고려하여 필요한 지원을 할 수 있다.

### (2) 유아가 놀이를 통해 배우도록 한다.

개정 누리과정은 놀이를 통한 유아의 배움을 강조하고 있다. 유아는 어디서나 자유롭게 놀이하며 배울 수 있지만, 특히 교육과정으로서 누리과정을 운영하는 유치원과 어린이집에서 이루어지는 유아의 놀이는 교사의 지원을 통해 더욱 유의미한 배움이 될 수 있다. 교사는 다양한 방식으로 유아가 놀이를 통해 배우고 성장할 수 있도록 돕고 지원하는 역할을 해야 한다.

#### ① 놀이를 통한 배움의 이해

유아는 놀이하면서 자연스럽게 세상과 교감하며 성장해 간다. 놀이는 시작과 끝이 정해져 있는 것이 아니라 이어지고 끊어지며 새롭게 생성되어 가는 연속적 과정이며 이는 곧 배움의 과정과 같다. 교사는 유아의 놀이를 배움의 과정으로 이해하고 유아의 놀이를 지원해야 한다.

개정 누리과정에서는 유아가 놀이를 통해 경험하는 배움을 5개 영역과 연결지어 이해할 수 있도록 안내하고 있다. 개정 누리과정의 5개 영역, 59개의 내용은 3~5세 유아가 유치원과 어린이집에서 경험해야 할 의미 있고 가치 있는 배움의 내용으로 구성되어 있다. 이는 교사가 가르쳐야 할 내용이 아닌 유아가 즐겁게 놀이하면서 배우는 내용이다. 교사는 유아의 놀이에서 나타나는 통합적 경험을 59개의 내용과 연결해 보면서 유아의 놀이를 통한 배움을 이해할 수 있다.

### ② 놀이와 연계한 활동을 통한 유아의 배움 지원

교사는 일상생활과 활동에도 유아의 흥미와 관심을 반영하여 유아가 즐겁게 경험하며 배우도록 지원할 수 있다. 교사가 활동을 운영할 때 유아가 주도하는 놀이의 내용과 연계하여 유아가 즐겁게 배울 수 있도록 지원하는 것이 중요하다. 예를 들어, 현재 유아가 하고 있는 놀이에 부합하면서 유아의 흥미나 관심과 관련된 동화 듣기, 노래 부르기, 요리하기, 게임 등을 제안하여 즐겁게 놀이하는 방식으로 활동을 할 수 있다. 또한 유아가 자신이 하고 있는 놀이를 친구들에게 소개하기, 놀이 규칙 정하기, 특정 관심사에 대해 함께 알아보기 등 상황에 따라 이야기를 나누는 것도 가능하다. 만일 교사가 유아의 놀이를 지원하기 위해 다양한 활동을 계획했더라도 이는 유아의 관심과 흥미에 따라 얼마든지 수정할 수 있다. 유아의 흥미나 관심 등을 고려하지 않고 미리 정해진 생활주제에 따라 활동을 진행하기보다는 유아가 주도해 가는 놀이와 연계하여 활동을 진행하는 것이 바람직하다.

교사는 유아의 건강과 안전을 위해 필수적으로 요구되는 일상생활 습관 지도나 안전 교육을 계획하여 운영할 수 있다. 유치원과 어린이집에서는 유아가 놀이 안전과 생활 안전을 지키고, 위험한 일이 발생하였을 때 도움을 받아 대처할 수 있는 능력을 기를 수 있도록 안전 교육을 실시해야 한다. 안전 교육이 필요한 항목으로는 화재안전, 교통안전, 약물안전, 유괴에 대처하는 방법 등이 있으며, 이는 안전 교육 관련 법령 및 지침 등에서 제안하는 내용을 바탕으로 유아들이 이해하기 쉬운 방식으로 지도한다.

### ③ 자율성을 바탕으로 유아의 놀이 배움 지원

유아 · 놀이 중심 교육과정에서는 유아가 놀이에서 경험하는 배움을 지원하기 위해 교사의 자율성을 강조한다. 유아는 자신에게 가장 적합한 방식으로 놀이하기 때문에 유아의 놀이는 예측하기 어렵다. 교사는 유아의 특성, 안전, 놀이 환경, 자료, 날씨, 기관의 상황 등을 고려하여 놀이를 지원해야 한다. 교사는 유아가 놀이하며 배울 수 있도록 상황에 따라 필요한 교육적 판단을 자율적으로 할 수 있어야 한다. 예를 들어, 교사는 유아의 놀이가 자신이 계획한 주제나 활동과 다르게 이루어지더라도 유아의 놀이를 존중하여 계획된 활동을 변경할 수 있다. 교사가 유아의 놀이를 존중한다는 것은 유아의 놀이를 바라만 보거나 방관하는 것이 아니라, 유아의 배움에 필요한 지원 내용을 생각하고, 준비하고, 지원하는 과정을 모두 포함한다. 예를 들어 교사는 유아가 놀이하며 경험한 내용을 관찰하고, 놀이에서 나타나는 배움에 주목하여 이를 기록할 수 있다. 이러한 기록은 유아의 놀이 지원을 위한 교사의 자율적 판단의 근거가 된다. 교사는 계획안을 활용하여 유아가 실제 놀이한 내용을 적합한 방식으로 기록하고, 그에 따른 교사의 지원 내용도 함께 작성할 수 있다. 계획안은 유아가 놀이하며 배우는 과정을 이해하는 자료가 되며, 이를 작성하면서 유아에게 필요한 놀이 지원도 함께 계획할 수 있다.

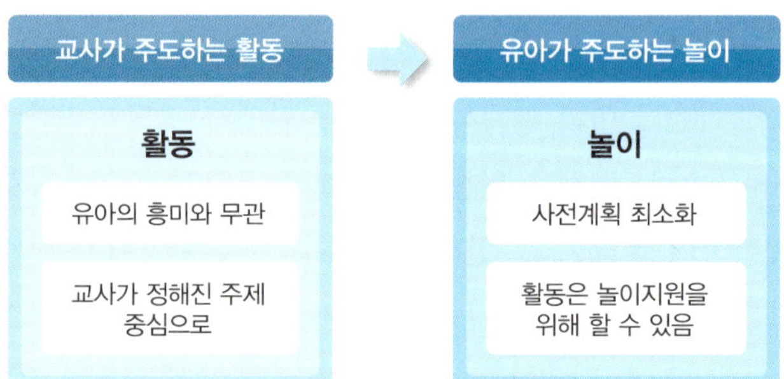


[그림 7-5] 놀이지원을 위한 활동

### (3) 유아가 다양한 놀이와 활동을 경험할 수 있도록 실내외 환경을 구성한다.

개정 누리과정에서 놀이 환경은 유아가 놀이하는 실내외 모든 공간과 놀이자료를 포함한다. 유아가 보고 듣고 만지며 자유롭게 표현할 수 있는 놀이 환경은 놀이가 다양하게 이루어지도록 하는 중요한 교육적 자원이다. 따라서 교사는 다양한 실내외 놀이 환경과 풍부한 놀이자료를 제공하여 유아의 놀이가 활성화되도록 돕는다.

#### ① 다양하고 안전한 실내외 놀이 공간 구성

교실을 포함한 유치원과 어린이집의 실내 공간은 유아에게 가장 친숙한 놀이 환경이다. 교사는 놀이 공간을 구성하고 변형해 나가며 유아의 자유로운 놀이를 지원할 수 있다. 교실의 흥미 영역은 유아들이 가장 좋아하는 놀이를 중심으로 구성하는 것이 좋으며, 유아들이 흥미를 보이지 않는 영역은 다른 영역과 통합하여 재구성하거나 다른 영역으로 대체하는 것도 가능하다. 또한 유아의 관심과 흥미, 요구에 따라 새로운 영역을 구성할 수 있으며, 이때 유아가 주도적으로 놀이 영역을 창조할 수 있도록 지원해야 한다. 교실 밖의 복도나 계단, 구석진 공간 등 유아가 놀이할 수 있는 실내 공간은 먼저 안전에 문제가 없는지 파악한 후에 놀이 공간으로 구성 할 수 있다.

실외 공간은 유아가 마음껏 뛰어 놀며, 자연과 계절의 변화를 만나고 탐색할 수 있는 놀이 환경이다. 교사는 유아가 몸을 충분히 움직여 즐겁게 놀이하고 위험으로부터 자신을 안전하게 보호하는 능력을 기를 수 있도록 지원해야 한다. 이처럼 실외 놀이 환경은 유아가 안전하게 놀이할 수 있는 공간과 자료로 구성해야 한다. 또한 유아들이 활발한 신체 움직임을 바탕으로 모험과 도전을 하면서 궁금한 것을 찾아 자유롭게 탐색하는 놀이를 다양하게 경험할 수 있는 놀이 환경을 구성한다. 실외 자투리 공간, 텃밭, 통로, 작은 마당 등은 공간의 특성과 안전을 고려하여 놀이 환경으로 구성하며, 유치원과 어린이집의 상황에 따라 인근 공원과 놀이터 등도 놀이 공간으로 활용할 수 있다.

### ② 풍부한 놀이자료 제공

놀이자료는 유아가 놀이에 사용할 수 있는 놀잇감, 매체, 재료와 도구 등을 포함한다. 유아에게 놀이자료는 자신의 감정과 생각, 상상 등을 자유롭게 표현하는 수단이자 세상에 대한 이해를 넓혀 나가는 데 중요한 역할을 하는 매개물이다. 교사는 유아에게 일상의 평범한 사물, 자연물, 악기, 미술 재료, 그림책, 재활용품 등을 적절히 제공할 수 있으며 계절이나 행사, 국경일과 관련된 자료는 시기에 맞게 제공할 필요가 있다. 또한 비구조적인 열린 자료를 풍부하게 제공하여 유아가 자신만의 방식으로 활용할 수 있도록 지원하며 유아가 찾아낸 새로운 놀이자료나 창의적인 놀이 방식을 인정하고 존중해야 한다. 놀이자료를 제공할 때는 유아가 자유롭게 탐색할 수 있도록 자료의 사용 방법이나 놀이 방식을 지나치게 제한하지 않도록 유의한다.

## (4) 유아와 유아, 유아와 교사, 유아와 환경 간에 능동적인 상호작용이 이루어지도록 한다.

유치원과 어린이집에서 유아는 또래, 교사 및 자신을 둘러싼 환경 등과 관계를 맺으며 성장한다. 또한 유아는 놀이에서 또래 친구와 교사, 자연 환경 등과 적극적으로 상호작용하면서 세상을 이해하고 배움을 이루어 간다. 교사는 유아가 놀이에서 만나는 다양한 관계에 관심을 기울이고 함께 상호작용을 하며 배움을 지원해야 한다.

### ① 유아와 유아 간의 상호작용

유아가 주도하는 놀이 중심의 개정 누리과정에서는 유아와 유아 간의 상호작용이 더 활발하고 빈번하게 일어난다. 유아는 또래들과 함께 놀이하면서 자신의 생각을 표현하고, 친구들의 의견을 듣고 때때로 생각을 바꾸기도 한다. 더 재미있게 놀이하기 위해 양보하고, 배려하고, 나와 다른 의견을 수용하여 조절하는 경험도 할 수 있다. 교사는 유아들이 자유롭고 활기차게 놀이할 수 있는 분위기를 제공하여 유아 간의 다양한 상호작용을 격려해 주어야 한다.

### ② 교사와 유아 간의 상호작용

교사는 유아의 놀이에 귀기울여 놀이의 의미와 배움을 발견하고, 이를 확장하기 위해 다양한 상호작용을 한다. 교사는 유아의 흥미와 관심이 어디에 있는지 파악하고, 칭찬, 격려, 미소, 공감 등 정서적 또는 언어적 상호작용을 통해 유아의 놀이를 긍정적으로 수용하고 격려한다. 교사는 답이 정해진 질문을 하거나 일방적으로 지식을 전달하기 위해 개입하는 것이 아니라 유아의 흥미와 관심에 교감하며 놀이를 지원하는 상호작용을 하도록 한다. 이때 유아의 놀이에서 나타나는 상상력과 사물을 의인화하여 이해하는 유아의 독특한 놀이 표현을 지지하고 함께 교감하는 태도가 필요하다. 교사는 유아와 주변세계를 이해하는 공동의 놀이자로서 놀이에서 발생하는 문제를 함께 해결하면서 유아의 배움을 이끄는 상호작용을 할 수 있다.

### ③ 유아와 환경 간의 상호작용

유아 · 놀이 중심 교육과정에서는 유아와 환경 간의 상호작용이 매우 중요하다. 환경은 유아의 놀이가 활성화되는 배경이자 유아가 다양한 배움을 경험하는 원천이 된다. 유아와 환경 간의 상호작용은 유아 주변의 친근한 공간, 자료, 일상생활에서 자연스럽게 접하는 모든 환경과의 교감을 포함한다. 유아는 놀이에서 다양한 사물, 자료, 자연물 등을 만지고 움직여 보며 새로운 흥미와 관심을 가지게 되고, 이는 창작적 표현으로 이어지기도 한다. 유아는 물과, 모래, 블록과 종이 등을 가지고 매일 다른 놀이를 하며 즐긴다. 또한 종이로 접은 새에게 물을 먹여 주기도 하고, 나뭇잎이 떨어진 나무를 춥다고 감싸 주며 즐거워한다. 유아가 환경과 교감하면서 표현하는 말과 행동은 모두 유아가 환경과 상호작용하며 배우는 과정이다. 교사는 유아와 환경 간의 상호작용에 주의를 기울이고 존중하며 유아들이 환경과 즐겁게 상호작용할 수 있도록 지원해야 한다.

### (5) 5개 영역의 내용이 통합적으로 유아의 경험과 연계되도록 한다.

교사는 개정 누리과정에 포함된 5개 영역의 내용이 유아가 놀이를 하며 통합적으로 경험하는 것임을 이해해야 한다. 5개 영역의 내용을 유아의 경험과 연계하는 방식은 다양하다. 우선 유아는 놀이를 하며 이미 5개 영역을 통합적으로 경험한다. 예를 들면, 유아는 모래놀이를 하며, 신체를 움직이고, 친구와 대화도 하며, 그림도 그릴 수 있다. 모래와 물을 섞으며 물질의 변화에 대해 호기심과 탐구심을 가질 수도 있다. 이처럼 유아는 놀이를 통해 여러 가지 영역을 통합적으로 경험하며, 이러한 경험은 영역별로 이루어지지 않는다. 교사는 유아의 놀이에서 5개 영역의 내용이 자연스럽게 통합적으로 나타나는 것을 발견함으로써, 유아가 놀이하며 배우고 있음을 알 수 있다.

또한 5개 영역의 내용은 정해진 생활 주제 이외에도 유아의 관심과 흥미에 따라 다양하게 통합할 수 있다. 예를 들면, 교사는 유아가 놀이하면서 자연스럽게 경험하게 되는 계절이나 국경일과 같은 친근한 주제, 유아가 놀이하면서 관심을 보이는 동화나 곤충, 그네 등과 같은 주제를 중심으로 유아의 경험과 5개 영역을 통합적으로 연계하여 지원할 수 있다. 유아가 관심을 가지는 그림책, 사물, 우연한 상황 등도 충분히 유아의 경험을 통합적으로 연계하여 지원할 수 있는 자원이 될 수 있다. 교사는 자율성을 바탕으로 유아의 놀이상황과 맥락에 따라 5개 영역을 다양한 방식으로 융통성 있게 유아의 경험과 연계하여 지원할 필요가 있다.

#### (6) 개별 유아의 요구에 따라 휴식과 일상생활이 원활히 이루어지도록 한다.

유치원과 어린이집에서 유아의 하루 일과는 놀이와 휴식을 적절하게 안배하여 운영하며, 개별 유아의 요구를 반영해야 한다. 유치원과 어린이집에서는 유아의 건강 상태, 날씨나 계절, 기관의 상황 등에 따라 하루 일과를 융통성 있게 운영할 수 있다. 획일적인 하루 일과를 운영하기보다는 배변이나 낮잠, 휴식 등 유아마다 다른 신체 리듬을 반영하여 하루 일과를 운영해야 한다. 교사는 놀이의 상황과 개별 유아의 요구 등을 적절히 반영하여 일과가 원활하게 이루어지도록 운영해야 한다.

### (7) 유아의 연령, 발달, 장애, 배경 등을 고려하여 개별 특성에 적합한 방식으로 배우도록 한다.

교사는 유아의 연령과 발달, 장애, 배경 등의 다양한 특성을 이해하고 각 특성을 최대한 고려하여 배움을 지원해야 한다. 유아는 서로 다른 관심과 능력을 가지고 있으며 다양한 맥락 속에서 자신만의 방식으로 놀이하고 배운다. 같은 연령이라도 개별 유아의 특성이 다르듯이 유아가 놀이하는 모습도 다르게 나타난다. 또한 유아가 가정에서 경험하는 다양한 문화적 특성을 서로 인정하고 존중하며 가치 있게 여길 수 있어야 한다. 교사는 유아의 특성에 적합한 지원을 위해 발달적 특성이나 장애 정도, 문화적 배경을 우선적으로 파악해야 하며, 필요할 경우 관련 기관 또는 전문가와 협력할 수 있다.

**제8장**

# 유아교육과정의 최근 동향

우리가 앞으로 살아가야 할 시대를 세계경제포럼(WEF)에서 제4차 산업혁명시대라고 최초로 언급하면서 아이들이 사회에 진출할 때가 되면 65%는 현재와는 다른 직업을 갖게 될 것이라고 전망하였다. 이러한 변혁 속에서 유아들을 어떻게 교육해야 하는가에 대한 반성과 변화가 시급하다. 따라서 이 장에서는 로봇과 함께 살아가야 할 4차 산업혁명 시대를 대비한 코딩교육, 뇌기반교육, 그리고 자기주도적 학습을 알아보고자 한다.

제8장

# 유아교육과정의 최근 동향

## 1 뇌기반교육

### 1) 뇌기반 연구도구

신경과학의 발달로 인해 뇌의 활성화를 측정할 수 있는 도구 PET, fMRI, EEG를 사용한 연구들로 인해 영유아의 뇌에 기반을 둔 교육에 대한 관심이 높아졌다. 뇌발달이 어느 시기보다 빠르게 발달하고 뇌의 구조와 기능은 경험에 의해 정비되는 영유아기의 뇌발달의 특징을 이해하고 유아교육기관현장의 교육과정에 적용할 필요성이 제기되었다.

#### (1) PET

양전자방출단층촬영법(positron emission tomography : PET)은 해가 없는 방사성 물질을 사람의 혈관에 주사한 후에 그 사람이 읽기, 말하기 등과 같은 지각과제 혹은 인지과제를 수행하는 동안 방사선 탐지기가 뇌영역의 방사선 활성화 수준을 기록하여 활성화 영역들에 관한 영상을 제공한다.

### (2) fMRI

기능자기공명영상법(fMRI)은 산화 헤모글로빈을 탐지하는 것으로 각 뇌 영역의 활성화 수준에 관한 영상을 제공하여 PET처럼 뇌의 특정영역에서 일어나는 정보처리의 유형에 관한 정보를 제공한다.

### (3) EEG

뇌파(electroencephalogram : EEG)는 뇌의 전기적 활동을 기록하는 도구로 전극을 두피에 부착하여 측정한 전기적 신호를 EEG를 통해 몇 천배 증폭되면서 뇌의 전기적 활동을 시각적으로 기록한 것을 제공한다. 이러한 뇌파를 사용해 다른 의식수준에서의 뇌 활성화 정도를 알 수 있을 뿐 아니라 행동이 일어나는 동안 뇌가 어떻게 작동하는가를 볼 수 있다.

뇌가 행동에 비치는 영향을 이해하기 위해 PET, fMRI, EEG와 같은 검사도구를 사용하는 방법은 다음과 같다.

① 뇌에 손상을 입은 유아가 보이는 결함을 관찰하는 방법
② 행동이 일어나는 동안 뇌의 전기적 활동을 연구하는 방법
③ 유아들이 다양한 과제를 수행하는 동안 뇌를 스캔하는 방법

## 2) 뇌발달과 교육

뇌의 구조적 발달은 태아나기 전에 거의 완성된다. 뇌의 기능적 발달은 연접부들 사이에서 생기는 지역 간의 연결과 완전한 신경회로 형성, 효율적인 뇌 정보처리에 의해 일어난다(신의진, 2011). 특히, 뉴런과 뉴런 사이의 연결인 시냅스(Synaps)는 2세까지 성인의 약 80%가 형성된다. 이러한 연접부의 형성과 제거는 대부분 경험에 의해 정해지며 사회인지기능에 관여하는 뇌 구조인 전두엽발달과도 연관이 있다. 이에 대해 이옥임(2011)은 교육적 시사점을 다음과 같이 제시하였다.

① 발달적 민감기인 영유아시기에 적절하고 풍부한 환경을 마련해주어야 한다.

② 풍부한 환경의 효과로 계속해서 신경계에 가소성이 일어나므로 긍정적인 경험들로 뇌를 재조직화할 수 있다.



### (1) 뇌기반교육의 의미

뇌기반교육은 뇌에 관해 알고 있는 사실과 일치되는 원리와 전략을 유아교육현장에 적용하는 것이다(Jensen, 2007). 뇌기반교육은 학습자의 기억, 정서, 주의, 패턴화, 맥락과 같은 학습 원리에 대한 인식 등을 포함한다. 또한 '모든 학습은 뇌에서 이루어진다'는 전제 아래 학습자의 뇌를 효율적으로 활용할 수 있는 적절한 교수-학습환경을 설계하는 데 목표를 둔 새로운 교육 패러다임이다.

### (2) 뇌기반교육의 원리

젠슨(Jensen, 2007)이 제시한 뇌기반교육의 원리는 다음과 같다.

① 유아 개개인의 뇌는 서로 다르다.
② 위협과 과도한 스트레스는 학습에 악영향을 준다.
③ 뇌의 발달단계에 따라 학습이 이루어진다.
④ 뇌는 개인의 경험에 따라 환경에 적응해 나가므로 학습촉진을 위해 풍부한 학습환경을 제공한다.
⑤ 뇌는 사회적이며, 정서는 학습에 절대적이다.
⑥ 기억과 인출에는 다양한 경로가 있다.
⑦ 학습은 신체와 정신의 결합으로 이루어진다.
⑧ 유형화를 통해 학습이 이루어진다.
⑨ 뇌는 의식적으로 학습할 뿐 아니라 무의식적으로도 학습한다.

뇌기반교육의 원리를 구체적으로 발달영역별로 살펴보면 다음과 같다.

### (3) 뇌기반 학습방법

#### ① 학습방법

뇌 활용을 위해 공통적으로 사용할 수 있는 방법은 다음과 같다(김연봉, 윤선아, 2001).

- 뇌교육 5단계(뇌감각 깨우기–뇌유연화하기–뇌정화하기–뇌통합하기–뇌주인되기)를 활용하여 좌우 뇌뿐 아니라 뇌간, 대뇌변연계, 대뇌피질을 통합하는 뇌 체조의 적용은 인지, 정서, 신체의 상호역동성을 높이는 데 효과적이다.
- 교수–학습에서 정서, 통합적 사고, 음악, 이미지, 움직임 등은 공통적으로 활용한다. 특히, 뇌 호흡, 메시지, 성찰, 뇌파의 조절, 의식발전을 위해 비전 제시, 긍정적이고 주체적인 정보를 선택 · 활용하는 방법은 교수–학습활동에 유용하게 적용될 수 있다.
- 교실현장에서 뇌의 학습 원리를 실천하고 뇌 친화적 환경을 조성하며, 학습에서의 정서활용, 신체의 움직임, 뇌의 의미를 추구할 수 있는 다양한 프로그램 개발과 적용은 학습 효율성에 긍정적으로 작용한다.

#### ② 뇌 친화적 요소

코발릭(Kovalik, 1993)은 주제별 통합수업을 통해 뇌 친화적 요소를 세부화하고, 이를 바탕으로 뇌기반 학습을 진행한다. 뇌 친화적 요소는 다음과 같다.

- 위협의 부재
- 유의미한 학습내용
- 선택권
- 적정시간
- 풍부한 환경
- 협동
- 상황에 적합한 피드백
- 마스터 적용

### ③ 영유아발달과 뇌기반교육

영유아의 발달에 따른 뇌기반교육을 살펴보면 다음과 같다.

#### 가. 신체발달과 뇌기반교육

영유아의 신체 · 감각발달을 극대화시킬 수 있는 동작-교수 · 학습 원리는 다음과 같다(김은심, 2011).

- 영유아의 개인차를 고려한다. 교실에 있는 모든 영유아는 학습양식, 신경상태, 정서상태, 관심영역 및 의미 있는 내용이 각기 다르므로 이를 고려한 교육이 필요하다.
- 다양한 경험을 제공한다. 영유아들에게 제공되는 경험은 유아들의 인지적 도전을 유발시킬 수 있으며, 위협과 스트레스가 없는 정서적으로 안정된 환경에서 영유아들이 스스로 선택할 수 있도록 함은 물론 긍정적인 피드백이 포함되어야 한다.
- 영유아의 정서를 고려한다. 교사는 도전적이면서도 따뜻한 분위기를 마련하고, 유아 자신의 느낌이나 아이디어를 자유롭게 표현할 수 있도록 배려하여야 한다.
- 의미탐색의 기회를 충분히 제공한다. 뇌는 경험을 통해 의미를 만든다. 동작활동에 있어서도 기계적인 암기보다는 개념적 접근을 통하여 흥미롭고 의미 있는 교육과정을 만들 수 있다.
- 자기주도적인 학습경험을 제공한다. 영유아 스스로 문제를 선택하고 해결방법을 모색하게 함으로써 학습효과를 높일 수 있다.

#### 나. 사회 · 정서발달과 뇌기반교육

영유아의 뇌에 기초한 사회 · 정서발달을 위한 교육방법을 제시하면 다음과 같다(이옥임, 2011).

- 영유아-양육자 간의 안정애착형성을 돕는 사회정서교육을 한다.
  같은 스트레스상황에서도 안정과 불안정된 애착아동의 스트레스 대처능력이

다르다는 연구보고처럼 안정애착은 영유아의 사회정서발달과 두뇌발달교육에 긍정적인 영향을 주므로 안정적 애착을 도울 수 있는 교육방안 마련이 필요하다.

- 뇌 발달에 적절한 환경 및 경험을 제공한다.
  영유아의 호기심을 자극하고 마음껏 자신의 몸을 움직여 자신과 주변 세상을 탐색해 볼 수 있는 기회 부여, 시도하고 실패할 수 있는 자유를 보장, 영유아의 요구에 민감하게 반응하고 적극적으로 상호작용해 줄 수 있어야 한다.
- 사회 · 정서적 지원을 한다.
  사고와 감정은 유기적인 연결고리를 가지고 있으므로 영유아의 사회정서발달과 뇌발달을 위해 영유아를 사회 · 정서적으로 지원하는 것이 필요하다.
- 사회 · 정서적 문제행동에 대한 이해를 한다.
  영유아의 뇌발날과 사회정서발달을 돕기 위해 영유아가 보이는 문제행동 및 대처방안에 대한 이해와 함께 개인적인 경험을 찾아내고 개별 영유아에게 적합한 도움을 준다.

### 다. 언어 · 인지발달과 뇌기반교육

영유아의 뇌에 기초한 언어 · 인지발달을 위한 교육방법을 제시하면 다음과 같다(김희태, 김낙흥, 2011).

- 영유아들은 어떤 내용을 접하든지 경험을 통해 기본적인 사실, 개념, 원리 등을 충분히 익혀야 한다.
- 반복과 연습은 중요한 교육적 의미를 갖는다. 반복적 경험은 뇌 신경회로의 동기화를 유발하여 궁극적으로 뇌를 효율적이고 생산적으로 사용할 수 있게 하며 점차 학습을 통해 형성된 시냅스를 강화시키게 된다. 그러므로 교육과정 구성 시 학습의 범위보다 깊이를 우선적으로 고려한다.
- 학습의 효율성을 높이기 위해서는 인지적 기능도 중요하지만 정서를 통합해야 한다.

- 교사는 도전적이면서도 정서적으로 안정을 줄 수 있는 상호작용을 통해 영유아가 선택의 기회를 갖고 학습에 참여할 수 있도록 배려한다.
- 영유아의 다양성을 고려한다.
영유아의 다양성을 인정하는 신념을 형성함과 동시에 다양한 영유아들이 의미를 발견할 수 있는 환경을 구성하고 다양한 학습전략을 계획하여 영유아의 다양한 요구와 관심에 적합한 기반을 마련한다.

#### ④ 뇌기반 교사교육

영유아를 위한 뇌기반교육을 실행하기 위해서는 교사교육이 우선적으로 이루어져야 한다. 뇌기반 교사교육은 뇌 과학적 지식, 학습 원리를 교수학습과정에서 응용할 수 있는 교사역량을 높이는 과정으로 실천 중심의 교사교육이라고 할 수 있다(김민정, 강수정, 정미라, 2015). 뇌기반 교사교육은 교사의 실천적 역량을 강조하기 때문에 교육과정을 실행하는 교사도 두 가지 측면에 효과를 기대 할 수 있다.

첫째, 뇌기반 원리와 뇌발달에 관한 지식과 같은 이론적 지식의 변화와 성장이다.

둘째, 교수학습방법 측면에서 액션러닝, 교사학습공동체, 전문가 개별컨설팅 등 다양한 교수학습방법과 자발성에 기초한 교육방법을 통한 실천적 역량의 증가이다.

## 2 4차 산업혁명시대의 교육

4차 산업혁명은 3차 산업혁명을 토대로 디지털, 바이오산업, 그리고 물리학 등의 기술을 융합하는 기술혁명으로 가상세계가 현실화되는 디지털 혁명이다. 암기력은 더 이상 경쟁력이 될 수 없다. 인간보다 훨씬 뛰어난 두뇌를 지닌 인공지능이 우리가 평생 동안 한 공부를 단 몇 주만에 습득을 하기 때문에 암기력으로는 살아남을 수가 없다. 우리가 어떻게 교육을 시켜야 제4차 산업혁명시대에서 유아들이 살아남을 수 있을까?

### 1) 유아교육의 방향

4차 산업혁명시대에 요구하는 미래역량은 자기력, 인간력, 창의 융합력, 협업력, 평생 배움력이다(김지영, 2017).

#### (1) 자기력

자기력은 자신을 이해하고, 사랑하며, 발전시키는 능력이다. 자기력을 기르기 위해서는 유아의 자존감을 높여주는 것이 중요하다. 유아 자신의 강점, 흥미, 요구를 잘 찾아갈 수 있도록 도와주는 노력이 필요하다. 이제는 평균, 평준화, 평균의 사고라는 말의 종말을 고한다고 한다. 미래에는 평균적 사고에서 벗어나야 살아남을 수 있다. 유아 자신만의 차별성과 능력을 갖춘 인재로 키우기 위해 유아 자신만이 가질 수 있는 고유의 색을 찾아주어야 한다.

#### (2) 인간력

로봇과 달리 인간만이 가진 인간다운 능력을 기르기 위해서는 다음과 같은 능력을 키워주어야 한다.

##### ① 사고력

4차 산업혁명시대에는 무엇을 가르칠 것인가? 가 아니라 어떻게 사고하게 할 것인가? 이다. 사고력을 기르기 위해서는 유아의 질문력을 강화해야 한다.

##### ② 감성력

감성력은 다른 말로 공감하는 능력이다. 공감할 수 있는 능력은 미래에 중요한 가치이며 로봇이 대체할 수 없다. 이를 위해 유아는 경험을 통해 다양한 사람의 감정, 상황, 행동에 공감할 수 있는 기회를 주어 다른 사람의 입장, 인지, 관점 등을 추론하여 이해하는 능력(Selman, 1980)을 키워주어야 한다.

##### ③ 총체적 정서관리능력

오늘날 우리 사회는 표준화된 지식의 습득과 숙련이 요구되는 사회에서 정보화,

세계화를 지향하며 다양한 사고를 지닌 인재를 요구하는 사회로 변화하고 있다(백지혜, 김수영, 2007). 이러한 능력의 사회적 요구가 커져갈수록 여러 상황에서 어떻게 행동해야 할지를 추론하는 능력과 다른 사람의 정서를 인식하고 해석하는 능력, 그리고 자신을 다른 사람과 구별할 수 있는 능력에 관심이 높아지고 있으므로 유아의 총체적 정서관리능력발달 및 계발을 하도록 교육해야 한다(최경숙, 2006). 총체적 정서관리는 정서를 표현할 때도 규칙이 있어서 정서를 표현해야 할 상황, 표현해서는 안 되는 상황을 구별하므로 어린 유아들은 이러한 정서적 표현을 학습하기 위해서 자신의 정서를 스스로 조절하고 규제할 수 있어야 한다.

### (3) 창의융합력

점차 복잡해지는 미래사회의 문제를 해결하기 위해서는 창의적으로 사고하고, 다양한 지식과 분야를 융합할 수 있는 능력을 키워야 한다. 창의성이란 시대적 상황을 배경에 발맞추어 이전에 없었던 새롭고, 신기한 산물을 만들어 내는 개인의 능력과 성격을 일컫는다(이경화, 2002). 창의융합형 인재로 키우기 위해서는 주도적인 놀이, 함께하는 놀이, 개발하는 놀이를 통해 창의성을 키워야 한다. 유아를 창의적으로 교육하기 위해 교사는 완벽, 완성보다는 시도, 도전에 대해 유아를 격려할 필요가 있다. 또한 경계를 두지 않고 경험하고 체험해 볼 수 있어야 한다. 책, 사람, 도구와 같이 서로 다른 것들을 연결해보는 경험을 계획해주어야 한다. 그러므로 교사는 자유롭고, 개방적이며, 융통성 있는 교육환경을 위해 노력을 기울인다(성은현 · 한윤영, 2011).

### (4) 협업력

미래에는 집단지성의 힘을 잘 발휘할 수 있는 협업능력이 높은 사람이 개인능력이 뛰어난 사람보다 환영을 받게 된다. 혼자서 하는 일들은 점차 줄어들고 네트워킹 사회의 성향이 더 강해질 것이다. 그러므로 유아에게도 혼자 하는 것보다는 협업해서 할 수 있는 프로젝트교육이나 갈등을 해결할 수 있는 평화교육을 배우도록 해야 한다. 다툼, 생각 차이가 생겼을 때 이를 회피하지 않고 부딪쳐서 문제를 해결하고 배울 수 있도록 한다. 유아는 자신의 의견을 말하고, 다른 또래친구와 의견을 교환하며 조율하고, 최종적으로 결론이나 대안을 만들어 내는 토의활동도 유아들의 협업력을 키우는 데 효과적인 활동이다.

#### (5) 평생 배움력

미래에는 스스로 배움 시스템을 가동시킬 수 있는 능력이 필수적이다. 평생 배움력이 없으면 변화하는 시대에 적응하기 어렵다. 유아의 평생 배움력을 키우기 위해서는 호기심을 갖도록 한다. 이를 위해 교사는 유아를 주의 깊게 관찰하고 그 유아가 관심을 보이거나 흥미를 갖는 활동을 제공하여 몰입할 수 있도록 한다. 즉, 적기교육을 한다. 책읽기는 평생 배움력의 기초이며 토대이다.

### 2) 코딩교육

미래 4차 산업혁명 사회에서는 소프트웨어 교육 안에서 컴퓨팅적 사고력(CT: Computational Thinking)을 키워 '글로벌 창의 인재'를 양성하는 것이 중요한 목표가 되면서 '코딩교육'을 핵심과제로 보았다. 영국의 경우 2013년부터 5세부터 소프트웨어를 의무적으로 교육하고 있으며(유구종, 2017 재인용) 미국도 '게임을 하는 아이'가 아니라 '게임을 만드는 아이'가 되어야 한다며 코딩교육의 중요성을 강조하였다. 핀란드에서는 IT 기업 주도로 4~10세 대상 코딩학교인 '코디콜루'가 자리 잡고 있으며 2016년부터 초등학생 대상 코딩교육을 실시하고 있다. 미래의 인재육성을 위해 우리나라도 2018년부터는 초 · 중 · 고교에서 코딩교육이 정규과목으로 채택될 예정이다. 초등학교의 경우 5~6학년 실과 수업에 처음 코딩을 배우게 되는데, 프로그램을 만든다는 개념보다 알고리즘(문제 해결을 위한 절차와 과정)을 배우는 내용으로 진행된다고 한다. 이처럼 영국, 미국, 북유럽 국가들은 어린 나이부터 자연스레 코딩을 접할 수 있도록 정규교육에 추가를 하고 있으며 우리나라에서도 어린 시기부터의 코딩교육에 대한 관심을 나타내고 있다. 그러나 코딩만 배운다면 단순노동에 불과할 수 있으므로 이를 활용할 수 있는 수학이나 과학적인 분야 등 다양한 분야에 관심을 갖도록 교육하는 것이 무엇보다 중요하다.



### (1) 코딩

코딩(coding)은 code(컴퓨터 언어) + ing(동작을 나타냄)로 컴퓨터 프로그래밍을 의미한다. 컴퓨터 프로그램을 수행하는 절차를 적어둔 명령어 모음을 코드라고 하고 이 코드를 입력하는 행위를 코딩이라고 한다. 다시 말해, 코딩교육은 프로그래밍을 배우는 것, 프로그램을 구상하고 문제해결을 위한 절차와 과정을 설정하는 것으로 레고 블록을 조립하듯이 논리적인 사고를 할 수 있다. 예를 들어, 스마트폰을 작동시키기 위해서는 버튼을 누르고 화면이 열리도록 암호화한 번호지문인식 또는 그림을 그리거나 홍채인식을 통해 작동을 한다. 필요한 앱을 사용하여 정보를 검색하거나 문자를 주고받거나, 메일을 체크하고 통화를 시도한다. 스마트폰을 사용하고 난 후에는 끝이라는 명령어를 순서대로 조합하는 것을 알고리즘이라고 하는데 알고리즘 설계를 먼저 하면 오류를 줄이고 효율적인 프로그램을 만들 수 있다. 이처럼 알고리즘을 구상하는 것이 코딩의 기초 단계다.

### (2) 유아 코딩교육

유아들이 반드시 코딩교육을 받아야 하는 것은 아니지만 인공지능시대에 대비하기 위해서는 어려서부터 코딩교육이 이루어질 필요가 있다. 유아를 위한 코딩교육으로는 교구로봇 코딩교육과 태블릿 PC 코딩교육, 스크래치 그리고 엔트리교육이 있다(김상희, 2017).

#### ① 교구로봇 코딩교육

교구로봇 코딩교육은 유아교육현장에서 경험해 볼 수 있는 조립형 블록 개념의 도구를 사용하여 친숙한 자동차나 동물형태의 로봇 등을 직접 조립하고 움직여 볼 수 있도록 한다. 유아는 이러한 과정을 통해서 컴퓨팅적 사고력, 논리적 사고력, 창의적 문제해결력과 공간지각력, 문제해결력 및 눈과 손의 협응력을 키울 수 있다.

- Bee-bot 코딩교육

  영국에서는 코딩로봇 비봇(Bee-bot)을 유아교육현장에서 사용하고 있다. Bee-bot은 교육이라기보다는 놀이를 중심으로 한 코딩교육으로 코딩교육용 로봇은 꿀벌처럼 생겼다. 비봇은 등 위에 달린 버튼으로 작동되는데 스마트폰이나 모바일 등 별도의 디바이스 없이 동작이 가능한 것이 특징으로 유아들도 쉽게 접근할 수 있다. 단, 화면이 없어 코딩한 내용을 확인할 수 없다는 단점이 있다.

### ② 태블릿 PC 코딩교육

EPL(Educational Program Language)방식의 코딩교육은 태블릿 PC를 활용한다. 유아수준에서 사용 가능한 명령어를 포함하고 있는 블록형 아이콘을 손으로 끌어다 배열하여 프로그램상의 캐릭터가 원하는 위치로 움직이게 하는 활동이다. 이 활동은 다양한 코딩활동을 통해서 유아 자신이 원하는 게임을 주체적으로 만들거나 확장활동으로 순차와 반복의 개념을 놀이로 경험한다.

### ③ 스크래치 PC 프로그램

어린이 코딩교육의 대표적인 사례로 메사추세츠 공과대학(MIT) 연구진이 개발한 '스크래치'를 들 수 있다. 스크래치란 어린이들이 쉽게 코딩을 익힐 수 있도록 개발된 프로그래밍 도구다. 이해하기 힘든 프로그래밍 언어를 배제하고, 각각의 모듈을 블록식으로 쌓기만 해도 코딩 결과를 얻을 수 있는 교육도구다. 스크래치 코딩교육 프로그램은 소리, 동작, 대사, 이미지 등 블록을 마우스로 끌어다 연결해 가면서 그림, 애니메이션, 사운드 등 다양한 형식의 프로그램을 만들 수 있어 컴퓨터 사고를 익히는 데 많은 도움을 준다.

### ④ 앤트리 PC 프로그램

엔트리는 레고 블록을 조립하듯이 마우스로 블록을 옮겨 프로그래밍 하는 PC 코딩교육 프로그램으로 쉽고 직관적으로 자연스럽게 프로그래밍에 대한 이해를 할 수 있다. 스크래치와 매우 유사한 방식이지만 스크래치는 언어적인 측면이 강한 반면 엔트리는 플랫폼으로 사람들이 모여서 콘텐츠가 생산되고 유통되는 장을 만드는 것을 지향한다는 점에서 추구하는 방향이 서로 다르다. 스크래치와 엔트리 PC 코딩교육 프로그램은 사용하는 언어 자체가 어려워 유아에게는 어려우며 초등 학생에게 보다 더 적합하다.



# 3 자기주도적 학습

## 1) 자기주도적 학습의 정의

자기주도적 학습은 사회교육의 일환으로 성인교육이 발달한 미국과 영국에서 학교 밖의 교육을 보다 체계적이고 효율적으로 실시하기 위해 1960년대 후반부터 연구되었으며 노올즈(Knowles, 1975)에 의해 아동교육(pedagogy)과 대별되는 성인교육(andragogy)의 대표적 개념으로 자기주도적 학습의 이론과 실천부분이 체계화되었다(김미경, 2012). 노올즈는 자기주도적 학습을 '타인의 도움 없이 주도적으로 자기 스스로 학습목표를 정하고, 효율적인 학습전략을 사용하며, 학습결과를 스스로 평가하는 일련의 과정'이라고 정의하였다.

## 2) 교사의 입장에서 본 자기주도적 학습

교사가 바라보는 자기주도적 학습은 학습자의 자유를 받아들이는 교육으로서 중요한 문제를 해결함에 있어서 다르게 생각할 수 있는 자유가 모든 유아에게 허용되고, 획일적인 기준 대신에 다양성이 허용되는 교육이라고 할 수 있다(김경희, 1998). 교사는 유아의 발달을 고려하지 않은 자기주도적 학습을 하기보다는 스스로를 이기고 무엇이든지 해내고 말겠다는 굳은 의지, 독립성, 어떤 일을 해내기 위한 전반적인 관리와 조절능력, 어떤 일이든 해낼 수 있다는 신념, 그리고 실패를 극복할 수 있는 낙천성을 발달에 적합하게 길러줄 필요가 있다. 이를 위한 자기주도적 역량의 기본요소는 다음과 같다(김미경, 2012).

### (1) 호기심

아이는 태어나면서부터 주변세계가 모두 낯설고, 신기하므로 호기심을 가진다. 아이는 주변세계를 단순히 바라보는 것으로(관찰) 그치지 않고 새롭고 복잡한 주변세계에 대한 두려움 없이 물체를 입에 가져다가 맛을 보고, 만지고, 던지고, 움켜쥐어보고, 부수기도 하면서 그 사물에 대해 알아보려고 여러 가지 방법으로 시도를 한다. 불확실성, 혼란, 무관심 그리고 공포 등을 겪으면서도 인내심을 가지고 끈질기게 지속한다. 이러한 호기심은 아이가 성장하면서 다양한 지식을 습득하고 형성하는 데 중요한 원동력이 된다.

### (2) 신념

미국에서 선풍적인 인기를 끈『신념의 마력』의 저자 클라우드 M. 브리스톨이 세일즈맨 교육 등에 사용해서 유명해진 '거울 앞에 서서 자신에게 암시를 거는 방법을 발견했을 때의 에피소드'에서 백만장자가 술에 취해 부축하려고 옆에 가니까 그 백만장자는 거울을 보면서 "존(자신의 이름), 넌 왜 이러니? 취해 있으면 안 돼. 넌 조금도 취하지 않았어. 자. 벌써 다 깼잖아. 오늘은 네가 주인이야. 존. 제발 취해선 안 돼" 이러는 사이 자세가 단정해져서 연회석상에 돌아온 그는 새로운 사업계획을 아무런 막힘없이 잘 이야기하였다고 한다(다고아키라, 2006). 일의 성패는 사람의 능력보다는 오히려 사람의 기분이나 마음에 달려 있을 때가 많다. 좋은 결과를 얻기 위해서는 무엇보다 자기 자신에게 좋은 결과를 얻을 것이라고 끊임없이 이야기하는 일이 중요하다. 그것이 자신감을 낳고 또한 좋은 결과로 이끌어 주기 때문이다. 그러므로 스스로를 이기고, 무엇이든지 해내고 말겠다는 굳은 의지, 그리고 어떤 일도 해낼 수 있다는 낙천성, 신념, 그리고 자아존중감은 자기주도적 학습을 위한 중요한 요인이다. 자아존중감은 자기평가(Coopersmith, 1967)이며, 가치 있는 존재로서 자기 삶을 책임지고 다스려 나갈 수 있는 능력과 행복감을 가지고 있다는 것을 경험하는 신념의 힘이다(Branden, 1992).

### (3) 관리

자기관리는 학습 환경, 자원, 인지적 학습전략 세우기 등을 포함한 전반적인 교육내용을 관리하는 것이다(Bolhuis, 1996; Garrison, 1997). 유아가 계획을 세우고 학습의 전 과정을 자신의 능력, 여건, 목표 등에 비추어 자기모니터링을 하면서 스스로 보조를 맞추어 이끌어 나가고 그 결과에 대해 책임을 지는 초인지적·행동적 능력이다.

### (4) 동기

동기는 인간의 행동을 일으키고, 그 행동을 지속하며, 어떤 행동을 할 것인가를 설명하기 위해 도입된 사상적 개념으로 외면적 동기(extrinsic motivation)와 내면적 동기(intrinsic motivation)로 구분된다. 동기는 어떤 목표를 지향하는 행동을 유발하고, 방향을 잡아주고, 유지하는 힘의 종합으로 행동을 유발하는 힘의 근원이 외부에서 오는 자극에 있거나 개인 내부에서 발생하는 것으로 보고 있다. 동기는 목표를 달성하기 위한 참여, 지속적으로 노력하고 유지하도록 결정을 내리고 이끄는 힘이다. 따라서 유아가 부모나 교사의 지시만을 따르는 것이 아니라, 활동에 적극적으로 참여하려는 강한 내면적 동기를 가져야 한다. 내면적 동기는 자율적 행동의 기초가 된다.

### (5) 조절

자기규율과 자기조절은 스스로 참고, 만족을 지연하고, 남에게 양보하는 것으로 처음에는 부모와 교사로부터 점진적으로 유아로 바뀌어야 한다. 유아는 학습목표를 정하고 주어진 구조 속에서 의미 있는 학습이 무엇인가, 어떻게 접근을 할 것인가를 결정하는 연습을 해야 한다. 이러한 자기조절능력은 유아교육기관의 영역활동 중 사회극놀이, 가장놀이를 통해 향상될 수 있는데, 이는 극놀이와 역할놀이에 포함된 사회적 상호작용이 유아들로 하여금 사회적 규범과 행동을 내면화하게 한다(Vygotsky, 1978).

### (6) 비계

비계는 보이는 교육보다는 유아가 가지고 있는 능력을 사용하여 발달되도록 도울 때 사용한다. 세일즈맨 사이에서는 판매 효율을 높이는 기술로 6W가 상식으로 되어 있다. 어느 쪽(which) 색상이 마음에 드십니까? 어떤(what) 크기로 하시겠습니까? 누가(who) 쓰실 겁니까? 어디로(where) 가져갈까요? 언제(when) 보낼까요? 왜(why) 내일까지 연기하십니까? 이 가운데 망설이고 있는 손님에게 물건을 살 마음이 생기게 하는 데 가장 효과적인 것은 which이다. 유아도 마찬가지이다. 어떻게 해야 할지 모르는 유아에게는 교사의 비계가 효과적이지만 유아가 방향을 잡을 수 있도록 어느 쪽이 좋은지 선택할 수 있는 비계는 특히 중요하다.

### (7) 긴밀한 공동협력

유아는 교사, 또래, 부모와 공동협력을 한다. 유아교육기관에서 운영하고 있는 프로젝트접근법이나 레지오 에밀리아 접근법은 좋은 예이다. 흥미로운 주제를 선정하고, 주제에 따라 관심 있는 유아들을 중심으로 여러 개의 소집단을 구성한 후 공동 협력할 수 있는 활동을 통해 선의경쟁 속에서 서로 다른 사고를 받아들여 내면화하고 이를 통해 유아는 사고가 발달하는 자기주도적 학습의 경험을 갖게 된다. 따라서 자기주도적 학습은 고립된 과정이 아니라 유아, 교사, 부모, 또래의 협조와 지원이 필요하다.

### (8) 특정영역에 대한 지식의 실제 적용

특정영역에 대한 개념적 지식뿐만 아니라 개념적 지식을 새로운 상황으로 전이할 수 있는 능력을 발달시킨다. 이는 학교지식과 실생활에서 인간이 어떻게 배우는가를 고려하여 이로 인해 발생하는 문제의 다리역할을 찾도록 한다.

### (9) 휴식

오늘날의 아이들은 사회에서 뒤쳐질지 모른다는 불안과 좋은 대학과 전망 있는 전공을 선택하여 반드시 성공해야 한다는 중압감을 가지고 친구들과 놀고 휴식을 할 수 있는 시간도 없이 공부만 하도록 강요당하고 있다. 그러므로 이로 인한 부작용으로 아이들은 잠시도 인터넷과 핸드폰, 메신저를 차단하지 못하는 번아웃신드롬(burnout syndrome)에 빠지고 있다. 세계보건기구(WHO)가 선포한 21세기 가장 위험한 건강 위협요인은 '작업활동에서 과도한 중압감을 받는 스트레스'이었다. 일을 더 잘하고 싶을수록, 더 집중하고 싶을수록 가장 열심히 해야 할 일은 마음의 긴장을 내려놓는 일이다. 갯벌에 놀러간 유아가 '조개잡고 노는 것이 너무 좋아요. 여기서 결혼해서 살고 싶어요.'라는 외침에 귀 기울일 필요가 있다. 독일 최고의 과학저널리스트 울리히 슈나벨도 '무엇을 위해 쉼 없이 일하는가?' 이런 삶에서는 여유와 집중력만 잃는 게 아니다. 훨씬 근본적인 것, 한 번 뿐인 소중한 인생을 허비하고 만다고 주장하였다. 유아에게 필요한 것은 '할 수 있다. 괜찮다'라는 위로뿐 아니라 자신감과 용기를 회복시켜줄 휴식이 절실하다. 휴식이 주는 창조성과 집중력, 평온함을 통해 유아를 행복의 중심으로 이끌어 주어야 한다.

### 3) 내면적 주도력 발달을 위한 전략

자기주도적인 유아로 발달하기 위해서는 자아발달과 밀접한 관련이 있는 내면적 주도와 외면적 주도의 차이를 이해해야 한다.

신생아는 자신이 어떻게 해야 하는지에 대한 자아개념이 아직 형성되지는 않았으나 아무것도 없는 진공상태에서 자아개념이 발달하지는 않는다. 신생아는 주변 사람들이 누구인지를 구분하고 비교할 수 있는 아이디어와 경험을 가지고 자기 자신을 평가하고 판단하기 위해서는 부모와 애착이 형성되어야 한다. 즉, 조건 없는 사랑은 무엇이든 자기 자신을 받아들이도록 하는 감정발달에 주요 열쇠이다.

영아기와 걸음마 시기에는 주변 사람들뿐 아니라 외부사람들과도 상호작용을 하면서 그들의 반응을 재빨리 파악하게 되고, 다음에는 무엇을 해야 할지를 이해하면서 자아개념을 형성한다(Hunt, 1997). 취학 전부터 초등학교 저학년 시기에는 교사, 또래 친구, 이웃 등 다양한 사람들을 접하면서 이들을 주관적으로 판단하고 평가하게 되고 모든 사람들이 자신을 조건 없이 사랑하고 받아들이지 않는다는 것을 인식하기 시작한다. 조건적인 인정, 비판 또는 칭찬으로 인한 조심성은 보다 추상적이고 외면적 주도의 자아개념을 형성하는 역할을 한다. 이후 자기주도적인 유아는 자신과 다른 사람의 판단을 비교하여 받아들일 것과 받아들이지 않을 것을 구분하면서 점차 내면적인 관점의 조절이 발달한다. 이러한 내면적 주도력을 촉진하기 위한 전략을 살펴보면 다음과 같다(Medhus, 2001).

### (1) 적합한 환경을 만든다

내면적 주도에 적합한 환경을 만들기 위해서는 교사와 부모의 행동을 최소화할 필요가 있다. 외부를 인식하는 행동의 모델링은 조건화된 유아를 만든다. 유아에 대한 믿음이 없는 행동은 외면적 주도의 환경조건이라고 할 수 있다. 그러므로 가정과 교실의 환경은 유아가 소속감, 안정감, 수행능력을 갖도록 정체성을 가져야 한다. 이를 위해 규칙을 정하고 실천한다. 예를 들어, 가족에게는 거짓말을 하지 않는다. 교실에서는 친구들에게 말로 하지 때리지 않는다. 크리스마스 진날에는 어려운 이웃을 위해 옷, 신발, 양말, 돈 등을 기부한다.

### (2) 건강한 내면적 언어가 발달하도록 한다

자기주도의 가장 중요한 도구는 내면적 언어를 사용하여 의사결정을 하는 능력이다. 이 도구는 현재와 과거의 경험, 그리고 외부의 객관적 관찰을 통해 이루어지므로 8가지 전략을 사용할 수 있다.

#### ① 질문하기

내면적 언어를 자극하는 가장 좋은 방법 중 하나는 유아의 행동을 되돌아보게 하는 질문이다.

〈예〉

교사 : 영아야! 다른 아이들은 함께 놀고 있는데, 혼자 앉아 있네.

유아 : 친구들이 나하고 놀고 싶어 하지 않아요.

교사 : 무슨 일이 있었니?

영아 : 으음, 준호가 놀렸어요.

교사 : 준호가 뭐라고 놀렸니?

영아 : 거짓말쟁이

교사 : 그렇게 부르는 데는 이유가 있지 않을까?

영아 : 왜냐하면 술래잡기하는 데 내가 눈을 떴기 때문이에요.

교사 : 술래잡기할 때 영아는 어떻게 했어야 할까?

영아 : 아무튼 준호가 싫어요.

교사 : 어제까지 준호는 영아의 가장 친한 친구였잖아.

영아 : 준호는 나를 속상하게 했어요.

교사 : 영아가 준호한테 할 말이 있을 것 같은데.

영아 : 술래잡기할 때 눈을 뜨고 있었던 거 미안하다고 말 할래요.

교사 : 좋아 빨리 가, 대장

### ② 도움을 주는 간단한 문장 사용하기

1~2단어나 간단한 문장을 사용한 정보 제공하기, 관찰하기, 상기시키는 유아의 내면적 언어 기제를 작동시킬 수 있다.

엄마 : 준호야! 풀장 주변에서 뛰는 것은 안전하지 않아! (정보 제공)

아빠 : 아직 준비가 되지 않았구나, 극장표에는 6시에 시작한다고 적혀 있는데……. (관찰하기)

교사 : 영아야! 버스 (상기시키기)

### ③ 생활 속에서 선택하기

유아가 내면적 언어를 편안하게 사용하도록 교사나 부모가 선택할 수 있는 권한을 부여한다.

#### ④ 내면적 언어의 모델링이 되기

유아는 부모나 교사들을 통해 내면적 언어발달을 학습하므로 내면적 언어를 유아가 듣도록 크게 말한다. '오늘은 내가 유치원에 늦게 출근해서 원장선생님께서 무척 화가 나셨어. 나는 알아, 정시에 유치원에 출근해야 한다는 것을, 그런데 늦잠을 잤어!……. 아무래도 원장 선생님께 잘못했다고 말씀드려야겠어, 그리고 시간을 내서 늦게 와서 놓친 교사회의 내용에 대해 서로 이야기를 나누는 것이 좋겠어.'

#### ⑤ 위치전환(walkthrough)

가끔은 서로의 역할을 바꾼 시나리오 역할극을 통해 다른 사람의 위치에서 문제를 바라봄으로써 건강한 내면적 언어가 발달되도록 한다.

#### ⑥ 장 · 단점 목록과 후속목록 만들기

- 장 · 단점 목록 만들기

문제해결과 어려운 의사결정을 위한 내면적 언어가 발달되도록 장점과 단점 목록을 만들도록 한다. 이러한 목록을 통해 잠재된 결과를 예견하고 결정을 내리기 위해 다양한 변인들을 고려하는 것을 배우도록 한다.

〈예〉

교사 : 내일 바깥놀이에서 축구 또는 야구를 하려고 하는데, 어떤 것을 하면 좋을까?

유아 : 축구요! 아니야, 야구요!

교사 : 글쎄, 결정내리기가 쉽지 않은데. 그럼, 우리 내일 축구하는 것과 야구하는 것의 좋은 점과 나쁜 점들을 말해보자. 선생님은 너희들의 의견을 적을게.

- 후속목록 만들기

일련의 후속단계로 장 · 단점 목록 대신 유아 자신이 결정할 수 있는 목록을 만든다.

- 나는 평소보다 30분 일찍 일어난다.
- 나는 동생의 얼굴을 씻어준다.
- 나는 하루 일과를 계획하고 지킨다.

⑦ 칭찬과 보상하기

만일 유아가 상을 받았다면 '상을 받다니 잘했어!'라고 보이는 상(외면적 주도)보다는 그 상을 받기 위해 얼마나 노력을 했는가(내면적 주도)를 강조한다. 일반적으로 의미 없는 칭찬보다는 구체적인 칭찬을 한다. 칭찬은 다른 사람의 평가보다는 유아에 대한 내면적 평가가 항상 우선되어야 한다. 이러한 평가는 유아 자신의 미래를 위한 결정의 기반을 만들게 될 것이다. 러시아의 유명한 마린스킨 발레단에 입단한 발레리노 김기민의 인터뷰 내용 중 '콩쿠르에 나가는 무용수에게 1등해라는 말은 저주예요. 진짜 격려는 좋은 경험을 해라 입니다'는 이를 잘 반영한다.

### (3) 자연적인 직관력을 발달시킨다

직관력은 이해할 수 없는 주변 상황의 외면적 영향으로부터 유아 자신의 영혼, 즉 내면적인 힘을 찾도록 이끄는 자기주도를 위해 중요하다.

### (4) 감정이입을 가르친다

감정이입과 친절함은 자기주도의 중심을 형성하므로 다음과 같이 가르친다.

① 친절함을 가르친다.
   만약 마음으로 나쁘다고 느낀다면 어느 누구에게도 좋은 것이 아니다. 유아의 행동이 다른 사람에게 해를 주는지, 아니면 도움을 주는지에 대해 이야기 나눔으로써 이기심과 욕구 사이의 차이를 가르친다.
② 감정이입을 사용하여 다른 사람들을 이해하도록 돕는다.
③ 싫어하는 사람의 좋은 점을 찾아보도록 한다.
④ I-message를 사용하여 다른 사람의 감정을 인식하도록 한다.

### (5) 내면적 주도력 증진을 위한 훈련을 한다

유아의 내면적 주도력 증진을 위해 구체적으로 다음과 같은 훈련을 하도록 한다.

① 유아가 동의할 수 있는 규칙을 만든다.

유아들이 이 세상에서 성공적으로 기능하면서 살아가도록 하는 훈련의 하나로 스트레스를 받지 않을 정도의 규칙이나 한계를 만든다.

② 성인과 유아는 단지 크기, 경험, 지식이 다를 뿐이며 성향은 타고나는 것도 영원한 것도 아니므로 진심으로 유아를 존중한다. 이는 유아의 감정, 아이디어, 의견, 그리고 행동을 존중하라는 의미이다. 자기존중심은 자기주도를 이끈다.

③ 일관성을 유지한다.

일관성 있는 훈련은 외면적 영향에서 내면적 언어가 발달하도록 한다.

④ 좋은 행동의 모델링을 보인다.

유아가 순종하고 지키기를 바라는 규율은 부모나 교사도 최선을 다해 지킨다.

⑤ 냉정함을 유지한다.

유아를 사랑하는 부모나 교사도 가끔은 화가 나서 이성을 잃고 마음에도 없는 말들을 하여 상처를 주는 경우가 종종 있으나 절대로 냉정함을 유지하도록 하고, 이러한 실수를 했을 때는 유아가 잘못된 선택을 하지 않도록 사과를 한다.

⑥ 유아 자신보다는 행동을 말한다.

'넌 돼지니?'보다는 '방이 너무 지저분하다'와 같이 유아의 인격보다는 행동을 지적하도록 한다.

⑦ 유아가 문제의 공식적인 책임자가 되도록 한다.

행동적 문제들은 유아 자신에게 보다 중요한 문제가 되도록 한다. 이 문제의 해결자는 오직 유아뿐이다.

⑧ 잔소리를 최소화한다.

강의, 지시, 설명, 협상, 반복적인 요구, 주장, 지적, 요구, 거절, 경고, 협박과 같은 잔소리는 유아에게 도움이 되지 않는다. 말을 많이 하지 않고 속삭이는 소리에 오히려 유아가 주목을 한다.

⑨ 부정적인 말보다는 긍정적인 말을 많이 사용한다.

안 돼, 하지 마, 그만둬, 못해 라는 부정적인 말보다는 그래, 해보자, 할 수 있어 등 이전에 아이의 실수를 들먹이기보다는 해결에 초점을 맞추고 가능한 긍정적인 것에 주목해서 말한다.

⑩ 잘못된 행동을 무시하지 않는다.

잘못된 행동을 무시하기보다는 구체적인 해결방안을 찾는 데 주목하도록 한다.

⑪ 유아의 행동이 변화하도록 외적 영향을 사용하지 않는다.

다른 사람보다는 유아 자신의 가치와 결합되는 의사결정과 행동수정방법을 배워야 한다. 자기주도는 외부가 아닌 내부로부터 나온다.

### (6) 실패를 극복하도록 돕는다

유아의 실패극복을 위한 기술발달을 위해 다음과 같은 전략을 사용한다.

#### ① 유아의 실수에 대해 이야기 나누기

왜 실수를 했으며, 어떻게 책임을 질 것이며, 해결방안이 무엇인지를 찾도록 하며 실수에 대해 좋은 태도를 형성하도록 돕는다. 죄의식, 수치심, 실망, 고통, 슬픔과 같은 태도는 유아가 두려움을 가지고 실수를 더 하게 만든다. 두려움은 외면적 영향처럼 실패에 대한 커다란 두려움을 가지도록 한다.

#### ② 실수로부터 배운 것을 나누기

유아의 잘못된 선택으로 인해 어떠한 결과를 가져왔는지에 대해 의견을 나눔으로서 긍정적인 학습을 하도록 한다.

#### ③ 완벽한 것보다는 잘하기 위해 노력하는 것이라는 것을 가르치기

많은 유아들은 목표를 성취하지 못했을 때 수치심을 가진다. 그러나 사람마다 각기 다른 강점과 약점을 가지고 있으므로 모든 면에서 완벽하지 않은 것은 당연한 것이라는 사실을 인식하고 유아 자신이 완벽한 것보다는 잘하는 것을 찾도록 용기를 준다.

#### ④ 과업의 실패와 사람의 실패를 구분하도록 가르치기

유아가 선택한 결과가 무엇이든 해결할 수 있다는 사실과 유아가 얼마나 가치 있는 존재인가를 알도록 한다. 이와 같은 전략은 자기 자신에 대해 긍정적 자아개념, 유아 자신을 둘러싸고 있는 주변세계를 이해하고 조작할 수 있는 자신감, 실패에 대한 조롱, 비판, 그리고 부끄러움에 대한 두려움 없는 탐구심, 유아 내부의 힘에 의해 결정할 수 있는 독립심, 타인의 기대나 인정보다는 정당한 이유로 자유롭게 의사결정을 하며 결정은 타인보다는 자신의 관심을 더 고려하고, 다른 사람들과 잘 어울릴 수 있는 내면적인 힘을 길러주는 데 도움이 될 것이다.

# 참고문헌

곽병선(1983). 교육과정. 서울: 배영사.

곽향림(2009). 생활주제의 통합적 운영 방안: 교사-유아 상호 관점의 생활주제. 어린이교육, 11, 9-36.

교육과학기술부(2006). OECD 영유아교육 · 보육정책Ⅱ. 육아정책개발센터.

교육과학기술부(2009). 유치원 지도서1 총론. 서울: 교육과학기술부.

교육과학기술부 a(2012). 5세 누리과정 교사용지도서 ① 우치음과 친구.

교육과학기술부 b(2012). 5세 누리과정 교사용지도서 ② 나와 가족. 서울: 교육과학기술부.

교육과학기술부 c(2012). 5세 누리과정 교사용지도서 ⑤ 건강과 안전. 서울: 교육과학기술부.

교육과학기술부 d(2012). 5세 누리과정 교사용지도서 ⑧ 우리나라. 서울: 교육과학기술부.

교육과학기술부 e(2012). 5세 누리과정 교사용지도서 ⑪ 봄 · 여름 · 가을 · 겨울. 서울: 교육과학기술부.

교육과학기술부(2008). 제1주기(2008-2010) 유치원 평가계획(매뉴얼 포함).

교육과학기술부(2000). 유치원 교육활동 지도 자료 1. 총론. 서울: 교육부.

교육과학기술부(2012). 누리과정 해설서, 지침서.

교육과학기술부(2012). 유치원교육과정 개정고시.

교육과학기술부(2017). 제4주기 유치원평가 중앙연수자료. 서울: 교육과학기술부.

교육과학기술부 · 보건복지부(2013). 3~5세 연령별 누리과정 교사용 지침서, 교육과학기술부 · 보건복지부.

교육부(2017). 다문화학생 10만명 맞춤형 교육 지원.

교육부(2019). 2019 개정누리과정 놀이이해자료. 교육부 · 보건복지부.

교육부(1998). 유치원 교육과정. 서울: 대한교과서주식회사.

교육부(1995). 유치원 교육활동 지도서. 서울: 교육부.

교육심리학용서사전(2000). 한국교육심리학회. 서울: 학지사.

김경섭(2012). 전라북도 다문화가족 영유아 교육지원방안연구. 전북 : 전북발전연구원.

김경희(1998). 열린사회를 위한 자기주도적 학습, 교육월보, 9, 한국교육개발원.

김대현(2011). 교육과정의 이해. 서울: 학지사.

김미경(2006). 장애유아의 이해 및 태도개선을 위한 프로그램 구성 방안 모색. 총신유아교육학술대회 자료집. 51-74.

김미경(1996). 장애아 통합교육을 위한 유치원 프로그램 모델. 총신대학교 유아교육연구회 자료집.

김미경(1999). 헤드스타트. 서울: 교육아카데미.

김미경(2012). 자기주도적 인재양성을 위한 영유아의 핵심역량고찰. 유아교육학논집, 16(3), 5-22.

김미경, 정희영, 정갑순, 김동춘(2004). 장애유아 이해를 위한 통합교육 프로그램 및 교재 · 교구 개발 연구. 장애유아통합교육지원센터. 2004 연구결과보고서.

김민정, 강수정, 정미라(2015). 뇌기반 유아교육 실행을 위한 교사교육이 교사-유아 상호작용 및 유아 발달에 미치는 효과. 추계정기학술개회 자료집, 한국유아교육학회.

김상림, 한준아, 권연희(2013). 보육과정. 서울: 양서원.

김상희(2017). 교구로봇 코딩교육의 프로그램적용. 춘계학술대회 자료집, 한국영유아교원교육학회, 117-130.

김승권(2005). 저출산의 원인과 대책, 국회도서관보, 42(12), 3-12.

김연봉, 윤선아(2011). 뇌기반교육과 뇌교육의 이론적 기초와 관련성 고찰. 뇌교육연구, 9(8), 79-104.

김영옥외 7인(2005). 특수교육학. 서울: 교육과학사.

김영우, 피정만(1995). 최신 한국교육사연구, 서울: 교육과학사.

김은심(2011). 영유아의 신체-감각발달과 두뇌기반교육. 춘계 학술대회 자료집, 한국영유아교원교육학회, 93-110.

김지영(2017). 4차 산업혁명시대의 유아교육: 무엇을 고민해야 하는가? 한국영유아교원교육학회 춘계학술대회 자료집.

김희진, 김언아, 홍희란(2004). 영아를 위한 프로그램의 이론과 실제. 서울: 창지사.

김희태, 김낙홍(2011). 영유아의 신체-감각발달과 두뇌기반교육, 두뇌발달이론에 기초한 영유아 교육방안모색, 한국 영유아교원교육학의 춘계학술대회 발표자료집, 93-110.

나 정(2005). 출산율의 핵심요소인 영유아 보육, 교육정책을 우선하라. 한국교육개발원. 32(6), 27-31.

문미옥(2008). 교육과 보육을 위한 영유아교육과정. 서울: 창지사.

문미옥(2014). 교육과 보육을 위한 영유아보육과정. 서울: 창지사.

문성숙(2016). 보육과정. 경기: 양서원.

민선혜, 임승렬, 김효생(2008). 몬테소리 교육의 이론과 실제. 서울: 양서원.

박도순, 홍후조(2004). 교육과정과 평가. 서울: 문음사.

박도순, 홍후조(2006). 교육과정과 교육평가. 서울: 문음사.

박영신, 박은주, 석은조, 신은정, 오성숙(2015). 영유아교육과정. 서울: 창지사.

박찬옥, 서동미, 곽현주, 박성희, 한남주, 홍찬의(2016). 유아교육과정. 서울: 정민사.

방인옥, 박찬옥, 이기현, 김은희(2013). 유아교육과정. 정민사.

백지혜, 김수영(2007). 유아정서 창의성 평정척도의 타당화 연구. 유아교육연구. 27(6), 125-141.

백혜리, 김진영, 최윤정(2006). 유아를 위한 교수학습방법론. 서울: 양서원.

보건복지부(2012). 5세 누리과정에 기초한 어린이집 프로그램. 서울: 보건복지부.

부산유아교육진흥원(2010). 좋은 수업 만들기를 위한 2010 우수 수업지도안. 부산: 부산광역시유아교육진흥원.

삼성복지재단(2003). 삼성어린이집 영유아프로그램 총론. 서울: 다음세대.

서동미, 엄은나, 이혜경, 박성희(2013). 유아교과교육론. 서울: 공동체.

서영숙(2000). 프로젝트 중심 통합적 유아교육과정. 서울: 양서원.

서영숙, 안지혜, 양영아, 남미선, 김홍은(2012). 프로젝트 접근법으로 운영하는 누리과정 서울: 공동체.

성은현, 한윤영(2011). 한국과 미국대학생들의 창의성발현 및 저해요인에 관한 암묵적 생각. 유아심리연구, 25(4), 927-944.

신의진(2011). 영유아의 사회 · 정서 발달과 두뇌교육. 춘계 학술대회 자료집, 한국영유아교원교육학회, 53-73.

신정선(2017). 2017년 다문화 교육 지원계획 발표(보도자료). 서울: 교육부.

신화식(2004). 영유아교육프로그램. 경기: 교문사.

신화식(2010). 유아교육론. 경기: 교문사.

신화식, 이영미, 이인용, 진성애, 김민석(2015). 영유아교육과정. 경기: 양서원.

양옥승, 최경애, 이혜원(2015). 영유아교육과정. 서울: 학지사.

엔젤유치원(2017). 유치원 운영계획서. 경기: 엔젤유치원.

유광찬(2008). 교육과정의 이해. 서울: 교육과학사.

유구종(2017). 4차 산업혁명과 유아교사교육 환경, 매체의 변화. 한국영유아교원교육학회 춘계학술대회 자료집.

이경미(2009). 유아교육기관에서 유아가 경험하는 일과에 대한 연구. 이화여자대학교 대학원 박사학위논문.

이귀윤(1990). 교육과정. 조경원, 이기숙, 오욱환, 이귀윤, 오은경, 교육학의 이해(공저). 이화여자대학교출판부, 210-266.

이기숙(2006). 유아교육과정. 경기: 교문사.

이기숙(2007). 유아의 일상생활보고서 : 동아시아 5개도시조사. Benesse교육연구개발센타. 2006. 3. 연구소 보고 vol. 36을 기초로 국제 유아교육 심포지움 발표자료. 서남재단. 2007. 10. 25.

이기숙, 김정원, 이현숙, 전선옥(2016). 영유아교육과정. 경기: 공동체.

이상욱, 정희영, 장은희, 강은주, 황현주, 유은정, 김정희, 윤선화, 조혜정, 김성원(2009). 21세기 영유아교육과정. 서울: 학지사.

이성호(2004). 교육과정 개발과 평가. 경기: 양서원.

이영숙(2001). 유아를 위한 몬테소리 감각교육. 서울: 창지사.
이옥임(2011). 영유아의 사회정서발달과 두뇌 기반교육. 춘계 학술대회 자료집, 한국영유아교원교육학회, 75-89.
이종승(1987). Tyler의 교육과정과 수업의 기본원리. 서울: 교육과학사.
임미혜, 장미아, 신혜영(2008). 유아교육과정. 경기: 양서원.
임부연, 최남정, 양혜련(2016). 유아교과교육론. 서울: 공동체.
임재택(1992). 현대유아교육과정. 경기: 양서원.
임재택(1997). 영유아 관찰 및 평가. 서울: 양서원.
임재택(2002). 아이들의 삶과 생태유아교육. 한국생태유아교육학회 추계학술대회 자료집.
임재택(2007). 생태유아교육과정. 경기: 양서원.
임재택(2008). 생태유아교육개론. 경기: 양서원.
장선철(2002). 특수유아의 이해와 교육. 서울: 동문사.
전남련(2013). 3-5세 누리과정에 의한 주간교육계획안. 서울: 장인교육개발원.
전일우(2004). 주간교육계획안에 나타난 유치원교육과정 구성 및 운영 분석연구. 열린유아교육연구. 9(1). 201-218.
정명화, 김신곤, 권기, 김준교, 신경숙(2009). 교육방법 및 교육공학. 서울: 학지사.
정순우(1985). 18세기 서당연구. 한국학대학원 박사학위논문.
지성애, 채영란, 신금호, 박희숙, 박유영(2015). 놀이지도. 정민사.
총신대학교 부속유치원(2003). 유치원 장애아 통합교육 프로그램. 서울: 정민사.
최경숙(2006). 아동발달 심리학. 경기: 교문사.
최미숙, 박영미(2002). 유아교육기관의 주간교육계획안 운영 평가. 한국교원교육연구, 19(3), 267-285.
최애경, 안부금, 좌승화(2010). 영유아 교육과정. 경기: 양서원.
최완기(2005). 한국의 전통교육. 서울: 이화여자 대학교 출판부.
최지영(2014). 유아교육과정. 동문사.
한국보육진흥원(2014). 다문화보육프로그램 매뉴얼 서울: 한국보육진흥원.
한국보육진흥원(2017). 보육시설평가인증지표. 서울: 한국보육진흥원.
한국유아교육학회(1996). 유아교육사전(용어 편). 서울: 창지사.
황윤세(2010). 유치원평가지표의 교육과정 영역 기준에 따른 교육계획안 평가 분석. 미래유아교육학회지, 17(3), 297-317.

Almy (1975). Early childhood education at work. New York: McGraw-Hill Book Co.
Bolhuis, S.(1996). *Towards Active and Selfdirected Learning. Preparing for Lifelong Learning, with*

*Reference to Dutch Secondary Education*. Paper presented at the Annual Meeting of the American Educational Research Association (New York, NY, April 8–12, 1996).

Branden, N.(1992). The power of self–esteem, 강승규역, 나를 존중하는 삶, 서울: 학지사.

Bricker, D., & Vaddel, M.(2002). Assessment and education programming system for birth to three years(2nd edn). Baltimore, MA: Brookes.

Bronfenbrenner, U.(1979). The ecology of human development: Expriments by nature and design. Cambridge, MA: Havard University Press.

Cunha, F., Heckman J., Lochnver L., & Masterov, D. V.(2005). Interpreting the Evidence of Life–cycle Skill Formation, IZA Kiscussion Paper Series, No. 1575, Institute for the Study of Labour, Bonn, Germany, July.

Decker, A. & Decker, R.(2001). *Planning and administering early childhood programs(6th ed.)*. Englewood Cliff, NJ: Prentice–Hall Inc.

Eisner, E. W.(1983). The Educational Imagination. 이해명 역(2012). 교육적 상상력(6쇄), 단국대학교 출판부.

Frost, J. L. & Kissinger, J. B.(1976). *The young child the education precess*. Holt, Rinehart & Winston.

Garrison, D. R.(1997). Self–directed learning: Toward a comprehensive model. *Adult Education Quarterly*, 48(1), 16–18.

Jensen, E.(2007). Introduction to brain–compatible learning. 정종진 역(2010). 뇌기반 교육의 원리. 서울: 학지사.

Knowles, S.(1975). *self-directed learning: A guide for learners and teachers.* Chicago: Association Press.

Lewis, R. B., & Doorlag, D. H.(1995). Teaching special students in mainstream. (4th ed). Englewood Cliffs NJ: Prentice– Hall. (DEC, 1993; TASH, 1988)(김영옥, 2005).(배화여자대학교, 2004 재인용)

Medhus, E.(2001). *Raising children who think for themselves*. Simon & Schuster, Inc.

Mindess, David, & Mindess, Mary(1972). *Kindergarten: Methods and Manuals*. West Nyack, N. Y. : Parker Pub. Co.

NAEYC(1991). Guide line for appropriate curriculum content and assessment in program serving children ages 3 through 8. Young children 21.

Schwartz, S. L., & Robinson, H. F.(1982). Designing curriculum for early childhood. Boston, MA: Allyn & Bacon.

Spodeck, B., & Saracho, O. N.(1994). Right from the start: Teaching children ages three to eight. Allyn and Bacon.

Spodek, B.(1991). Early childhood curriculum and cultural definitions of knowledge. In B. Spodeck and O. Saracho (Eds.), Issues in early childhood curriculum: Year book in early childhood education (vol 2.). New York: Teachers College Press.

Tanner, D., & Tanner, I.(2006). Curriculum Development: Theory into Practice(4th ed.). New Jersey: Merrill, an imprint of Prentice-Hall.

Tanner, D., & Tanner, L. N.(1980). Curriculum Develooment : Theory into practice. NY : Macmillan.

Vygotsky, L. S.(1978). *Mind in society: The development of psychological logical processes*. Cambridge, MA:Harvard University Press.

Williams(1987). Determining the curriculum, In Seefedlt, Co.(ed). The early childhood curriculum. A review of current research. New York: Teachers College Press.1.

Wilson, T. D.(1995). An integrated model of buyer-seller relationships. Journal of the Academy of Marketing science, 23(4), 335-345.

〈인터넷 자료〉

아시아경제 2017. 7. 17 http://news.zum.com/articles/39180541

세계일보 2017. 10. 7 http://news.zum.com/articles/40695008

〈참고 사이트〉

통계청 사이트 : http://www.nso.go.kr

http://kostat.go.kr/portal/korea

한국교육개발원 : http://eduzone.kedi.re.kr/ 2013년 1월 교육복지우선지원사업

http://www.newsquare.kr/issues/1206/stories/4919

www.moe.go.kr

# 찾아보기



### [인명]



### [내용]

#### ㄱ

ㅅ



ㅇ



ㅈ

## 저/자/소/개


■ **김미경**

미국 오레곤주립대학교 대학원 유아교육전공 철학박사(PhD)
현) 총신대학교 유아교육과 교수

■ **나유미**

총신대학교 대학원 유아교육전공 철학박사(PhD)
현) 백석문화대학교 유아교육과 교수

■ **박수진**

총신대학교 대학원 유아교육전공 철학박사(PhD)
현) 숭의여자대학교 유아교육과 강사

■ **이혜정**

총신대학교 대학원 유아교육전공 철학박사(PhD)
현) 백석문화대학교 유아교육과 교수

■ **정경미**

총신대학교 대학원 유아교육전공 철학박사(PhD)
현) 장안대학교 유아교육과 겸임교수

[개정판]

# 유아교육과정

1판 1쇄 발행 — 2018년 3월 5일
2판 1쇄 발행 — 2021년 8월 25일

저 자 - 김미경 · 나유미 · 박수진 · 이혜정 · 정경미
발 행 인 - 강철원
발 행 처 - 양성원
주 소 - 경기도 파주시 검산로 173번길 29-20
전 화 - 031-946-3861(代)
팩 스 - 031-946-3864
이 메 일 - tnwpub@naver.com
홈페이지 - tnwpub.co.kr
출판등록 - 2015년 8월 31일 제 2015-000211 호

ISBN 979-11-6126-393-9

정가 20,000원